급진적 무신론

Radical Atheism: Derrida and the Time of Life

by Martin Hägglund

Radical Atheism: Derrida and the Time of Life by Martin Hägglund was originally published in English by Stanford University Press.

Copyright © 2008 by the Board of Trustees of the Leland Stanford Junior University.

Korean edition copyright © 2021 by Greenbee Publishing Co.

All rights reserved.

This translation is published by arrangement with Stanford University Press, www.sup.org thorugh Shinwon Agency Co., Seoul.

프리즘총서 038

급진적 무신론: 데리다와 생명의 시간

초판1쇄 펴냄 2021년 2월 8일

지은이 마르틴 헤글룬드
옮긴이 오근창
프리즘총서 기획위원 진태원
펴낸이 유재건
펴낸곳 그린비
주소 서울시 마포구 와우산로 180, 4층
대표전화 02-702-2717 | **팩스** 02-703-0272
홈페이지 www.greenbee.co.kr
원고투고 및 문의 editor@greenbee.co.kr

주간 임유진 | **편집** 홍민기, 신효섭, 구세주 | **디자인** 권희원 | **마케팅** 유하나
물류유통 유재영, 한동훈 | **경영관리** 유수진

이 책의 한국어판 저작권은 신원에이전시를 통해 저작권자와 독점 계약한 (주)그린비출판사에 있습니다.
저작권법에 의해 한국 내에서 보호를 받는 저작물이므로 무단전재와 무단복제를 금합니다.
책값은 뒤표지에 있습니다. 잘못 만들어진 책은 구입처에서 바꿔 드립니다.
ISBN 978-89-7682-645-9 93160

學問思辨行 독자의 학문사변행을 돕는 힘이 센 책

그린비 철학, 예술, 고전, 인문교양 브랜드
엑스북스 책읽기, 글쓰기에 대한 거의 모든 것
곰세마리 책으로 통하는 세대공감, 가족이 함께 읽는 책

급진적 무신론

데리다와 생명의 시간

마르틴 헤글룬드 지음 | 오근창 옮김

프리즘총서 038

그린비

| 일러두기 |

1 이 책은 Martin Hägglund, *Radical Atheism: Derrida and the Time of Life*, Stanford University Press, 2008을 완역한 것이다.

2 본문 중 옮긴이가 추가한 부분은 대괄호([ ])로 표기했다.

3 외국어 고유명사는 2002년에 국립국어원에서 펴낸 외래어표기법을 따라 표기하되, 관례가 굳어서 쓰이는 것들은 그것을 따랐다.

감사의 말

우선 나는 조너선 컬러Jonathan Culler와 리처드 클라인Richard Klein의 관대한 지지와 원고에 대한 통찰력 있는 논평에 감사하고 싶다. 나는 또한 로돌프 가셰Rodolphe Gasché와 에르네스토 라클라우Ernesto Laclau가 내작업에 보내 준 응답과 그들의 고무적인 철학적 조심성vigilance에 감사하고 싶다. 데이비드 E. 존슨David E. Johnson과의 개인적이고 지적인 우정은 이 책의 저술 내내 중요했다. 나는 또한 우리의 모임 동안 흘렀던 독특한 지적인 에너지에 대해 윌리엄 에긴턴William Egginton과 철학적 독회Philosophical Reading Group의 다른 모든 참여자들에게 깊은 고마움을 표하고 싶다.

나는 그가 수년간 주었던 격려뿐 아니라 그가 작가로서 보여 준 문체의 정직함에 대해 스웨덴의 에세이스트 호레이스 엥달Horace Engdahl에게 특별히 빚을 지고 있다. 엥달의 에세이들을 읽는 일은 항상 명료성을 추구하기와 [니체가 한 유명한 말처럼] 망치를 가지고 철학하기를 내게 가르쳐주었다. 원고의 여러 면에서, 나는 필립 아다멕Philip Adamek, 페터 길겐Peter Gilgen, 안더스 룬드버그Anders Lundberg, 더글라스 매퀸-톰슨Douglas McQueen-Thomson 그리고 제시카 스미스Jessica Smith의 귀중한 논평을 받았다. 나는 또한 생산적인 불일치를 보여 준 알베르토 모라이라스Alberto Moreiras와 단 W. 스미스Dan W. Smith에게 감사하며 데리다 사유에서 '더 작은 폭력'lesser violence 개념에 대한 자극을 주는 토론을 해 준 사미르 하다드Samir Haddad에게도 감사한다. 저술의 마지막 단계에서, 나는 코넬의 '이론독회'Theory Reading Group의 내 친구들에게 개인적인 관대함과 지적인 영감을 얻었다. 십 년 넘게 삶과 철학의 문제를 공유하고 있는 내 친구 니클라스 브리스마르 팔슨Niklas Brismar Pålsson에게는 특별한 고마움을 전해야 할 것이다. 마지막으로, 언제나 내가 이해할 수 있는 것보다 더 많은 것을 주는 부모님과 누이들에게 감사하고 싶다.

스탠퍼드대학 출판부의 노리스 포프Norris Pope, 에밀리-제인 코언Emily-Jane Cohen, 조 애벗Joe Abbott과 팀 로버츠Tim Roberts는 출판 과정에서 원고를 인도함에 있어 모범이었다. 3장의 이전 판본은 *Diacritics* 34권 1호 (2004년 봄)에 「식별의 필연성: 데리다와 레비나스를 분리하기」The Necessity of Discrimination: Disjoining Derrida and Levinas라는 제목으로 출간되었다. 이를 전재할 수 있도록 허가해 준 존스홉킨스대학 출판부에 감사한다.

서론

이 책은 데리다 저작의 전체 궤적을 재평가하려는 일관된 시도를 제시한다. 데리다 사유에서 윤리적 또는 종교적인 "전회"가 있었다는 통념을 거부하면서, 나는 급진적 무신론이 그의 저작을 시종일관 관통하고 있음을 드러낸다. 무신론은 전통적으로 신과 불멸성에 대한 욕망을 의문시하지는 않으면서, 신과 불멸성의 실존을 거부하는 것에 스스로를 제한해 왔다. 따라서 전통적인 무신론에서 필멸적 존재는 여전히 우리가 초월하기를 욕망하는 것, 존재의 한 결여로 간주되었다. 반대로, 급진적 무신론의 논리를 전개함으로써, 나는 소위 불멸성에 대한 욕망이, 불멸성에 앞서고 불멸성 내부에서 그것과 모순되는바 생존^{survival1)}

---

1) [옮긴이] 여기서 생존이라는 말은 일상적인 의미에서 살아남기라는 뜻을 넘어 데리다의 철학 및 헤글룬드의 해석에 있어서 특유한 철학적인 의미를 담고 있음을 염두에 둘 필요가 있다. 여기서 생존은 후에 헤글룬드가 자세하게 해명할 '무한한 유한성'의 의미를 함의하고 있으며, 또한 아래에서 "죽음 이후에 계속 살아가려는 욕망"이라는 구절에서도 드러나듯이 데리다의 또 다른 중요한 철학적 개념인 유령론과도 관련된다. 곧 데리다에게서 생존은 삶과 죽음 사이의 경계가 생명에 있어서 분리불가분한 부분이기에, 절대적인 삶 그 자체나 불멸성 (또는 절대적인 현전)이란 존재할 수 없게 된다. 데리다와 헤글룬드에 따르면, 이것이 생존과 구별되는 '순수생명'이란 순수죽음과 다를 바 없는 이유이다.

에 대한 욕망을 감춘다고 주장한다.

내가 전개하는 생존 개념은 불멸성과 양립불가능한 것인데, 이는 생존 개념이 생명을 본질적으로 필멸적인 것으로 그리고 시간에 의해 본질적으로 분할된 것으로 정의하기 때문이다. 생존한다는 것은 결코 절대적으로 현전하지 않는다는 것이다. 이는 더 이상 없는 과거 이후에 남아 있는 것이며 이 과거의 기억을 아직 오지 않은 미래를 위해 보존하는 것이다. 나는 생명의 모든 순간이 생존의 문제라고 주장하는데, 이는 생명이 데리다가 흔적의 구조라고 부르는 것에 의존하기 때문이다. 흔적의 구조는 어떤 것도 **그 자체로** 현전하는 것을 불가능하게 만드는 시간의 구성으로부터 따라 나온다. 모든 현재는 존재하게 되자마자 사라지며 그런 까닭에 존재하기 위해서는 흔적으로 기입되어야만 한다. 흔적은 과거가 보존되도록 해 주는데, 이는 그것이 시간적 연속에도 불구하고 남아 있는 능력에 의해 특징지어지기 때문이다. 그래서 흔적은 생명이 생존의 운동에 있어 죽음에 저항할 수 있게 하는 최소 조건이다. 그러나 흔적은 그 흔적을 지울 수도 있는 미래에 맡겨짐으로써만 계속 살아갈 수 있다live on. 생존의 이러한 급진적 유한성은 극복되어야 마땅한 존재의 결여 같은 것이 아니다. 오히려 생존의 유한성은 모든 욕망할 만한 것에 대한 기회와 모든 두려운 것의 위협을 함께 개방한다.

내가 생존에 대한 무조건적 긍정으로써 분석하는 것이 급진적 무신론의 열쇠가 된다. 이러한 긍정은 어떤 사람들은 하고 어떤 사람들은 하지 않는 선택의 문제 같은 것이 아니다. 이 긍정이 무조건적인 이유는 모두가 **예외 없이** 생존의 문제에 관여하기 때문이다. 무엇을 원하든지 또는 무엇을 긍정하든지 간에 우리는 생존의 시간을 긍정해야 하는데, 이것이 무엇보다도 계속 살아갈——그러니까 무엇인가를 원하거나 무엇을 하도록 할 수 있는——가능성을 개방하기 때문이다. 이러한 생존에 대한 무조건적인 긍정이 우리로 하여금 불멸성에 대한 욕망이라고 일컬어지는 것을 그에 맞서서 독해하도록 해 준다. 죽음 이후에 **계속 살아가려는** 욕망은 불멸성에 대한 욕망이 아닌데, 왜냐하면 계속 살아가려는 것은 시간적 유한성 아래 머무는 것이기 때문이다. 생존에 대한 욕망이 시간을 초월하려고 하지 않는 것은 주어진 시간만이 생존을 위한 유일한 기회이기 때문이다. 따라서 소위 불멸성에 대한 욕망에는 내적 모순이 존재한다. 필멸의 삶에 애착을 갖지 않는다면, 죽음에 대한 공포도 계속 살아가려는 욕망도 없을 것이다. 그러나 동일한 이유로, 불멸성이라는 관념은 가설적으로라도 죽음에 대한 공포를 진정시킬 수 없거나 계속 살아가려는 욕망을 만족시킬 수 없다. 반대로, 불멸성의 상태는 모든 형태의 생존을 제거할 것인데 그런 상태는 필멸적 삶의 시간을 제거할 것이기 때문이다.[2]

급진적 무신론의 논리를 확립하기 위해, 나는 데리다의 공간내기 espacement 개념에서 출발한다. 그가 후기 저작인 『만짐에 대하여』*On Touching*에서 지적하듯이 공간내기는 "공간뿐 아니라 시간에도 타당한, 모든 탈구축deconstruction의 첫 번째 단어"(181/207)이다.[3] 보다 정

---

2) 내가 "급진적"이란 말을 쓰는 용법은 약간의 설명을 요한다. 데리다 자신은 "급진화하다"라는 동사가 일원화된 뿌리나 토대를 향한 운동을 함축하는 한에서 그 말에 대한 유보를 표한 바 있다(*Specters of Marx*, 184n9/152n1을 보라). 그러나 내 "급진적"이라는 말의 용법은 일원화된 뿌리나 토대를 가리키는 것이 아니라 뿌리가 자신을 뿌리 뽑고 토대가 그 자신을 허무는 것임을 보여 주기 위한 것이다. 급진적 무신론은 욕망에 대한 종교적 구상의 뿌리로 가는데 이는 그 뿌리가 자신에 맞서 분할됨을 보여 주기 위함이다.

3) 데리다가 1960년 이래로 그의 저작에서 공간내기라는 주제가 갖는 중요성을 회상하면서 그

확히 공간내기는 시간의 공간되기와 공간의 시간되기의 약칭이다. 공간과 시간의 이러한 상호함축^{coimplication}이 데리다의 주요 용어들(**흔적, 원-기록**[4] **그리고 차-이**[5])을 정의함에도 불구하고, 공간내기는 그의 저작에 대한 연구들에서 그간 별로 주목을 받지 못했다. 시간의 공간되기와 공간의 시간되기가 모든 일어나는 것에서 작동하는 탈구축의 최소한의 작용임을 주장하면서도, 데리다 자신은 그것들이 어떻게

의 사유에서 어떤 "전회"가 있었다는 생각에 반대하는 *Rogues*를 보라(38~39/63/64). 이 책에서 이중 페이지 표시는 먼저 영역본을 가리키며, 나중 것은 프랑스어 원전 판본에 대한 페이지 인용이다.

4) [옮긴이] 여기서 원-기록은 플라톤에서 후설에 이르는 음성중심주의에 대한 데리다의 비판적인 의도가 담긴 개념이다. 이러한 음성중심주의에 따르면, 음성만이 자연적이고 본래적인 것으로, 기록은 이러한 음성을 보조하는 부차적인 기능만을 갖고 있다. 데리다가 보기에 이러한 음성중심주의는 기록이나 공간내기 같은 기술적 조건들이 갖는 중요성을 간과한다. 이는 단순히 음성과 기록 사이의 위계를 뒤집기보다는, 기록이라는 기술적 조건이 음성이 갖는다고 상정되는 생생하고 충만한 현전이나 자연성을 가능하게 해 주는 것임을 주장한다. 이에 대한 한 가지 가능한 반론은 데리다가 기록을 새로운 근원으로 삼는 기록중심주의에 빠지는 것이 아니냐는 질문일 것이다. 기록의 근원성이 칸트 등의 초월론적 철학과 구별됨을 보이기 위해 데리다는 이후에 자신의 입장을 (가능성의 조건과 불가능성의 조건이 별개가 아니라는 의미에서) 유사-초월론이라는 용어로 수식한다.

5) [옮긴이] 여기서 différance는 대개 '차연'이라고 번역되어 왔다. 이는 '차이나다'라는 의미와 '지연하다'의 의미를 모두 담는다는 점에서 일리 있는 번역이자 실용적인 번역어인데, 이 신조어로 데리다가 의도하는 바 중 하나가 로고스-음성중심주의에 대한 비판이라는 점을 드러내기는 어렵다는 난점이 있다. 이 점에서 발음상으로는 거의 구별되지 않지만 기록 (글쓰기) 방식의 미세한 차이를 통해 différence와 차이를 보일 수 있다는 점에서 주재형이 제안한 '챠이'라는 번역어도 좋다고 생각된다. 이는 데리다가 différance로 일으킨 낯설게 하기의 효과를 보존한다는 점에서도 좋은 번역어인데, 우리말이 아니라는 점에서 생경하고 독서에 있어서 불필요한 불편을 초래한다는 지적도 있을 수 있겠다. 여기서는 표기상으로만 구별되면서도 '차'와 '이' 사이의 붙임표를 활용한 새로운 역어를 시험적으로 제안해 본다. 이는 간격두기 내지는 공간내기를 통해서 지연의 뉘앙스를 얼마간이나마 담을 수 있다는 점에서 '차연'이라는 역어가 갖는 장점을 보존할 수 있을 듯 보인다. 여기서 붙임표의 사용은 이어지는 내용을 열거하거나 그 밀접한 연관을 나타내기 위한 용도보다는, 기간이나 간격, 범위를 나타내는 용도를 활용하고자 하는 것이다. 이는 '차연'과 '챠이'의 장점을 종합하고 단점을 보완하고자 하는 절충적인 선택이다.

이해되어야 하는지에 대해 자세히 해명하지는 않는다. 이 문제에 대한 나의 목적은 삼중적이다. 나는 **왜** 공간내기가 환원불가능한지, **어떻게** 그것이 이해되어야 하는지, **어떤** 함축들이 공간내기를 구성적 조건으로 사고함으로써 나오는지를 설명해 데리다 논증의 철학적 의의를 전개할 것이다. 이 모든 쟁점들은 뒤따르는 장들에서 상세히 다뤄질 것이기에 나는 여기서 급진적 무신론의 핵심을 강조하는 것에 그치도록 하겠다. 이 측면은 공간내기의 존재론적 지위에 관련된다. 데리다는 반복해서 (시간의 공간내기에 대한 이름으로서) **차-이**가 언어나 경험 또는 존재의 다른 제한된 영역에만 적용되는 것이 아니라고 논증한다. 오히려 차-이는 **절대적으로 일반적인 조건**으로, 이는 시간적 유한성에서 면제된 어떤 것도 원리상 존재할 수 없음을 의미한다.

여기서는 데리다의 첫 번째 저작 이래로 쟁점이 되어 왔던 부정신학과 탈구축과의 관계에 대해 고려해 보는 것이 유익할 것이다. 데리다는 **차-이**를 있을 수 있는 모든 것의 조건이라고 서술하면서도, 그것은 그 자체로는 아무것도 아"님"it 'is' nothing in itself을 강조한다. 그것은 감각적인 것도 가지적인 것도 아니며, 현전하는 것도 부재하는 것도 아니고, 능동적인 것도 아니고 수동적인 것도 아니고 등등. **차-이**에 대한 이러한 설명은 부정신학에서 신에 대한 설명과 형식적으로 유사하다. 부정신학은 신을 있을 수 있는 모든 것의 조건이라고 서술하면서도, 신 자신은 존재자가 아"님"을 강조한다. 그러나 왜 신과 **차-이**가 ~임이 없는 것/정체성이 없는 것without being[6]으로 서술되는지에 대

---

6) [옮긴이] 여기서 being은 '존재'라는 뜻과 함께 '~임'이라는 의미도 갖고 있는데, 여기서는 후자의 의미를 가리키는 것으로 보인다. 많은 경우 데리다의 논의는 두 가지 의미가 분리되지

한 각각의 이유는 정반대이다. 부정신학의 신은 존재가 유한성의 범주로서 이해되는 한에서 정체성이 없는 것으로 서술된다. 신을 술어화 predicate하는 것은 부적합한 것으로 여겨지는데 신은 모든 술어화가 함축하는 시공간의 규정들을 초월하기 때문이다. 신은 절대적으로 그 자신 바로 그것인 긍정적 무한성이며 유한성의 언어로 이야기할 때는 부정적인 용어로 서술되어야만 한다. 반대로, **차-이**는 시간의 부정적 무한성을 설명한다. 어떤 순간도 그 자신 그대로 주어지지 않으며 그것이 일어나는 사건 속에서 그 순간은 즉시 다른 순간에 의해 대체되기에 우리는 결코 긍정적 무한성에 다다를 수 없다.[7] 시간의 부정적 무한성은 **무한한 유한성**인데, 이는 유한성이 결코 제거되거나 극복될 수 없음을 함축하기 때문이다. **차-이**의 무한한 유한성은 어떠어떠하다고 한정할 수 있는 모든 것 이전에, 그 안에서, 그리고 그것을 넘어서 작동한다. 따라서 **차-이**는 정체성이 없는 것이지만 이는 그것이 시공간을 초월하는 어떤 형언할 수 없는 것이기 때문이 아니다. 반대로, **차-이**가 그 자체로는 아무것도 아닌 이유는, 그것이 어떤 것도 그 자체로 존재하는 것을 불가능하게 만드는 시간의 공간내기를 가리키기 때문이다. 결과적으로, 데리다는 그의 논증의 통사론이 부정신학의 그것을 닮았다고 해도, 그것이 신학적이지 **않**음을 강조한다.

[데리다의 통사론은] 모든 부정신학들 중 가장 부정적인 것의 질서에

않음을 전제하고 있다.
7) 부정적 무한성과 긍정적 무한성 사이의 구별에 대한 자세한 논의는 이 책의 1장과 특히 3장을 보라.

비추어 보아도 [신학적이지 않은데], 이는 항상 본질과 실존의, 즉 현전의 유한한 범주들을 넘어선 초본질superessentiality을 분리하려는 것이며, 오직 신의 우월하고, 상상불가능하고, 형언할 수 없는 존재 양태를 인정하기 위해서만, 실존의 술어가 신에게는 거부됨을 항상 서둘러 상기시키는 것이다. 그런 [부정신학적] 전개는 여기서 쟁점이 아니다 (『철학의 여백』, 6/6).

데리다는 동일한 논증을 부정신학에 관한 두 주요 텍스트들, 「어떻게 말하지 않을 것인가」와 『이름을 제외하고』에서 반복한다.[8] 신은 유한한 존재에 의해 포착되는 어떤 것이 아니고 언어로 서술될 수 있는 어떤 것보다도 무한히 우월함을 의미하는 한에서라면, 신이 무nothing라고 말하는 것은 전혀 급진적이지 않다. 부정신학은 시간적 유한성으로부터 면제된 어떤 심급을 정립함으로써 가장 전통적인 형이상학적 논리를 고수한다.

그럼에도 불구하고, 탈구축을 부정신학에 동화시키려는 여러 시도들이 있어 왔다. 『기호의 침입』The Trespass of the Sign에서, 케빈 하트는 데리다가 부정신학 그리고 특히 위僞-디오니시우스의 저작의 급진성을 과소평가한다고 주장한다. 하트에 따르면, 부정신학은 "비형이상학적 신학"인데, 이는 최고의 존재나 정초적인 현존으로서 신에 대한 긍정적인 진술을 하지 않기 때문이다. 오히려 부정신학은 신이 존재도 비존재도/~인 것도 ~이 아닌 것도 아님을, 현존하는 것도 부재하

---

8) "How to Avoid Speaking", 7~9/540~543과 Sauf le nom, 68/79~80쪽을 보라. Writing and Difference, 116/170~171도 보라.

는 것도 아님을 보여 줌으로써 긍정신학을 "탈구축한다". 하트에게 그런 부정적 진술은 "사실 우리의 신에 대한 담론이 **신**에 대한 것이고 단지 신의 인간적 이미지에 관한 것이 아니"[9]라는 것을 보증하는 데에 필수적이다. 신을 이처럼 고양시키는 것이 탈구축적 운동이라고 해석하기 위해서는, 데리다의 사유를 완전히 오해해야만 한다. 하트의 논증은 한편으로는 "인간적 이미지"와 더불어 있는 존재의 유한성과 다른 한편으로 그런 모든 부적절한 이미지들을 넘어선 신의 무한성이라는 두 가지 영역을 전제할 때만 이치에 맞게 된다. 하트는 "존재/~임은 유한한/한정된 것"(xxv)이기에 신의 초월성과 양립불가능한 것이라고 주장한다. "신은 오직 신으로부터 오는 것이지, 확실히 존재/~임으로부터 오는 것이 아니다. 신 없이는 존재/~임도 존재자들/~인 것들도beings도 없을 것이기 때문이다"(xxii). 그러나 두 가지 영역들 사이의 이러한 분할보다 데리다의 사유에서 더 먼 것도 없을 것이다. 데리다에게는 오직 하나의 영역—**차-이**의 무한한 유한성—만이 존재하는데, 모든 것은 시간의 흔적 구조에 의해 구성되기 때문이다. 따라서 탈구축은 언어의 기표들이 신과 같은 초월적 기의에 부적합함을 보이는 것과는 아무런 상관이 없다. 데리다가 『그라마톨로지에 대하여』에서 주장하듯이, 흔적 구조는 기표들의 연쇄뿐 아니라 기의 자체에도 적용된다. 실로, "기의는 본질적으로 그리고 본래적으로 (그리고 단지 유한한 피조물의 정신에게뿐 아니라) 흔적이다"(73/108).

하트가 탈구축의 논리를 평가하는 데 실패하는 까닭에, 그는 그가 보여 주고자 하는 것의 대립물을 보여 주고 만다. 어떻게 위디오니

---

9) Hart, *The Trespass of the Sign*, 104, 201. 이어지는 페이지 인용은 본문 안에 주어진다.

시우스가 긍정신학을 "탈구축하는지"에 대한 증거로, 하트는 위디오니시우스가 "그것[대문자 원인]이 모든 것의 완벽하고 유일한 원인임에 의해 모든 긍정을 초월하고, 그 단순하고 절대적인 본성 —— 모든 제한으로부터 자유롭고 그것들 모두를 넘어선 —— 의 탁월함에 의해 모든 부정을 초월"(하트, 『기호의 침입』, 201쪽에 인용)하는 한에서, 대문자 원인Cause에 대하여 긍정이나 부정을 적용하기를 거부하는 『신비신학』The Mystical Theology의 한 구절을 인용한다. 단순하고 절대적인 본성을 지닌 완전한 원인이라는 통념은, 그것을 모든 가능한 술어화 너머에 위치시키느냐의 여부와 무관하게, 탁월한 형이상학적 통념이다. 그러나 이는 하트를 괴롭히지 않는데, 그 자신은 "신성deity의 자기결정이라는 주권적 자유"(xxii)를 이른바 비형이상학적 신학의 주춧돌로 승격시킨다. 그래서 하트가 부정신학이 데리다가 탈구축하는 형이상학을 고수하지 않음을 보여 주려고 시도할 때, 그는 사실 부정신학이 주권적 심급이라는 가장 고전적인 형이상학적 공리를 고수하고 있음을 보여 주고 만다.

'데리다와 종교'에 관한 최근의 에세이에서 하트는 위디오니시우스가 현전의 형이상학에 대한 대안을 제공한다고 주장하면서 다음과 같이 동일한 논변 구조를 펼친다. "위디오니시우스는 그 자신의 초-본질성hyper-essentiality이 자기 현전의 찬란한blazing 순간인 신성이, 그의 저작에 의해 지지되지 않음을 긍정한다. 『코르푸스 아레오파기티쿰[위디오니시우스 전집]』Corpus Areopagiticum에서 언급된 신은 현전하는 것도 부재하는 것도 아니고, 존재도 비존재도 아니며, 하나도 여럿도 아니고, 완전히 자유롭게 자신을 규정한다."[10] 이 구절의 논리는 완전히 자기모순적이다. 절대적인 자기현전을 긍정하지 않고 그 후에 "완전히 자유롭게 자신을 규정하"는 심급을 긍정한다고 말하는 것은 옹호될 수 없는 것인데, 오직 절대적인 자기현전만이 완전히 자유롭게 자신을 규정할 수 있을 것이기 때문이다. 그러나 하트의 논증은 단순히 그나 다른 부정신학자들에 의해 정정될 수 있는 논리적 간과에 근거한 것이 아니다. 오히려 부정신학의 논리와 탈구축의 논리는 완전히 정반대이다.

가장 걸출한 현대의 부정신학자이며, 데리다의 사유에도 광범위하게 관여하는 프랑스철학자 장-뤽 마리옹을 생각해 봄으로써 위의 주장을 보다 구체화해 보자. 마리옹은 부정신학이 현전의 형이상학이라는 데리다의 주장을 명시적으로 문제 삼지만, 데리다가 그 말로 의도한 것을 잘못 해석함으로써만 그렇게 한다. 마리옹은 현전의 형이상학을 신이 개념적으로 포착될 수 있고 어떤 본질이나 존재로 명명될 수 있다는 통념으로 환원한다. 마리옹의 현전의 형이상학에 대한 이해를 고려하면, 그는 현전의 형이상학을 모든 이름들이 신적인 이름에 부적합하다는 이유로 거부하는 **부재의 신학**과 대립시킨다.[11] 마리옹이 쓰듯이, '대문자 이름Name'은 신을 어떤 본질로서 명명하지 않는다. 그것은 "모든 이름들을 넘어서는 것"(38), 즉 "모든 명명nomination을 뛰어넘는 그분"(27)을 가리킨다. "신을 위한 이름을 찾는 것"이 목표가

---

10) Hart, "Religion", 56.

11) 특히 부정신학에 대한 데리다의 저작에 대한 명시적인 응답이며 같은 주제에 대한 *The Idol and Distance*와 *God Without Being*에서의 초기 언급을 발달시킨 마리옹의 에세이 "In the Name"을 보라. 본문 내에서 나의 페이지 인용은 "In the Name"을 가리킨다.

아니라, "말해질 수 없는 대문자 이름으로부터 우리 자신의 이름을 받는 것"이 목표다'(38). 이름 지을 수 없는 신 앞에서의 이런 경의 때문에, 마리옹에 따르면 부정신학은 "적어도" 탈구축이 현전의 형이상학에 대립하는 "것만큼"(38) 현전의 형이상학에 대립한다.

하트와 마찬가지로, 마리옹은 탈구축에서 쟁점이 되는 것을 평가하는 데 있어 심원한 무능력을 보인다. 데리다에게, 현전의 형이상학은 절대적인 것이 개념적으로 포착될 수 있고 어떤 본질이나 존재로 명명될 수 있다는 통념으로 결코 제한되지 않는다. 오히려 시간의 공간내기로부터 면제된 절대적인 것이라는 **모든** 통념은 현전의 형이상학의 한 판본이다. 절대적인 것이 부재하며 유한한 인간 지성으로 파악불가능한 것이라고 말한다고 하더라도 본질적인 차이는 없다. 모든 다른 부정신학자들에게처럼, 마리옹에게 문제는 신을 단념하는 것이 아니다. 문제는 오직 신을 인간적 척도로 환원시키는 신에 대한 "우상숭배적인" 개념들을 단념하는 것이다.[12] 신을 이름 붙일 수 없고 사유불가능한 것으로 만드는 것은 탈구축적 운동이 아니다. 반대로, 이는 가장 전통적인 형이상학적 운동인데, 이것이 신을 그 자신이 아닌 어떤 것으로부터도 독립적인 것으로 만듦으로써 신을 절대적으로 절대적인 것으로 정립하기 때문이다. 마리옹은 명시적으로 신의 절대성[13]

---

12) 예를 들어, 다음의 구절을 보라. "신은 보일 수 없다. 단지 어떤 유한한 것도 그의 영광을 소멸 없이 감당할 수 없을 뿐만 아니라 무엇보다도 개념적으로 포착가능한 신은 더 이상 '신'이라는 말에 걸맞지 않을 것이기 때문에 […] 세계 속 모든 것은 알려짐을 통해 도달되지만, 세계에 속하지 않는 신은 개념적으로 알려지지 않음을 통해 도달된다. 개념의 우상숭배는 응시의 숭배와 같다. 다시 말해 스스로 신에 도달했고 신을 우리의 응시하에, 마치 세계 속 사물처럼 유지할 수 있다고 상상하는 것처럼 말이다"(Marion, "In the Name", 34).

13) [옮긴이] 여기서 마리옹은 absolute의 라틴어 어원인 absolutus가 '~로부터 분리하다'라는

이 "어떤 관계로부터도 풀려나 있고, 따라서 신을 '신 아닌 어떤' 불합리한 것에 결부시킬 어떤 사유가능한 관계로부터도 풀려나 있다"[14]고 단언한다.

데리다의 비판에 맞선 마리옹의 부정신학 옹호는 데리다가 비판하는 바로 그 운동을 반복한다. 데리다가 탈구축을 부정신학으로부터 지속적으로 구별하는 것은 부정신학이 존재 너머에 신을 보존하려는 목적을 동기로 삼는다는 점이다. 신에 대해 말하면서 모든 술어를 부정하는 것은 부정신학에 있어 신을 유한성의 오염으로부터 구원하는 방식 중 하나이다. 따라서 신에 대한 외관상의 부정은 사실 신에 대한 긍정이다. 또는 데리다가 『기록과 차이』에서 말하듯이, "신에 관한 담론의 부정적 계기는 단지 긍정적 존재신학의 한 국면일 뿐"인데, 그것이 신을 파괴가능한 모든 것을 넘어선 "초본질"superessentiality로 긍정하는 데 종사하기 때문이다.[15] 데리다의 비판에 대한 마리옹의 응답은 부정신학이 긍정과 부정을 넘어선 "제3의 길"을 제공한다고 주장하는 것이다. 마리옹에 따르면 데리다는 부정신학이 형이상학적 긍정을 위하여 작동한다고 단언한다는 점에서 잘못되었는데, 이는 부정신학의 신이 명시적으로 긍정과 부정 모두를 넘어선 것으로 정립되고 있기 때문이다. 마리옹의 정식에서 "제3의 길은 부정 밑에 존재하는 긍정을 숨기지 않는데, 왜냐하면 그것은 긍정과 부정의 다툼을 극복하려는 것이기 때문이다"(26). 하트와 마찬가지로 마리옹은 여기서 신은 심지어

뜻을 가지고 있음을 활용하는 것으로 보인다.

14) Marion, *The Idol and Distance*, 141/185.

15) Derrida, *Writing and Difference*, 337n37/398n1을 보라.

우리가 그를 서술하기 위해 쓰는 가장 고결한 이름들뿐 아니라 모든 부정과 긍정 또한 넘어서 있다고 단언하는 위디오니시우스를 인용한다. "하나도 하나임도, 신성도 좋음도, 의미 속의 정신도 우리는 이해할 수 없다. 아들임도 아버지임도, 그 밖에 우리에게 알려진 것 또는 다른 존재자들 어떤 것도 마찬가지이다"(마리옹, 「이름 안에서」, 26쪽 인용). 그러나 마리옹의 논증은 어떤 식으로든지 부정신학에 대한 데리다의 비판을 논박하지 못한다. 신은 긍정과 부정, 실정성과 부정성을 넘어서 있다는 위디오니시우스의 주장에는 급진적인 것이 전혀 없는데, 이는 그가 의도한 것이 신이 유한한 존재에 의해 술어화될 수 있는 모든 것을 넘어서 있다고 하는 것이기 때문이다. 위디오니시우스가 신을 모든 이름들 위에, 긍정되거나 부정될 수 있는 모든 것 위에 둘 때, 이는 명시적으로 신을 "모든 결여"privation (같은 곳에서 인용) 위에 두기 위한 것이다. 한마디로, 이는 신을 절대적으로 파괴불가능한 것으로 정립하는 일이다.

동일한 운동이 그가 "창조주와 피조물 사이의 분할선"(39)이라고 부르는 것의 실행에 충실한 마리옹 자신의 신학에서도 명백하다. 한편으로는 세계의 필멸성이 있고, 다른 한편으로는 신의 불멸성이 있다. 따라서 마리옹은 일반적 필멸성에 관한 탈구축적 사유로부터 가장 멀어지게 된다. 뚜렷한 예는 그의 책 『우상과 거리』를 여는 "신은 죽었다"라는 금언에 대한 마리옹의 독해이다. 마리옹은 신의 죽음이 오직 거짓된, 우상숭배적인 신에게만 관련된다고 주장하는데, 이는 고유한 신/신다운 신proper god은 애초에 결코 죽을 수 없기 때문이다.

죽을 수 있는 "신"은 이미, 그가 죽지 않을지라도, 우리가 "신"에 대해 형성하지 않을 수 없는 관념을 애초부터 결여하고 있다는 그런 결점을 갖고 있다. 그런데 비록 그것이 단지 우리의 것이라고 해도, 그가 그런 예비적 개념을 충족시켜야 한다는 것은 최소한의 예의가 아니지 않은가? 죽기로 결심한 "신"은 시초에서부터 죽는데, 왜냐하면 의심의 여지없이 그는 시초를 필요로 하기 때문이다──이는 "신의 죽음"이 모순을 개시함을 뜻한다. 즉 죽는 것은 설령 그것이 살아 있다고 하더라도, "신"이라고 주장할 어떤 권리도 갖지 않는다는 것이다. 여하튼 "신"이라는 이름을 누릴 수 없는 것이 아니라면 "신의 죽음"에서 죽는 것은 무엇인가? 따라서 "신의 죽음"은, "신"의 죽음을 넘어서, 그 말이 알리는 바의 죽음을 표현한다. 곧 "신의 죽음"이라는 것 자체의 죽음 말이다. ["신의 죽음"이라는] 명제의 용어 모순은 명제의 자기 삭제 속에서 완성된다. 즉 이는 진술 대상을 무화함으로써 그것이 진술하고 있는 것을 무효로 한다. [⋯] "신"은 오직 "신"이 죽을 수 있을 때에만, 즉, 애초에 그것이, 증명에 있어서, 신에 대한 문제가 아닐 때에만 죽는다(I, 3/17~18, 20).

마리옹에게 신의 진정한 삶은 불멸하는 것이다. 만약 신이 불멸하지 않는다면, 그는 신이 아닐 것이다. 마리옹은 신을 모든 가능한 논박으로부터 면제되도록 하기 위해, 신에 대한 이런 정의를 채택한다. 만약 신이 불멸한다면, 그는 결코 죽을 수 없으며 결과적으로 신이 죽었다는 무신론적인 선언으로부터 안전해진다.

나는 여기서 마리옹의 논증의 순환성에 대해 다루지는 않을 것이기에 다만 그의 필멸성에 대한 평가가 어떻게 필멸성에 대한 데리다의 평가와 대립하는지만 다루겠다. 데리다에게 생명은 본질적으로 필멸적인데, 이는 (마리옹의 설명에서의 신처럼) 불멸하는 심급이 있을 수 없음을 뜻한다. 심지어 소위 "나는 나인 자이다"$^{I\ am\ that\ I\ am}$ (「출애굽기」 3:14)라는 신적인 선언도 데리다의 독해에서는 "필멸성의 선언"인데, "나는 ~이다는 본래적으로 나는 필멸적이다를 의미하"$^{I\ am}$ $^{originally\ means\ I\ am\ mortal}$기 때문이다.$^{16)}$ 데리다의 전제로부터 출발하여, 우리는 신의 죽음에 대한 독해를 마리옹과는 반대되는 방향으로 전개해 볼 수 있다. 만약 살아 있는 것이 필멸하는 것이라면, 필멸하지 **않는** 것—불멸인 것—은 죽은 것임이 따라 나온다. 누군가 죽을 수 없다면, 그는 죽은 것이다. 그러므로 데리다는 신이 죽었다$^{God\ is\ dead}$는 무신론적 주장에만 스스로를 한정시키지 않는다. 그는 반복해서 **신은 죽음**$^{God\ is\ death}$이라는 급진적으로 무신론적인 주장을 펼친다.$^{17)}$ 신이 죽음이라는 것은 우리가 죽음을 통해 신에 도달할 수 있다거나 신이 죽음을 지배한다는 것을 뜻하지 않는다. 반대로, 이는 불멸성이라는 관념—마리옹에 따를 때 "우리가 '신'에 대해 형성하지 않을 수 없는 관념"—이 절대적 죽음이라는 관념과 분리불가능함을 뜻한다.

신이 죽음이라는 것은$^{That\ God\ is\ death}$ 단지 신이 존재하지 않는다

---

16) Derrida, *Speech and Phenomena*, 54/60~61.

17) 예컨대 *Writing and Difference*, 326n29/275n2를 보라. 또한 신적인 **로고스**의 탈구축이 "'신의 죽음'"이라는 모티브를 따르는 "'유한성으로의 회귀'"로 해석되어서는 안 된다는 데리다의 언급도 보라(*Of Grammatology*, 68/99). 유한성이 충만성의 결여로 이해되는 한에서, "**차-이**는 또한 유한성과는 다른 어떤 것이다"(같은 곳). 조프리 베닝턴은 이전에 이런 언급에 주목할 것을 요구했다(그의 *Derridabase*, 115~116을 보라). 나의 주장은 그 언급이 내가 데리다의 급진적 무신론이라고 분석하는 것의 한 판본을 제시한다는 것이다. 전통적인 무신론이 유한성을 우리가 초월하기를 욕망하는 존재의 어떤 결여라고 해석하는 반면, 급진적 무신론은 유한성이 욕망될 수 있는 모든 것의 조건이라고 주장한다. 같은 이유로, 급진적 무신론은 단순히 종교적 전통을 고발하는 비판이 아니다. 오히려 급진적 무신론의 논리는 종교적 전통을 그 안에서 그 논리 자체에 맞서 독해하도록 해 주는 것이다.

는 것만을 뜻하는 것이 아니고, 신의 불멸성이 애초에 욕망할 만한 것이 아님 또한 뜻한다.[18] 이러한 급진적으로 무신론적인 주장은 데리다의 종교에 대한 주요 저작인 「신앙과 지식」Faith and Knowledge의 핵심에 있는 "자기면역"autoimmunity 개념을 통해 강력한 방식으로 등장한다. 데리다는 거기서 모든 종교들은 "흠없음/성결"the unscathed/l'indemne이라는 가치 위에 정초된다고 주장하면서, 이를 순수성과 훼손되지 않음, 신성함과 성스러움, 안전함과 건강함 등으로 주해한다. 데리다에 따르면 "모든 종교"는 "구원, 흠없음의 회복, 무손화/보상의 지평"(84쪽 주석 30/75쪽 주석 25)을 제시한다. 따라서 종교들의 공통분모는 그것들이 절대적 면역을 최고로 욕망할 만한 것으로 승격한다는 점이다. **절대적 면역**이라는 이런 이상은 아우구스티누스에 의해 『고백록』 7권에서 간결하게 정식화된 바 있다. [거기서] 아우구스티누스는 불변하는 것이 변하는 것보다, 위반될 수 없는 것이 위반될 수 있는 것보다, 타락할 수 없는 것이 타락할 수 있는 것보다 낫다고 단언한다. 최고선에 대한 모든 종교적 관념들은 (그것이 신이라고 불리거나 다른 무엇으로 불리든지 간에) 그런 절대적 면역을 제시하는데, 최고선은 악의 타락으로부터 안전해야만 하기 때문이다. 반대로, 데리다의 주장은 어떤 것도 흠없을 수 없다는 것이다. 그의 자기면역 개념은 모든 것이 스스로의 내부에서부터 위협받는다는 것을 상술하는데, 살아 있음의 가능성은 죽어감dying의 위협으로부터 분리불가능하기 때문이다.

---

18) 부정신학과의 관계에 있어 욕망에 대한 이 주장의 추가적인 전개에 대해서는 (특히 마이스터 에크하르트와 위디오니시우스의 저작들에서) 존 카푸토(John Caputo)와 헨트 드 브리스(Hent de Vries)에 의해 제안된 부정신학과 탈구축 사이의 관계에 대한 설명들과 대결하는 이 책의 4장을 보라.

자기면역의 논리는 급진적으로 무신론적인데, 이것이 욕망할 만한 것에 대한 종교적 관념을 반박하기 때문이다. 변이가능성mutability, 타락가능성, 그리고 위반가능성은 우리가 극복하기 바라는 존재의 결여를 증명하지 않는다. 반대로, 이러한 특성들은 욕망될 만한 모든 것에 본질적이고 제거될 수 없는 것이다. 종교가 "최고의 것"(불변하는 것, 타락할 수 없는 것, 그리고 위반될 수 없는 것)으로 제시하는 절대적 면역은 역으로 데리다의 설명에 의하면 "최악의 것"인데, 이는 욕망될 수 있는 모든 것을 제거해 버릴 것이기 때문이다. 만약 욕망의 대상을 위협하는 것—선을 위협하는 악, 생명을 위협하는 죽음—을 제거해 버린다면, 욕망의 대상 자체를 제거하게 될 것이다. 결과적으로, 데리다는 "연인heart은 남이 될 수 있고, 나쁘게 될 수 있고, 근본적으로, **용서할 수 없이 나쁘게** 될 수 있는, 어떤 부정infidelity, 배반과 거짓말을 할 수도 있는 자가 아니라면 좋은 것이 아닐 것"(『믿음에 대하여』, 283/319)이라고 주장한다. 우리는 어떻게 욕망의 동일한 논리가 데리다 사유에 걸쳐서 상이한 변용 속에서 되풀이되는지 보게 될 것이다. 좋은 것으로 욕망될 만한 것은 그것이 어떤 것이든지 자기면역적인데, 이것이 그 자신 내부에 참을 수 없이 나쁘게 될 가능성을 품고 있기 때문이다.

　　나는 이 책 전체에 걸쳐 자기면역의 논리에 대해 전개할 것이지만, 어떻게 데리다가 "자기면역"이라는 용어를 쓰는지와 그 말이 생물학에서 어떻게 쓰이는지 사이의 관계에 대해서는 다루지 않는다는 점을 지적해 둔다. 내게 자기면역은 철학적 논리의 표준들에 대조해서 측정되어야 하는 탈구축적 논리의 이름이다. 이는 용어의 생물학적 함축들이 중요하지 않다는 뜻이 아니라, 데리다가 현대과학의 발견들과 부합되는 것에 의존하는 주장을 하지 않음을 뜻한다. "자기면역"이라는 말의 생물학적 함축은 우리로 하여금 데리다가 생명의 논리(또는 차라리 생명-죽음)를 추구함을 연상시키지만, 나는 이 논리의 힘을 과학적 근거보다는 철학적 근거 위에 세우고자 한다. 나는 자기면역이 생명의 핵심에 기입된 이유가 시간의 흔적내기tracing 없이는 어떤 것도 있을 수 없기 때문이라고 주장한다. 시간의 흔적내기는 생명의 최소한의 방어이기도 하지만 또한 최초의 순간부터 생명을 공격하는 것이기도 한데, 그것이 어떤 순간이든지 그것의 온전함을 파기하고 모든 것을 소멸되기 쉬운 것으로 만들기 때문이다.

시간의 흔적 구조에 대한 데리다의 통찰을 출발점으로 삼아, 나는 그가 어떻게 동일성, 윤리, 종교와 정치적 해방의 조건을 급진적 무신론의 논리에 따라 재사유하는지를 드러낸다. 1장은 데리다의 탈구축과 칸트의 비판철학 사이의 관계를 다룬다. 칸트가 시간을 유한한 의식의 경험을 위한 "초월론적" 조건으로 제한시킨 반면, 나는 데리다에게 있어 시간의 공간내기란 그로부터 어떤 것도 면제될 수 없는 "극단 초월론적"ultratranscendental 조건이라고 주장한다. 시간의 공간내기는 인지되고 경험될 수 있는 모든 것을 위한 조건일 뿐만 아니라, 사고되고 욕망될 수 있는 모든 것을 위한 조건이기도 하다. 이 주장의 급진성은, 데리다의 "무조건적인 것" 개념을 통해 나타나는데, 이는 칸트의 그것과 엄밀하게 구별되어야 한다. 칸트에게 무조건적인 것은 시간과 공간에 종속되지 않는 주권적 심급의 이념이다(예컨대 신). 반대로 데리다에게 무조건적인 것은 주권적 심급이라는 바로 그 이념을 반박하는바 시간의 공간내기이다. 따라서 1장은 동일성에 대한 탈구축적 논리를 전개하는데, 이는 칸트가 제1비판에서 응답했던 철학적 이성의 요구를 포기하지 않고도 시간을 무조건적인 조건으로 사고할 수 있도록 해 준다. 보다 정확히 말해, 나는 데리다가 어떻게 새로운 초월론적 감성학(이는 시간의 분할을 종속시키는 통각의 형식적 통일을 정립하지 않고서도 시간성의 종합을 설명해 준다)과 초월론적 변증학(이는 사고할 수 있고 욕망할 수 있는 시간의 완수consummation라는 이념을 탈구축한다)을 쓴다고 할 수 있는지를 드러낸다.

2장은 데리다가 "원-기록"arche-writing이라고 부르는 것의 분석을 통해 시간의 종합이라는 탈구축적 개념을 전개한다. 특히 나는 후설의 내적 시간의식의 현상학에 대한 데리다의 독해를 강화해 볼 것이다. 나는 후설에 대한 탈구축적 독해가 답해야 하는 여러 질문을 제기한 폴 리쾨르, 루돌프 버넷과 단 자하비 같은 걸출한 현상학자들과 논쟁한다. 그러나 난점은 데리다 자신의 후설 분석이 충분하게 철저하지는 못하다는 점이다. 그래서 여기서 나의 독해는 어떻게 시간의 문제가 동일성 논리를 탈구축하는 데 있어 중심적인지를 해명하는 것뿐만 아니라 후설의 시간론에 대한 데리다의 분석을 심화하는 것을 목표로 한다.

3장은 원-기록과 데리다가 "원-폭력"arche-violence이라고 부르는 것 사이의 연계를 분명히 한다. 나는 에마뉘엘 레비나스의 윤리적 형이상학에 대한 비판적 독해를 통해 원-폭력 개념을 따라갈 것이고, 데리다에 대한 로버트 베르나스코니Robert Bernasconi, 사이먼 크리츨리Simon Critchley와 드루시야 코넬Drucilla Cornell의 영향력 있는 레비나스적 독해와 대결한다. 데리다가 레비나스의 타자성alterity 관념에 동의했다는 일반적 견해를 반박하면서, 나는 데리다가 그의 이력 내내 시간과 폭력에 대한 일관된 사유를 추구했음을 주장한다. 이는 정의, 환대와 책임이라는 질문들에 관한 데리다의 후기 저작에 대한 상세한 분석에 의해 뒷받침된다.

4장은 데리다의 급진적 무신론의 의의를 상세히 해명한다. 데리다의 후기 저작—메시아성, 믿음과 신과 같은 개념들을 다루는—에 종교적 용어들의 명백한 증가는 탈구축에 대한 다수의 신학적 설명들을 낳았다. 이러한 신학적 설명들(존 카푸토, 헨트 드 브리스와 리처드 커니의 설명들을 포함하여)과는 반대로, 나는 데리다가 가장 종교적인 관념들조차도 그것들에 맞서서 독해하기 위해 필멸적 삶에 대한 욕망에 의존한다고 주장한다. 데리다에게 메시아적 희망은 시간적 생존 temporal survival에 대한 희망이고, 믿음은 항상 유한한 것에 대한 믿음이며, 신에 대한 욕망은 다른 모든 욕망과 마찬가지로 필멸자에 대한 욕망이다. 나는 데리다 자신이 그의 고백적인 저작에서 어떻게 생존에 대한 급진적으로 무신론적인 욕망을 상연하는지를 보여 주는 『할례고백』*Circumfession*에 대한 심도 있는 분석으로 이 장을 끝맺는다.

5장은 급진적 무신론의 논리를 데리다의 민주주의관과 연계시킨다. 나는 여기서 데리다가 그의 민주주의에 대한 논의에서 전면화한 자기면역 개념을 좀 더 전개시킨다. 특히 나는 어떻게 자기면역의 급진적으로 무신론적인 논리가 민주주의적 정치의 도전과 정치적 해방을 추동하는 욕망에 대한 새로운 관점을 열어 주는지를 드러낸다. 이 주장은 에르네스토 라클라우의 헤게모니와 민주주의 이론과의 대화 속에서 추구된다. 한편으로, 나는 어떻게 라클라우가 정치적인 것의 탈구축적 사유에 중요한 자원을 제공하는지를 드러낸다. 다른 한편으로 나는 라클라우가 의존하는 라캉적 욕망 개념을 문제 삼는다. 특히 나는 민주주의의 가능성이 라캉에서처럼 무시간적 충만성에 대한 구성적 욕망보다는, 시간적 생존에 대한 구성적 욕망에 달려 있다고 주장한다. 이 주장은 정치에 대한 사유뿐만 아니라 삶과 욕망에 대한 우리의 기본적인 생각들에 대해서, 이 책의 모든 가닥들을 함께 묶어 주고 데리다의 급진적 무신론의 내기들을 끝까지 밀어붙이게 해 준다.

마지막으로, 내 독해를 이끄는 전략에 대해 한마디 해 두고 싶다. 앞으로 분명해질 것처럼 내 주된 접근은 주해적인 것이 아니라 분석적인 것이다. 단지 데리다가 말하는 바를 설명하려는 것뿐 아니라, 나는 그의 논증을 전개시키고, 그의 논리를 강화하며 그 함축들을 좇으려고 한다. 한 가지 유익한 예는 내가 "생존" 개념을 다루는 방식이다. 데리다는 반복해서 그의 전체 저작에서 그것이 중심적 중요성을 가짐을 암시하지만, 생존의 논리와 그것이 동일성, 욕망, 윤리 및 정치에 대한 우리의 사유에 대해 갖는 분기점들에 대한 명시적 설명을 제공하지는 않는다. 그러한 설명을 제공함으로써 나는 데리다가 그 말에 부여했던 그 정확한 의미에서 그를 "상속"하고자 한다. 상속하는 것은 단지 스승이 물려준 것을 받아들이는 것만이 아니다. 오히려 상속은 유산이 상이한 방식으로 계속 살아남도록 하기 위해 그것을 재긍정하는 것이기도 하다.[19]

그러한 상속은 독실한 보존이 아니라 오직 비판적인 식별을 통해서만 완수될 수 있다. 이 경우 제기될 수밖에 없는 하나의 질문은 데리다 저작에서 내가 전개하는 급진적으로 무신론적인 논리를 따르지 않는 측면들이 있지 않느냐는 것인데, 이는 특히 그 논리가 다수의 다른

---

19) 상속에 대한 데리다의 설명에 대해서는 특히 *Specters of Marx*, 16/40과 *For What Tomorrow*, 3~6/15~18을 보라.

주요 해석자들에 의해 제안된 독해들과는 현저한 대조를 이루기 때문이다. 내 응답은 설령 데리다에서 급진적 무신론의 논리로는 지켜낼수 없는 구절들을 찾을 수 있다고 하더라도, 내가 여기서 제안하는 독해를 논박하기에는 전혀 충분하지 않다는 것이다. 다른 모든 이들처럼, 확실히 데리다도 비일관적일 수 있다. 그러나 내가 수립한 급진적무신론의 논리에 맞서서 이러한 비일관성들을 하나의 논증으로 만들기 위해서는, 그것들이 사실은 비일관성이 아니고 데리다에서 급진적무신론과는 다른 논리가 작동한다는 것을 증명한다는 것도 함께 보여주어야만 할 것이다.

차례

급진적 무신론

1장 시간의 자기면역: 데리다와 칸트

민주주의에 대한 자크 데리다의 주요 저서인『불량배들』에는 1992년의 알제리 선거에 대한 짧지만 핵심적인 논의가 있다. 선거는 헌정을 바꾸길 원하는 다수에게 권력을 부여하기 위해 기획되었으나 알제리의 민주화 과정을 약화시키고 말았다. 그러한 결과를 피하기 위해 국가와 여당은 선거를 유예하기로 결정했다. 그들은 그들이 보호하고자 주장한 바로 그 원리를 제거하면서, 민주주의의 이름으로 민주주의를 유예시켰던 셈이다.

데리다의 논의는 알제리에서의 선거를 유예시키는 것이 옳았느냐 아니냐를 판단하는 것이 아니다. 오히려 데리다는 그가 민주주의의 "자기면역"이라고 부르는 하나의 예로 알제리 선거에 대해 숙고한다. 민주주의는 자기면역적인데 왜냐하면 민주주의가 그 원리들을 타락시킬 수 있는 **외적인** 적들뿐 아니라 **내적인** 힘들에 의해 위협받기 때문이다. 예컨대 민주주의적 선거가 비민주적인 체제에 권력을 부여하는 것은 항상 가능하다. 데리다는 "파시스트와 나치 전체주의자들이 형식적으로 정상적이고 형식적으로 민주적인 선거 과정을 통해 권력을 장악하거나 권력에 올랐다"[1]는 점을 상기시킨다. 그래서 민주주의의 면역체계―스스로를 보호하기 위해 이용하는 전략들―는 생존하기 위해 스스로를 공격할 수밖에 없게 될 수도 있다. 그런 자기면역의 효과들은 긍정적일 수도 부정적일 수도 있지만, 어떤 경우든 민주주의가 필연적으로 스스로의 내부에서 분할됨을 강화시킨다. 민주주의를 보호하는 원리들은 민주주의의 원리들을 공격하는 이들을 보호할 수도 있다. 역으로, 민주주의의 원리들에 대한 공격은 민주주의의 원리들을 보호하는 하나의 방법일 수도 있다. 민주주의가 스스로를 공격하는 것이나 공격하길 삼가는 것이 정당한지 아닌지를 최종적으로 결정할 방도는 없는데, 이 중 어떤 전략도 언제든 스스로를 배반할 수 있기 때문이다.

데리다의 분석에서 민주주의의 자기면역은 우리가 극복할 수 있거나 극복해야 할 개탄스러운 사실이 아니다. 오히려 데리다는 자기면역으로부터 면제된 어떤 민주주의적 이상도 없음을 강조하는데, 민주주의의 개념 자체가 자기면역적이기 때문이다. 민주적이기 위해서, 민주주의는 비판 및 예측불가능한 선거 결과에 개방되어 있어야 한다. 그러나 같은 이유로, 민주주의는 본질적으로 그것을 바꾸거나 파괴할 수 있는 것에 개방되어 있다. 따라서 민주주의의 핵심에는 어떤 이중 구속이 있다. 민주주의는 자신의 위협에 맞서 스스로를 보호해야만 하고 자신의 보호에 의해 위협받아야만 한다.

데리다는 자기면역을 민주주의 문제에만 제한하지 않는다. 반대

---

1) Derrida, *Rogues*, 33/57~58.

로, 그는 자기면역이 **생명 일반**을 위한 조건임을 강조한다.[2] 데리다가 『마르크스의 유령들』에서 말하듯이, "생명은 죽음 없이 나아가지 않고, 죽음은 생명을 넘어서거나 바깥에 있지 않다. 생명의 내부에, 생명의 본질에 그 너머the beyond를 기입하지 않는 한 말이다"(141/224). 생명과 죽음의 상호 함축은 생명 자체의 핵심에 자기면역을 드러낸다. 모든 외적 위협들을 피한다고 해도, 생명은 여전히 스스로 내부에 자기 파괴의 원인을 품고 있다. 따라서 생명의 취약성vulnerability은 **제한 없는** 것인데, 공격의 원천이 또한 방어되어야 할 것 속에 위치해 있기 때문이다.

만약 자기면역이 사고하기 어려운 것으로 남는다면 이는 그것이 무모순의 원리를 위반하기 때문이다. 이 원리는 내가 동일성의 철학적 논리라고 부를 것의 토대이다. 그 고전적인 정식화는 아리스토텔레스가 "동일한 속성이 동시에 동일한 주체에 속하면서 속하지 않을 수는 없다"(1005b)고 주장한 『형이상학』*Metaphysics*에서 발견된다.[3] 여기서 시간적인 단서가 중요하다. 아리스토텔레스는 동일한 주체가 상이한 시간대에서 모순적인 속성들을 가질 수 있음을 배제한 것이 아니라(예컨대 물체는 한 시점에서 운동 중일 수 있지만 다른 시점에서는 정지할 수 있다), 모순적인 속성들을 **동시에** 가질 수 없다고 한 것이다. 따라서 무모순의 원리는 존재하는 것/~인 것은what is 그 자신과 동일해야 한다는 것, 존재하는 것/~인 것의 근원적인 형식은 불가분한 통일이어야

---

2) 예컨대 *Rogues*, 109/154~155; "Autoimmunity: Real and Symbolic Suicides", 187~88n7; 그리고 *Politics of Friendship*, 76/94를 보라.

3) 아리스토텔레스가 "동일한 사물은 동시에 존재하면서 존재하지 않을 수는 없다"(1061b~162b)고 쓰는 『형이상학』에서 무모순의 원리에 관한 추가적인 절도 참조하라.

한다는 것을 규정한다.

만약 우리가 동일성이라는 철학적 논리를 따른다면 자기면역은 상상불가능하다. 자기 자신과 분할불가능하게 동일한 것은 스스로에 맞서서 자신에게 면역성을 줄 필요가 없다. 그것은 자신 아닌 어떤 것으로부터 위협받을 수 있겠지만 스스로에 맞서게 될 수는 없다. 그래서 면역 반응은 외부 항원에 맞서 신체를 보호하는 것으로 되어 있다. 신체의 동일성은 유기체가 "좋은" 것과 "나쁜" 것, 죽일 것과 살릴 것을 구별할 수 있게 하려면 반드시 필요하다. 따라서 분할불가능한 동일성이 없다면, 모든 면역 체계는 자기면역적이 될 위험을 무릅쓰게 되는데 이는 면역 체계가 건강을 유지하는 데 봉사하리라는 보장이 없을 수도 있기 때문이다. 신체의 적이라고 공격한 것이 신체의 본질적인 부분으로 판명날 수도 있고, 신체에 유익한 것이라고 환영한 것이 그 내부에서 신체를 파괴하는 것으로 판명날 수도 있다.

그렇다면 첫 번째 질문은 우리가 데리다가 자기면역의 "비논리적 논리"illogical logic라고 부르는 것을 옹호하기 위해서 동일성의 철학적 논리를 어떻게 개조할 수 있느냐 하는 것이다. 『불량배들』 2부에서 데리다는 자기면역의 궁극적 원인이 "현재와 생명의 구조 자체에, 후설이 살아 있는 현재die lebendige Gegenwart라고 불렀던 것의 시간화에 자리 잡고 있다. 살아 있는 현재는 스스로를 변화시키고 감춤으로써만 생산된다. 나는 여기서 이 길을 좇을 만한, 정확히 말해, **시간**이 없지만 그 필연성만큼은 언급해 두고 싶다"(127/179)고 지적한다. 데리다가 그의 마지막 강의 중 하나가 된 저서들 속에서 이 논증을 전개할 만한 시간을 갖지 못했지만, 나는 이 책에서 이 논증을 위한 상당한 공간을 할애하려 한다. 시간과 자기면역 간의 연계는 내 해설의 중심에 있는

데, 왜냐하면 나는 자기면역이 탈구축적 논리의 가장 도발적인 함축들을 이끌어 내고, 시간의 문제가 그 논리의 엄밀성을 옹호할 가장 일관된 길을 열어 준다고 믿기 때문이다.

나는 동일성 논리에 대한 데리다의 탈구축이 그의 저작을 시종일관 이끄는 시간성 개념에서 비롯됨을 논증할 것이다. 데리다가 『목소리와 현상』에서 지적하듯이, "궁극적으로 쟁점이 되는 것, 근본에서 결정적인 것은 시간 개념이다"(63/70). 시간 개념은 형이상학의 역사에서 이중적인 역할을 수행하는데, 이것이 데리다의 탈구축에서 시간 개념이 그토록 결정적인 이유이다. 한편으로, 시간은 현재**의 기초 위에서** 그리고 동일성의 철학적 논리를 따라서 사고된다. 따라서 현재의 현전은 그로부터 시간의 모든 변양들이 도출되는 동일성 원리이다. 과거는 현재였던 것으로 이해되고, 미래는 현재일 것으로 이해된다. 다른 한편으로, 시간은 현전 그 자체와 양립불가능하다. 시간적인 것은 결코 그 자신일 수가 없고 더 이상 아닌 것과 아직 아닌 것 사이에서 항상 분할된다. 그래서 "현재라는 것은 그로부터 우리가 시간을 사고할 수 있다고 믿는 것"임에도 불구하고, 시간에 대한 이러한 이해는 실상 "역의inverse 필연성, 즉 현재를 **차-이**로서의 시간으로부터 사고하기"[4]를 지우고 만다. 내가 전개하고 싶은 것이 바로 시간은 **차-이**라는 명제이다. 이런 탈구축은 시간에 대한 **또 다른** 개념을 구축하는 것에 놓여 있지 않다. 오히려 잇따름succession으로써 시간이라는 전통적 개념은 동일성 논리를 탈구축할 자원을 제공해 준다.[5]

---

4) Derrida, *Of Grammatology*, 166/236~237.

5) 리처드 비어즈워스(Richard Beardsworth)의 『데리다와 정치적인 것』(*Derrida and the*

「우시아와 그라메」에서 데리다는 아리스토텔레스가『자연학』4

Political)에 대한 서평에서, 베닝턴은 탈구축이 시간에 대한 사유로서 간주되어야만 한다는 생각에 반대했다. 나는 베닝턴의 비어즈워스 평가에 대해 대부분 동의하지만, 데리다의 시간 개념에 대한 그의 논증에는 이의를 제기한다. 데리다의 글「우시아와 그라메」(Ousia and Grammè)에 준거하면서 베닝턴은 "시간의 비형이상학적인 개념은 있을 수 없다"(『데리다를 방해하기』(*Interrupting Derrida*), 173)고 주장하는데, 왜냐하면 시간 개념은 "현재의 중심화에, 그리고 과거와 미래를 단순히 현재의 변양들로 규정하는 것에 의존"하는 "환원불가능하게 형이상학적인 개념"(ibid., 175)이기 때문이다. 이는「우시아와 그라메」에서의 데리다의 논증을 일면적으로 제시한 것이다. 데리다는 시간 자체의 형이상학적 개념이 존재를 현전으로 삼는 형이상학적인 규정을 탈구축할 수 있는 자원을 담고 있다고 주장한다. 실로 데리다는 "이러한 자원들은 '시간'이라는 기호가[⋯] 담론 속에서 기능하기 시작하는 순간에서부터 필수적인 것이다. 형이상학을 초과하는 담론의 조건을 성찰해야 하는 것은 이러한 형식적 필연성의 기초 위에서이다"(60~61/70)라고 생각한다. 결과적으로, 데리다는 "형이상학의 역사의 텍스트들을 **읽기**를 원하는 누구에게든 **형식적 규칙**"(62/72)을 제공하는 셈이다. 이러한 형식적 규칙은 형이상학의 역사에서 시간을 다룸에 있어 "종속(submission)과 공제(subtraction)의 놀이"(62/72)를 따르는 데 있다. 한편으로 시간은 존재를 현전으로 삼는 형이상학적 규정에 **종속된다**. 다른 한편으로 시간은 존재를 현전으로 삼는 형이상학적 규정으로부터 **공제되는데**, 왜냐하면 시간의 구성이 현전 자체라는 관념을 반박하기 때문이다. 예컨대『자연철학』(*Philosophy of Nature*)에서 헤겔은 시간이 "그것이 **존재하는** 한 존재하지 않는 것이고, 그것이 존재하지 **않는** 한 존재하는 것이다"(258절)라고 지적한다. 시간은 **있는** 것의 형이상학적 규정과 모순되는데 왜냐하면 시간은 결코 그 자신이 될 수 없고 항상 "되기와 사라지기"(258절)이기 때문이다. 시간의 이러한 끊임없는 분할과는 반대로, 헤겔은 그가 시간이 아니라 영원성과 동일시하는 "참된 현재"(259절)를 제시한다.

시간을 형이상학적으로 다룸에 있어 종속과 공제의 놀이를 따르면서, 데리다는 잇따름으로서의 시간 개념에 또 다른 시간 개념을 **대립시킴**으로써 현전의 형이상학을 탈구축할 수 없다고 주장한다. 그런 작동은 시간의 잇따름에다가 근본적 현전을 대립시킴으로써 존립하는 형이상학의 근본적 운동을 반복하는 것이니 말이다. 오히려 데리다는 시간의 잇따름을 "현전의 문제를 쓰여진 흔적의 문제와 소통하도록 하는 숨겨진 통로"(34/37)를 통해 사고해야만 한다고 주장한다. 정확히 요점은 기록된 흔적의 구조가——내가 자세히 보여 줄 것처럼——시간의 잇따름을 그 근원적 현전 속에 정초시키지 않고서도 사고할 수 있도록 해 준다는 점이다. 흔적의 구조는 시간과 공간의 상호함축을 수반하므로 공간으로부터 면제된 "시간"에 대한 호소는 지지불가능하게 된다. 오히려 시간은 시간과 공간의 모든 대립 이전의 **공간내기**로서 사고되어야만 한다. 데리다가「우시아와 그라메」에서 지적하듯이 "시간은 현전으로서 존재의 기초 위에서 사고되는 것이고, 만약 어떤 것이——시간은 아니지만 시간과 관계를 맺는——현전으로서 존재라는 규정을 넘어서 사고되어야 한다면, 이는 여전히 시간이라 불릴 수 있는 어떤 것의 문제일 수 없다"(60/69). 이 구절은 베닝턴의 독해를 입증하는 것처럼 보이지만, 이는 다시 한번 데리다 논증의 한 면에 불과하다. 한편으로 시간은 그것이 현권에서 시간을 다루는 방식을 분석함으로써 시간성의 문제와 동일성의 논리를 연계시키려고 한다. 아리스토텔레스는 오직 하나의 단일한 지금^{now}만이 있다면 시간이란 없을 것이라고 지적한다(218b). 반대로 시간이 있기 위해서는 최소한 두 지금들—"앞선 이전과 뒤의 이후"(219a)—이 있어야만 한다. 그래서 시간은 각각의 지금이 항상 또 다른 지금에 의해 교체되는 잇따름으로 정의된다. 그런데 아리스토텔레스는 시간이 **현전 그 자체**로서의 동일성 개념에 모순됨을 깨닫는다. 자기현전하는, 불가분한 지금은 또 다른 지금으로 교체되는 것을 시작조차 할 수 없는데, 불가분한 것은 결코 변화될 수 없기 때문이다. 이런 관찰은 아리스토텔레스를 궁지로 이끄는데, 그의 동일성 논리는 시간

전으로서 존재라는 형이상학적 규정에 종속되어 온 것인 한에서 상이한 이름을 부여받을 필요가 있다. 다른 한편으로 형이상학의 역사에서 시간에 대한 취급은 항상 현전으로서 존재라는 규정으로부터 시간을 공제시킬 수밖에 없었던 것인데, 이는 시간의 존재가 현전의 존재와 양립 불가능하기 때문이다. 『목소리와 현상』에서 데리다의 외관상 모순적인 진술도 참조하라. 첫째로, 데리다는 "시간이라고 불리는 것은 상이한 이름을 부여받을 필요가 있는데—왜냐하면 '시간'은 항상 현재의 기초 위에서 사고된 운동을 지시해 왔고 그 외에는 아무것도 뜻하지 않기 때문이다"(68/77; 번역 수정). 둘째로, 그는 시간이 "현재와 현재하는 존재의 자기현전의 기초 위에서 사고될 수 없다"(86/96; 번역 수정)고 주장한다. 이렇게 외관상 모순적인 주장들은 우리가 이를 시간의 형이상학적 취급에 있어서 종속과 공제의 놀이와 관련해서 읽을 경우 양립가능해진다. 시간이 존재를 현전으로 규정하는 동일성 논리에 종속되어 왔다면, 시간은 또한 존재를 현전으로서 규정하는 데서 공제되어 왔는데 왜냐하면 시간은 자기동일적인 존재로 사고될 수 없기 때문이다. 데리다가 『목소리와 현상』에서 지적하듯이, "'시간'이라는 말 자체는, 그 말이 형이상학의 역사에서 항상 이해되어 왔던 것처럼, 이러한 자기촉발(autoaffection)의 '운동'을 **동시에** 보여 주고 감추는 은유이다"(85/95). 문제의 자기촉발은 하나의 현재에서 다른 현재로의 가장 기본적인 잇따름에 관련된다. "시간"이라는 말은, 그것이 자기동일적 현전이라는 관념에 종속되는 한에서 자기촉발의 함축들을 감춘다. 그러나 "시간"이라는 말은 또한 자기촉발의 함축을 보여 주는 데 가장 기본적인 잇따름조차도 자기동일적 현전이라는 관념으로부터 공제되어야 하기 때문이다. 우리가 보게 될 것처럼, 시간의 잇따름은 현전이라는 존재를 미리 나누며, 왜 시간이 공간내기로서 사고되어야만 하는지를 설명해 준다.

을 구성하는 잇따름을 설명할 수 없기 때문이다. 데리다는 이 문제를
다음과 같이 분명히 한다.

> 지금들의 연속을 생각해 보자. 앞선 지금은 뒤따르는 지금에 의해 파
> 괴되어야만 한다고 말해진다. 그러나 아리스토텔레스는 지금이 "그
> 자체로"en heautōi, 즉 그것이 있는 그 순간에(활동하는 지금now, in act)
> 파괴될 수 없다고 지적한다. 다른 지금en allōi에서도 마찬가지이다. 왜
> 냐하면 지금으로서, 그 자체로 그것은 파괴되지 않을 것이고, 지금으
> 로서 있었던 것은, 뒤따르는 지금의 활동에 접근불가능하기 때문이
> 다(57/65).

따라서 불가분한 지금이라는 관념을 고수하는 한——보다 명료하
게 말한다면, 현전 그 자체로서의 동일성 개념을 고수하는 한——잇따
름을 사고하기란 불가능하다. 지금은 **우선** 그 자체로 현전할 수가 없
고 **다음으로** 그 자신의 사라짐에 의해 영향받을 수 없는데, 이러한 생
각은 지금이 [지금으로서] 존재하기를 중지한 이후에, [그다음] 지금이
사라지기를 시작하도록 요구하기 때문이다. 오히려 지금은 바로 **그 사
건 속에서** 사라져야만 한다. 시간의 잇따름은 각각의 지금이 다른 지
금에 의해 교체될 것뿐만 아니라, 이러한 변형alteration이 그 시초에서
부터 작동할 것을 요구한다. 하나의 지금이라고 일컬어지는 것은, 데
리다가 주장하듯이(56/65) "한 쌍을 최소로 하는" 시간화의 운동에 의
해서 항상 이미 분할된다.

중요한 질문은 가분적 시간과 불가분적 현전 사이의 이율배반으
로부터 어떤 결론을 끌어내느냐 하는 것이다. 시간성의 가차없는 분

할에 맞서, 동일성의 철학적 논리를 구하기 위해서는 시간을 비시간적 현전하에 포섭해야만 한다. 데리다 사유의 도전은 이러한 움직임에 대한 거부로부터 유래한다. 탈구축은 근원적 분할을 주장하고 그럼으로써 시간의 급진적 환원불가능성을 어떤 동일성에도 구성적인 것으로 사고할 수 있도록 해준다. 나는 데리다 저작의 외관상 역설이, 시간으로부터 면제된 심급을 정립하지 않고 동일성의 조건을 사고하는 탈구축적 "논리"를 따르는 것이라고 주장할 것이다. 하나의 단서는 현재가 어떻게 필연적으로 내부에서 분할되는지를 서술한 **차-이**에 대한 데리다의 에세이이다.

> 현재가 그 자신이기 위해서는 하나의 간격이 현재가 아닌 것으로부터 현재를 분리해야만 한다. 그런데 마찬가지로 그것을 현재로 구성하는 이 간격은 현재를 그 자체로 분할하고 그럼으로써, 현재와 더불어, 현재를 기초로 사고되는 모든 것들을 분할한다(『철학의 여백』, 13/13).[6]

어떻게 "현재가 그 자신이기 위해서는 하나의 간격이 현재가 아닌 것으로부터 현재를 분리"하는지에 대한 데리다의 서술은 시간에 관한 모든 철학적 설명에서 나타나는 난제에 대답한다. 핵심은 최소의 시간적 순간조차도 그 생성에 있어 ―이전을 이후와 나누고, 과거를 미래와 나누는 식으로― 분할되어야만 한다는 것이다. 간격 없이는 시간도 없으며, 오직 영원히 동일하게만 남는 현전만이 있게 될 것이다.

---

6) [옮긴이] 원저의 인용문이 잘못 옮겨져 있어 바로잡았다.

따라서 시간화의 운동은 과거의 현전으로부터 나타나서 미래의 현전에 의해 따라잡히는 현전을 통해서는 이해될 수 없다. "과거"는 현재**였던** 것을 가리킬 수 없는데 왜냐하면 어떤 과거도 시초에서부터 자체로 분할되기 때문이다. 마찬가지로 "미래"는 현재**일** 것을 가리킬 수 없으며 일어나는 모든 것에 본래적인 끊임없는 자리옮김displacement을 가리킨다. 소위 어떤 현전도 앞선 것[과거] 및 뒤따르는 것[미래]과 관련하여 분할되어 있을 뿐만 아니라, 그것의 사건 자체 내에서 분할되어 있다.

어려운 질문은 그러한 분할에도 불구하고 어떻게 동일성이 가능하냐 하는 것이다. 확실히 시간의 차이는 과거를 미래에 관계시키고 그래서 시간을 가로지르는 동일성을 정립하는 종합 없이는 표시조차 될 수 없다. 대개 시간의식의 철학들은, 현재의 형태로 주어지는 기억과 기대를 통해 과거와 미래를 관계시키는, 자기현전하는 주체의 종합에 기반함으로써 문제를 풀어 왔다. 그러나 문제에 대한 이러한 해결책은 시간을 그 자체로 경험하는 의식이 현전하며 그럼으로써 시간의 분할로부터 면제되어 있다고 가정해야만 한다. 따라서 데리다가 현전의 자기동일성이 선험적으로a priori 불가능하다고 주장한다는 점에서 옳다면, 어떻게 현전의 형식에 근거하지 않고도 시간의 종합이 가능한지에 대한 설명이 더욱더 긴요해진다.

데리다의 "흔적" 개념은 이 종합에 대한 설명으로 볼 수 있다. 데리다는 이 종합이 "환원불가능하게 단순하지 않은non-simple" 것으로 이해되어야 한다고 주장하면서 흔적을 어떤 근원적 종합originary synthesis으로 서술하는데, 흔적은 시간의 간격을 모든 동일성의 전제 조건으로 표시하기 때문이다.

스스로를 구성함에 있어, 스스로를 역동적으로 분할함에 있어 이러한 간격은 **공간내기**, 시간의 공간되기 또는 공간의 시간되기(**시간화**)라고 불릴 수 있을 것이다. 그리고 표시의 '근원적인' 그리고 환원불가능하게 단순하지 않은(따라서 **엄밀한 의미에서 비근원적인**) 종합으로서 현재의 이러한 구성이 […] 내가 원-기록, 원-흔적 또는 **차-이**라고 부르자고 제안하는 것이다(『철학의 여백』, 13/13~14).

데리다는 여기서 흔적을 "공간내기"를 통해 정의한다. 공간내기는 또한 원-기록과 **차-이**의 정의이기도 한 시간의 공간되기와 공간의 시간되기의 약칭이다. 나의 주장은 데리다 정의의 정교화가, 불가분한 현전에 시간성을 정초하지 **않고서도** 근원적 종합을 설명함으로써 시간성에 대한 가장 엄밀한 사고를 가능하게 해 준다는 것이다.[7]

흔적의 종합은 우리가 지금껏 고려했던 시간의 구성으로부터 나온다. 지금이라는 것이 사라짐으로써만 나타날 수 있음을—생기자마자 사라지므로—감안할 때, 지금이 어쨌든 존재하기 위해서는 흔적으로서 기입되어야만 한다. 이것이 **시간의 공간되기**이다. 흔적은 필연적으로 공간적인데, 공간성이 시간적 잇따름에도 불구하고 남아 있는 능력으로 특징지어지기 때문이다. 따라서 공간성은 종합의 조건인데, 이는 공간성이 과거와 미래 사이의 관계의 흔적내기를 가능하게 하기 때문이다. 그러나 공간성은 결코 그 자체일 수는 없다. 즉 이는 결코 순수 동시성일 수 없다. 동시성은 하나의 공간적 마디juncture를 또 다른

---

7) 같은 이유로, 데리다의 근원적 종합 개념은 기원(origin) 개념 자체를 개조한다. 만약 종합이 근원적이라면, 결코 하나의 단순한 요소나 절대적 시초가 있을 수 없다.

공간적 마디와 연결하는 시간화 없이 사고될 수 없다.[8] 이러한 **공간의 시간되기**는 하나의 흔적이 다른 흔적들과 연결되기 위해서뿐만 아니라, 애초에 흔적이 하나의 흔적이기 위해서도 필수적이다. 흔적은 오직 그것의 기입 이후에야 읽힐 수 있고, 그래서 공간을 시간화하는 미래와의 관계에 의해 표시된다. 이는 데리다의 동일성 논리에 대한 탈구축에 핵심적이다. 만약 시간의 공간화가 종합을 **가능**하게 한다면, 공간의 시간화는 이 종합이 불가분한 현전에 정초되는 것을 **불가능**하게 한다. 종합은 항상 **미래에 대해** 남겨진 과거의 흔적이다. 따라서 종합은 결코 그 자체일 수 없으며 흔적을 지울 수도 있는 것에 본질적으로 노출되어 있다.

다음 장에서 나는 종합의 탈구축적 개념을, 특히 에드문트 후설의 내적 시간의식의 현상학에 대한 상세한 연구를 통해 전개할 것이다. 내가 여기서 강조하고 싶은 것은 데리다가 흔적과 **차-이**를 생명 일반의 조건들로 서술한다는 점이다. 이 조건들은 칸트나 후설의 의미에서 가능성의 "초월론적" 조건으로 이해되어서는 안 되는데, 왜냐하면 이 조건들은 오직 유한한 의식의 경험에만 적용되기 때문이다. 데리다에게 시간의 공간내기는 어떤 것도 그로부터 면제될 수 없는 "극단초월론적"ultratranscendental 조건이다. 이 장은 시간의 공간내기가 극단초월론적 지위를 갖는다는 것이 무슨 뜻인지를 상술하고자 한다. 한편으로 시간의 공간내기는 극단초월론적 지위를 갖는데 왜냐하면 그것이 **가장 위까지 향하는**all the way up 모든 것, 이상ideal 자체까지 포함한 모든 것의 조건이기 때문이다. 시간의 공간내기는 인식되고 경험될 수 있

---

8) Derrida, *Margins of Philosophy*, 55/63을 보라.

는 모든 것뿐만 아니라 사고되고 욕망될 수 있는 모든 것의 조건이다. 다른 한편으로 시간의 공간내기는 극단초월론적 지위를 갖는데 왜냐하면 이는 생명의 최소 형태에까지 곧 **가장 아래까지 향하는**all the way down 모든 것의 조건이기 때문이다. 데리다가 주장하듯이, **차-이**의 일반성에는 제한이 없고, 흔적의 구조는 살아 있는 것의 모든 장에 적용된다.[9]

시간의 공간내기와 이에 수반되는 흔적의 구조는 자기면역의 가장 깊은 원천이다. 이미 데리다는 『기록과 차이』에서 흔적을 생명의 씨앗과 분리불가능한 "필멸의 싹"mortal germ(230/339)이라고 불렀다. 흔적을 극단초월론적 조건으로 사고하는 것은 따라서 절대적으로 예외

---

9) 예컨대 데리다가 흔적의 구조 없는 생명이란 있을 수 없다고 진술하는(21/43) *For What Tomorrow*을 보라. 그리고 그가 "**차-이**의 무제한적인 일반성"(71)을 언급하는 *Acts of Literature*를 보라. 이 책이 진행되면서 나는 데리다 저작에서 이러한 주장의 여러 판본과 측면들을 분석할 것이다. 데리다는 특히 그가 근원적 흔적 개념을 정교화하는 *Grammatology*의 한 절에서 "극단초월론적"이라는 말을 사용한다. 데리다가 지적하듯이, 근원적 흔적 개념은 "사실 모순적이고 동일성 논리 내부에서는 받아들여지지 않는다"(61/90). 흔적의 사유는 동일성에 대한 상이한 논리를 요구하는데, 이는 기원이라는 형이상학적 개념을 그에 맞서서 사용하는 것이다. 만약 흔적이 근원적이라면, 기원 개념 자체는 내부에서 모순되는데, 흔적은 시초에서부터 분할되고 결코 그 자체로 주어질 수 없기 때문이다. 근원적 흔적은 따라서 공간내기라는 극단초월론적 조건에 대한 다른 이름인데, 이는 "기원이 심지어 사라지지도 않았다는 것, 기원은 비기원에 의해 상호적으로 구성되는 것이 아니라면 결코 구성되지 않았다는 것, 따라서 흔적은 기원의 기원이 된다는 것"(61/90)을 상술하기 때문이다. 데리다는 몇몇 텍스트들에서 그의 "극단초월론적"이라는 말의 사용을 회고한다(예컨대 *Negotiations*, 354; *Rogues*, 174n14/207n1). 종종 그는 "유사-초월론적"(quasi-transcendentalist)이라는 말을 쓰면서 두 용어가 상호교환적으로 쓰일 수 있음을 암시한다. 그래서 1999년 옥스퍼드대학교에서의 토론 와중에 데리다는 "나는 극단초월론자 또는 유사초월론입니다"(*Arguing with Derrida*, 107; **생명**은 **차-이**라는 108쪽의 진술도 참조)라고 진술한다. 나는 전략적 이유들로 "극단초월론적"이라는 말을 쓰길 선호하는데, 이것이 데리다가 시간의 공간내기에 부여한 급진적 지위를 강화시켜 주고 『불량배들』에서 두드러진 "무조건성"이라는 말에 보다 직접적으로 해당하기 때문이다.

없는 구성적 유한성을 사고하는 것이다. 그 구성에 있어서 생명은 죽음에 의해 위협받고, 기억은 망각에 의해 위협받으며, 동일성은 타자성에 의해 위협받고 등등.

데리다의 후기 저작들은 사건의 구조와 **무조건적인 것**으로서 미래의 도래를 서술함으로써 극단초월론적 논증을 되풀이한다. 미래의 무조건적인 도래는 더 나아가 **정의, 환대 및 민주주의** 같은 말들과 연계된다. 이런 말들에 대한 데리다의 사용은 많은 독자들로 하여금 그가 칸트적 의미에서의 이념에 찬동한다고 믿게 했다. 그럴 경우에는 설령 그것이 우리 같은 유한한 존재자들에게는 접근불가능한 것으로 남을지라도, 무조건적 정의, 환대 또는 민주주의는 우리가 사유가능하고 열망해야만 하는 어떤 이상을 가리키게 될 것이다.[10] 데리다 자신은

---

10) 데리다 저작이 어떻게 칸트적 이념의 구조에 따라 독해되는지에 대한 최근의 예로는 Daniel W. Smith, "Deleuze and Derrida, Immanence and Transcendence: Two Directions in Recent French Thought"을 보라. 데리다의 논증을 칸트적 이념의 구조에 동화시키려는 경향은 데리다 저작 수용에서 오랜 역사를 가지며, 이는 베닝턴에 의해 *Derridabase, Legislations, Interrupting Derrida, Other Analyses* 등에서 훌륭하게 분석되었다. 베닝턴이 옳게 관찰하듯이, "데리다가 하는 것에 대한 매우 흔한 오해는 확신하건대 그가 분쇄하고자 하는 칸트적 이념의 모델로 데리다의 작업을 정상화하려는 것을 포함한다"(*Other Analyses*, 77). 또한 마리안 홉슨(Marian Hobson)의 데리다 독해의 이념 구조에 대한 뛰어난 비판에 대해서는 *Interrupting Derrida*의 13장을 보라. 그러나 데리다에 대한 칸트적 오독에 대한 그의 통찰력 있는 비판에도 불구하고, 베닝턴은 데리다의 사유를 칸트적 이념으로부터 분리시킴에 있어 충분히 나아가지 않는다. 베닝턴은 데리다의 민주주의 개념이 "실제로 여전히 규제적 이념의 용어 속에서 사고될 수 없다"고 주장하는데 왜냐하면 이는 **영구적으로, 결코 이행될 수 없는 약속**"이기 때문이다(*Interrupting Derrida*, 33). 이러한 정식화는 오도적인데, 왜냐하면 이는 닫지 않은 채 남아 있는 민주주의의 약속된 이행이 있음을 시사하기 때문이다. 따라서 베닝턴은 데리다 자신이 비판한 데리다 독해 모델로 다시 후퇴한다. 예컨대, 어떤 절대적으로 새로운 것의 즉흥작용(improvisation)이 불가능함을 언급하면서, 베닝턴은 다음과 같이 주장한다.
"그런 즉흥작용의 시도, 필연적으로 실패하는 시도는 개시성(inaugurality)의 **약속**으로 보일 수 있는 흔적이나 표시를 남긴다. 우리가 발본적으로 독창적인 어떤 것을 수행할 수는 없

반복해서 그런 칸트적 도식을 고수한다는 점을 부정하지만, 왜 데리다적 의미의 무조건성이 칸트적 의미의 무조건성과 분리되어야만 하는지에 대한 특정한 이유들은 보다 자세히 다룰 필요가 있다. 나는 두 개념들이 완전히 양립불가능하다고 주장할 것이다. 이는 데리다 사유의 급진성을 평가하는 데 핵심적이다. 칸트에게 무조건성은 시간과 공간에 종속되지 않는 어떤 주권적 심급의 이념이다(예컨대 신). 반면 데리다에게 무조건성은 주권적 심급이라는 바로 그 이념을 반박하는 시간의 공간내기이다.

칸트와 데리다에 대한 더욱 상세한 비교는 어떻게 시간의 구성이 동일성의 철학적 논리에 도전하는지를 평가하는 데 있어 유익하다. 칸트의 『순수이성비판』*Critique of Pure Reason*[11]은 그의 무모순의 원리에 대한 차별적인discriminating 사용으로부터 나온 것으로 볼 수 있으며 이는 분명하게 이 원리의 탈구축에서 쟁점이 되는 것을 드러낸다. 데리다가

겠지만, 데리다를 흥미롭게도 이성의 이념들과 숭고의 칸트에 가깝도록 하는 (그리고 너무 가깝게 하여 후기 리오타르에 가깝게 만드는) 사고의 운동 속에서, 우리는 어떤 의미에서 발본적으로 독창적인 어떤 것을 **사고**할 수 있고 심지어는 **요청**할 수 있다. 이러한 구조에 대한 데리다의 재정식화는, 이렇게 하여 우리가 그러한 일을 **약속**하고 있다고 말하는 것이며, 이는 **가능한** 것(또는 적어도 어떤 형식적 의미에서 사고 가능한 것, 즉 절대적으로 새롭거나 특유한 [idiomatic] 것)이 그럼에도 **불가능**해지는 것의 의미를 포착하는 것으로 가정되어 있다(*Other Analyses*, 172)."

베닝턴의 주장은 내가 이 장에서 다루는 오해의 세련된 판본이다. 탈구축의 논리란, 절대적인 것은 세계 속에서 실현하기는 **불가능**하지만 사고하는 것은 **가능**하다고 말하는 것이 아니다. 오히려 사고의 가장 형식적인 수준에서 절대적인 것은 불가능하며, 이러한 불가능성은 이상을 성취하지 못하는 부정적인 실패가 아니다. 같은 이유로, 우리 능력 밖에 있는 것의 이행을 약속하지 않는다. 반대로, 약속은 항상 시간적 유한성의 약속이고 따라서 바로 그 이행 자체 속에서의 불이행(nonfulfillment)의 가능성에 열린 채로 남아 있어야만 한다. 절대적 이행의 이러한 불가능성은 이행의 결여가 아니라 욕망될 수 있는 모든 이행의 가능성이다. 약속의 구조에 대한 나의 분석에 대해서는 이 책의 4장을 보라.

11) 이마누엘 칸트, 『순수이성비판』, 백종현 옮김, 아카넷, 2006.

『기록과 차이』에서 지적하듯이, 무모순의 원리는 "모든 현전의 형이상학의 주춧돌"(217/321)인데, 왜냐하면 이는 현전 자체로서 존재[~임]에 대한 정의를 제공하기 때문이다. 과거는 더 이상 없고 미래는 아직오지 않았다. 따라서 스스로와 동일한 모든 것은 현재에 있어야만 한다. 만약 이런 동일성 논리를 따른다면, 시간은 비존재[~아님]로 정의되어야만 한다. 존재는 현전 자체이지만, 시간은 결코 현전 자체일 수가 없다. 「우시아와 그라메」에서 데리다는 이 주장을 다음과 같이 반복한다.

> 만약 누군가 시간이 아무것도 아닌 것(비존재)이라고 증명할 수 있는 것처럼 보인다면, 이는 "아직 아닌" 또는 "이제 더는 없는"이라는 이름 아래에 아무것도 아닌 것no-thing의 기원과 본질을 시간으로서, 비현재로서 이미 규정했기 때문이다. […] 존재가 이미, 비밀스럽게 현재하는 것으로, 존재임beingness/ousia이 현전으로 규정된 한에서 존재는 비시간이고, 시간은 비존재이다. 존재와 현재가 동의어가 되자마자, 무에 대해 말하는 것과 시간에 대해 말하는 것은 같은 것이 된다 (50~51/57~58).

데리다가 서술하는 논리적 추론은 종종 시간을 하나의 가상이나본질적인 것의 타락으로서 비난하기 위해 쓰일 때가 있는데, 이는 그것이 절대적 현전이라는 이상을 반박하기 때문이다. 데리다는 "칸트이전까지 형이상학은 시간을 무로 간주하거나 본질 또는 진리에 낯선우연적 속성으로 간주했다는 엄청나게 명백한 사실"(47~48/53)을 언급한다. 그러나 데리다가 계속해서 말하길 시간을 형이상학에 종속시키는 것은 "칸트가 시간의 가능성을 **파생적 직관**intuitus derivativus과 **파생된** 유한성 또는 수동성 개념에 연결시킬 때뿐만 아니라, 또한 무엇보다도 그의 시간 사유에서 가장 혁명적이고 가장 덜 형이상학적인 대목에서도 **여전히** 보일 수 있다"(48/53).

데리다는 『순수이성비판』의 칸트가 시간을 다룰 때 나타나는 이중 운동을 지적함으로써 그의 주장을 강화한다. 한편으로 칸트는 시간이 현상 일반의 조건이고, 그것 없이는 애초에 어떤 경험도 있을 수 없는 감성의 순수 형식이라고 주장한다. 칸트는 따라서 시간이 **경험적으로 실재적**이라고 단언하는데, "시간 조건에 종속하지 않을 어떠한 대상도 결코 경험에서 우리에게 주어질 수는 없는 것"(B52)이기 때문이다. 다른 한편으로 칸트는 시간은 오로지 감각적 직관의 주관적 조건에만 적용된다는 점을 강조한다. 따라서 시간은 **초월론적으로 이념적**이다. 이는 사물 그 자체에 적용되는 것이 아니라 오직 유한한 경험에서 사물의 현상 가능성의 조건일 뿐이다. 칸트가 말하듯이, "시간이란 오로지 (우리가 대상들에 촉발된다는 점에서, 항상 감성적인) 우리 (인간의) 직관의 주관적 조건이고, 주관을 벗어나면 그 자체로는 아무것도 아니다. 그럼에도 불구하고 모든 현상과 관련해서, 그러니까 경험에서 우리에게 나타날 수 있는 모든 사물과 관련해서 시간은 필연적으로 객관적이다"(B51).

시간이 결코 초월론적 실재의 지위를 가질 수 없다는—즉, 사물 자체의 조건이 될 수 없다는—칸트의 논증은, 무모순의 원리로부터 엄밀히 따라 나온다. 만약 존재를 현전 자체로 정의한다면, 시간은 비존재로 정의되어야만 하는데 이는 결코 그 자체일 수 없기 때문이다. 그러나 칸트는 순전히 논리적 근거에서 시간의 실재성을 부인하려는 독단적 형이상학으로부터 스스로를 분리시킨다. 오히려 칸트는 시간의 초월론적 실재성을 부인함으로써 무한한 존재라는 이념을 보호하는 동시에, 시간에 경험적 실재성을 부여함으로써 인간적 유한성의 구성적 한계에 대해 설명하려 한다.

따라서 『순수이성비판』에서 칸트의 과업은 무모순의 원리에 대한 부당한 사용으로부터 정당한 사용을 분리하는 일이다. 그는 무모순의 원리를 "불가침의" 것으로 인정하면서도 이를 "모든 진리의 소극적인 기준"(B191)으로 조심스럽게 제한시킨다. 무모순의 원리는 어떤 것의 진리 판단에 필요하지만 충분하지는 못한 기준을 제공한다. 스스로와 모순되는 것은 항상 거짓이지만, 스스로와 모순되지 않는 것이 필연적으로 참이지는 않다. 인간 인식의 유한성에 대해서 이러한 구별을 유지하는 것은 칸트에게 특히 중요하다. 이전의 형이상학적 체계들은 무모순의 원리에 따라 사고될 수 있는 것과 가능한 경험의 대상으로서 정립될 수 있는 것을 엄밀하게 구별하는 데 실패해 왔다. 따라서 사람들은 신 존재나 영혼 불멸을, 그것들이 모순 없이 사고가능하다는 것을 근거로 하여 증명하려고 했었다. 칸트에게 그런 주장들은 "초월론적 가상들"인데 왜냐하면 그들은 모든 인간 인식이 모든 가능한 경험의 조건인 시간과 공간에 의해 제한됨을 무시했기 때문이다. 칸트에게 시간과 공간을 초월한 어떤 것의 존재를 증명하는 것은 문제가 아닌데 우리는 오직 시간적이고 공간적인 것만을 인식할 수 있기 때문이다.

칸트는 오류추리, 이율배반, 순수이성의 이상에 관한 절들에서 초월론적 가상들에 대해 검토한다. 나는 칸트의 사례들에 대해 상세한 해명을 하지는 않고 다만 그 기저의 논증 구조만을 지적하겠다. 칸트는 이성이 신과 같은 형이상학적 개념을 사유할 수 있다는 **논리적** 가능성으로부터 세계 내의 **실재적** 존재에 관한 추론으로 나아갈 때 해소 불가능한 모순들 속에 빠지게 됨을 보여 준다. 모든 형이상학적 정립은(예컨대 모든 우연적 존재자들의 근거인 하나의 단순한 실체, 원인 없는 원인 또는 필연적 존재가 있어야만 한다) 이 정립들이 시간과 공간의 구성과 양립불가능함을 증명하는 반정립antithesis에 의해 반박될 수 있다. 따라서 이율배반은 불가분한 심급이 있어야만 한다고 단언하는 정립과 모든 것은 시간과 공간에 의해 분할되기 때문에 불가분한 심급은 있을 수 없다고 단언하는 반정립 사이의 갈등을 중심으로 구조화된다.

순수이성의 이율배반을 드러내면서 칸트는 시간과 공간의 제한을 넘어선 어떤 것이 있다는 통념을 불신하는 것이 아니다. 그는 단지 우리가 그런 것을 자체로 경험할 수 있음을 부정하는 것이다. 여기서 칸트의 핵심적 구별은 현상적인 것과 예지적인 것 사이의 구별에 평행하는 인식과 사고 사이의 구별이다. 우리는 오로지 (시간과 공간에 의해 제한된) 현상적인 것만을 인식하며, (시간과 공간을 초월하는) 예지적인 것은 이념으로서만 사고할 수 있다. 무모순의 원리는 궁극적으로 현상적인 것과 예지적인 것 사이의 이런 구별을 정초한다. 경험될 수 있는 모든 것이 시간에 종속된 것이라고 해도, 무모순의 원리는 칸트로 하여금 시간으로부터 면제된 불가분한 동일성을 사고하는 것이 가능하고 정당한 것임을 보증한다.

무모순의 원리는 예지적인 것에 대한 칸트의 이념을 강화할 뿐만 아니라 또한 선험적 조건으로서 시간에 종속된 현상적 영역 내의 동일성에 대한 그의 이해 또한 규정한다. 칸트는 여기서 내가 위에서 설명한 잇따름과 종합 사이의 관계 문제와 조우한다. 시간성이 끊임없이 과거와 미래 국면들로 분할된다 하더라도, 이러한 국면들이 서로 관계되지 않을 경우 시간에 대한 경험은 있을 수 없다. 따라서 잇따르는 순간들의 종합은 어떠한 시간적 연장temporal extension의 의식에 있어서건 필연적인 것이다. 예컨대 내가 만약 음조tone의 연속을 듣는다면, 나는 지나간 것을 보유하고 뒤따를 것을 거기에 합침으로써만 그 연속을 하나의 선율로서 파악할 수 있다. 모든 시간의식의 이론들이 대답해야만 하는 질문은 어떻게 그런 잇따름의 종합이 가능하냐는 것이다. 칸트는 쓰기를

> 내가 한 직선을 생각 속에서 긋거나, 또는 한 정오로부터 다른 날의 정오까지의 시간을 생각하거나, 단지 어떤 수를 표상하려 할 때나, 나는 먼저 반드시 이 잡다한 표상들을 순차적으로 하나하나 생각 속에서 파악하지 않으면 안 된다는 것이 분명하다. 그런데 내가 만약 선행한 것들(그러니까 직선의 처음 부분들, 시간의 선행한 부분들, 또는 잇따라 표상된 단위들)을 그때그때 생각 속에서 잃어버리고, 내가 후속하는 것들로 나아가면서 선행한 것들을 재생하지 못한다면, 결코 하나의 전체 표상은, 그리고 앞서 언급한 생각들 중 어느 것도, 심지어는 공간과 시간과 같은 진정으로 순수한 최초의 근본 표상도 생길 수 없을 것이다(A102).

한편으로 직관의 잡다는 다수성일 뿐 아니라 시간적 잇따름이기도 하다. 다른 한편으로 분리된 순간들이 서로 연결되고 종합되지 않으면 시간의 잇따름은 결코 경험될 수 없다. 칸트에게 문제는 어떻게 그런 종합을 구상하고 시간성의 우세prevalence를 의식의 근본적 통일에 대한 형식적 요구와 조화시키는가 하는 것이었다.

문제에 대한 칸트의 해결책은 항상 변화하는 경험적 의식과 ["나는 사고한다"는] 초월론적 통각의 통일, 곧 "순수하고 근원적이며 전변 없는 의식"(A107)을 대조시키는 것이다. 이러한 통일은 필연적으로 시간과 결부되지만, 그 자체로 시간적인 것일 수는 없다. 만약 그럴 경우, 의식의 종합적 통일의 바로 그 근거 자체가 잇따름에 종속될 것이고 따라서 그것 아닌 다른 심급에 의해 종합될 필요가 있고 등등 이런 식으로 계속될 것이다. 이러한 무한소급을 피하기 위해 칸트는 시간에 종속된 경험적 자아와 초월론적 주체의 순수 통각을 구별한다. 다시 말해 칸트에 따르면 **"나는 사고한다**는 것은 나의 모든 표상에 수반**할 수 있어야만** 한다"(B131). "나는 사고한다"는 것은 직관의 잡다를 하나의 자기동일적인 의식에서 연결하는 종합의 자발적 원천이다. 그러한 통각은 **"나는 사고한다**는 표상을 낳는 자기의식은… 다른 어떤 표상으로부터도 이끌어 낼 수 없는 것"(B132)임을 통해 무한소급을 종결시킨다.

　　그러나 칸트는 조심스럽게 통각의 초월론적 나라는 그의 개념을 실체로 간주된 주체로부터 구별한다. 통각의 종합적 통일은 오로지 "내가 있다는 **것**"(B157)에 대한 근본적 의식만을 제공하는 반면에, 우리 자신에 대한 어떠한 인식도 내감(예컨대 시간)의 형식에 따라 일어나야만 하기 때문에 **"내가 존재하는 바** 그대로의 나에 대해서는 아무런 **인식**도 갖지 못하고, 한낱 **내가 나에게 현상하는 대로**의 나에 대한 **인식**을 가질 뿐이다"(B158). 따라서 칸트는 순수 통각이 "단지 형식적인 조건, 곧 모든 사고 내용의 논리적 통일성으로, 거기에서 나는 모든 대상을 추상"(A398)는 것임을 강조한다. 칸트는 하나의 형식적 필연성으로서 초월론적 나에 대한 이러한 생각을 넘어서면, 주체 자체에 대한 어떤 지식도 있을 수 없다고 주장한다.

주체의 구성에 대한 논증은 무모순 원리를 칸트가 구별하여 사용한다는 것을 보여 주는 하나의 명백한 예이다. 무모순 원리는 시간의 분할을 종속시키는 의식의 통일이 있어야만 한다고 규정한다. 동일한 논리를 따라서, 칸트는 잇따르는 현상들을 하나의 동일한 것의 현상으로 종합하기 위해서는 (그의 공식인 대상=X에 의해 지시되는) 자기동일적 대상의 형식이 필수적이라고 주장한다. 칸트에게 형식적 통일을 시간의 경험 조건으로 정립하는 것은 무모순 원리의 정당한 사용이다. 칸트가 비판하는 형이상학적 오류는 형식적 통일로서 "나는 생각한다"로부터 이른바 파괴불가능한 실체로서 영혼에 대한 증명으로의 운동, 또는 자기동일적인 형식적 대상=X로부터 이른바 사물 자체에 대한 증명으로의 운동이다. 무모순 원리에 대한 그런 부당한 사용은 시간과 공간으로부터 면제된 것을 인식하거나 경험할 수 있다는 "초월론적 가상"을 낳는다.

우리는 어떻게 칸트의 무모순 원리 사용이 『순수이성비판』의 주요 부분 모두를 이끄는지 알 수 있다. 「초월론적 감성학」과 「초월론적 분석학」에서 칸트는 경험의 선험적 종합의 조건을 시간과 공간에 주어진 것으로 분석한다. 여기서 무모순 원리는 그로 하여금 시공간적 경험의 무한한 가분성에도 불구하고 의식의 통일을 확보하는 순수 통각을 정립하게 한다. 「초월론적 변증학」에서 칸트는 오류추리, 이율배반 및 순수이성의 이상을 분석한다. 여기서 무모순 원리는 그로 하여금 설령 시간과 공간의 조건하에서는 불가능한 것처럼 보임에도 불구하고 주권적 심급의 이념을 구제하도록 해 준다.

칸트의 목적은 이성을 스스로와 일관되게 만드는 것이고 그릇된 추론과 옹호할 수 없는 증명으로 이성이 능욕당하지 않도록 하는 것이다. 제1비판을 통틀어 그는 무모순 원리에 대한 그의 사용에 있어 감탄스러운 엄밀성을 유지한다. 칸트는 이성의 최고 원리인 이 원리에 근거해서 주장될 수 없는 어떤 것도 주장하지 않는다.

따라서 칸트를 탈구축하는 유일한 방법은 무모순 원리를 탈구축하고 새로운 이성관을 전개하는 것이다. 『불량배들』의 2부에서 데리다는 두 번째 과업을 명시적으로 한다. 칸트에서 발견되는 구절에 준거해서 그는 탈구축이라는 이름으로 "이성의 명예를 구출하려" 시도한다. 실로 데리다는 탈구축을 "초합리주의"hyperrationalism이기도 한 "무조건적인 합리주의"로 서술한다.[12] 이러한 주장들은 더욱 주목할 만한데, 데리다는 공공연히 이성의 주권성과 그것의 토대로 봉사하는 불가분한 동일성 개념에 도전하기 때문이다. 주권은 절대적으로 **그 자체**인 어떤 심급을 정의한다. 그 자체로 이는 무모순 원리로부터 따라 나오는 동일성 논리를 준수한다. 데리다는 이성의 전통적 패러다임 내에서는 사고불가능한바 "무조건성"unconditionality으로부터 주권을 분리시킴으로써 이러한 동일성 논리를 탈구축한다. 주권은 정의상 스스로가 아닌 어떤 것에도 의존하지 않는다는 의미에서 무조건적이다. 이와 대조적으로 데리다는 모든 심급을 미리 분할하고 이를 본질적으로 그것 아닌 다른 것에 의존하도록 만드는 시간의 공간내기가 무조건적인 것이라고 주장한다. X를 **가능**하게 만드는 것은 동시에 X가 그 자체가 되는 것을 **불가능**하게 만든다. 이것이 탈구축적 이성이 사용하는 동일성의 비논리적 논리에 대한 최소한의 정식이다.

---

12) Derrida, *Rogues*, 142, 174n14/197, 207n1을 보라.

탈구축적 이성은 「초월론적 감성학」과 「초월론적 변증학」에서 칸트가 사용한 철학적 이성과 유용하게 비교될 수 있다. 후설에 대한 이어지는 장에서 나는 데리다가 어떻게 칸트가 「초월론적 감성학」에서 제기한 시간과 주체성 사이의 관계에 대한 문제를 다루는지 보일 것이다. 칸트를 괴롭힌 것은, 인간적 직관이 주체가 그 대상을 창조하고 이를 무매개적 단위로 정립하는 신적 직관의 특성을 갖고 있지 않다는 점이다. 인간적 직관이 결코 존재 자체로서 주체에 접근할 수 없는 파생적 직관intuitus derivativus이라면, 신적 직관은 칸트가 근원적 직관intuitus originarius이라고 부르는 것이다. 심지어 내가 단지 나 자신을 나 자신**으로서** 정립할 때도, 정립 행위는 시간을 필요로 하여 '나=나'라는 동시적 동일성을 부여할 수 없다. 만약 내가 시간을 통해서 스스로에게 주어질 뿐이라면, 나는 항상 이미 분할된다.

후설에게뿐 아니라 칸트에게, 그런 가분성은 부차적이어야만 하는데, 이는 받아들이기 힘든 무한소급을 발생시키기 때문이다. 그러나 데리다는 다름 아닌 무한한 가분성을 주장한다. 그가 『저항들』Resistances에서 회고하듯이, 만약 탈구축이 단일한 논제로 환원된다면 "이는 가분성을 제시할 것이다. 가분성으로서 **차-이**(33/48)말이다". 철학적 이성에게 있어, 무한한 가분성을 옹호하는 것은 어떻게 동일성이 가능한지에 대해 설명할 수 없는 무책임한 경험론과 마찬가지이다. 결과적으로 만약 탈구축을 "합당한" 것으로서 옹호하고 싶다면, 어떻게 그런 설명을 제공할 수 있을지를 보여 주어야만 한다. 데리다는 주체를 제거하려고 하거나 경험론적인 것에 준거해 초월론적 분석을 폭로하려 하지 않는다. 오히려 나는 "원-기록" 같은 탈구축적 개념이 비시간적 통일성에 정초하지 않고도 시간의 필연적 종합을 사고하도록 해 주는 극단초월론적 수준에서 작동함을 보여 줄 것이다.

데리다가 『그라마톨로지에 대하여』에서 "새로운 초월론적 감성학은 수학적 이념성뿐 아니라 기입 일반의 가능성에 의해서 인도되도록 해야만 하는데, 이는 이미 구성된 공간에 생기는 것이 아니라 공간의 공간성을 생산하는 것이다"(290/410)라고 쓸 때, 그는 완곡하게 그러한 기획을 칸트와 연관시킨다. 데리다는 계속해서 공간성에 대한 설명이 칸트의 설명으로부터 분리되어야만 한다고 주장하지만, 어떤 의미에서 데리다가 새로운 초월론적 감성학을 쓴다고 말해질 수 있는지 평가하기 위해서 양자를 비교해 보는 것은 유익한 일이다.

「초월론적 감성학」에서 칸트는 시간과 공간을 구별한다. 시간은 내면성(내감)의 무매개적 형식인데 왜냐하면 스스로에 대한 경험을 포함한 모든 경험이 필연적으로 잇따름이기 때문이다. 공간은 외면성(외감)의 매개적 형식인데 왜냐하면 공간은 잇따름의 형식을 전제하면서 추가적인 차원 —공간에서 현상하는 모든 사물들은 그것을 포함하는 공간에 외적인 것으로 그리고 서로가 외적인 것으로 현상한다—을 도입하기 때문이다. 그러나 칸트 자신은 내면성의 형식으로서 시간이 항상 이미 외면성의 형식으로서 공간에 의해 침투됨을 보여준다. 칸트가 종종 돌아오는 선 긋기의 예를 해명하는 다음의 구절들을 생각해 보라.

우리가 나중에 내적 변화들도 생각할 수 있기 위해서는, 우리는 내감의 형식인 시간을, 선분을 통해 형상적으로figuratively, 그리고 내적 변화를 이 선을 그음(운동)으로써, 그러니까 서로 다른 상태에서의 우리자신의 순차적인 실존을 외적 직관을 통해 이해할 수 있게 만들어야 하기 때문이다. 이것의 본래 이유는, 모든 변화는 그 자신이 변화로서 지각되기 위해서라도 고정불변적인 어떤 것을 지각 중에 전제해야 하지만, 내감에서는 전혀 아무런 고정불변적인 직관과도 마주치지 않는다는 데에 있다(B292).

칸트는 여기서 그의 초월론적 감성학에 출몰하는 문제, 즉 내감의 형식으로서 시간이 주체에게 근거를 제공할 수 없다는 문제를 되풀이한다. 시간적인 것은 결코 그 자체일 수 없기에, 그것은 현상하기 위해서 그것 아닌 다른 어떤 것에 의해 종합되어야만 한다. 어떠한 변화도—따라서 시간의 어떤 흐름도—변화의 척도로서 지속하는 무엇이 없이는 표시될 수 없다. 칸트는 대개 초월론적 통각의 지속 속에 종합을 정박시키지만, 여기서 그는 또 다른 해결책을 위한 길을 연다. 종합은 시간의 직관을 넘어선 자발적인 "나는 사고한다"에 의해서가 아니라, 선을 긋는 공간적 기입의 행위에 의해 실행된다. 그런 공간적 기입의 지속은 자기동일적 의식의 지속과는 완전히 다르다. 공간적 기입은 시간을 보관기록^{archive}하며 따라서 변화를 파악하는 것을 가능하게 하지만, 그 자신은 모든 국면에 있어 변화에 노출되어 있다. 기입의 행위와 기입의 독해 모두 필연적으로 시간을 필요로 한다. 따라서 선 긋기는 시간의 공간되기를 표시할 뿐만 아니라 종합의 조건으로서 공간의 시간되기 또한 표시한다.[13]

---

13) *Critique of Pure Reason*에서 칸트의 다른 추가적 언급을 참조하라 "공간의 잡다한 부분들—이를 통해 우리는 공간을 포착하거니와—의 종합은 순차적이므로 시간상에서 일어난다"(B439). [옮긴이] 원문은 B349로 오기되어 있으나 바로잡았다.

데리다[의 논의]는 시간과 공간에 대한 위의 설명을 급진화시켰다고 할 수 있다. 데리다에게, 시간과 공간은 그 경험적 조건에 상관없이 동일한 방식으로 주어지는 인간적 직관의 초월론적 형식들이 아니다. 오히려 공간내기의 극단초월론적 지위는 초월론적인 것과 경험적인 것 사이의 전통적 분할을 탈구축한다. 시간이 공간적으로 기입되어야만 한다면, 시간의 경험은 시간을 기입하는 데 이용가능한 어떤 물질적 지지물과 기술들에 본질적으로 의존적이다. 이것이 데리다가 기입들이 이미 구성된 공간에 생기는 것이 아니라 공간의 공간성을 생산하는 것이라고 주장한 이유이다. 그러니까 데리다는 공간내기를 어떤 역사적이거나 기술적인 시대의 효과로 환원하지 않고도, 시간과 공간의 경험을 역사적이고 기술적인 조건들에 의해 구성된 것으로 사고할 수 있다. 만약 공간내기가 단지 역사적 조건들의 효과라면, 공간내기는 그것을 앞서는 어떤 것에 부수하는 것이 될 것이고 따라서 타락으로서 공간내기라는 형이상학적 통념을 고수하는 셈이 될 것이다. 반대로 공간내기는 극단초월론적 조건인데 왜냐하면 과거와 미래 사이의 이행을 정초하는 자기현전이 있었던 적은 결코 없었고 앞으로도 결코 없을 것이기 때문이다. 어떤 순간이든지 존재하기 위해서는 **항상** 기록되어야만 하는 것은 바로 이 때문이다. 따라서 공간내기라는 극단초월론적 운동은 왜 역사성과 기술성technicity에 있어 시작도 끝도 없는지를 설명해 준다. 시간을 좇는 기입들은 모든 종류의 변형들, 조작들 및 삭제들이 가능하지만, 공간내기라는 일반적 조건은 제거될 수 없다.

더욱이 공간내기라는 극단초월론적 조건은 "인간"에 대한 어떤 경계설정delimitation에도 앞서고 또 초과한다. 데리다가 『그라마톨로지에 대하여』에서 언급하듯이, 생명 일반의 역사는 **차-이**의 역사이다.

생명의 진화는 "아메바와 환형동물의 행동을 규제하는 '유전적 기입' 과 '짧은 프로그램적 연쇄'"에서부터 "알파벳 기록을 넘어 로고스와 어떤 **호모 사피엔스**의 질서로의 이행"(84/125)에까지 항상 상이한 유형의 기입의 문제였다. 공간내기는 인간의 한 속성이 아니라 "소위 '본능적' 행동의 기본적인 프로그램에서부터 전자 카드 색인과 읽기 기계 reading machine의 구성에 이르기까지[…] 외면화exteriorization는 항상 이미 시작되었다"(84/125)는 것을 표시한다.[14]

만약 데리다가 새로운 초월론적 감성학을 쓴다면, 그는 이처럼 극단초월론적 감성학을 씀으로써 칸트적 도식을 심원하게 전위시킨다. 칸트에게 시간과 공간은 단지 인간적 직관의 형식들일 뿐이고 그런 직관 밖에 있는 어떤 것에도 들어맞지 않는다. 데리다에게 시간의 흔적 내기는 생명 일반의 조건이다. 그가 『그라마톨로지에 대하여』에서 주장하듯이 흔적은 "자연과 문화, 동물성과 인간성의 대립 이전에 사고되어야만" 하는데 이는 "첫 번째 외면성 일반, 살아 있는 것과 그 타자에 대한 수수께끼 같은 관계 그리고 내부의 외부에 대한 수수께끼 같은 관계의 개방인 공간내기"(70/103)를 가리키기 때문이다.

뿐만 아니라 데리다는 단지 공간내기가 살아 있는 것 자체의 조건이라고만 주장하는 것이 아니다. 그는 또한 공간내기가 사고될 수 있고 욕망될 수 있는 모든 것의 조건이라고 주장한다. 후자의 운동은 데리다가 또한 『그라마톨로지에 대하여』에서 윤곽을 그린 바 있는 가장

---

14) 기술적 새로움으로서 "전자 카드 색인과 읽기 기계"에 대한 데리다의 참조는 물론 명백히 그 저술의 시기(1967년)에 의해 표시된다. 오늘날 기술적 기입들의 예는 훨씬 더 늘어날 수 있지만 이것이 데리다의 논증을 변경하는 것은 아니다.

급진적인 귀결들을 낳는다.

> 유심론적이거나 유물론적이거나, 변증법적이거나 속류이거나 간에
> 모든 일원론들뿐만 아니라, 모든 이원론들, 영혼이나 정신의 불멸성
> 에 대한 모든 이론들은 그 전체 역사가 흔적의 제거를 향해 분투하는
> 형이상학의 유일한 주제이다. […] (흔적의 제거는) 현전으로서, **임재**
> parousia로서, **차-이** 없는 생명으로서 존재의 고고학적이고 종말론적
> 인 의미를 규정하는 존재-신학에 의해 요구된다. 차-이는 죽음의 또
> 다른 이름이며, 신의 이름이 죽음을 억제해온 것을 나타내는 역사적
> 환유이다. 이러한 운동이 플라톤주의의 형태에서 그 시대를 개시하
> 고 무한주의적 형이상학에서 종결되는 것은 바로 이러한 이유이다.
> 오직 무한한 존재만이 현전 속의 차이를 제거할 수 있다. 이러한 의미
> 에서, 신의 이름은 […] 차이없음indifference 자체의 이름이다(71/104).

전통적으로 가장 바람직한 것으로 통했던 것 ─신의 절대적 존재
나 영혼의 불멸성─은 여기서 가장 바람직하지 않은 것으로 드러난
다. 곧 생명의 불순한 차이를 제거할 죽음의 순수한 차이 없음으로써
말이다. 우리는 데리다 저작들 전체에서 이 논증이 어떻게 상이한 판
본으로 되풀이되는지를 보게 될 것이다. 시간의 공간내기 없이 어떤
것도 있을 수 없다면, 시간의 공간내기를 제거할 어떤 것이라는 모든
형이상학적 관념들은 모든 것을 절멸시킬 어떤 것의 관념들이 될 것이
다. 시종일관 데리다의 형이상학의 탈구축을 이끄는 정식에 따르자면,
순수생명이라는 이상은 순수죽음의 이상이다. 계속해서 『그라마톨로
지에 대하여』에서 그는 "생명의 순수성이라고 부르든 죽음의 순수성

이라고 부르든 순수현재의 순수현전은, 신학적이고 형이상학적인 문제들뿐 아니라 초월론적 질문들 역시 —그것이 스콜라적 신학이거나 칸트적 또는 포스트칸트적 의미에서 구상된 것이건— 항상 지휘해 온 존재 규정"(291/411)임을 강조한다.

또한 탈구축의 극단초월론적 감성학은 이처럼 극단초월론적 변증학으로 이끄는 것으로 볼 수 있다. 초월론적 변증학에서의 칸트처럼, 데리다는 절대적 주권의 심급으로서 무조건적인 것 —즉 완전히 그 **자체**일 하나의 기원이나 목적 —이라는 형이상학적 개념들을 탐구한다. 하지만 칸트가 하나의 이념으로서 절대적 주권을 살리기 위해 동일성의 철학적 논리를 사용하는 반면, 데리다는 절대적 주권이라는 바로 그 이념을 반박하기 위해 동일성의 탈구축적 논리를 사용한다.

여기서 우리는 데리다가 『불량배들』에서 제안한 무조건성과 주권의 분리로 돌아갈 수 있다. 데리다는 무조건성을 사건과 미래의 도래 구조에 연결함으로써 그의 논증을 편다. 그의 설명에서 핵심어는 오기, 일어나기 그리고 도착하기를 의미할 수 있는 프랑스어 동사 '아리베'arriver이다. 데리다는 일어나는 것들은 현전의 형식에서 주어질 수 없고 시간의 공간내기에 의해 분할됨을 강조하기 위해 이러한 복합적인 의미들을 이용한다. 모든 사건은 바로 그 사건에 있어서 대체된 것이고(**더 이상 아닌**) 또 도래할(**아직 아닌**) 것이다. 그래서 일어나는 것이 무엇이든 미래에 의해 위반되고 과거가 된다.

데리다의 핵심적인 운동은 주권 개념을 탈구축하기 위해 **일어나는 것** —도래하는 무엇이든 또는 누구이든 간에 —에 대한 무조건적 노출을 동원하는 것이다.[15] 만약 어떤 주권적 심급이라는 것이 있다면, 거기에는 어떤 것도 일어날 수 없는데 그 심급은 완전히 **그 자체로** 주어질 것이기 때문이다. 주권 개념은 따라서 시간의 배제에 입각해 있다. 데리다가 『불량배들』에서 말하듯, "주권은 결코 시간을 선사하지 않으며 스스로에게 선사하지도 않는다. 주권은 시간을 필요로 하지 않는다"(109/154). 전통적으로 주권의 불가분한 현전이 절대적 생명으로 불려온 반면, 데리다는 그것이 절대적 죽음과 분리불가능함을 강조한다. 시간에 대한 노출 없이는 어떤 것도 일어날 수도 없고 등장할 수 없을 것이다. 또는 데리다가 『그라마톨로지에 대하여』에서 쓰듯이 "순수현전 자체는, 만약 그런 것이 가능하다면, 단지 죽음의 다른 이름일 뿐일 것이다"(155/223). 그래서 절대적 주권은 우리의 인간적 한계 때문에 도달불가능한 바람직한 완성이 아니다. 절대적 주권은 도달불가능하고, 사고불가능하며 욕망불가능한데 왜냐하면 그것은 생명의 모든 흔적을 절멸시킬 것이기 때문이다.

주권의 탈구축은 칸트적 의미에서 이념에 치명적인 것이다. 칸트가 「초월론적 변증학」에서 옹호하는 세 가지 규제적 이념들(영혼, 총체성으로서 세계, 신)은 아무것도 일어날 수 없는 어떤 것에 대한 모든 이념들이다. 만약 영혼의 불멸성이 본질적으로 시간의 도래에 노출된다면, 영혼은 불멸이 아닐 것인데 이는 그것이 어떤 국면에서든지 소멸될 수 있기 때문이다. 만약 세계의 총체성이 본질적으로 시간의 도래에 노출된다면 이는 총체성이 아닐 것인데 결코 하나의 완전한 통일체로 주어질 수 없기 때문이다. 만약 신의 완전성이 본질적으로 시간의

---

15) *Rogues*, xiv, 135, 142~144/13, 188~189, 196~198을 보라.

도래에 노출된다면 이는 완전하지 않을 것인데 어떤 국면에서도 변화될 수 있기 때문이다.

칸트는 시간에 매여 있는 정신에 인식되는 것은 불가능하지만 그럼에도 이상ideal으로서 사고하고 욕망하는 것은 가능한 이념Idea으로서 절대적 주권을 정립함으로써 이 문제를 생략한다. 동일성의 철학적 논리를 감안하면 이런 주장은 반박불가능하다. X의 본질이 그 자신과 동일하지 **않다**는 것이라면, 우리의 시간적 인식에 대해서는 접근불가능한 것이라 할지라도 X의 완성은 하나의 이념으로서 사고가능해야만 한다. 유한성은 이처럼 우리가 존재의 충만함에 접근하지 못하도록 하는 부정적인 제한이다. 그러나 동일성에 대한 탈구축적 논리를 감안하면 완전히 상이한 주장이 등장하게 된다. X의 본질이 그 자신과 동일하게 되는 것이 **아니**라면, X의 완성은 이념으로라도 정립될 수 없는데 이는 X를 없애 버릴 것이기 때문이다. 따라서 유한성은 존재의 충만함으로의 접근을 막는 부정적인 제한이 아니다. 반대로 유한성은 존재의 충만함 자체를 사고불가능하게 만드는 무조건적인 조건이다.

데리다 사유에서 조건적인 것과 무조건적인 것 사이의 관계는 이처럼 자기면역적 관계로서 서술될 수 있다. X의 조건 속에 기입된 것은 X의 온전함을 선험적으로 침식하는 시간의 무조건적 도래이다. 그러므로 데리다는 자기면역 없이는 아무것도 있을 수 없다고 주장한다.

만약 사건이라는 이름에 걸맞은 어떤 사건이 도착하거나 일어난다면, 이는 모든 지배를 넘어서, 수동성의 모습을 띨 것이다. 이는 어떤 노출된 취약성, 절대적 면역 없는, 보장 없는 것에 관계해야만 한다. 이는 그 유한성 및 비지평적인 방식에서 이러한 취약성에 관계해야만 하는데, 여기서는 타자의 예상불가능성을 직면하거나^{face} 직시하는$^{face\ up\ to}$ 것이 아직 가능하지 않거나 더 이상 가능하지 않다. 이 점에서 자기면역은 절대적인 병이나 악이 아니다. 이는 타자에 대한, 도래할 **무엇**과 도래할 **누군가**에 대한 노출을 가능하게 하는데, 이는 노출이 계산불가능한 것으로 남아 있어야만 한다는 뜻이다. 자기면역 없이, 절대적 면역 없이는, 결코 아무것도 일어나거나 도착할 수 없을 것이다. 우리는 더 이상 기다리고, 고대하거나 기대할 수 없을 것이고, 서로에게 기대하거나 어떤 사건을 기대할 수도 없을 것이다(『불량배들』, 152/210).

이 구절은 데리다 저작에서 가장 지속적인 주장들 중 하나, 즉 예상불가능한 미래에 대한 노출이 있어**야만 한다**는 것, 유한성과 취약성이 있어**야만 한다**는 것, 무엇 또는 누가 도래하든지 그것에 개방되어 있어**야만 한다**는 주장을 되풀이한다. 이 "해야만 한다/~임에 틀림없다"^{must}의 지위를 이해하지 못한 것은 내가 이 책에서 탐구할 다수의 영향력 있는 오독들을 낳았다. 그 오독들의 공통분모는 데리다의 논증에 규범적 차원을 귀속시키는 것이다.[16] 왜 우리가 타자에 개방되어 있어야만 하는지에 대한 극단초월론적 **서술**^{description}은, 왜 우리가 타자에 개방되어 있어야만 하는지에 대한 윤리적 **처방**^{prescription}과 혼합된다. 그러나 데리다는 언제나 타자에 대한 구성적 노출로부터 어떤 규

---

16) 내가 로버트 베르나스코니, 드루시야 코넬 및 사이먼 크리츨리에 의해 제안된 데리다에 대한 "윤리적" 독해와 대결하는 이 책의 3장을 보라. 또한 존 카푸토와 리처드 커니에 의해 제안된 독해들을 비판하는 4장도 보라.

범들, 규칙들 또는 처방들을 도출할 수 없다고 주장한다. 타자는 아무 것 또는 아무나일 수 있으며 누구도 어떻게 그, 그녀 또는 그것에 대해 행위해야만 하는지 미리 알 수 없다. 반대로, 타자에 대한 관계는 타자의 성격을 매 순간마다 변화시킬 수 있음을 뜻하는 시간의 도래로부터 분리불가능하다. 우리는 타자를 **직시**할 수도 심지어 **직면**할 수도 없는데, 데리다가 위의 구절에서 강조하듯이 타자는 더 이상 없거나 아직 없기 때문이다. 내가 중대한 기회로 환영했던 것은 치명적인 위협으로 판명날 수도 있는데, 기회는 결코 그 자체로 주어질 수 없기 때문이다.

자기면역은 동일한 시간적 타자성이 나의 자기관계를 구성함을 함축한다. 내가 나 자신에 개방되어 있는 언제나 ──말하자면 매 순간 마다── 나는 나의 주어진 동일성을 초과하고 항상 죽음에 이르기까지 나를 침해할 수 있는 누군가에게 스스로를 개방한다. 타자에 대한 이러한 자기면역적 개방성은 선택할 수 있는 어떤 것이 아니며 그 자체로 좋은 것으로서 정립될 수도 없는데, 이는 존재의 가능성을 여는 동시에 파괴의 위협 또한 열기 때문이다. 데리다가 타자에 대한 자기면역적 개방성이 **있어야 한다/있음에 틀림없다고**must ──또는 심지어 그가 다른 구절들에서 쓰듯이 그러한 개방성이 **있어야만 하거나**should **있음이 마땅하다고**ought ──쓸 때, 그는 타자와의 관계에서 우리가 어떻게 행위해야 하는지에 대한 규범적인 진술을 하고 있지 않다. 오히려 그는 자신의 논증의 극단초월론적 지위를 시사한다. 유한성의 자기면역은 단순히 우리의 역사적 상황에 의해 부과된 제한들 탓에 우리가 피할 **수 없는** 경험적 조건이 아니고 단순히 우리의 인간적 구성 때문에 피할 **수 없는** 초월론적 조건도 아니다. 오히려 이는 이상적으로 말하자면 피해**져서도 안 되고** 피하는 것이 **마땅하지도 않은** 극단초월론적 조건인데 만약 이를 피할 수 있다면 오직 절대적 죽음만이 있을 것이기 때문이다. 자기면역은 모든 종류의 폭력을 위한 시간과 공간을 개방하지만 자기면역 없이는 아무것도 없을 것이다. 즉 "자기면역 없이는, 절대적 면역과 함께해서는, 결코 아무것도 일어날 수 없다".

동일한 형식의 논증이 데리다 저작에서 주목할 만한 빈도로 되풀이된다. 먼저 데리다는 무언가가 일어나려면 기회와 위협 모두가 있어야만 한다고 주장한다. 그리고 그는 이러한 이중 구속이 원리적으로라도 제거될 수 없다고 주장하는데, 만약 아무것도 일어나지 않는다면 아무것도 없을 것이기 때문이다. 내가 강조하고 싶은 것은 이 논증이 존재는 본질적으로 시간적이라는 것과(있는 것=일어나는 것) 무언가가 일어나는 것은 본래적으로 가치 있는 것(최악의 것=아무것도 일어나지 않는 것)을 전제한다는 것이다. 달리 말해, 이는 **시간적 유한성은 욕망할 만한 모든 것의 조건**임을 전제한다. 형이상학적이고 종교적인 전통은 영원성의 이상적 영역에서는 아무것도 일어날 수 없음을 쉽게 받아들였지만, 시간적인 것에는 어떤 본래적인 가치도 귀속시키지 않음으로써 이 문제를 기각시킬 수 있었다. 반면에 가장 욕망할 만한 것은 불변하고 위반될 수 없는 것으로서——간단히 말해, 그에 대해 아무것도 일어날 수 없는 것으로서 명시적으로 정립되었다. 데리다가 가장 바람직하지 않은 것은 아무것도 일어나지 않는 것이라고 주장할 때, 그는 욕망에 대한 완전히 상이한 생각을 전제하고 있는데 이는 그의 논증을 강화하기 위해서는 더 전개될 필요가 있는 것이다.

데리다 자신은 그의 욕망 개념에 대한 체계적인 설명을 제공하지 않았고 그의 주석가들에 의해 탐구되지 않은 채로 남았지만, 나는 욕망 개념이 그의 사유에 있어 전적으로 핵심적임을 주장할 것이다. 예컨대, 데리다 저작에서 "기회와 위협" 또는 "최고와 최악"을 지시하는 무수한 문장들은 데리다가 기회와 위협으로 간주하는 것이 무엇인지 그리고 그가 최고와 최악으로 간주하는 것이 무엇인지 이해할 것을 요구한다. 요컨대 그 문장들은 욕망할 만한 것에 대한 그의 평가를 이해할 것을 요구한다.

결정적인 쟁점은 필멸성의 지위와 관련된다. 필멸성은 전통적으로 부정적인 술어로서 규정되어 왔으나, 데리다는 이를 긍정적인 모든 것과 부정적인 모든 것의 조건으로서 재기입한다. 따라서 필멸성은 극복하는 것이 바람직한 존재의 어떤 결여가 아니다. 오히려 필멸성은 욕망할 만한 것과 욕망할 만하지 않은 것 모두의 가능성인데, 이는 생명의 기회와 죽음의 위협을 동시에 열기 때문이다. 반대로, 가장 욕망할 만한 것("최고")으로 일반적으로 정립된 불멸성은 데리다에게 가장 욕망할 만하지 않은 것("최악")인데 왜냐하면 불멸성은 필멸적 생명의 시간을 제거할 것이기 때문이다.

따라서 우리는 데리다가 "기회와 위협"이라고 부르는 것과 "최고와 최악"이라고 부르는 것을 구별해야만 한다. 데리다는 결코 각각의 구절들에 형식적인 정의를 주지 않았으며 그의 저작에서 그 구절들은 교환가능한 것으로 나타나는 것 같다. 그러나 나는 데리다 텍스트에서 추적할 수 있는 논리에 따를 때 각각의 구절들에 완전히 상이한 의미들이 부여되어야 함을 보여 줄 것이다. 한편으로, **기회는 위협**인데 기회는 항상 죽음에 의해 본래적으로 위협받는 필멸적 생명의 기회이기 때문이다. 다른 한편으로, **최고는 최악**인데 최고는 결코 더 좋아지거나 나빠질 수 없기에 필멸적 생명의 기회와 위협을 없애 버리기 때문이다.

나의 주장은 데리다가 두 구절들을 결코 교환가능한 방식으로 쓰지 않았음을 필연적으로 함축하지는 않는다. 우리는 항상 쟁점이 되는 통사론을 분석해야만 하는데 (오스틴이 말했고 데리다가 즐겨 되풀이했던 것처럼) 단어가 아니라 오직 문장만이 의미를 가지기 때문이다. 통사론적으로 볼 경우 "최고와 최악"이라는 구절은 "기회와 위협"이라는 구절과 같은 기능을 수행할 수 있다. 따라서 데리다가 "최고와 최악"을 향한 필연적 개방을 언급할 때, 이 구절은 시간적 유한성(이는 유한성보다 나은 어떤 것이 있을 수 없다는 의미에서 "최고"이고 유한성 그 자신을 파괴하고 최고를 파괴할 것이라는 의미에서 "최악"이다)의 기회와 위협을 향한 필연적인 개방과 유의어로서 기능할 수도 있다. 그렇다면 나의 주장은 각각의 구절들이 데리다의 텍스트에서 어떻게 작동하는지에 대한 선험적인 규정을 목적으로 하지 않는 셈이다. 오히려 나는 데리다 사유의 논리가 탈구축적 의미의 "기회"와 어떤 형이상학적 절대자의 의미에서 "최고" 사이의 급진적 양립불가능성에 달려 있음을 보이고자 한다. 한편으로 탈구축적 의미의 기회는 그 자신의 파괴라는 위협과 분리불가능하여 언제나 필멸적 생명의 문제이다. 다른 한편으로 형이상학적 의미의 최고는 최악과 분리불가능한데 이는 필멸적 생명의 제거에 입각해 있기 때문이다.

필멸성에 대한 데리다의 재평가에 있어 한 가지 중요한 단서는 그의 마지막 인터뷰에 나타난다. 여기서 데리다는 그의 어휘에 있어 필멸성과 유의어인 **생명**의 무조건적인 긍정으로부터 그의 사유가 비롯됨을 강조한다. 생명의 탈구축적 개념은 살아가기가 항상 **계속 살아가기**living on, 생존의 문제임을 함축한다. 내가 서론에서 강조했던 것처럼, 생존의 이러한 개념은 불멸성과 양립불가능한데, 이 개념은 생명을 본질적으로 필멸적이고 본래적으로 시간에 의해 분할되는 것으로 정의하기 때문이다. 그런 유한성에 대한 무조건적인 "예"[긍정]는 무엇이 일어나든지 받아들이도록 강요하는 것은 아니다. 이는 단지 일어나는 어떤 것에 대한 노출을 생명의 무조건적인 조건으로서 표시할 뿐이다. 우리가 무엇을 하든지, 우리는 항상 이미 미래의 도래에 대해 "예"라고 말해 왔는데 그것 없이는 아무것도 일어날 수 없기 때문이다. 하지만 같은 이유로, 모든 긍정은 본질적으로 부정에 의해 위협받고 사로잡히는데haunted, 미래의 도래는 또한 사람들이 "아니요"라고 말하고 싶어 할 모든 위협들을 함축하기 때문이다. 그래서 생존의 위태로운 시간은 통탄할 만한 어떤 것도 아니고 그 자체로 축하할 만한 어떤 것도 아니다. 이는 오히려 사람들이 원하는 모든 것과 원하지 않는 모든 것의 조건이다. 데리다가 그의 마지막 인터뷰에서 지적하듯이

제 생명/죽음의 대립의 복잡화complication로서 생존에 대해 이야기한 모든 것은 내게서 생명의 무조건적인 긍정으로부터 비롯합니다. […] 이는 살기를, 그러니까 죽음이 아니라 생존하기를 선호하는 살아 있는 존재에 대한 긍정인데 왜냐하면 생존은 단순히 남아 있는 것이 아니라 가능한 가장 강렬한 생명이기 때문입니다. 저는 어느 때보다도 행복과 기쁨의 순간에 죽기의 필연성에 사로잡혀 있습니다. 기쁨을 느끼는 것과 다가올 죽음을 슬퍼하는 것은 내게 같은 것입니다.[17]

---

17) Derrida, *Learning to Live Finally*, 51~52/54~55. 이어지는 페이지 인용은 본문 안에 주어질 것이다.

이처럼 분명히 고백적인 진술은 데리다 사유에 중심적인 욕망의 이중 구속을 전형적으로 보여 준다. 생존의 유한성은 극복되는 것이 바람직한 존재의 어떤 결여가 아니다. 오히려 데리다는 욕망되는 것은 그 무엇이든지 그 본질에 있어 유한하다는 점을 분명히 한다. 가장 강렬한 향유에서조차도 죽음의 임박이 출몰하지만, 그런 유한성 없이는 애초에 향유할 만한 것이 아무것도 없게 될 것이다. 따라서 모든 경험의 핵심에는 치유불가능한 자기면역이 존재하는데, 우리가 긍정하고자 하는 모든 것은, 그것이 부정될 것이라는 사실에 의해 구성되기 때문이다. 이러한 이중 구속에 출구란 없는데 왜냐하면 상실의 위협은 욕망되는 것에 외적이지 않기 때문이다. 이는 욕망되는 존재 자체에 내적이다.

데리다가 같은 인터뷰에서 "탈구축은 언제나 **예**의 편에, 생명의 긍정의 편에 있다"(51/54)고 지적할 때, 그는 우리가 건강한, 긍정적인 존재들이 되어야 함을 옹호하는 것이 아니다. 생명의 무조건적인 긍정은 우리를 죽음의 공포나 상실의 고통으로부터 치유해 줄 수 있는 어떤 것이 아니다. 반대로, 이는 처음부터 우리가 공포와 고통에 민감하도록 만든다. 어떤 의지의 행위 이전에 사람들은 예측불가능한 것의 도래를 필연적으로 긍정해 왔지만, 도래에 **대한** 응답과 도래**의** 응답은 결코 미리 주어지지 않는다. 사람들은 긍정하고 싶었던 것을 부정하게 될 수도 있고, 도래하는 것이, 사람들이 도래하기를 긍정했던 것을 부정할 수도 있다.[18]

---

18) 그의 에세이 "Et Cetera"에서 데리다의 다음과 같은 언급을 참조하라. "예 그리고 아니요, 그럼! 그렇지 않으면, 그리고 아니요 없이, 예는 결코 가능하지 않을 것이다"(301).

데리다는 긍정을 본질적으로 시간적인 것으로 분석함으로써 긍정의 핵심에 부정의 가능성을 기입한다. 한편으로 "예"라고 말하는 것은 과거로 향하는 것인데, 이는 찰나의 순간일지언정 바로 그것에 선행하는 어떤 것에 응답하는 것이기 때문이다. 다른 한편으로 "예"라고 말하는 것은 미래를 향하는 것인데, 이는 찰나의 순간일지언정 이러한 예를 반복함으로써 긍정을 확인해야만 하기 때문이다. 내가 "예"라고 말하는 순간은 또 다른 순간에 의해 즉각적으로 이어지며 그 순간이 진술되었던 것이 되기 위해서는 스스로를 미래를 위한 기억으로서 기록해야만 한다.[19] 데리다는 이 함축들을 다음과 같이 풀어낸다.

두 번 반복되는 "예-예"yes-yes로서의 "예"의 시간과 공간내기가 있습니다. 곧 "예"라고 말하는 것은 시간을 필요로 합니다. 한 차례의 "예"는 따라서 즉각적으로 이중적인데, 이는 도래할 "예"를 즉각적으로 예고하고 이미 "예"가 다른 "예"를 함축함을 회상하는 것입니다. 따라서 "예"는 즉각적으로 이중적이며, 즉각적으로 "예-예"입니다.

이러한 즉각적인 이중화는 모든 가능한 오염의 원천입니다. [⋯] 두 번째 "예"는 경우에 따라 첫 번째 "예"에 대한 웃음이거나 조롱일 수 있고, 첫 번째 "예"의 망각일 수 있습니다. [⋯] 이러한 이중성과 더불어 우리는 오염의 "논리"의 핵심에 서게 됩니다. 그러나 오염을 단순히 어떤 위협으로 생각해서는 안 됩니다. 그렇게 생각하는 것은 바로 그 논리를 계속해서 무시하는 것입니다. 우리는 가능한 오염을 받아

---

19) 긍정과 기억의 관계에 대한 데리다의 분석으로는 "Ulysses Gramophone", 276/89~90을 보라. 그리고 Mémoires, 20/42도 보라.

들여야 하는데, 왜냐하면 이는 또한 개방이나 기회, 우리의 기회이기 때문입니다. 오염 없이 우리는 어떤 개방이나 기회도 가질 수 없을 것입니다. 오염은 단지 받아들여지거나 긍정되는 것뿐만이 아닙니다. 오히려 그것은 애초에 긍정의 바로 그 가능성이기도 합니다. 긍정이 가능하기 위해서는, 항상 최소한 두 "예"들이 있어야만 합니다. 만약 두 번째 "예"에 의한 첫 번째 "예"의 오염이 거부된다면 ─ 어떠한 이유에서건 ─ 이는 첫 번째 "예"의 가능성 자체를 거부하는 것입니다. 그러니까 이러한 거부가 빠질 수 있는 모든 모순들과 혼란이 나옵니다. 위협은 기회이고, 기회는 위협입니다 ─ 이 법은 절대적으로 거부불가능하고 환원불가능합니다. 만약 이를 받아들이지 않으면, 위험도 없으며, 그리고 위험이 없다면 오직 죽음만이 있을 뿐입니다. 만약 위험을 무릅쓰기를 거부한다면, 단지 죽음만이 남을 뿐입니다.[20]

"예"의 순간을 분할하는 간격은 ─ 긍정 자체에 본래적인 시간의 공간내기 ─ "예"를 망각, 조롱 또는 그렇지 않으면 부정에 열어 놓는다. 주의주의적 은유들에 데리다가 의지함에도 불구하고, 그런 오염은 하나의 개인적인 해결책이라는 의미에서 "받아들"여지거나 "거부될" 수 없는데, 오염되지 않고서는 어떤 것도 할 수 없기 때문이다. 오염을 "받아들"이는 것의 필연성은 의지의 어떤 행위에도 선행하고 생명 자체의 출현에 수반한다. 같은 이유로, 탈구축은 오염을 어떻게 다룰지에 대해 우리를 가르칠 수 없다. 오히려 탈구축은 오염에 대한 최종적인 치유는 있을 수 없다는 것과 모든 순수성의 이상들은 지지될 수 없

---

20) Derrida, "Nietzsche and the Machine", 247~248.

다는 것 ─ 왜냐하면 이상들의 오염에 대한 "거부"는 단지 죽음과 동등할 뿐이기에 ─ 을 설명한다.

따라서 위의 구절은 왜 기회가 위협이고 최고가 최악인지를 설명해 준다. 기회는 위협인데 왜냐하면 모든 기회는 기회인 것이 되기 위해 오염되어야만 하는 시간적 유한성의 기회이고 언제나 소멸될 위험을 무릅쓰기 때문이다. 데리다는 "이 법은 절대적으로 거부불가능하고 환원불가능"함을 강조하는데, 오염 없이는 아무것도 있을 수 없기 때문이다. 역으로, 최고는 최악인데 이는 더 낮게 하거나 나쁘게 할 수 있는 어떤 것을 절대적으로 순수화시킨 것이 될 것이고 결과적으로 생명에 본래적인 오염을 소멸시킬 것이기 때문이다.

오염의 법을 고려할 때, 우리는 그가 후기 저작들에서 정기적으로 그러는 것처럼 어떻게 "순수" 선물이나 "순수" 환대에 호소할 수 있는지 물어야만 한다. 순수성에 대한 호소는 오염의 필연성에 관한 탈구축적 통찰과 모순되는 것처럼 보일 수 있다. 그러나 나는 데리다가 오염의 필연성이 주어진 개념 자체의 이상적 순수성 속에 기입되어 있음을 보여 주기 위해서 그 개념의 이상적 순수성을 분석함을 논증할 것이다. 그래서 "순수" 환대에 대한 데리다의 분석은 심지어 가장 이상적인 환대조차도 이를 타락시킬 수 있는 타자들에 의한 오염에 개방되어 있어야만 한다는 것을 보여 준다. 더구나 데리다는 동일한 "환대의 탈구축적 법"이 모든 개념들에 적용됨을 주장한다. 곧 "한 개념과 다른 개념과의 관계 속에서, 모순적이고 탈구축적인 환대의 법을 미리 재생산하거나 생산하면서, 각각의 개념은 스스로를 그 대립물에 개방한다."[21] 3장에서 환대 개념에 대해 상세히 다루기에, 나는 여기서 어떻게 동일한 개념적 논리가 데리다의 "순수" 선물에 관한 분석을 이끄는지에 집중할 것이다. 우리가 보게 될 것처럼, 오염은 순수 선물이 세계 속에서 실현되어야 하는 까닭에 그것에 일어나는 어떤 것이 아니다. 반대로, 선물이라는 바로 그 개념은 선물이 자신 아닌 것에 의해 오염될 것을 요구한다.

하나의 선물이 순수한 것이 되기 위해서는, 그것은 스스로가 모든 형태의 경제적 교환으로부터 면제된 것이어야 하지만, 그렇게 하는 것은 스스로를 취소시켜 버리는 일이다. 선물이 주어지거나 받아들여질 때면 언제나, 선물의 순수성이라고 일컬어지는 것을 오염시키는 어떤 경제적 관계가 존재한다. 내가 최고의 관대함과 더불어 선물을 준다고 하더라도, 주고자 하는 단순한 욕망은 나로 하여금 줌의 행위로부터 이득을 얻도록 만든다. 역으로 내가 가장 관대한 선물을 받는다고 해도, 나는 증여자에게 빚진 것이 된다. 이미 선물의 가장 기본적인 수용——선물을 선물**로서** 인정하는 것——은 나를 빚지게 만들고 어떤 경

---

21) Derrida, "Hostipitality", 362, cf. 363~364. 이미 1984년에 헨리 스테이튼(Henry Staten)은 오염의 법의 측면에서 탈구축의 개념적 논리에 대한 다음과 같은 강력한 설명을 제공했다. "철학으로부터 탈구축의 출발점은 따라서 상당히 미묘하다. 순수 개념들과 범주들의 가치와 필연성은 부정되지 않지만, 더 이상 최종적인 말은 아니다. 우리는 더 이상 우리의 통일성들(unities)의 사실적이거나 경험적인 오염을 단순히 표시하고 그 후 제쳐두는 것이 아니라, 통일성들이 항상 그리고 원리적으로 순수하지 않음을 보고 이러한 본질적인 비순수의 함축들을 좇는 것이다"(*Wittenstein and Derrida*, 19). 그래서 스테이튼은 데리다의 사유가 형식의 철학적 개념과의 관계 속에서 이해되어야만 한다고 설득력 있게 논증한다. 만약 순수 형식이 전통적으로 불가분한 통일성으로 여겨져 왔다면, 스테이튼은 데리다에게 자기동일성의 순수 형식에는 이를 본질적으로 오염에 개방된 것으로 만드는 "구성적 외부"(*Wittgenstein and Derrida*, 15~19, 23)가 깃들어 있다고 주장한다. 기억할 만한 구절로, 스테이튼은 흔적의 구조를 "본질적 비순수의 순수 형식"(*Wittgenstein and Derrida*, 53)으로 서술한다.

제적 관계에 개방시키는데, 이는 설령 선물이 상환의 어떤 요구도 없이 주어진 것이라 할지라도 그렇다.[22]

따라서 데리다는 선물의 **가능성**은 순수선물의 **불가능성**임을 주장한다. 이 주장에 대한 표준적인 오독은 불가능성을 순수선물에 접근할 수 없게 하는 부정적인 제한으로 이해하는 것이다.[23] 그러면 순수선물은 그 자체로 경험될 수는 없지만, 자기이익의 오염적인 계산들을 넘어서 하나의 이상으로서만 사고될 수 있고 욕망될 수 있는 순수한 좋음이라는 규제적 이념이 될 것이다. 그렇게 데리다를 읽는 모델은 대체로 받아들여져 왔지만, 이는 완전히 옹호될 수 없다. 데리다는 지속적으로 순수성의 불가능성은 어떤 부정적인 제한이 **아니라고** 주장한다.[24] 오염은 어떤 결여나 순수성의 결핍이 아니다―이는 어떤 것이 존재할 수 있기 위한 근원적인 가능성이다. 따라서 순수 선물은 우리의 이기적인 의도들이나 경제적 교환의 제약에 의해 오염되기 때문에 불가능한 것이 아니다. 오히려 순수 선물이 불가능한 것은 하나의 선물이 선물이기 위해서는 오염되어**야만** 하기 때문이다. 만약 선물이 오염된 것이 아니라면, 이는 주어질 수도 받아들일 수도 없게 된다. 더구나 선물에 대한 그 욕망은 오염에 대한 욕망이다. 만약 내가 선물을 주거나 받기를 욕망한다면, 나는 선물을 오염시키거나 선물에 의해 오염되기를 욕망하는 것이다. 데리다가 "순수" 선물의 조건들을 분석할 때,

---

22) 특히 데리다의 *Given Time*, 1장을 보라.

23) 데리다의 "불가능한 것" 개념에 대한 가장 영향력 있는 오독은 내가 4장에서 상세히 논쟁할 존 카푸토에 의해 전개되었다. 또한 4장에서 다룰 선물에 대한 카푸토의 독해에 대해서는 그의 *The Prayers and Tears of Jacques Derrida*, 160~229를 보라.

24) 예컨대 *Negotiations*, 360~362; *Rogues*, 84/123을 보라. 4장에서 나는 데리다의 불가능성에 대한 복잡한 논리를 해명하는 과정에서 이 구절들을 다룬다.

그는 따라서 하나의 이상으로서 순수성을 장려하는 것이 아니다. 반대로, 그는 왜 심지어 그 가장 이상적인 순수성 속에서도 선물이 오염되어야만 하고 왜 순수 선물이 사고가능하지도 않고 그 자체로 욕망할 만한 것도 아닌지를 보여 준다.

선물과 경제 사이의 관계는 따라서 전자는 좋은 것이고 후자는 나쁜 것인 대립으로 이해되어서는 안 된다. 오히려 데리다는 왜 이들 개념들 중 어떤 것도 순수할 수 없고 왜 그 개념들이 서로에 의해 오염되어야만 하는지를 분석한다. 어떤 순수경제는 주어진 모든 것이 그것을 주었던 기원으로 되돌아가는 폐쇄된 원형이 될 것이다. 그런데 그런 순수경제가 엄밀히 불가능하다면, 이는 경제의 순환이 오직 이 원형을 항상 끊어내는 어떤 선물에 의해서만 작동되기 때문이다. 만약 아무것도 주어지지 않는다면, 애초에 활용할/자본화할capitalize on 어떤 것도 없을 것이고 아무런 경제도 없을 것이다. 하지만 마찬가지로 경제는 치유불가능한 상실의 위험으로부터 결코 폐쇄될 수 없는데, 이는 주어진 어떤 것은 발송 과정에서나 또는 그것을 받는 이에 의해 항상 낭비되거나 파괴될 수 있기 때문이다.

폐쇄된 원이 있을 수 없는 가장 심오한 이유는 시간의 구성이다. 시간의 간격은 모든 것을 미리 분할하며 어떤 것이 그 자체로 폐쇄되는 것을 불가능하게 만든다. 시간의 간격 없이는 선물도 경제도 있을 수 없는데, 받음의 순간으로부터 줌의 순간을 분리시킬 어떤 것도 없을 것이기 때문이다. 그러므로 시간의 간격은 어떤 것이 주어지기 위한 조건이다. 시간은 무조건적으로 주어지는데, 시간적이지 않고는 어떤 것도 주어질 수 없기 때문이다. 주어진 시간은 경제를 **가능하게** 하는데, 이는 즉각적으로 선물을 그 자신으로부터 분리시키고 이를 계산으로 넘기기 때문이다. 하지만 주어진 시간은 또한 경제가 폐쇄된 체계가 되는 것을 **불가능하게** 하는데, 선물의 시간성은 계산에 의해 지배될 수 없기 때문이다. 오히려 주어진 시간은 모든 계산을 시간의 계산불가능한 도래에 노출시키고 경제를 회수불가능한 상실에 개방시키는데, 시간은 만회될 수 없기 때문이다. 시간의 필연적 간격은 주어진 것이 **결코** 동일한 것으로 돌아갈 수 **없음**을 함축한다. 설령 내가 받은 동일한 것으로 돌아간다고 하더라도, 이는 이미 차이나는 것인데 이는 더 이상 동일한 시간이 아니기 때문이다.

그래서 무조건적인 선물은 시간의 선물이며 초월적 선물이라는 규제적 이념으로 동화될 수 없다. 데리다 자신이 그 차이에 대해 명료하게 설명하지는 않으면서 그의 논증 구조를 칸트의 초월론적 변증학과 비교할 때 그런 오독이 생겨난다.[25] 그러나 우리가 그의 논증을 검토해 본다면, 이것이 내가 극단초월론적 변증학이라고 불러온 것에 대해 해당하는 것임을 볼 수 있다. 칸트와 데리다의 각각의 논증들 사이에는 외관상 형식적 유사성이 있지만, 그것들은 근본적으로 상이한 결론들을 지지한다. 칸트는 이념의 대상이 인식의 질서를 초과하고 그 자체로 경험될 수 없다고 주장하는 반면, 데리다는 선물이 인식의 질서를 초과하고 그 자체로 경험될 수 없다고 주장한다. 그러나 왜 이념과 선물이 그 자체로 경험될 수 없는지에 대한 각각의 이유들은 정반대이다. 이념의 대상이 그 자체로 경험될 수 없는 것은 그것이 시간을 넘어서 있기 때문이다. 반면에 선물이 그 자체로 경험될 수 없는 것은

---

25) Derrida, *Given Time*, 29~30/45~47을 보라.

그것이 그 자체로 시간적이기 때문이다.[26] 선물이라는 관념 자체가 선물 그 자체라는 것은 존재할 수 없음을 설명하는데, 선물은 그 자신이 아닌 것이 됨으로써만 선물이 될 수 있기 때문이다. 이처럼 칸트적 이념이 시간과 공간의 제한을 넘어선 사물 자체를 가리키는 반면, 탈구축적 분석은 시간의 공간되기와 공간의 시간되기의 극단초월론적 지위를 주장한다. 한 인상적인 구절에서 데리다가 강조하듯이, **사물 자체는 차-이**인데 이는 말하자면 시간의 공간되기가 사물 자체에 기입돼 있다는 것이다.[27]

그러므로 데리다가 우리가 욕망하는 선물이 인식의 질서를 초과한다고 주장할 때 이는 우리가 욕망하는 선물이 예지계적인 너머에 속하기 때문이 아니다. 반대로, 우리가 욕망하는 선물이 인식의 질서를 초과하는 것은 그것이 예측불가능하고 어떤 주어진 현전으로 환원될 수 없는 시간의 선물이기 때문이다. 같은 이유로 우리가 욕망하는 선물은 그 자체로 좋거나 관대한 것일 선물이라는 규제적 이념에 해당되지 않으면서도 경제의 질서를 초과한다. 차라리 우리가 욕망하는 시간의 선물이 경제의 질서를 초과하는 것은 그 효과가 완전히 계산될 수 없기 때문이다. 이러한 시간의 선물은 그 자체로 좋거나 관대한 선물이라는 규제적 이념과 완전히 양립불가능하다. 선물이 본질적으로 시간적이라면, 이는 주어진 가치를 가질 수 없는데 이는 결코 그 자체로 주어질 수 없기 때문이다. 선물의 모든 외관상 "긍정적인" 가치는 그

---

26) 선물과 시간의 필연적 연계에 대한 데리다의 상술에 대해서는 *Given Time*, 27~28/43~45 를 보라. 같은 책에서 데리다의 다른 주장 또한 보라. "선물은 그것이 **시간을 주는 한**에서 줄 뿐이다.[…] 선물이 있는 곳에, 시간이 있다. 주는 어떤 것, 선물은 바로 시간이다"(41/59~60).

27) 이 구절에 대해서는 *Given Time*, 40/59를 보라.

것의 짝패를 이루는 "부정적인" 가치에 사로잡혀 있다. 데리다가 시간의 선물을 어떤 것이 주어지기 위한 조건으로서 서술할 때, 그는 이처럼 시간의 선물이 "모든 가치들이 전복될 수 있게 해주는 결정불가능성"[28]을 개방함을 지적한다. 좋은 것이라 일컬어지는 선물은 독이 될 위험을 무릅써야만 하며(독일어의 선물/독Gift), 관대하다고 일컬어지는 선물은 위조지폐를 다루게 될 위험을 무릅써야만 한다. 요점은 선물이 이러한 위험들로부터 안전할 **수 없다**는 것뿐만 아니라 그 위험들로부터 안전해져도 **안 된다**는 것인데, 그런 안전은 선물을 취소해버릴 것이기 때문이다. 만약 선물이 타락으로부터 안전하다면 이는 결코 주어질 수 없는데 어떤 것도 거기에서 일어날 수 없을 것이기 때문이다.

게다가 시간의 선물은 주기와 받기 사이의 대립을 약화시킨다. 일어나는 모든 것은 시간을 [**받아]들임**으로써 시간을 **준다**. 데리다가 쓰듯이, "오직 '삶'만이 줄 수 있는데, 이 삶은 죽음의 이런 경제가 스스로를 제시하고 초과되도록 하는 삶이다. 죽음도 불멸의 삶도 결코 어떤 것을 줄 수 없으며, 오직 하나의 독특한 **경계 위에서 살기/생존하기** survivance만이 줄 수 있다"(*Given Time*, 102/132).[29] 선물은 이처럼 항

---

28) Derrida, *Given Time*, 54/76. 이어지는 페이지 인용은 본문 속에 주어진다.
29) 데리다가 주어진 것은 무엇이든지 간에 불멸성과는 양립불가능한 필멸적인 생존의 문제임을 주장하는 *The Gift of Death*도 보라.
　　"만약 어떤 근본적으로 불가능한 것이 존재한다면 ─ 그리고 모든 것은 이러한 불가능성으로부터 의미를 도출한다 ─ 이는 실로 타자 **대신에**(in place of) 죽는다는 의미에서 **타자를 위해** 죽는 것이다. 나는 불멸성을 제외한 모든 것을, 그녀를 대신해 죽어서 그녀를 그의 고유한 죽음으로부터 자유롭게 해줄 수 있는 이러한 **타자를 위해 죽음**을 제외한 모든 것을 타자에게 줄 수 있다. 나는 나의 죽음이 그에게 좀 더 긴 삶을 줄 수 있는 상황에서, 내가 나 자신을 죽음의 위기로부터 그를 일시적으로 구해내기 위해 물이나 불에 스스로를 던져 누군가를 살릴 수

상 죽음이 출몰하는 필멸적 삶의 선물이다. 모든 국면에서 살기의 기회와 죽기의 위협을 주는 생존의 시간이 없이는 아무것도 주어질 수 없다.

만약 선물이 본질적으로 시간의 선물이라면, 그 자체로 좋거나 관대한 선물은 원리적으로도 있을 수가 없다. 만약 선물이 그 자체로 좋거나 관대하다면, 그것은 완전히 계산가능해야 하는데 선물을 좋거나 관대한 것으로 헤아릴 수 있을 것이기 때문이다. 반대로 데리다의 주장은 시간의 계산불가능한 도래가 선물의 무조건적 조건이라는 것이다. 이 책을 통해 나는 어떻게 동일한 논리가 데리다가 선물 이외에도 정의, 환대와 민주주의를 포함하여 무조건적인 것에 연결시키는 모든 개념들의 취급을 특징짓는지를 보여 줄 것이다. 절대적 정의, 환대나 민주주의라는 규제적 이념에 찬동하기는커녕, 데리다는 왜 시간의 도래가 정의, 환대, 민주주의 및 그 밖의 모든 것들이 있기 위한 무조건적인 조건인지를 상술한다.

나는 여기서 데리다의 용어 중 칸트적 이념의 구조에 따라서 가장 지속적으로 오독되었던 **정의**의 예를 다룰 것이다. 오독의 원천은 데리다의 법droit과 정의 사이의 구별이다. 데리다는 법을 탈구축가능한 것으로 서술하는 반면 정의는 탈구축의 "탈구축불가능한" 조건으로 이야기된다. 법은 이처럼 조건적인 것에 할당되고 정의는 법을 초과하는

있는 상황에서, 그녀에게 어떤 장수를 보장하기 위해 문자적으로나 은유적으로나 나의 심장을 줄 수 있는 상황에서, 나는 타자를 위해 죽을 수 있다. 그러나 나는 그녀 대신에 죽을 수 없고, 그녀의 죽음 대신에 내 생명을 그녀에게 줄 수 없다. 우리가 이전에 얘기했듯이 오직 필멸자만이 줄 수 있다. 이제 여기에 다음과 같이 덧붙여야 한다. 즉 필멸자만이 필멸적인 것에 줄 수 있을 뿐인데, 그는 불멸성을 제외한, 불멸성으로서의 구원을 제외한 모든 것을 줄 수 있기 때문이다"(43/47).

무조건적인 것에 할당된다. 이는 많은 독자들로 하여금 데리다가 절대적 정의라는 이념을 환기한다고 믿게 했지만, 그런 독해는 옹호될 수 없는 것이다. 우리가 보게 될 것처럼 법을 초과하는 무조건적인 것은 절대적 정의의 이념이 아니다. 그것은 절대적 정의라는 그 이념을 반박하는 시간의 도래이다.

핵심 용어는 데리다가 **결정불가능성**이라고 부르는 것이다. 이 용어로 그는 미래의 도래를 향한 필연적 개방을 지시한다. 미래의 도래는 엄밀히 말해 "결정불가능"한데, 이는 어떠한 일정한 보장이나 주어진 의미도 동요시키는 끊임없는 자리바꿈이기 때문이다. 무엇이 **일어났던 것이 될지는**will have happened 결코 알 수 없다. 약속들은 항상 위협들로 변할 수 있고, 우정은 증오로, 충실성은 배반으로 변할 수 있다 등등.

결정불가능성과 결정을 하는 것 사이에는 어떤 대립도 없다. 반대로, 결정을 내려야 하는 까닭은 미래가 미리 결정될 수 없기 **때문**이다. 만약 미래가 예측될 수 있다면, 결정할 것도 없고 애초에 행위할 이유도 없을 것이다. 데리다는 법droit과 정의의 관계에 대한 서술에서 이러한 사고방식을 되풀이한다. 전자는 우리가 예측불가능하고 잠재적으로 폭력적인 사건들을 처리하기 위해 권리를 설립하고 법을 규정할 수 있는지를 지시한다. 데리다는 그러한 방어적 조치들의 필요성을 거부하지 않지만, 모든 법과 권리는 탈구축가능하다고 주장한다. 설립된 법들은 언제나 부적합한 것으로 판정될 수 있고, 규정되었던 것에 도전하거나 그것을 뒤집을 수 있는 결정불가능한 시간의 도래에 근본적으로 노출되어 있다.

데리다 논증의 두 번째 단계는 대개 오해되었던 것이다.[30] 데리다
는 결정불가능한 미래를 정의의 가능성 자체로 서술하거나 단순히 법
을 넘어선 "정의"로서 서술한다. 요점은 정의에 대한 결정들이 법이 어
떻게 적용되어야 하는지에 대한 규칙으로 환원될 수 없다는 것이다.
오히려 정의에 대한 요구는 법이 예측한 것이 되리라는 보장이 없는
독특한 사건들과의 관계 속에서만 항상 제기된다. 따라서 정의의 조건
은 본질적인 우연성이다. 법의 특정한 적용들은 법 자체 속에 주어질
수 없고, 법의 일반성을 초과하는 사건들과의 관계 속에서의 결정을
요구한다.

데리다의 논증은 시간의 결정불가능한 도래에 의해 재촉되는 그
런 결정들 없이는 정의도 있을 수 없다는 것이다. 정의는 이처럼 본질
적으로 시간적 유한성의 문제인데, 이는 결정을 해야 하는 까닭이 궁
극적으로 시간적 유한성이기 때문이다. 데리다는 다음과 같이 쓴다.

> **결정**의 순간, 정당해야만 하는 **이 순간 자체**는 항상 긴급하고 촉박한
> 유한한 순간으로 남아 있**어야만 한다.** [···] 비록 시간과 숙고, 지식의
> 인내 및 조건들의 제어가 가설상 무한정하다 하더라도, 결정은 그것
> 이 얼마나 늦게 이루어지든 간에 구조적으로 유한하며, 긴급하고 촉
> 박한 결정은 비지식과 비규칙의 밤에 이루어진다. 규칙들과 지식들
> 의 부재가 아니라, 정의상 어떤 지식과 어떤 보장도 선행할 수 없는

---

30) 데리다의 정의 개념에 대한 영향력 있는 오독들의 예에 대해서는 3장에서 크리츨리에 대한
나의 논의와 4장에서 카푸토에 대한 논의를 보라.

규칙들의 재설립이다.[31]

유한한 결정들을 내리는 것 —시간의 계산불가능한 도래를 계산하는 것 —의 이러한 필연성이 데리다가 "정의"라고 부르는 것이다. 그가 쓰듯이, 정의는 "정당한 것과 부당한 것 사이의 **결정**이 결코 어떤 규칙에 의해 보증되지 않는"(244/38, 국역 37)는 어떤 계산불가능한 시간성을 요구한다.[32] 이는 역설적으로 보일 수 있는데, 이는 정의가 단지 정의로운 것이나 정의롭지 않은 것에 관한 어떤 보장도 없이 때에 따라 이루어질 수밖에 없는 결정이라는 곤경임을 의미할 것이기 때문이다. 그러나 데리다가 주장하는 것이 정확히 이 조건이다. 만약 법들과 권리들이 모든 이들과 모든 것을 포괄할 수 없다면, 만약 그것들이 총체화하는 어떤 심급 속에 정초될 수 없다면, 법들과 권리들을 초과하는 것과 협상하는 것은 불가피하게 필연적이게 된다. 이러한 "정의"의 요구는 그 자체로 긍정적인 것이 아니며, 그것이 가리키는 것은, 모든 결정은 결정 불가능한 시간의 도래에 사로잡혀 있는데, 이러한 시간의 도래는 우리가 내린 결정이나 앞으로 내리게 될 결정이 부정에 의한 결정일지도 모르는 위험을 열어놓는다는 점이다. 그런 위험 없이는, 애초에 정의에 대한 질문이란 없을 것인데 법의 집행은 단지 규칙들의 실수 없는 적용뿐일 것이기 때문이다.

그래서 데리다는 법과 정의의 관계가 어떤 **대립**으로서 이해될 수

---

31) Derrida, "Force of Law", 255/58 국역 56~57(번역 수정). 이어지는 페이지 인용은 본문 속에 주어진다.

32) "사건이 존재하는 한에서만, 곧 계산과 규칙, 프로그램과 예견 등을 초과하는 사건이 존재하는 한에서만 정의가 존재한다"("Force of Law", 257/61 국역 59)는 데리다의 주장도 보라.

없음을 다음과 같이 강조한다. "만약 정의와 법 사이의 이러한 구분이 진정한 구분이라면, 곧 그 기능이 논리적으로 규제되고 제어될 수 있는 대립이라면, 문제는 아주 간단할 것이다. 하지만 법은 정의의 이름으로 실행된다고 주장하고, 정의는 작동$^{mis\ en\ oeuvre}$되어야(구성되고 적용되어야, 곧 힘에 의해 '강제되어야') 하는 법 안에 자기 자신을 설립할 것을 요구받고 있다"(「법의 힘」, 250~251/49~50, 국역 48). 법과 정의의 이러한 관계를 자기면역적 관계로 생각해 보면, 이해하는 데 도움이 될 수 있다. 법의 체계는 정의에 대한 면역적 방어로서 기능한다. 이는 정의로운 것의 원리들을 지지하며 정치체에 해로운 것으로 간주되는 것을 식별하는 일을 가능하도록 한다. 법의 그런 체계 없이는 정의를 규정하거나 보호할 수 있는 것은 없을 것인데 주어진 결정을 평가할 만한 아무 규칙도 없을 것이기 때문이다. 동시에 정의의 결정들은 그 결정들을 보호하는 법을 중지하거나 공격해야만 하는데, 정의의 결정들은 법들을 의문시하거나 규칙들을 변형시킬 사건들과의 관계 속에서 이루어지기 때문이다. 이처럼 "자기면역"이라는 용어가 그 글이 써진 당시에는 그의 어휘에 나타나지 않았음에도 불구하고, 내가 인용해 온 정의에 관한 글(「법의 힘」)에서 데리다는 정의의 자기면역을 서술하는 것으로 간주될 수 있다. 예를 들어 다음의 정식을 생각해 보라.

어떤 결정이 정당하고 책임감 있기 위해서는 이러한 판단은 자신의 고유한 순간에 ──만약 그런 것이 존재한다면──규칙적이면서도 규칙이 없어야 하며, 법을 보존하면서도, 매 경우마다 법^{loi}을 재발명하고 재-정당화하기 위해, 적어도 그 법의 원칙에 대한 새롭고 자유로운 재긍정과 확증 속에서 이를 재발명할 수 있기 위해 법에 대해 충분히 파괴적이거나 판단 중지적이어야 한다. 매 경우가 각각 다른 것인 만큼, 각각의 결정은 상이할 뿐 아니라, 기존의 법전화된 어떤 규칙도 절대적으로 보증할 수 없고 보증해서도 안 되는, 절대적으로 특유한 해석을 요구한다(251/51, 국역 50).

법은 언제나, 스스로 그에 맞선다고 단언한 부정의보다 더 정의롭지 못할 수 있다. 법에 대한 공격은 이처럼 정의에 대한 옹호가 될 수 있고, 법의 옹호가 정의에 대한 공격이 될 수도 있다. 그러나 같은 이유로, 정의를 옹호한다고 생각하면서 정의를 공격할 수도 있는데, 정의로운 것과 정의롭지 않은 것을 구별할 절대적인 규칙은 없기 때문이다. 법도 정의도, 일반적인 것도 독특한 것도 그 자체로 긍정적인 가치를 할당받을 수는 없다. 실로 이런 항들 가운데 어떤 것이 다른 것보다 더 폭력적일지 알 수 없는 과정 속에서는, 각각의 항은 반대항에 대해 작용할 경우에만 어떤 의미를 갖게 된다.

만약 법이 본질적으로 탈구축가능하다면, 시간의 결정불가능한 도래는 정의의 탈구축불가능한 조건이다. 정의의 이러한 탈구축불가능한 조건은, 절대적 정의라는 이념을 촉진하기보다, 최초의 심급에서부터 절대적 정의를 부정의에 열어 놓는다.[33] 정의가 절대적인 것이 되

---

33) 데리다가 정의의 탈구축불가능한 조건이 그가 또한 "정의의 탈총체화하는 조건"이라고 서술하는 시간의 어긋남(disjointure)이라고 상술하는 — 왜냐하면 이러한 시간의 어긋남이 정의 자체의 핵심에 타락, 악과 불의(Un-Fug)의 가능성을 기입하기 때문에 — *Specters of Marx*를 보라. 이처럼 정의의 탈구축불가능한 조건은 "그 자체로 **탈구축 중**에 있고, 불의(Un-Fug)의 어긋남 속에 머무르며 머물러야만 하는(이는 명령이다) 조건"(28/56)이다.

려면, 그것은 주어진 정의를 항상 위태롭게 하거나 의문시할 수 있는 시간의 도래를 미리 막아야만 할 것이다. 반면에 데리다에게 시간의 도래는 무조건적이며 정의 개념 자체에 기입되어 있다. 정의의 **가능성**은 이처럼 절대적 정의의 **불가능성**이다. 정의는 더 또는 덜 정의롭지 못한 것이고 또한 **그래야만 하는데**, 정의는 그것을 초과하거나 의문시할 수 있는 미래에 맞서 스스로를 경계지어야 하기 때문이다.

탈구축적 논증의 급진성을 평가하기 위해서는, 우리의 기존 사고 방식에 칸트적 이념의 구조가 얼마나 만연한 것인지 아는 것이 중요하다. 설령 우리가 절대적 면역이 없다는 것을 알더라도, 우리는 가장 욕망할 만한 것은 절대적 면역의 상태(예컨대 부정의로부터 면역된 절대적 정의)일 것이라고 가정한다. 이처럼 우리는 우리 같은 유한한 존재자들이 절대적 정의를 인식하는 것은 불가능할지라도 하나의 이념으로서는 사고가능하다고 가정한다. 반대로, 탈구축적 이성은 절대적 정의라는 이념이 사고가능하지도 않고 그 자체로 욕망할 만한 것도 아님을 보여 준다. 부정의의 위험은 정의의 바로 그 가능성 속에 기입되어 있는데, 이는 부정의를 단번에 그리고 완전히 제거하는 것은 문제가 될 수 없음을 뜻한다. 반대로 부정의로부터 면역된 절대적 정의는 정의 자체를 제거해 버리고 말 것이다.

쟁점이 되는 논리는 데리다의 저작 전반에 걸쳐 작동한다. 일어나는 것에 대한 노출을 **무조건적인** 것으로—즉 사고되고 욕망될 수 있는 모든 것을 포함한 모든 것의 조건으로서—사고함으로써 데리다는 욕망할 만한 것에 대한 가장 근본적인 가정들을 변형시킨다. 그가 어떤 개념을 분석하건, 데리다는 개념이 "타자"에 개방되어 있어야만 한다고 주장하는데, 이는 그 개념을 오염시키고 반박할 수도 있는 것에 개방되어 있어야만 한다고 말하는 것이다. 그래서 데리다는 생명은 죽음에 개방되어 있어야만 한다고, 선한 것은 악한 것에 개방되어 있어야 한다고, 평화는 폭력에 개방되어 있어야만 한다고 등을 주장한다. 역으로, 죽음에 면역된 절대적 생명, 악에 면역된 절대적 선 또는 폭력에 면역된 절대적 평화는 데리다에게 있어 절대적 죽음, 절대적 악 또는 절대적 폭력과 같은 것이다. 그가 『마르크스의 유령들』에서 말하듯, "절대적 생명, 완전히 현전하는 생명, 죽음을 모르는 생명"은 "절대적 악"(175/278)일 것이다. 왜냐하면 절대적 면역은 타자에 대한 모든 개방을, 시간의 예측불가능한 도래에 대한 모든 개방을, 그럼으로써 생명 자체의 개방을 폐쇄해 버릴 것이기 때문이다.

이처럼 탈구축의 논리는 칸트적 이념을 그에 맞서서 읽도록 해 준다. 절대적 심급이 있을 수 없는 이유는 그것이 접근불가능한 이념이어서가 아니라, 절대적 심급이 그 자체로 자기논박적인 것이기 때문이다. 나는 여기서 이 주장을 칸트의 주목할 만한 글 「만물의 종말」The End of All Things과 연관시킴으로써 예증하고 싶다. 세 가지 비판서의 출판 이후 1794년에 쓰인 이 글은 그 자체로 좋은 어떤 것이라는 이념과 분리불가능한 불멸성의 이념을 다룬다. 만약 모든 것이 시간에 종속된다면―즉 모든 것이 필멸적이라면―이는 언제든 변화될 수 있고, 악이 될 수 있으며 타락할 수 있음에 구조적으로 열려 있는 것이 된다. 결과적으로 그 자체로 좋은 어떤 것이 있기 위해서는 어떤 **시간의 종말**이 있어야만 한다. 그러나 칸트의 글은 그런 시간의 종말이 죽음과 같은 것이라는 통찰에 의해 사로잡혀 있다. 다음이 글의 첫머리이다.

대개 경건한 언어를 써서, 죽어가는 사람을 보고 **시간에서 벗어나 영**

원으로 나아가는 것으로 말하는 것은 흔한 표현이다.

이때 **영원**이 무한으로 나아가는 시간을 의미하는 것으로 이해된다면 사실 이 표현은 아무런 의미도 없을 것이다. 왜냐하면 이때 그는 시간의 밖으로 나가는 것이 아니라 항상 하나의 시간에서 다른 시간으로 나아가는 것일 뿐이기 때문이다. 그러므로 이 표현이 뜻하는 바는 **모든 시간의 종말**임에 틀림없다.[⋯] 하나의 크기(예지적 지속^{duratio} ^{Noumenon})로서 인간의 중단되지 않는 지속, 시간과 전혀 비교될 수 없는 것이고, 명백히 우리가 (단순히 소극적인 것 외에는) 아무런 개념도 형성할 수 없는 것인 지속과 더불어서 말이다(221).

두 가지 유형의 무한성 사이의 이러한 구별은 우리가 어떻게 불멸성의 이념을 탈구축할 수 있는지 이해함에 있어 핵심적이다. 불멸성은 완전히 그 자체 속에 머무르고 사람에게 "중단되지 않는 지속"을 부여하는 **긍정적 무한성**을 요구한다. 그러나 모든 형식의 지속은 어떤 것도 그 자체 속에 머무를 수 없게 하는 시간의 **부정적 무한성**을 요구하는데, 지속은 하나의 시간에서 다른 시간으로의 끊임없는 잇따름에 놓여 있기 때문이다. 잇따름 없이 지속은 절대적 부동성과 같은 것이 될 것인데, 그 경우 그것을 지속**으로서** 표시할 시간의 이행이 없을 것이기 때문이다. 그런데 마찬가지로, 지속은 필연적으로 스스로 내부에서 분할되는데, 시간의 잇따름은, 각각의 순간에는 그것의 사건 바로 그 속에서 다른 순간들이 뒤따름이 함축되어 있기 때문이다. 이처럼 칸트 자신이 이를 "단순히 소극적인" 것으로 가리킬 때 인정하듯이, "중단되지 않는 지속"이라는 개념은 자기논박적이다. 만약 지속이 있다면 이는 항상 중단될 수 있는데, 지속은 변질이라는 시간적 과정을 전제하기 때문이다.

따라서 불멸성은 어떤 형식의 지속도 받아들일 수 없다. 그런데 같은 이유로, 불멸성은 죽음이라는 화석화^{petrification}와 분리될 수 없다. 칸트 자신은 「만물의 종말」에서 이 문제를 인정한다.

그러나 언젠가 모든 변화가 (그리고 그와 더불어 시간 자체가) 정지하는 순간이 오리라는 것 ——이는 상상력을 넘어서는 표상이다. 왜냐하면 그때는 자연 전체가 단단해져서 말하자면 화석화될 것이기 때문이다. 그때 최후의 생각과 최후의 느낌은 사유하는 주체 안에서 멈추고 변화 없이 동일한 상태로 영원히 머물게 될 것이다. 자신의 실존과 이 실존의(지속으로서) 크기를 시간 속에서만 의식할 수 있게 된 존재에게 그러한 삶은, 설령 그것이 삶이라 불릴 수 있다고 해도 절멸과 마찬가지인 것으로 나타나는데, 왜냐하면 그런 상태에 있는 것으로 스스로를 생각하기 위해서 그 존재는 여전히 무엇 일반을 사고해야만 하고, **사유**는 오직 시간 속에서만 일어날 수 있는 반성을 포함하기 때문이다(227).

이 구절은 칸트의 글에서 계속해서 되돌아오는 문제를 요약한다. 한편으로 칸트는 우리가 시간의 종말을 정립해야 한다고 주장하는데, 그렇지 않으면 최고선이란 있을 수 없기 때문이다. 다른 한편으로 시간의 종말은 모든 것의 종말——완전한 절멸과 분리될 수 없다. 칸트 자신이 적듯이, 영원 속에서는 **아무것도 일어날 수 없는데** 왜냐하면 영

원은 사건들의 시간성을 허용하지 않기 때문이다.[34]

　이 문제에 대한 칸트의 해결책은 시간의 종말을 하나의 이념, 시간에 매인 피조물로서 우리에게는 절멸과 마찬가지로 **나타날** 뿐인 이념으로서 정립하는 것이다. 「만물의 종말」에서 칸트는 종말-계시 apocalypse에 대한 종교적 저작들에 대한 토론을 통해 이 논증을 펼친다. **아포칼립스**라는 말은 "계시"revelation라는 그리스어에서 파생되었다. 보통 이는 무시간적 진리가 계시되고 단지 시간적인 현상인 모든 것들이 파괴될 때의 세계의 종말을 가리킨다. 그의 비판철학의 기본적 운동을 따라서, 칸트는 그런 종말-계시적 완성이 인식의 대상으로 되어서는 안 됨을 강조하는데, 그 경우 이성은 해소불가능한 모순들에 사로잡히게 되기 때문이다. 예컨대 우리가 필멸적 세계의 종말을 불멸적 세계의 개시로 서술한다면 "전자는 후자와 동일한 시간적 계열에 서게 되는데 이는 스스로 모순된다"(226). 칸트는 이처럼 종말-계시와 최후의 심판에 대한 지식을 가질 수 있다고 주장하는 종교적 도그마들을 비판하는데, 그것들은 모든 인식의 한계를 무시하기 때문이다. 동시에 칸트는 종말-계시적 완성이, 시간의 종말을 요구하는 최고선의 이념 안에 정당한 원천을 갖는다고 주장한다. 만약 모든 것이 언제나 시간에 종속될 것이라면, "최고"인 어떤 것도 있을 수 없게 되는데 이는 항상 더 낫거나 더 나쁜 것이 될 것이기 때문이다. 이처럼 칸트가 계시의 종교적 전통들과 공유하는 요청은 **유한성의 종말이 있어야만 한다**는 것, 즉 시간의 부정적 무한성의 종말이 있어야만 한다는 것이다.

---

34) 무엇이 일어나든지 그것은 시간에 속하기 때문에 영원 속에서는 "아무것도 일어날 수 없다"는 칸트의 언급을 보라("The End of All Things", 222).

탈구축의 논리는 그러한 종말-계시적 논리의 역이다. 내가 3장에서 정교화할 것처럼, 데리다는 시간의 부정적 무한성을 존재 일반의 환원불가능한 조건으로서 상술한다. 우리는 유한성이 결코 긍정적 무한성 속에서 완성될 수 없음을 상술하기 위해서 이를 **무한한 유한성**이라고 서술할 수 있다.[35] 각각의 유한성은 항상 또 다른 유한성에 의해 초월되고, 이는 다시 또 다른 유한성에 의해 초월되고 등. 그러한 시간적 무한성은 모든 종류의 소멸과 삭제를 함축하지만, 최종적인 종말-계시적 끝에 도달할 수는 없다. 또는 차라리 이렇게 말하는 것이 더 좋을 것이다. 유한성의 종말은 "최악"일 것인데, 이는 모든 것을 파괴해 버릴 것이기 때문이다.

여기서 데리다 자신이 종말-계시의 문제에 할애한 두 텍스트를 생각해 보는 것이 도움이 될 것이다. 이 텍스트들 중 첫 번째——「철학에서 최근 등장한 종말-계시적인 어조에 대하여」On a Newly Arisen Apocalyptic Tone in Philosophy——에서 데리다는 종말-계시라는 생각에 반대하여 **오다**Viens라는 하나의 단어를 동원한다.[36] **오다**는 시간의 도래를 모든 사건의 극단초월론적 조건으로서 상술한다. 이는 "그로부터 어떤 사건이든 있게 되는 출발점"(164/91)인데 하나의 사건은 오직 그것 아닌 다른 것이 잇따름으로써만 일어날 수 있기 때문이다. "오다"는 이처럼 "절대적인 동시에 절대적으로 가분적"(165/92)이다. 이는

---

35) 데리다에서 무한한 유한성이라는 생각의 주된 원천은 칸트라기보다는 헤겔인데, 특히 헤겔의 『논리학』(Science of Logic)에서 부정적 무한성과 긍정적 무한성에 대한 토론이 그렇다. 3장에서 나의 분석을 보라.

36) 데리다 글에 대한 보다 일반적인 논의에 대해서는 피터 펜브스(Peter Fenves)가 편집한 선집인 Raising the Tone of Philosophy에 붙인 그의 빼어난 서론을 보라.

모든 것의 조건이기 때문에 절대적이고, 아무것도 그 자체로 있을 수 없음을 상술하기 때문에 절대적으로 가분적이다.[37] 데리다가 인상적인 구절로써 말하듯이, "오다"는 "종말-계시의 종말-계시"를 알리는데, 시간의 도래는 종결될 수 없는 부정적 무한성을 개방하기 때문이다. 아이러니하게도 종말-계시적 예언자를 흉내 내면서, 데리다는 다음과 같이 선언할 수 있다. "나는 이를 말하노니, 나는 이를 말하기 위해 왔노니, 종말-계시란 없고, 결코 없었으며, 앞으로도 결코 없을 것이다"(167/96).

데리다 논증의 귀결들은 종말-계시에 대한 그의 두 번째 텍스트──「종말-계시가 없음, 지금은」No Apocalypse, Not Now에서도 추적될 수 있다. 이 텍스트는 1983년의 "핵 비판"에 관한 콘퍼런스를 위해 쓰였으며 데리다가 종말-계시에 대한 그의 탈구축과 연결시키는 전면적 핵 참사라는 냉전 가설에서 출발한다. 우리가 본 것처럼, 종말-계시의 사건은 일어나는 최후의 사건이 될 것이다. 만약 그것이 최후의 사건이 아니라면, 그것 이후에 다른 사건들이 뒤따를 수 있다면, 시간은 여전히 남아 있을 것이며 완성도 없을 것이다. 결과적으로 종말-계시의 사건은 있었던 것과 올 것에 대한 모든 참조를 제거하는 하나의 절대적 준거가 되어야만 한다. 그런데 마찬가지로 이는 생존의 모든 흔적을 제거해야만 하는데, 생존하는 것은 항상 미래에 대해 남겨진 과거의 흔적이기 때문이다. 종말-계시라는 절대적 준거는 이처럼 어떠한

---

37) 같은 텍스트에서 데리다의 다음과 같은 진술을 참조하라. "'오다'는 **오직** 파생가능하고, 절대적으로 파생가능한데, 오직 타자로부터만, 하나의 기원일 무로부터만 [⋯] 이미 파생가능한 것이 아니고 **기슭**(rive) 없이 도달가능한 무로부터만 파생가능하다"(166~167/95).

생존도 허용하지 않을 절대적인 핵 참사와 분리불가능하다.

절대적으로 실재적인 유일한 준거는 이처럼 되돌릴 수 없이 모든 기록 보관소^{archive}와 모든 상징적 능력을 파괴할, 내가 생명의 핵심 자체에 있는 **경계 위에서 살기/생존하기**^{survivance}라고 부르는 '생존의 운동'을 파괴할 절대적인 핵 참사의 범위 또는 차원에 관한 것이다. 이러한 절대적인 준거는 […] 어떠한 가능한 흔적의 절대적 제거와도 동등한 것이다(28/379).

데리다의 논증은 시간적 현상과 사물 자체의 구별에 의존하는 종말-계시라는 바로 그 관념을 반박한다. 종말-계시가 있기 위해서는, 시간과 공간의 파괴는 모든 것의 파괴를 함축해야 하는 것이 아니라 오히려 파괴불가능한 사물 자체를 드러내야만 한다. 칸트의 도식을 따라서 종말-계시는 시간에 매인 **파생적** 직관에게는 완전한 파괴와 동일한 것으로 나타나겠지만, **근원적** 직관에게는 파괴될 수 없는 사물 자체를 드러낼 것이다. 반대로, 데리다는 어떤 것도 면제될 수 없는 **절대적 파괴가능성**$^{absolute\ destructibility}$을 사고하는 데 관심이 있다. 데리다가 지적하듯이, 칸트의 파생적 직관과 근원적 직관의 비판적 대립은 "너무나 급진적이어서 그 대립의 기초를 없애 버릴 것이고 비판주의의 그 한계를 사고하는 것을 가능하게 할 유한성을 배제한다. 이러한 한계는 자아의 잔여 없는 자기 파괴의, **자기성**^{autos} 자체의 자가 파괴의 토대 없음에서 드러난다"("No Apocalypse, Not Now", 30/383).

전면적인 핵 참사라는 가설은 그런 파괴가능성을 사고하는 강력한 방식을 제공하는데, 이는 "어떤 흔적도 남기지 않는 되돌릴 수 없는 파괴의 가능성"(26/376)으로서 두려운 것이고 "종말-계시 없는, 그 자신의 진리의 계시 없는 절대적 자기파괴가능성의 역사적이고 비역사적인 지평"(27/377)을 열기 때문이다. 그러나 절대적 파괴가능성에 대한 데리다의 성찰은 냉전의 핵 시대와 같은 역사 속의 특정한 시대에만 관련되는 것이 아니다. 오히려 전면적 핵 참사라는 가설은 탈구축이 생명 일반의 조건으로 표현하는 급진적 유한성을 강화한다. 하나의 유한한 존재로서 나는 항상 절대적 파괴의 위협과의 관계 속에서 살아가는데, 나의 죽음과 더불어 나를 통해 개방되고 내 안에서 살아가는 전체 세계는 소멸될 것이기 때문이다. 데리다가 말하듯이, "나는 [나 자신의 죽음에 대한] 이러한 예상을 불안, 공포, 절망 속에서, 인류 전체의 절멸과 등치시키지 말아야 할 이유가 없는 하나의 파국으로서 살아간다. 이러한 파국은 모든 개별적 죽음과 더불어 일어난다. 개인적인 애도가 핵 전쟁보다 덜 심각하다고 나를 설득하기에 적합한 공통의 척도는 없다"(28/379).[38]

절대적 파괴가능성은 연기, 우회 그리고 지연이 생명 자체에 **내적임**을 함축하는데, 최종 도착지란 다름 아닌 죽음이기 때문이다. 처음 순간부터 생명은 자기의 내부 속에 품고 있고 그것 없이는 생명일 수 없는 파괴의 힘에 맞서 스스로를 보호해야 한다. 생명은 이처럼 죽음을 미룸으로써 살아갈 시간을 마련하는 생존의 운동을 통해서만 주어질 수 있다. 데리다가 『기록과 차이』에서 강조하듯이, "우

---

38) 여기서의 주장——각각의 죽음이 세계의 종말이라는——은 20년 후 *Chaque fois unique, la fin du monde*와 동시에 출간된 *Béliers*에서 정교화된다. 나는 이 주장과 그 함축을 4장에서 논의한다.

선 현전하고 **그다음에** 스스로를 보호하고, 연기하며, 보존하게 되는 생명은 없다"(203/302). 오히려 "생명은 오직 죽음의 경제를 통해서만, 유예, 반복, 보존을 통해서만 죽음에 맞서 스스로를 방어할 수 있다"(202/300~301). 이러한 정식들은 데리다가 30년 후에 상술하게 되고 생존의 운동을 사고하는 가장 강력한 방식을 제공하는 자기면역 개념을 가리킨다. 데리다는 생명의 철학이나 죽음의 철학을 제안하는 것이 아니라 "생명-죽음"의 갈등 구조$^{stricture39)}$를 주장하는 것이다. 이러한 생명과 죽음의 필연적 얽힘은 필멸성의 자기면역을 일반 조건으로 상술하고 불멸성이라는 이념을 논박한다. 한편으로 살아가는 것은 필멸적인 것이고, 죽음에 저항하고 이를 미루는 것이기 때문에 **생명은 죽음에 대립된다**. 다른 한편으로 필멸성은 죽음과 뗄 수 없이 연결되기 때문에 **생명은 그것이 대립하는 것에 내적으로 묶여 있다**. 생명의 방어는 이처럼 그 안에서 공격받는다. 그런 자기면역에는 어떤 치료도 있을 수 없는데 생명은 **본질적으로** 필멸적이기 때문이다. 본질적으로 필멸적인 생명의 정의로부터, 불멸성은 죽음이라는 것이 따라 나온다. 산다는 것은 필멸적이라는 것인데, 이는 필멸적인 것의 대립물이—불멸적인 것이—죽는 것임을 뜻한다. 만약 누군가 더 이상 죽

---

39) [옮긴이] 이는 데리다가 생명과 죽음의 필연적 얽힘을 이야기할 때처럼 병리학적인 의미에서는 협착을 가리키는 말이지만, 완결되고 질서 정연한 체계로서의 **구조**(structure)라는 개념에 대한 비판적 의미를 띤다고도 볼 수 있다. 데리다가 구조는 정태적이고 동질적이기보다는 항상 이질적이거나 갈등적인 요소를 포함할 수밖에 없음을 지적함을 감안할 때, 이 개념은 불만족스러우나마 갈등 구조 정도로 옮길 수 있을 것이다. 여기서 논의는 죽음의 가능성으로부터 면제된 절대적인 생명이란 존재할 수 없고 다만 생명에 죽음의 가능성이 내적이면서 서로 경합한다는 점이다.

을 수 없다면, 그는 이미 죽은 것이다.[40]

위의 논증은 내가 탈구축의 급진적 무신론으로 분석한 것의 핵심에 있다. 내가 서론에서 지적했듯이, 무신론은 전통적으로 신과 불멸성에 대한 욕망을 의문시하지 않은 채 신과 불멸성의 존재를 부정하는데 스스로를 제한해 왔다. 이처럼 전통적인 무신론에서 존재의 초월적 상태가 부정되거나 도달불가능한 것으로 여겨진다고 할지라도 필멸적 존재는 여전히 우리가 초월하길 욕망하는 존재의 어떤 **결여**로서 생각된다. 욕망에 대한 그런 생각은 분명히 칸트적 이념의 구조를 고수한다. 불멸성의 완성은 생명에 대한 욕망을 추동하지만 영원히 닿을 수 없는 것으로 남아 있는 하나의 이념으로 나타난다. 반대로 내가 급진적 무신론이라고 부르는 것은 신과 불멸성의 존재를 부정할 뿐만 아니라 신과 불멸성이 욕망할 만한 것이라는 가정도 의문시한다. 오히려 나는 생존의 시간이 욕망될 수 있는 모든 것의 무조건적인 조건이라고 주장한다.

생명이 불멸성의 완성에 결코 도달하지 않는 이유는 그것이 도달불가능한 이념이어서가 아니라 생명이 애초에 완성을 향해 정향되어 있지 않기 때문이다. 만약 생명과 생명에 대한 욕망이 본질적으로 시

---

40) 모리스 블랑쇼의 생략적인 문장 "불멸적-죽음"(Mort-immortel)에 대한 데리다의 시사적인 주석을 보라. 데리다의 독해에서 이 문장은 "불멸적이기 **때문에** 죽은 것이고, 불멸적인 **한에서** (불멸자는 살지 않으므로) 죽은 것이다. […] 왜냐하면 일단 죽으면 더 이상 죽을 수 없고, 모든 가능한 양상에 따라서 불멸적이 되었기 때문이다. […] 불멸자는 죽은 누군가이다"(Demeure, 67/86). 데리다는 계속해서 "'불멸적-죽음'은 전혀 영원을 의미하지 않았다. 죽음의 불멸성은 현재의 영원성을 구원하는 어떤 것"(69/89)임을 강조한다. 오히려 불멸성이 죽음과 동일하다는 것은 생명이 오직 생존의 무한한 유한성을 통해서만 주어질 수 있음을 뜻한다. "우리가 토론할 머무름(demeurance)은 영원의 영속성처럼 **머무르지** 않는다. 이는 시간 자체이다"(69/89).

간적 생존의 문제라면, 이는 불멸성을 향해 정향되어 있을 수 없다. 불멸성의 완성은, 시간의 부정적 무한성 속에서 어떤 것도 계속 살아가도록 하지 않을 것이기 때문에 생존의 무조건적인 긍정과 양립불가능하다.

그래서 급진적 무신론의 첫 번째 도전은 생명의 모든 순간이 실로 생존의 문제라는 것을 보이는 것이다. 데리다는 그의 초기 저작에서 어떻게 생명 일반의 최소 조건이 "원-기록"인지를 분석함으로써 이 논증을 전개시켰다. 그런 기록은 어떤 것도 그 자체로 주어질 수 없고 항상 이미 사라지고 있는지를 증명한다. 만약 일어난 어떤 것이 그 자체로 주어지고 사라지지 않는다면, 미래를 위해 어떤 것을 기입해야 할 아무런 이유도 없을 것이다. 만약 기록이 근원적이라면, 이는 예측불가능한 도래할 시간에 대하여, 소멸될 수 있는 흔적들을 남김으로써만 존속할 수 있는 생존의 운동 없이는, 생명도 존재하지 않기 때문이다. 결과적으로 생명 그 자체는 원-기록과 더불어 비로소 존재하기 시작했던 것이 될 것이다.

2장 원-기록: 데리다와 후설

기억은 스스로를 미래를 향해 투사하고, 현재의 현전을 구성한다.
—데리다, 『기억들』, 57/69

무언가를 기입하는 것은 무엇보다도 기억의 활동이다. 무엇을, 누구에게 또는 왜 쓰는지와 상관없이, 나의 말들은 그것들이 새겨지는 바로 그 순간 과거의 흔적들로 된다. 이처럼 기록은 역사적 자료를 보관하고, 일어난 것을 문서화하고 등록하는 능력을 지닌다. 특정한 순간에 일어난 것을 기입함으로써, 나는 스스로에게 설령 그것들을 잊어버리더라도 세부 사항들을 보존할 수 있는 하나의 보충물을 주는 셈이다. 이처럼 나는 과거 사건들을 회상할—나 자신의 삶을 계속해서 붙잡을—기회를 늘리지만 또한 마찬가지로 어떤 위태로운 시간성을 표시하는 것이다. 도래할 독자(나 자신이건 다른 누구건)에 대한 고려가 없다면, 내가 기록해야 할 이유는 없을 것이다. 그러나 겨냥된 미래는 본질적으로 위험하다. 누군가 내 텍스트를 읽을 때 나는 이미 죽었을 수 있고 또는 내 말들의 의미는 더 이상 같지 않을 수 있다. 더구나 기입들 자체는 항상 삭제될 위험을 무릅쓴다.

이처럼 기록이 망각과 맞설 수 있다면, 이는 동시에 잠재적인 위협을 드러낸다. 기록은 망각의 공포를 결코 경험할 수 없을 어떤 불멸의 존재에게는 불필요할 것이다. 반대로, 기록의 필요(단지 메모 또는 마음 속의 기록mental note일지언정)는 일어나는 모든 것의 시간적 유한성에서 기인한다. 무언가를 기입하는 나의 행위는 이미 내가 그것을 잊어버릴 수 있음을 암시한다. 이처럼 기록은 나 자신에 "외적인" 것에 대한 나의 의존을 증명한다. 「플라톤의 약국」Plato's Pharmacy이라는 그의 글에서, 데리다는 다음과 같은 방식으로 논증을 전개한다.

> "외부"는 우리가 이제 심적인 것과 물리적인 것이라고 부르는 것이 만나는 곳에서 시작하지 않고, 므네메(살아 있는 기억mnème)가, 진리의 운동으로서 자신의 생명 안에 현전하는 대신 기록보관소에 의해 대체될 때, 재-기억re-memoration과 공동-기억com-memoration의 기호에 의해 쫓겨날 때 시작된다. 기록의 공간, 기록으로서 공간은 이러한 대체의 폭력적인 운동에서, 므네메와 히포므네시스(문자를 매개로 하는 기억hypomnesis) 사이의 차이 속에서 열린다. 외부는 이미 기억의 작업 속에 있다. 악은, 기억이 자신과 맺는 관계 안으로, 므네메의 활동의 일반적 조직 안으로 끼어들어 온다. 기억은 본성상 유한하다. 플라톤은 기억에 생명을 귀속시키면서 유한성을 깨닫는다. 모든 살아 있는 유기체들에서처럼, 우리가 본 것처럼 그는 기억에 어떤 한계들을 할당한다. 무제한적인 기억은 어떤 사건에서든 기억이 아니라 무한한 자기현전이 될 것이다. 그래서 기억은 항상 이미 그것이 필연적으로 관계 맺는 비현전을 회상하기 위해 기호들을 필요로 한다(『산종』 *Dissemination*, 109/135).

이 구절은 데리다의 "원-기록" 개념을 이해함에 있어 핵심적이다. 원-기록은 기록의 경험적 개념과 혼동되거나 음성에 대립되는 것으로 간주되어서는 안 된다. 오히려 데리다의 논점은 경험적 기록과 결부되는—재현의 구조, 본래적 유한성과 환원불가능한 외재성과의 관계와 같은—여러 특성들이 경험과 생명 일반의 가능성 조건을 보강하며, 따라서 생명은 원-기록에 의해 특징지어진다는 것이다. 경험적 필요에 따라 적용되거나 사용될 수 있는 모든 현행 표기법 체계에 선행하여, 경험이 경험으로 존재하기 위해서는, 경험은 기록에 의해 기입되어야 하는 "극단초월론적" 필연성이 있다.

실로 철학 전통은 기억의 경우에 경험과 기입 사이의 내밀한 연계가 존재한다는 것을 인정해 왔다. 데리다가 위의 인용한 구절에서 상기시키듯이, 플라톤은 기억이 "비현전을 회상하기 위해서는 기호들이 필요"함을 깨닫는다. 이렇게 되는 이유는 간단하다. 정확히 과거는 더이상 현전하지 않기 때문에, 현전 그 자체에 더 이상 접근불가능하기 때문에 기억이 한 시점에서 다른 시점으로 반복될 수 있게 하기 위해서는 하나의 표시로서 기입되어 있음이 틀림없는 것이다.

플라톤 이래로 철학이 기록을 기억술mnemotechnics의 조건으로서 인정했다고 해도, 철학은 매개 없이 스스로에게 주어진 근원적 현전으로부터 기록을 **도출하려고** 시도해 왔다. 이 경우 과거는 이전에 현전했으며, 단지 그 이후에야 어떤 흔적에 의해서 대체되어야만 했던 어떤 것으로 이해된다. 뿐만 아니라, 흔적은 과거를 재활성화하고 우리가 과거를 현재 기억하고 있다는 것을 보장하는 어떤 현존하는 의식과의 관계 속에서 생각된다. 이는 반박할 수 없는 것처럼 보인다. 기억의 내용은 확실히 과거이지만, 어떻게 우리는 기억의 행위가 **현재에** 일어남을 부정할 수 있는가? 정말로 우리는 어떻게 현전의 형식을 전제하지 않고 어떤 경험을 이야기할 수 있을까? 과거는 더 이상 없고 미래는 아직 없다. 그래서 일어나는 모든 것 —**존재하는** 모든 것 — 은 현재에 있어야만 한다.

적어도 이러한 것이 동일성이라는 철학적 논리의 근본적 전제이다. 이러한 논리는 **존재하는 것**은 그 자신과 동일해야만 한다고 — 그 근원적 형식은 불가분적인 통일체여야 한다고 규정한다. 동일성 논리를 의문시하는 것은 가장 어려운 문제들과 조우하는 것이고 터무니없이 들릴 만한 위험을 무릅쓰는 것이다. 그럼에도 불구하고 우리가 직면해야 하는 것이 정확히 이러한 문제들과 위험인데, 데리다의 탈구축은 다름 아닌 동일성 논리의 개조를 목표로 하기 때문이다. 확실히 많은 데리다 주석가들이 그의 공식들을 되풀이해 온 것에서도 쉽게 드러나듯이, 근원적 분할과 결코 현재한 적이 없는 과거에 대한 데리다의 주장들을 반복하는 것에 만족할 수도 있다. 그러나 그런 접근은 탈구축의 철학적 중요성을 강화하는 데는 그다지 기여하는 것이 없다. 오히려 이는 탈구축이 논증의 엄밀성을 고의적으로 경멸하는 식으로 역설들에 탐닉한다는 의심을 확증하고 만다. 따라서 **어떻게** 이 원-기록이 이해되어야 하는지를 정교화할 뿐만 아니라 **왜** 현전의 자기동일성이 불가능하고 **왜** 데리다적 의미에서 기록이 근원적인지를 다루는 하나의 논증이 요구된다.

이 장에서 나는 에드문트 후설의 내적 시간의식의 현상학을 읽음으로써 이러한 물음들에 답하고자 시도할 것이다. 후설의 시간현상학에 대한 나의 초점은 세 가지 동기를 갖는다. 첫째, 데리다는 **흔적**과 **차-이**라는 그의 다른 핵심 개념들과 더불어 원-기록이라는 개념을 주로 후설의 현상학에 대한 독해를 통해 발달시킨 바 있다.[1] 둘째, 데리다의 독해를 정교화해야 할 필요성은 그의 후설 해석에 대한 폴 리쾨르Paul Ricoeur, 루돌프 버넷Rudolf Bernet과 단 자하비Dan Zahavi와 같은 뛰어난 현상학자들의 비판에 의해 강조된다. 그들의 연구는 후설에 대한 탈구축적 독해가 응답해야만 하는 다수의 물음들을 제기했다. 그래서 내가 그들의 논증들과 대결할 것이긴 하지만, 나는 그것들이 탈구축에 대한 세련되고 진전된 철학적 토론을 위한 소중한 기회를 제공함을 인정하고 싶다. 셋째, 우리는 이 토론의 논증들이 어떻게 내적 시간의식이라는 문제에 달려 있는지를 보게 될 것이다. 확실히 데리다의 그 주제에 대한 분석은 충분히 철저하지 못했기에, 나의 독해는 어떻게 시간의 문제가 동일성 논리를 탈구축하는 데 중심적인지를 명료하게 할 뿐 아니라 후설의 시간론에 대한 데리다의 분석을 더욱 전개시키는 것을 목표로 한다.

주장컨대 후설의 현상학은 시간의 형식으로서의 현전 형식에 대한 가장 세련된 설명을 제공한다. 그래서 이는 또한 현전의 형식을 탈구축하려는 데리다의 시도에 가장 큰 도전을 제기한다. **만약** 근원적 현전이라는 것이 있다**면**, 기록은 파생적 현상일 것인데 근원적 현전은

---

1) 이 점에서 가장 중요한 연구는 『목소리와 현상』이라고 번역된 *La voix et le phénomène* 이며 본문에서 SP로 약칭한다. 후설에 대한 데리다의 다른 연구들은 *Edmund Husserl's Origin of Geometry*와 데리다의 주목할 만한 석사 논문, *Le problème de la genèse dans la philosophie de Husserl*을 포함한다. 추가로, *Writing and Difference*(WD로 약칭)은 후설에 관한 하나의 글을 수록하고 있으며 *Margins of Philosophy*도 그렇다. *Of Grammatology*(OG로 약칭)에서 "Linguistics and Grammatology"라는 장에서 데리다의 후설에 대한 주석, *Writing and Difference*의 "Violence and Metaphysics", *On Touching* 도 보라. 후설에 대한 데리다의 관계를 다룬 초기의 것이지만 여전히 귀중한 설명으로는 헨리 스테이튼의 빼어난 책 *Wittenstein and Derrida*를 보라.

스스로의 동일성을 구성하기 위해 기입을 필요로 하지 않을 것이기 때문이다. 이 경우 데리다의 원-기록 개념을 강화하기 위해서는 어떻게 기록의 구조적 특성들이 ——과거와 미래의 분할, 시간의 공간내기, 가능성과 위험의 동시적 개방——현전 자체에 구성적인지를 보여 주어야 한다. 또는 나의 제시題辭를 빌려 말하자면, 어떻게 기억의 기입이 현재의 현전을 구성하는지를 보여 주어야만 한다.

후설의 시간현상학에 대한 데리다의 독해에서 쟁점이 되는 것이 이 논증이다. 이 논증에 접근하기 위해서, 우리는 먼저 의식의 시간성에 대한 후설의 탐구 틀을 마련해 주는 주된 방법론적 작용, 소위 **판단중지**epoché 또는 현상학적 환원에 대해 고려해야만 한다. 현상학적 환원을 수행한다는 것은 대상들이 나타나도록 하는 의식의 활동들을 검토하기 위해 대상들이 현실적으로 존재하는지에 대한 물음을 괄호 치는 것이다. 이러한 작용은 몇 가지 이유들로 해서 중요하다. 후설은 어떤 것이 존재하는지를 **증명하려고** 하지 않고 현상 일반의 조건을 분석하려고 한다. 현상학적 환원의 방법은 이러한 기획을 일상생활에서 우리가 갖는 가정들뿐 아니라 회의주의적인 접근과도 구별시키는 역할을 한다. 존재 문제를 괄호침으로써, 후설은 외부 세계에 대한 우리 지식과 관련된 인식론적 의심을 피함과 **동시에**, 그가 "자연적 태도"라고 부르는 것인, 세계에 대한 우리의 경험을 당연시하는 것을 넘어설 수 있다. 오히려 후설의 야심은 객관성을 구성하는 주관적 활동들을 드러내는 것이다. 그의 철학적 저작들은 대체로 이러한 과업에 부응하기 위한 서술들로 이루어진 하나의 정교한 체계이다.

후설의 기획에 있어 결정적인 물음은 우리 자신에게 속하지 않는 것을 우리가 어떻게 파악하는가와 관련된다. 후설의 답은 그가 의식의 **지향성**이라고 부르는 것, 즉 스스로 아닌 다른 어떤 것을 향해 있음의 특징에 대한 탐구에 있다. 지향성은 모든 경험의 공통분모이며 후설이 **노에시스**^noesis와 **노에마**^noema라고 부르는 두 가지 주요 극들을 드러낸다. 노에시스는 그로 인해 내가 무언가를 경험하는 주관적 활동을 가리키고, 노에마는 나의 경험에 주어진 바대로의 대상들을 가리킨다. 중요한 것은 **노에마**가 실재하는 대상과 등치되어서는 안 되며 지향적 의식의 내적 구조에 속한다는 점이다. 예컨대 내가 책상에 대해 이야기할 때, 확실히 나는 그것을 하나의 현실적 대상으로 지시할 수 있지만, 나는 오직 나의 경험을 통해서만 내게 제시되는 노에시스적 과정과 상관적인 하나의 **노에마**로서 책상에 접근한다. 책상이 존재하는가의 여부는, 설령 그것이 환상이나 잘못된 지각이라 할지라도 경험을 특징짓는 양면적 구조의 서술과는 관련이 없다. 달리 말해 **판단중지**는 의미를 구성하는 활동들을 주제화하기 위해서, 대상들을 어떤 지향적 의식에 나타나는 대상들**로서** 그것들의 의미로 환원한다.

후설 철학의 정초적 야심은 이처럼 의미의 조건을 주관적 지향성을 기초로 하여 설명하려는 것이다. 그러나 후설은 어떤 형태의 유아론도 대변하지 않는다. 반대로, 그는 주관성 내부에서 객관성과의 관계를 힘주어 주장한다. 그가 『데카르트적 성찰』^Cartesian Meditations에서 말하듯이, 자아의 **에이도스**^eidos에 대해 분석하는 것은 필연적으로 "어떻게 자아가, 이 고유한 본질 덕택에, 또한 그 자체로 '다른' 어떤 것, '객관적인' 어떤 것, 그리고 이처럼 자아 안에서 자아-아닌 것의 지위를 갖는 모든 것을 구성하는지"(41절)를 분석하는 것을 함축한다. 독자들은 여기서의 용어법으로 인해 오도되어서는 안 된다. 주관이 외부를 "구성한다"는 것은 그것이 세계를 창조함을 의미하지 **않는다**. 현상학적 관점에서 볼 때 이는 대상들이나 다른 사람들에 대해 경험하는 것이 무엇을 의미하는지를 이해할 때에만 그것들에 대해 이야기할 수 있다는 것이다.

현상학은 이처럼 경험의 근본적인 — 발생적일뿐 아니라 구조적인 — 구성을 해명하려고 하는 "초월론적" 철학이다. 데리다가 이러한 초월론적 접근을 따름으로써 시작한다는 것을 이해하는 것이 중요하다. 탈구축은 현상학에 대한 전통적인 비판이 아닌데, 이는 다른 원리들이나 방법들에 준거해서 현상학의 철학적 주장들의 정당성을 의문시하지 않기 때문이다. 반대로, 데리다는 후설을 초월론적 현상학 자체의 가장 심층적인 수준에서 그에 반대하여 읽고자 한다. 확실히 그런 전략은 데리다 독해들의 일반적인 특징이다. 그러나 후설은 단순히 여러 형이상학자들 중 하나로 간주될 수 없다. 흔히 데리다의 추종자들은 시간의 초월론적 현상학에 대한 적절한 평가 없이 후설의 사유에 너무나 쉽게 "현전의 형이상학"이라는 딱지를 붙이곤 한다. 우리가 보게 될 것처럼, 후설은 시간성의 문제에 있어 매우 조심스러웠으며 그의 분석들은 동일성 논리에 관해 데리다가 가진 관심의 핵심으로 우리를 데려다 준다.[2]

그러나 정확히 어떻게 후설의 급진성을 이해해야 하는지는 어려운 문제이다. 다수의 현상학자들은 최근 후설에서 **선반성적**prereflexive 주관성의 중요성을 강조해 왔고 이를 기초로 하여 데리다의 독해에 대

---

2) 내적 시간의식의 현상학에 관한 후설의 가장 중요한 저술들은 Husserliana의 10권 *Zur Phänomenologie des inneren Zeitbewußtseins, 1893-1917*이라는 제목으로 출간되었다. 이후에는 *Hua 10*으로 약칭. 페이지 인용은 오직 독일 판본만을 따르는데, 이 쪽수들은 또한 영어본의 여백에도 줄곧 표시되고 있기 때문이다.

한 비판을 전개했다. 그런 비판의 가장 강력한 예들은 루돌프 버넷과 단 자하비의 연구에서 찾아볼 수 있다.[3] 버넷과 자하비 모두 후설의 주관성 개념이 폐쇄된 영역이나 자기충족적인 모나드를 전제하는 것이 아니고, 과거와 미래를 향해서뿐만 아니라 다른 주관들을 향한 구성적 개방성으로부터 나오는 것이라고 주장한다. 이러한 주장은 데리다의 독해에서도 중심적인 것으로, 후설의 현상학에서 정확히 이러한 쟁점들에 대한 보다 심오한 이해를 위한 길을 마련해 준다. 그러나 버넷도 자하비도 결론에 있어서는 데리다를 따르지 않는다. 특히 그들은 후설의 "살아 있는 현재"lebendige Gegenwart 이론을 시간의 비형이상학적인 이론을 가리키는 것으로서 옹호한다. 그들의 주장의 기저에 있는 것은 후설의 사유에서 형이상학적 경향들이 의식의 **반성적** 모델에 대한 그의 고수로부터 기인한다는 가정이다. 반대로 후설의 살아 있는 현재 개념은, 데리다가 표적으로 삼는 현전의 형이상학에 대한 하나의 대안으로서 버넷과 자하비가 정립하는 선반성적 모델을 기초로 한다.

그러나 우리가 보여 주려고 시도할 것처럼 버넷과 자하비의 관점은 오도적인 것이다. 확실히, 지향성에 대한 주관과 객관의 단순한 상관관계 이상의 보다 정교한 이해를 발달시켜야 할 좋은 이유들이 있기는 하다. 그러나 후설의 잠재적인 급진성은 그의 선반성성 개념에서 발견될 수 없다. 시간의 현상학에 관한 후설의 저작들의 논증의 흐름

---

3) 호평을 받은 바 있으며 실로 감탄할 만한 자하비의 연구 *Self-Awareness and Alterity*를 보라. 버넷의 중심적인 책, *La vie du sujet*는 1970년대와 1990년대 사이에 쓰인 상당수의 텍스트들을 모았다. 또한 버넷의 논문 "Is the Present Ever Present? Phenomenology and the Metaphysics of Presence"와 "An Intentionality Without Subject or Object?"를 보라. 다니엘 비른바움(Daniel Birnbaum)의 *The Hospitality of Presence*는 후설의 주관성 이론에 대한 버넷의 관점을 보다 발전시킨다.

을 따라가 본다면, **반성성**에 본래적인 문제들이 후설의 형이상학적 요청들을 의문시하는 반면, 선반성적 주관성이라는 개념은 근본적 현전이라는 관념을 구제하기 위해 도입된다는 것이 드러난다. 따라서 후설의 선반성성 개념 ──차라리 후설이 시간에 관한 물음을 탐구할 때 마주치는 중대한 물음들을 해소하려 하는 개념 ──에 준거함으로써 현전의 형이상학을 "넘어선" 현상학을 진척시킨다는 것은 오도적이다.

후설이 그의 현상학적 방법을 시간의식에 관한 문제틀에 적용시킬 때 일어나는 것을 따라감으로써 시작해 보자. 어떻게 현상이 의식에 주어지는지 탐구하려고 착수하면서 후설은, 시간성이 현상 일반의 특징임을 발견한다. 후설은 "양편에서 ──즉, 내재적^{immanent} 실재의 영역뿐 아니라 초재적^{transcendent} 실재의 영역에서도──**시간**은 그 서술된 양상들에 있어, **개별적 실재들의 환원불가능한**^{unaufhebbare} **형식**"임을 강조한다(*Hua* 10:274). 지향된 바──외적 대상들, 다른 사람들이나 내적 현상들 ──가 무엇이든 간에, 그것들은 오직 그 자체로 시간적인 잇따름 속에서만 나타난다. 이러한 조건은 지향적 대상뿐만 아니라 이러한 대상을 지향하는 활동에도 적용된다. 예컨대 내가 어떤 멜로디를 들을 때, 이는 단지 음들일 뿐만 아니라 또한 사라지는 음들에 대한 나의 경험이기도 하다. 후설이 말하듯이, "시간 의식 자체가 시간을 [요구한다], 지속의 의식은 지속을 요구한다. 잇따름의 의식은 잇따름을 요구한다."[4] 이러한 관찰은 후설에게는 상당히 문제적인 것으로 증명되는데, 왜냐하면 지향적 작용이 현상들을 시간을 관통하여 동일한 것으로 동일시함으로써 경험의 연속성을 정초하는 것으로 되어 있

---

4) *Hua* 10:192. 또한 같은 책, 22~23도 보라. 그리고 후설의 *Ideen* 1권도 보라(*Hua* 3:93).

기 때문이다. 흘러가고 사라지는 음들은 그것들을 하나의 상호연결된 연속으로 파악하는 지향적 활동을 통해서만 멜로디로 나타날 수 있다. 더구나 각각의 개별 음이 시간적으로 연장되어 있다고 해도 그래서 결코 하나의 단순한 통일체로 주어질 수 없다고 해도, 그 자체로 구성되기 위해서는 어떤 최소한의 종합을 요구한다.

이제, 종합 자체의 활동이 시간적이라면 이는 하나의 무매개적인 통일체로서 주어질 수 없다. 오히려 이는 다른 활동에 의해 종합되어야 하고, 이는 또다시 아직 오지 않은 다른 활동에 의해 종합되어야 하는 등. 1905년에 시간에 관한 그의 강의들에 붙이는 부록에서, 후설은 이 문제를 다음과 같이 묘사한다.

만약 내가 음의 나타남 속에서 살아간다면, 음은 내 앞에 있고, 이는 지속되거나 변화한다. 만약 내가 음의 나타남에 주의를 집중한다면, 이러한 나타남은 내 앞에 있고 그 시간적 연장extension, 지속이나 변화를 갖는다. 따라서 음의 나타남은 여기서 여러 가지를 의미할 수 있다. 이는 또한 음영adumbration들의 연속성에 대한 나의 주의 집중을─지금, 바로 지금 등등을 의미할 수도 있다. 이제 흐름은 [⋯] 다시금 객관적이고 그 시간을 갖는 것으로 되어 있다. 여기서 다시 이러한 객관성을 구성하는 의식과 이러한 시간을 구성하는 의식이 필수적이게 된다. 원리상 우리는 다시 반성할 수 있고, 이처럼 **무한히** 계속된다. 무한소급이 여기서 무해한 것으로 드러날 수 있을까?

1. 음은 지속하고, 국면들의 연속성에서 구성되게 된다.

2. 음이 지속하는 동안 또는 그런 한에서, 거기서 지속의 각각의 점은 문제의 현재로부터 흐릿한 과거에 이르는 음영의 계열에 속한다. 따

라서 우리는 그 각각의 점이 부단한 연속체인 하나의 연속적 의식을 갖는다. 이러한 연속체도 다시 우리가 주의를 기울일 수 있는 시간적 계열이다. 그래서 극$^{Spiel/drama}$은 다시 시작한다. 만약에 우리가 이 연속의 어떤 점을 고정시키더라도, 과거 연속들 및 등등의 계열을 지시하는 과거의 의식은 점에 속하는 것이어야만 하는 것으로 보인다.

이제 반성이 **무한히** 추구되지 않는다고 해도, 아무런 반성도 필요하지 않다고 해도, 이러한 반성을 가능하게 만드는 것 ——그리고, 그래서 그렇게 보이기도 하는데, 최소한 원리상 반성이 **무한하도록** 만드는 것 ——은 그럼에도 불구하고 주어져야만 한다. 그리고 여기에 문제가 있다(*Hua* 10:114~115).

이러한 문제는 의식의 시간성에 대한 후설의 탐구에 출몰하기를 멈추지 않을 것이다. 후설은 항상 그의 현상학에 토대를 제공할, 의식의 근본적이고 구성적인 수준에 대한 탐색에 의해 인도된다. 그러나 그의 탐색은 모든 심급, 모든 순간이 그 구성에 있어 다른 순간들에 의존하는 것으로 드러날 때 무한소급이라는 문제에 부딪힌다. 후설이 명백히 깨달았듯이, 소급의 원인은 그 생성에 있어 모든 현전을 분할하고 결과적으로 어떤 것도 **그 자체로** 존재하는 것을 막는 시간화의 운동이다. 현상학적인 용어로, 이것이 왜 어떤 지향적 활동도 "자기구성적"일 수가 없는지에 대한 이유이다. 정확히 그것이 시간적인 까닭에, 활동은 스스로와 일치할 수 없고 그 자체로 나타날 다른 활동을 요구한다.[5]

---

5) *Hua* 10:332, 342, 355를 보라.

소급을 막기 위해 후설은 내적 시간의식에 세 번째 수준, 곧 그가 "절대적 흐름"이라고 부르는 것을 도입한다.[6] 지향적 활동들 및 그 대상들과 반대로, 흐름은 시간적으로 구성되지 않고 즉각적으로 "살아 있는 현재"로서 스스로에게 주어진 "절대적 주체성"이다. 이어지는 논의에서 나는 후설이 어떻게 근원적 현전을 보호하기 위해 몇 가지 평행한 전략들을 동원하는지 추적해 볼 것이다. 형이상학적인 전제들이 일소된 의식에 대한 서술을 제공하려는 그의 야심에도 불구하고, 후설에게 주체가 본질적으로 스스로에게 현전해야 한다는 것은 공리적 axiomatic인 것으로 남아 있다. 이러한 이상은 그의 저작들의 강령적 수준에서 결코 포기되지 않는다.

그래서 우리는 왜 데리다가 후설의 사유에 현전의 형이상학의 현대적 형식을 위치시키는지 알 수 있다. 현상학은 전통적인 존재신학이나 관념론은 아니지만, 후설은 그럼에도 불구하고 동일성의 철학적 논리의 한 판본을 서약한다. 이전에 언급되었듯이, 이러한 논리는 스스로와 동일해야만 하는 **무엇**을 규정한다. 후설에서 그런 근원적 형식은 주체의 자기현전에 귀속된다.

그러나 주체의 자기현전은 지향성에 관한 후설의 가장 기본적인 통찰에 의해 이미 의문시된다. 후설의 통찰은 어떻게 모든 나타남의 구조가 이항적dyadic인가와 관련된다. 무엇이든지 나타나게 되는 것은 누구에 대한 무엇**으로서** 나타나고 그래서 초월론적 주관성에 의해 구

---

6) 어떻게 후설이 의식의 이런 수준을 정립하게 되었는지에 대한 설명으로는 Brough, "The Emergence of an Absolute Consciousness in Husserl's Early Writings on Time-Consciousness"를 보라.

성되는 것으로 이야기된다. 이렇게 되면 사실 어떻게 구성적 주관성이 스스로에게 나타나는지 질문이 제기된다. 만약 초월론적 주체의 자기 현전이 또한 이항적인 구조를 갖는다면, 우리는 무한소급에 직면하는데 현상 자신의 조건이 조건지어진 것으로 드러나기 때문이다. 후설은 문제를 다음과 같이 정식화한다. "만약 모든 내용이 그것을 향한 파악작용Auffassungsakt을 통해서만 의식에 도달한다고 말한다면, 물론 내용 자신인 이러한 파악작용이 의식적인 것이 되는바 의식에 대한 질문이 즉각적으로 제기되어 무한소급은 불가피하다."[7]

구조적으로, 이는 칸트가 『순수이성비판』에서 시간과 주체성의 관계를 탐구할 때 발견했던 것과 동일한 문제이다. 칸트가 적었듯이, 의식의 통일성은 시간적으로 구성될 수 없다. 만약 시간적으로 구성된다면, 시간의 종합을 위한 바로 그 근거는 잇따름에 종속될 것이고 따라서 자신 아닌 심급에 의해 종합되어야 하고 등등. 후설은 동일한 소급과 싸우는데, 그가 제안한 해결책은 어떤 면에서 칸트의 해결책과 비슷하다. 칸트가 항상 변하는 경험적 의식과 "순수하고, 근원적이며 불변하는 의식"(『순수이성비판』, A107)을 대조시켰다면, 후설은 시간이라는 조건으로부터 면제된 "절대적 흐름"을 이야기한다. 그러나 핵심적 차이는 [칸트와 달리] 후설의 경우 어떻게 초월론적 주관이 스스로에게 나타나는가에 대한 질문에 직면할 수밖에 없다는 점이다. 칸트는 경험의 통일성이라는 조건으로 가정되어야만 하지만 그 자신은 직관될 수 없는 순수 통각에 호소함으로써 문제를 피해 간다. 그런 해결책은 후설에게는 선택가능하지 않다. 초월론적 현상학의 가능성 자체

---

7) *Hua* 10:119; 부록 12, 126~127도 보라.

가, 이러한 주관성이 스스로에게 스스로를 드러낼 수 있음을 전제하는 초월론적 주관성에 대한 현상학적 분석의 가능성에 달려 있다.

결과적으로, 후설은 어떻게 절대적이고, 시간구성적인 흐름이 스스로에게 나타날 수 있는지 설명해야만 한다. 이러한 자기현전은 후설이 "세로지향성"Längsintentionalität이라고 부르는 것에 있는데, 이는 객관화하는 의식의 이항적 구조를 드러내지 않는다. 오히려 세로지향성은 **선객관적**이고, **선반성적**이며, **선시간적**pretemporal이다. 후설은 어떻게 흐름의 절대적 주관성이 반성성의 구조에 의해 분할되지 않고 또 본래적으로 시간적이지 않고 스스로와 관계할 수 있는지를 설명하기 위해 이 접두어pre를 강조한다.[8] 그러나 그러한 세로지향성에 대한 후설의 규정은 부정에 의존해야만 함을 명심해야만 한다. 후설 자신은 우리가 오직 시간적, 객관화적, 반성적 의식에서 빌려온 용어로만 흐름에 대해 이야기할 수 있음을 인정한다. 그러나 고전적인 제스처와 더불어 그는 언어의 부적합한 은유를 통해 이를 비난함으로써 문제를 해소하려고 시도한다.

우리는 다음과 같이 말할 수밖에 없다. 이러한 흐름은 우리가 **구성된 것에 따라서** 그렇게 부르는 어떤 것이지만, 그 자신은 그럼에도 불구하고 시간적으로 "객관적인" 무엇이 아니다. 이는 **절대적 주관성**이고 **은유적으로** "흐름"으로 지시되는 어떤 것의 절대적 특성들을 가지고 있다. 현행성의 한 점, 근원적인 원천-점source-point, "지금" 안에서 분출하는 것의 절대적 특성들. 현행적 경험에서 우리는 근원적인 원천-

---

8) *Hua* 10:112, 127, 285~289 그리고 36, 37, 38, 39절을 보라.

점을 가지며 반향/여운의 계기들의 연속성을 가진다. 우리에게는 이 모든 것을 가리킬 이름이 없다(*Hua* 10:75, 번역 수정).

후설의 마지막 문장은 다수의 주석가들을 매혹시켜 왔다. 흐름을 서술하는 데 있어 "이름들이 결여되어 있다"는 [후설의] 선언에서 그들은 반성적 현상학에 본래적인 형이상학의 비판을 발견한다. 또한 이는 비형이상학적인 것일 선반성적 지향성을 위한 것이다.[9] 그러나 후설의 추론에서 명백한 것처럼, 현전의 형이상학의 현상학적 판본에 부응하는 것은 오히려 선반성적 지향성이라는 생각과 그것이 "절대적 주관성"과 맺는 연관성이다. 여기서 후설은 의식의 흐름이 근원적인 현전이고, 스스로 시간적이지 않고도 시간을 구성하는 "근원적인 원천-점"이라고 주장한다. 그러나 후설이 선시간적pretemporal 수준을 서술하고자 할 때마다, 그는 전제된 현전을 의문시하는 시간적인 어휘에 불가피하게 의지해야만 할 것이다. 이는 언어의 은유들이 그 자체로 선시간적인 어떤 심급을 왜곡하기 때문이 아니라, 오히려 절대적 주관성이라는 개념이 지지될 수 없는 하나의 투사――하나의 이론적 허구이기 때문이다.

위의 논증을 강화하기 위해 우리는 의식의 근본적 자기현전을 정의하려는 후설의 다양한 시도들을 검토해 볼 필요가 있다. 몇몇 구절에서, 자기현전은 후설이 "근원인상"primal impression이나 "인상적 의식"impressional consciousness이라고 부르는 것과 명시적으로 동일시된다.

---

9) 예컨대 Bernet, "Is the Present Ever Present?", 108~112와 Birnbaum, The Hospitality of Presence, 131~135를 보라.

흐름의 절대적 주관성처럼, 근원인상은 그로부터 모든 것이 흘러나오는 원천, 자신 외에 아무것도 의존하지 않고 모든 경험의 중심에 있는 기원의 한 점으로서 서술된다.

> 근원인상은 절대적인 시작 [⋯] 그로부터 다른 모든 것들이 생산되는 근원적 원천이다. 그러나 그 자체로 근원인상은 생산되지 않는다. 이는 생산된 어떤 것으로서가 아니라 자발적 생성$^{genesis\ spontanea}$으로서 나타난다. 이는 근원적 생성이다. 이는 어떤 것으로부터도 나오지 않는다(이는 씨앗이 없다). 이는 근원적 창조이다(*Hua* 10:100).

동시에, 후설은 종종 순수한 지금이 단지 이상화된 추상임을 받아들이고, 흐름의 어떤 국면도 그 자체로 머물 수 없음을 인정한다. 지향적 대상들의 편에서든 지향적 활동들의 편에서든, 가장 직접적인 경험조차도 어떤 시간적 연장을 갖는다. 이는 후설이 모든 경험에 본래적인 세 가지 형식적 기능들——우리에게 막 지나간 것에 관한 의식을 주는 "근원적 기억"(파지), 일어나는 것을 등록하는^{register} "근원인상", 도래할 사건들의 임박을 표시하는 "근원적 예상"(예지)——이라고 지시하는 것에 의존적이다.[10] 게다가 후설은 지각 자신이 인상들의 파지와

---

10) [옮긴이] 파지와 예지는 후설 현상학에서 시간의식의 활동을 가리키는 핵심 개념들이다. 생생한 현재에 대한 의식으로서 근원인상을 중심으로 하여, 과거에 대한 파지는 지금으로서 의식된 것을 여전히 막 지나가 버린 것으로서 스스로 보존하는 의식의 활동이라면, 미래에 대한 예지는 곧 도래하는 것을 기다리는 의식의 활동에 해당한다. 후설에게 시간의식의 종합은 파지-근원인상-예지를 그 연속체로 하고 있으며, 시간의 흐름은 의식 속에서 마치 하나의 멜로디처럼 어떤 폭이나 두께를 지닌 연속적인 흐름으로 형성된다. 기존의 근원인상은 새로운 근원인상에 의해서 파지로 변모하고, 기존의 파지는 파지에 대한 파지로 변모하는 등의

예지를 통해서만 가능하다고 주장한다. 근원인상에서 파생된 변양들로서가 아닌 것으로서, 파지와 예지는 현전 자체에 구성적이다.

여기서 우리는 데리다의 후설 탈구축의 열쇠를 발견한다. 지금이 하나의 점적인punctual 현전으로서 주어지는 것이 아니라 파지되어야 하고 예지되어야 한다는 후설의 인정을 따라서, 데리다는 근원적인 자기현전에 대해 말하는 것이 지지될 수 없다고 주장한다.[11] 어떤 순간의 존재란 그 순간의 과거로 되기와 미래와 관계하게 되기일 뿐이다. 그러니까 데리다의 설명에서 예지의 선차성이 본래적인 지연deferral을 증명하듯이, 파지의 선차성은 주관성의 핵심에 있는 본래적인 연기delay를 증명한다.

나는 데리다의 논증을 보다 전개시키려 할 것인데, 이는 후설의 해석과 같은 상당한 저항을 만나왔음을 명심해야 한다. 가령 자하비는 후설이 현전 개념을 "확장"함으로써 데리다의 해석으로부터 스스로를 보호한다고 지적했다. 확장된 현전 모델에 따르면, 파지와 예지는 근원인상이라는 지금에 대해서 과거나 미래가 아니다. 오히려 이러한 세 자기 기능들(근원인상-파지-예지)은 모든 경험의 근본적 **형식**인 "살아 있는 현전"을 구성한다. 이러한 독해에 따르면 데리다는 파지와 예지를 현전의 "연기"나 "지연"을 함축하는 것으로 해석한다는 점에서 틀렸다. 파지되거나 예지되는 **내용**이 현전할 수는 없다고 해도, 파지와

과정이 계속되기에 의식의 흐름과 시간의 구성 모두는 연속체가 된다는 것이 후설 시간론의 핵심 중 하나이다. 이후에 헤글룬드가 보이듯이 데리다는 이러한 시간의식의 삼항적 구조로부터 살아 있는 자기현전을 중시하는 후설 현상학을 탈구축할 실마리를 발견한다.

11) *Speech and Phenomena*, 60~66/67~74에서 데리다의 분석을 보라. 그리고 *Le problème de la genèse dans la philosophie de Husserl*, 127~128, 168~169도 보라.

예지는 절대적 흐름의 기능들인데, 이는 지나간 과거와 임박한 미래를 포함하도록 연장된 어떤 현전 속에서 경험의 연속성을 정초한다.[12]

확장된 현전에 대한 후설의 분석은 그의 가장 유명한 분석들 가운데 하나이며, 모리스 메를로-퐁티와 폴 리쾨르 같은 철학자들에게 상당한 영향을 끼쳤다.[13] 리쾨르는 또한 데리다와의 명시적인 논쟁에서 현전의 "확장된" 개념을 동원하는데 이는 자하비와 다른 이들에 의해 제기된 반론을 예상하는 것이기도 하다. 데리다에 대해서 그들이 공유하는 비판은 그의 탈구축이 점적인 지금이라는 관념에만 적용되는 반면, 후설은 확장된 현전 속에 파지와 예지를 포함시킴으로써 이러한 시간의 이해를 극복하는 모델을 제공한다는 것이다. 데리다는 자기현전의 장에 대한 이러한 확장을 받아들이지 않으며 이를 파지와 예지의 중대한 함축들을 피하려는 후설의 시도로 읽는다. 그럼으로써 데리다는 시간의식에 대한 후설의 현상학의 심오한 혁신을 평가하는 데 실패한다고 주장된다.[14]

그러나 나는 확장된 현전이라는 개념이 점적인 지금이라는 관념과 동일한 형이상학적 전제에 근거하고 있음을 보일 것인데, 이러한 개념들 모두 시간성에 선행하는 어떤 심급이 있음을 전제하기 때문이

---

12) *Hua* 10:284, 343~344, 또한 37, 38, 39절을 보라.

13) Merleau-Ponty, *Phenomenology of Perception*, 특히 424~426/484~487과 Ricoeur, *Temps et Récit*, vol. 3을 보라. 버넷의 글 "La présence du passé", in *La vie du sujet*, 215~241도 보라.

14) Ricoeur, *Temps et Récit*, 3:46~47; Zahavi, *Self-Awareness and Alterity*, 85~87, 89~90; Birnbaum, *The Hospitality of Presence*, 176~180; Brough, "Husserl and the Deconstruction of Time", 516~517; Cobb-Stevens, "Derrida and Husserl on the Status of Retention", 370~374를 보라.

다. 여기서 기본적 문제는 자기현전과 시간적 연장이 상호적으로 배타적인 속성들이라는 것이다. 시간적으로 연장된 어떤 것도 결코 그 자체로 현전할 수 없다. 오히려 이는 필연적으로 과거와 미래 사이에서 분할된다. 모든 시간 철학들은 이러한 문제에 부딪힐 수밖에 없는데, 이는 구성의 모든 수준에서 후설에게 되돌아와 출몰하는 것이다. 후설이 제안하는 해결책은 형식과 내용의 구별에 근거한다. 우리가 본 것처럼, 후설은 어떠한 경험의 "내용"이라도 시간적으로 연장되어 있음을 인정한다. 따라서 내용은 **더 이상** 현전하지 **않**거나 **아직** 현전하지 **않**으며, 파지되거나 예지되어야만 한다. 그럼에도 불구하고, 후설은 시간적 내용의 경험이 어떤 즉각적인 현전으로서 주어진다고 주장하는데, 파지와 예지는 이들을 하나의 불가분한 통일체 안에서 결합하는 절대적 흐름의 수준에서 기능하기 때문이다. 그래서 —만약 후설이 옳다면— 흐름의 형식적 기능(근원인상-파지-예지)은 **어떤 시간도 필요하지 않다.** 이는 절대적 주관성의 "형식"으로서 단번에 주어진다.[15]

선시간적 주관성에 대한 후설의 준거는 우리에게 현전 개념을 "확장"하려 시도하는 모든 이론들에서 반복되는 역설의 가장 세련된 판본을 제공한다. 여기서는 특히 후설의 시간현상학을 그 영미권 짝패와 비교해 보는 것이 유익하다. 후설의 시간현상학의 선구자로서 종종 환기되었던 윌리엄 제임스의 "가상현재"specious present 이론을 보자. 후설처럼 제임스는 우리가 결코 점적인 지금을 경험할 수 없음을 깨닫는다. 우리가 지각하는 것은 어떤 "가상적" 현전인데, 이는 이전과 이후, 과거와 미래 사이에서 분할되기 때문이다. 그러나 제임스에게 이러한

---

15) *Hua* 10:112, 127, 333~334, 371을 보라.

시간적 잇따름의 지각은 즉각적으로 주어지는데, 이는 의식의 불가분한 활동이기 때문이다. 오직 **지각된 것**만이 시간적으로 연장되어 있는 반면, **지각하기**라는 활동은 스스로 종합되지 않고도 잇따르는 순간들을 종합하는 즉각적 의식이다.[16] 시간의 분할은 이런 식으로 불가분한 통일성에 종속된다. 후설이 "살아 있는 현전" 이론을 세우기 위해 선시간적 주관성에 호소할 때 또한 동의하는 논리도 이것이다.

그럼에도 불구하고, 후설과 제임스 각각의 이론들에는 후설의 현상학을 잠재적으로 제임스의 경험론보다 더 급진적인 것으로 만드는 중요한 차이가 있다. 제임스와 그의 지지자들과는 반대로, 후설은 대상과 지향성의 활동이 모두 시초에서부터 시간적임을 깨닫는다. **지각된** 현전뿐 아니라 **지각하는** 현전도 시간 속에서 연장되어 있다는 것이다. 그리고 후설 자신이 관찰하듯이 이는 내재적 지각immanent perception 의 영역에서조차 항상 지연 —뿌리뽑을 수 없는 시간적 차이— 이 있을 것임을 함축한다.

이제 초재적transcendent 대상들을 배제하고 어떻게 내재적 영역에서 지각과 지각된 것의 동시성이 성립하는지 물어보자. 만약 여기서 우리가 지각을 내재적 통일체들이 주어지게 되는 반성의 활동으로서 간주한다면, 이러한 활동은 뒤돌아볼 수 있는 —그리고 파지 속에서 보존되는— 이미 구성된 어떤 것을 전제하게 된다. 그래서 이러한

---

16) James, *The Principles of Psychology*; 또한 *The Works of Willam James*, 13을 보라. 제임스 이론에 대한 날카로운 비판으로는 Shaun Gallagher, *The Inordinance of Time*, 17~31을 보라.

심급에서 지각은 지각된 것을 뒤따르는 것이지 그것과 동시에 있는 것이 아니다(*Hua* 10:110).

지각의 시간성에 관한 후설의 철학적 조심성은 모범적이며, 그런 시간성을 동요시키는unsettling 함축들에 대한 그의 주목 또한 그렇다. 만약 내재적 지각의 활동이 또한 시간을 필요로 한다면 이는 불가분한 통일성으로서 주어질 수 없고, 의식의 모든 국면이 의식의 다른 국면에 의해 지향되는바 주체 내부에서의 끊임없는 자리바꿈을 보여 준다. 그러나 후설은 그가 **반성**뿐 아니라 **파지**의 시간성과도 구별시키는 의식의 **세 번째** 수준 위에 정초적 현전을 정립함으로써 무한소급의 위협을 피하려고 시도한다.

그러나——우리가 본 것처럼——반성과 파지는 그 근원적 구성에 있어 문제의 내재적 자료들의 인상적인impressional '내적 의식'을 전제한다. 그리고 이러한 의식은 현재 지향되는 근원인상들과 구체적으로 통일되며 그것들로부터 분리될 수 없다. 우리가 '내적 의식'을 또한 지각으로서 지시하고자 한다면 여기서 우리는 참으로 지각과 지각되는 것의 엄밀한 동시성을 가진다(*Hua* 10:110~111).

여기서 후설의 "내적 의식"의 서술은 그가 다른 곳에서 절대적 흐름의 선반성적 자기의식self-awareness이라고 부르는 것에 해당한다. 절대적 흐름은 의식의 불변하는 차원이고 항상 그 자신과 일치한다. 그것이 신비한 "너머의" 것이기 때문이 아니라, 지향성의 활동들과 대상들이 사라진다고 해도 남아 있는 자기 자신에 대한 즉각적인 의식을 가리키기 때문이다.

이처럼 후설이 지각의 활동이 아니라 절대적 흐름 속에 근본적 자기현전을 위치시킬 때, 그는 단지 제임스 이론의 보다 심오한 한 판본을 제공할 뿐이다. 그러나 우리가 후설의 서술들을 그의 결론에 반대로 읽을 수 있는 곳 또한 바로 여기이다. 상세히 검토해 볼 때, 그의 흐름의 자기의식 개념은 후설이 조화시키려 시도하지만 상호적으로 배타적인 두 가지 모델들에 따라서 작동한다. 내가 이미 강조했듯이, 흐름은 시간화의 소급적 운동을 피하기 위해서 스스로에게 즉각적으로 주어져야만 한다. 그래서 종종 후설은 흐름이 어떤 파지적 변양 이전에 스스로에게 나타나는 **인상적** 의식임을 강조한다. 인상적인 것으로서 흐름에 대한 서술은 일관적인데, 위에서 인용된 구절에서 후설이 분명히 하듯이 흐름의 자기현전은 그 자신과 일치하기 위해서는 **하나의** 단일한 순간에 있어야 할 것이기 때문이다. 그러나 후설 자신이 반박하는 것이 정확히 단일한, 자기동일적인 지금이라는 개념이다. 몇몇 핵심적인 지점에 그는 흐름 자신조차 "의식의 국면과 의식의 국면들의 […] 지향적 관계"(*Hua* 10:333)를 가리키는 파지를 통해서만 구성될 수 있게 됨을 인정한다. 후설의 단언들과는 반대로, 흐름의 이러한 파지적 지향성은 흐름이 항상 이미 시간적임을 함축한다. 만약 흐름이 시간적이지 않다면, 그것의 자기관계는 분리되는 국면들로 분리되지 않을 것이며, 스스로 파지할 필요도 없을 것이다. 게다가 시간의 환원 불가능성은 아무것도 그 자체로 현전할 수 없다는 것, 모든 순간이 일어나자마자 분할됨을 필연적으로 함축한다.

이렇게 우리는 데리다의 후설 독해에서 핵심적인 쟁점, 즉 **자기촉발**의 물음에 접근할 수 있다. 현상학에서 자기촉발이라는 물음은 의식의 가장 근본적인 수준에서 어떻게 주관이 스스로에게 주어지는가와 관련된다. 어떤 것도 스스로에게 주어지는 주관 없이는 나타날 수 없기에, 자기촉발의 조건들은 현상들 일반의 조건을 규정하는 데에도 또한 결정적인 것이 될 것이다.

　자기촉발의 문제를 강조하기 위해서, 데리다는 지향적 의식의 두 가지 형식들에 대한 후설의 중심적인 구별에 대해 숙고한다. 현전화 Präsentation, Gegenwärtigung와 재현전화Vergegenwärtigung가 바로 그것이다. 후설에 따르면 전자는 경험의 근원적 차원이다. 즉 그 자신은 시간적이지 않고도 시간을 구성하는 "살아 있는 현전"이다. 살아 있는 현전은 주관이 매개 없이 스스로에게 주어지는 **현전화**의 형태이다. 그럼에도 후설은 주관이 매개에 의존해야만 하는 많은 상황들이 있다는 것을 잘 알고 있다. 데리다가 주장하듯이, 매개의 필연성은 특히 후설의 가장 흔한 주제들 중 다음의 두 가지에서 명백하다. 과거와의 관계와 다른 주관들과의 관계, 이 둘 모두 **재현전화**의 구조를 전제하는 것이다. 내가 과거 사건을 떠올릴 때 기억의 활동은 두 위치들 사이의 구조적 분할에 달려 있다. 시간에서의 간극은 항상 나의 과거로부터 나를 분리시키는데, 기억하는 이는 기억되고 있는 이와 일치할 수 없기 때문이다. 같은 방식으로, 나는 타인의 의식에 직접적으로 접근할 수 없다. 그 또는 그녀의 주관성은 어떤 즉각적인 현전화에서 내게 주어진 적도 없고 앞으로도 결코 주어지지 않을 것이다. 이는 나의 살아 있는 현전 속에서 단지 "부대현전"appresent(즉 현전하지 않는 것으로서 그리고 타인으로서 지향되는)될 수 있을 뿐이다. 이러한 구성적인 부대현전 때문에, 각각의 타인에 대한 우리의 이해는 몸짓들, 말들 또는 다른 기호들에 의존해야만 한다. 이러한 기호들은 필연적으로 시간적 거리를 가로

질러 매개되고 그래서 기억의 작용으로서 재현전화라는 동일한 구조를 드러낸다.

과거와의 관계와 타인과의 관계 사이의 비교는 우연적인 것처럼 보이지만, 데리다는 후설이 어떻게 시간화의 운동과 상호주관성의 구성 사이의 유비로 계속해서 돌아오는지를 지적한다.[17] 자기 자신을 기억하는 것은 어떤 시간적 분할에 종속되어 있는 것인데, 지향하는 주관은 또한 지향되는 대상이기 때문이다. 재현전화의 방식으로 나는 스스로에게 **하나의 타자로서** 나타난다. 후설의 분석에서, 자기 자신에 대한 이중적 관점은 어떤 상호주관적 관계에 있어서도 전제 조건이다. 내가 타자에 대해 타자라는 의식 없이는, 타자를 대자적인 나로서 인정할 방법이 없을 것이다. 게다가 후설은 재현전화의 구조가 객관성의 구성에 있어 필연적임을 분명히 한다. 기억 없이는 지속적인 동일성을 정립할 수 없고, 타자들과의 관계 없이는 공유된, 객관적인 세계에 관한 의미도 없을 것이다.

그러나 후설이 매개의 필연성을 인정한다는 것이 그가 현전의 특권화를 포기함을 의미하지는 않는다. 반대로, 후설은 시간과 상호주관성 모두를 살아 있는 현재의 형식에서 파생되는 것으로 이해한다. 비록 나에게는 단지 재현전화될 수 있을 뿐이라고 해도, 현재**였던** 과거, 현재일 미래, 그리고 다른 주관들은 또 그 나름대로 그것들에게는 근

---

17) 이러한 유비에 대한 후설의 논의는 예를 들어 *Cartesian Meditations*의 5장 그리고 *The Crisis of European Sciences and Transcendental Phenomenology*의 54절을 보라. *Edmund Husserl's Origin of Geometry*에서, 데리다는 이 유비에 주목하도록 하고 곧바로 이것이 후설의 현전에 대한 생각에 중대한 함축들을 가진다는 주장, *Speech and Phenomena*에서 전개되는 주장을 제시한다.

원적 현전화 속에서 주어진다.

데리다가 보여 주고 싶어 하는 것은 오히려 재현전화의 구조가 처음부터 자아 동일성의 조건이라는 것이다. 주관은 어떤 자율적인 현전화에서 결코 주어질 수 없으며 타자로서의 자기 자신과 관계함으로써 구성된다. 내가 보여 주려고 시도할 것처럼, 이러한 결론은 시간을 구성의 모든 수준에서 환원불가능한 것으로 사고할 경우 필연적으로 뒤따르는 것이다. 주관은 데리다가 "초월론적 시간화의 운동"(*SP*, 68/76)이라고 부르는 것에 의해 항상 이미 분할되며, 이는 어떤 것도 **그 자체로** 머무르게 하지 않는다.[18]

후설 자신은 절대적 흐름이 존재하기 위해서는 스스로를 촉발해야만 함을 인정하고 자기촉발이 파지적이라고 주장한다. 그러나 후설에게 파지적 자기촉발은 현상학적 주관성의 살아 있는 현전을 위협하지 않는다. 오히려 파지의 작업은 그 통일성을 위협하지 않고도 즉각적인 주어짐의 영역을 확장한다. 이러한 사고방식에 대해 숙고하는 것이 중요한데 데리다의 탈구축에 대해 후설의 옹호자들 가운데 몇몇이 동원해 온 것이 이것이기 때문이다.[19] 논쟁적인 지점은 데리다가 후설

---

18) 레너드 롤러(Leonard Lawlor)는 그의 책 *Derrida and Husserl: The Basic Problem of Phennomenology*에서 데리다 사유에 있어 재현재화(Vergegenwärtigung) 개념의 중요성을 올바르게 강조한다. 그러나 롤러는 후설 학자들이 현재화에 대한 데리다의 독해에 대해 제기한 비판들에 개입하지 않으며 주관에 대한 데리다 자신의 언급을 넘어선 후설의 시간현상학에 관련된 쟁점을 다루지도 않는다. 롤러는 후설의 내적 시간의식의 현상학에서 형식과 내용의 구별의 중요성을 적절하게 지적하지만(*Derrida and Husserl*, 185), 그는 데리다 독해에 대해 후설 학자들이 제기한 비판에 핵심적인 이 구별을 발전시키지는 않는다. 이러한 비판들에 개입하기 위해서는—그리고 초월론적 현상학의 가장 깊은 수준에서 현재화의 필연성을 보여 주기 위해서는—후설의 내적 시간의식에 대한 설명에서 "절대적 흐름"의 수준으로 나아가야만 하고 이는 내가 이 장에서 하려고 하는 것이다.

19) Ricoeur, *Temps et Récit*, 3:46~47; Zahavi, *Self-Awareness and Alterity*, 85~87, 89~90;

의 파지와 재현전화의 구별에 대해 적절히 존중하지 않는다는 점이다. 후설에 따르면, 전자는 인상-파지-예지의 연속적 흐름으로서 현전의 **현전화**를 가능하게 하는 "근원적 기억"이다. 반대로 후자는 주관의 자기의식을 의식의 두 평행한 "경로"track로 분할하는 불연속적인 "이차적 기억"이다. 무엇이 나에게 현전할 때, 이는 의식의 한 경로(현재)에서 하나의 중단되지 않는 흐름으로서 주어지는 반면, 어떤 재현전화도 최소한 **두** 경로들을 함축한다. 기억하는 **도중의** 나의 의식의 흐르는 현전은 기억되는 **것인** 현전의 과거 흐름과 구별된다.

데리다는 의식의 이러한 양상들 사이에 **서술적** 차이들이 있음을 부정하지 않는다. 그가 부정하는 것은 파지와 재현전화 사이에 어떤 **본질적인** 차이가 있어서 의식의 전자의 유형은 즉각적인 자기의식을 주는 반면 후자의 유형은 환원불가능한 매개를 줄 수 있다는 주장이다. 오히려 파지와 재현전화 모두 데리다가 일반적인 "재현전적 구조"representative structure(*SP*, 50/56)라고 지시하는 것을 증명하는데, 이들 사이의 구별은 "오직 또 다른 지금의 환원불가능한 비현전에 관계하는 분리된 두 가지 방식으로 기능할 뿐이다"(65/73).

문제의 논증을 명료하게 해 보자. 만약 내가 작년의 특정 시기에 있던 나로서 스스로를 지향한다면, 이는 나에게 스스로를 재현전화하는 문제임이 명백하다. 나의 과거 존재는 당장 즉각적이지 않으며, 현전 자체로서 접근할 수도 없고, 재활성화되기 위해서 하나의 흔적으

Birnbaum, *The Hospitality of Presence*, 170, 176~180, 184; Brough, "Husserl and the Deconstruction of Time", 529; Cobb-Stevens, "Derrida and Husserl on the Status of Retention", 370~374를 보라.

로서 기입된 것이어야만 한다. 더구나 흔적의 재활성화는 나의 과거와 현재 자아를 분리시키는 시간적 차이를 결코 지양/폐기^{sublate}하지 않는다. 후설은 이러한 현상학적 사실에 대해 이의를 제기하지 않을 것이다. 그러나 데리다는 기억의 기입이 —그리고 이에 수반되는 고유한 내면성의 균열이— 애초부터 모든 자기현전의 조건이라는 보다 더 급진적인 주장을 감행한다. 이처럼 데리다는 그 분할이 어떤 통일성에 의해서도 선행될 수 없는 "비파생적 재현전화"(*SP*, 84/94)를 주장한다. 또는 데리다가 말하듯이, "모든 것은 '재현전화'에 의해 '시작된다'"(45/50).

많은 후설 학자들은 데리다의 주장을 비판했다. 하지만 후설은 모든 지금이 그 자체로 구성되기 위해서는 또 다른 지금에 의해 보존되어야만 한다고 설명한다. 이것을 받아들인다면, 우리는 데리다의 주장이 어떻게 후설의 시간의식에 관한 설명으로부터 따라나오는지를 알 수 있다. 후설의 주장에도 불구하고, 파지적 의식의 구조는 재현전화의 구조와 본질적으로 다를 수 없다. 만약 지금이 존재하자마자 반복 가능한 흔적으로서 기입되지 않았더라면 —즉, **미래를 위한 기억으로서 재현전화**되지 않았더라면— 파지의 기능을 수행하는 것, 또 다른 지금에서 하나의 지금을 "보유"하는 것은 불가능할 것이다.

재현전화의 일반적 구조로부터 출발하여, 데리다는 후설의 시간 현상학을 이끄는 자기촉발 개념을 재형상화한다. 전통적으로, 자기촉발은 촉발하는 자와 촉발되는 자 사이의 거리나 차이가 없는 내면성의 한 양태로서 이해되어 왔다. 이 경우 자기촉발에서 주관은 스스로에게 너무나 가까워서 어떤 종류의 매개도 배제될 것이다. 이러한 이론의 가장 저명한 동시대의 옹호자들은 독일 철학자 디터 헨리히^{Dieter}

Henrich(와 소위 하이델베르그학파에서 그의 지지자들) 및 프랑스 현상학자 미셸 앙리Michel Henry이다. 헨리히와 앙리 모두 **반성적** 자기현전이라는 관념이 옹호될 수 없다고 공격하는데, 반성성의 이항적 구조가 주관이 스스로와 일치하는 것을 막기 때문이다. 대신 그들은 주관이 스스로에게 선반성적인 수준에서 주어진다고, 객관화와 시간화의 모든 형식에 선행하는 순수 내재성의 즉각적 통일성 속에서 주어진다고 주장한다. 타자촉발heteroaffection 없는 자기촉발을 통해 주어진 것으로서, 주관의 내면성은 스스로에 외적인 어떤 것에도 의존하지 않는 것이다.[20]

나는 헨리히와 앙리의 자기촉발 관념에 주의를 환기하고자 하는데 왜냐하면 이는 데리다가 논쟁하는 주관성 개념의 가장 명백한 예이기 때문이다.[21] 반성의 무한소급을 종결하려고 시도하기보다—이는 불가분한 현전의 근거를 제공할 반성의 무능력에서 기인하는 것인데—데리다는 이를 로돌프 가셰가 "이중화doubling의 일반 이론"이라고 불렀던 것을 기반으로 하여 설명한다.[22] 가셰가 강조하듯이, 데리다

---

20) 헨리히의 영향력 있는 글 "Fichtes ursprüngliche Einsicht"과 앙리의 *L'essence de la manifestation* 및 *Phénoménologie matérielle*을 보라. 헨리히와 앙리는 반성의 이항적 구조를 단항적(monadic) 통일체에 정초함으로써, 오직 절대적으로 자기생성적인 심급만이 반성의 소급을 멈출 수 있다는 의미에서 일치한다. 동일한 논리를 따라서, 후설은 의식이 "그 각각의 국면들에 있어 **의식**"(Hua 10:Appendix 9, 119)이어야 한다고 강조한다. 즉 우리가 무한소급을 피하고자 한다면 의식은 지연 없이 자기의식적이어야만 한다.

21) 앙리의 *L'essence de la manifestation*은 앙리에 대한 하나의 암묵적 논쟁으로 볼 수 있는 데리다의 *La voix et le phénomène*가 나오기 4년 전인 1963년에 나왔다. 두 책의 비교 연구는 어떤 경우든 그들 각각의 입장들에 대한 이해를 위해 유익한 앙리와 데리다 사이의 체계적 불일치를 드러낼 것이다.

22) Gasché, *The Tain of the Mirror*, 225~239. 또한 *Of Grammatology*, 165~166/235~237과 *Speech and Phenomena*, 82/92를 보라.

는 반성의 구성적 차이를 풀려야 하는 문제로 간주하지 않는다. 이는 오히려 "모든 자기관계의 핵심에 있는 어떤 외면성"을 보여 준다.[23] 반성에 선행하는 것은 선반성적 통일성이나 자아의 즉각적인 감각이 아니다. 반대로 그것은 **차-이**의 지연과 연기이다. **차-이**는 반성을 가능하게 하지만 동시에 반성이 스스로를 종결하는 것을 불가능하게 만든다. 결과적으로 타자촉발은 가장 즉각적인 자기촉발에도 깃들어 있는데, 자기촉발의 그 구조가 촉발하는 것과 촉발되는 것 사이의 차이에 달려 있기 때문이다.

그럼에도 후설은 절대적 주관성의 수준을 그러한 타자촉발로부터 구하려고 시도한다. 절대적 주관성의 자기촉발이 파지적이라고 해도, 후설은 이를 선시간적이고, 선반성적이며 선객관적인 "세로지향성"으로서 서술한다. 루돌프 버넷은 세로지향성을 "대상 없는 지향성"으로 서술하는데, 이는 그가 현전의 형이상학에 대한 후설의 고수에 대항하는 급진적 개념이라고 간주하는 것이다.[24] 그러나 사실 우리는 어떻게 대상 없는 지향성 이론이 후설의 가장 전통적인 주장들 중 하나, 즉 "주관적 시간은 대상이 아닌 절대적이고 무시간적인 의식에 의해 구성된다"(*Hua* 10:112)는 주장과 연결되는지를 알 수 있다. 후설의 정식은 부수적인 것이 아닌데 선반성적 지향성 이론의 목적이 어떻게 주관이 매개 없이, 그러니까 시간적 구성의 지연 없이 스스로에게 주어질 수 있는지를 설명하는 것이기 때문이다.

---

23) Ibid., 236.
24) Bernet, "An Intentionality Without Subject or Object?"와 Bernet, *La vie du sujet*, 297~327을 보라.

후설도 그의 지지자들도 어떻게 그런 지향성이 가능한지를 설명할 수 없다. 어떻게 내가 스스로에게 반성성의 구조에 의해 분할되지 않고도 나타날 수 있을 것인가? 그리고 어떻게 파지적 의식이 ―이는 정의상 흐름의 국면들 사이의 차이 나는 관계를 포함하는데 ―시간적이지 않을 수 있는가? 후설과 그의 지지자들의 유일한 대답은 반성적 자기의식보다 더 근본적인 자기의식이 있어**야만** 한다는 것이다. 그렇지 않으면 우리는 지향하는 주체가 다시금 지향되어야 하고 그래서 어떤 무매개적인 통일성 속에서 스스로에게 주어질 수 없게 되는 무한소급에 직면하게 된다.[25]

소급이 사고불가능한 조건이라는 가정은 현전의 형이상학의 현대적 판본의 명백한 한 가지 예이다. 그 기저에 있는 전제는 **그 자체로** 있는 어떤 심급이 있어야만 한다는 것이다. 이러한 전제가 작동하는 한, 우리는 시간의 함축들을 사고할 수 없다. 우리가 무한소급이라고 부르는 것은 기원이나 종말 같은 관념을 반박하는 시간화의 운동일 뿐인데, 모든 순간은 생기자마자 분할되고 차례로 분할되는 다른 순간들을

---

25) 여기서 후설의 시간론과 메를로-퐁티의 *Phenomenology of Perception*에서 시간에 관한 장을 비교해 보는 것이 유익할 것이다. 후설처럼 메를로-퐁티는 **그 자체로** 주어지는 ―즉, 시간에 의해 분할되지 않는 ―궁극적 의식이 있어야만 한다고 주장하는데 그렇지 않으면 우리는 무한소급으로 나아가게 될 것이기 때문이다(422/483). 메를로-퐁티가 이러한 궁극적 의식이 "영원한 주관"으로 이해되어서는 안 된다고 주장하지만, 그는 그럼에도 이를 자아가 스스로와 일치하는 근본적 현전으로 가리킨다(424/485). 메를로-퐁티가 정립하는 것은 이처럼 "촉발하는 행위자와 촉발되는 수취인이 하나"(426/487)인 하나의 순수 자기촉발이다. 그러나 동시에 메를로-퐁티 자신은 자기촉발의 구조가 필연적으로 최소한 두 심급들을 포함하고 "이러한 이원성과 독립적으로 의식이라는 말은 어떤 의미도 갖지 않는다"(426/488)는 점을 받아들인다. 우리가 자세히 보게 될 것처럼, 근원적 통일성에 대한 형이상학적 요구와 시간적 자기촉발의 최소한의 한 쌍 사이의 이러한 갈등은 후설의 시간현상학에 또한 출몰하고 있는 것이다.

가리키고 등등이기 때문이다.

그러면 데리다의 논증을 강화하기 위해서는 어떻게 시간화의 운동이 후설의 시간의식에 관한 설명의 가장 심층적인 수준에서도 작동 중인지를 보여 주어야만 한다. 여기서 나는 그런 증명을 착수하고자 한다. 나의 목적은 필연적 파지가—살아 있는 현전의 통일성과 조화 가능한 것이 아니라—주관을 선험적으로 분할하는 재현전화라는 것을 보이는 것이다.

몇 곳에서 후설 자신은 "파지"와 "재현전화" 같은 용어를, 그것들이 동일한 일반적 구조에 해당하는 것처럼 상호교환적으로 사용한다. 여기서는 내적 시간의식에 관한 강의에서 핵심적인 39절의 한 구절을 생각해 보아야 한다. 후설의 전집에서 이는 두 가지 거의 동일한 판본들에서 발견될 수 있다. 그러나 후설은 동일한 현상을 한 판본에서는 "파지"라고 서술하고 다른 판본에서는 "재생산"이라고 서술한다—그가 대개 후자의 용어를 재현전화의 이차적 기억에 귀속시킴에도 불구하고 말이다. 이 외관상 주변적인 변화는 후설이 절대적 흐름의 자기관계를 논의하고 있음을 감안할 때 중요하다. 그는 다음과 같이 쓴다.

내재적인 시간을 구성하는 의식의 흐름은 단순히 **존재할 뿐** 아니라, 매우 특이하고 그럼에도 이해가능하게 되어 있어서, 흐름의 자기현출Selbsterscheinung/self-appearance은 필연적으로 의식의 흐름 안에 존재하며, 따라서 이 흐름 자체가 필연적으로 흐름 속에서 파악가능erfassbar/apprehensible해야 한다. 흐름의 자기현출은 두 번째 흐름을 요구하지 않는다. 반대로 이는 스스로를 현상 자체로서 구성한다. 구성하는 것과 구성되는 것은 합치하지만, 물론 그것들이 모든 면에서 합치할 수는 없다. 그 안에서 의식의 동일한 흐름의 국면들이 현상적으로 구성되는 그러한 의식의 흐름의 국면들은 이러한 구성된 국면들과 동일할 수 없으며, 물론 그러하지도 않다. 의식의 흐름의 현실적인 순간적 국면에서 현출되는 것은, 파지적 순간들[다른 판본에서는 "재생산적 순간들"]의 계열에서 의식의 흐름의 과거 국면들이다.[26]

후설 학자들 중 다수는 이 구절에 대해 숙고했으나 두 수고 판본들의 차이에 대해서는 토론하지 않았으며 그 중대한 함축들을 적절히 평가하지 않았다. 자하비에 따르면, 후설은 여기서 우리에게 반성의 무한소급을 벗어나는 선반성적 자기현시self-manifestation에 관한 설명을 제공한다. 자하비가 흐름은 "스스로를 현상 자체로 구성한다"는 후설의 주장 다음 부분을 인용하지 않는다는 것은 증상적이다. 그리하여 그는 후설이 뒤에서, 흐름의 국면들이 그것들 자신과 일치하지 **않는다**는 점을 인정하는 부분을 생략하고 있는 것이다.[27] 버넷과 비른바움은 흐름의 자기관계에서 불일치를 실제로 인정하기는 하지만 그들의 결론은 나의 결론과 다른 것으로 남아 있다. 버넷은 후설이 흐름을 모든 국면이 구성적인 지연delay/nachträglichkeit 때문에 과거로 나타나는 변화의 과정으로서 서술한다는 점을 옳게 관찰한다. 그러나 이러한 관찰은 버넷으로 하여금 흐름이 "비시간적"이라는 후설의 중심 논제를 의문

---

26) *Hua* 10:83(번역 수정). 다른 수고 판본에 대해서는 *Hua* 10:381~382를 보라.
27) Zahavi, *Self-Awareness and Alterity*, 73을 보라.

시하도록 이끌지는 않는다.[28] 흐름의 세로지향성이 지연에 의해 특징 지어진다는 버넷의 관찰을 따르는 비른바움에게서도 부조리한 논변이 나타난다. 흐름은 스스로를 지향하지만 지향하는 국면과 지향되는 국면은 동일한 것이 아니다.[29] 그럼에도 비른바움은 세로지향성이 선객관적이고, 선반성적이며 선시간적임을 주장한다. 의식의 가장 심층적인 수준으로 환원불가능한 지연은 비른바움에 따르면 "선시간적 지연"(152) ─내 관점에서는 자기논박적인 개념─ 이다. 시간화 없이는 지연이 있을 수 없고, 선시간적 수준을 정립하는 한에서 시간에 대한 "비형이상학적인" 이론을 정식화할 수는 없다. 이렇게 비른바움의 선시간적 수준이라는 관념에 대한 고수는 구성적 "지연"에 관한 그의 논증을 약화시킨다delute. 비른바움은 후설이 부차적이고 오도적인 것으로 간주하는 시간적 은유들과의 관계에서 흐름의 선차성에 대한 후설의 이해를 여전히 고수한다(133~134). 후설을 그 자신에 맞서서 읽기 위해서는 오히려 어떻게 시간의 공간되기와 공간의 시간되기가 구성의 모든 수준에 있어 환원불가능한지를 증명해야만 한다.

그래서 위의 인용된 구절에서 후설이 그의 이론에서 시간의식의 근본적 수준인 절대적 흐름을 서술하는 것은 핵심적이다. 절대적 흐름은 "자기구성적"이고 그럼으로써 시간적 흐름에서 근원적 통일성을 보호함으로써 무한소급의 위협을 막는 것으로 여겨진다. 이러한 해결책은 주관으로 하여금 이항적이고 시간적인 반성성의 제약에 종속되지 않는 세로지향성을 통해서 스스로에게 드러날 것을 요구한다. 그러

<hr>

28) Bernet, "Is the Present Ever Present?", 107~111을 보라.
29) Birnbaum, *The Hospitality of Presence*, 127. 이어지는 페이지 인용은 본문 안에 주어진다.

나 우리가 알 수 있듯이, 후설 자신의 텍스트는 절대적 흐름이 스스로와 일치할 수 없음을 보여 준다. 가장 심층적인 수준에서도 그것은 끊임없이 시간적 잇따름에 의해 분할된다. 의식의 어떤 국면도 스스로를 지향할 수 없는 것이다. 이는 항상 다른 국면에 의해 지향되며 이는 차례로 또 다른 국면에 의해 지향되어야만 하는데 이러한 참조의 연쇄에서는 어떤 것도 궁극의 심급을 갖거나 절대적 기원을 가질 수 없다.

다시 한번 이렇게 근본적 현전에 대한 후설의 추구는 그로 하여금 뿌리 뽑을 수 없는 시간적 차이와 조우하도록 이끌었다. 후설은 반복해서 가장 즉각적인 경험을 해명하고자 하지만, 단지 현전 그 자체란 있을 수 없다는 것만을 발견할 뿐이다.

주관이 시간을 **구성한다**는 후설의 관념은 그래서 옹호될 수 없는 것이다. 주관은 구성하는 것이 아니라 오히려 시간화의 운동에 의해 **구성된다**. 이러한 전도의 귀결들은 중대한 것인데, 후설로 하여금 파지와 예지의 가장 급진적인 함축들을 회피하도록 해주는 것이 절대적 흐름이라고 여겨진 비시간성이기 때문이다. 만약 비시간적 심급에 대한 준거가 지지될 수 없다면, 파지와 예지는 주관성의 "살아 있는 현전" 안의 통일성으로서 정립될 수 없다. 오히려 이러한 기능들은 **차-이**의 구성적 연기와 지연을 증명한다. 연기delay는 (더 이상 없는 것에 대해서) **너무 늦었다**는 파지적 자각에 의해 표시되는 반면 지연deferral은 (아직 오지 않은 것에 대해서) **너무 이르다**는 예지적 자각에 의해 표시된다. 지연과 연기는 경험의 내용에 적용될 뿐만 아니라 경험하는 주관 자신의 자기촉발에도 적용된다. 나는 파지를 통해서 스스로를 붙들고, 예지를 통해서 스스로를 예상함으로써만 스스로에게 나타날 수 있다. 그래서 나의 자기관계는 내가 스스로와 결코 일치하지 못하도록 막는 시간적 차이를 통해서 필연적으로 매개된다.

그런 곤경은 후설과 그의 옹호자들에게는 사고불가능한 것으로 남는데, 이는 동일성 논리와 단절하는 것이기 때문이다. 만약 동일성 논리를 따른다면 데리다가 동원하는 역설들은 철학적으로 무책임한 것이거나 최소한 설명적 힘을 심각하게 결여하는 것으로 간주되어야만 한다. 예컨대 이것이 자하비가 그 몇몇 장점을 인정함에도 불구하고 데리다의 후설 독해를 궁극적으로 받아들일 수 없는 이유이다. 데리다에 대한 비판을 요약하며 자하비는 다음과 같이 쓴다. "자기의식이 독특한 현시가 아니라 매개의 결과라고 주장하는 것은 기본적으로 반성 이론의 모든 문제들을 다시 한번 대면하는 것이다. 더 나아가 자기촉발이 항상 이미 타자촉발이라고 주장하는 것은 […] 자각의 명료화에 기여하는 대신 탐구되어야 할 바로 그 현상을 해소하고 뿌리 뽑는 입장을 변호하는 것이다."[30] 자하비의 논증은, 만약 자하비에게 있어 공리적인 것인바 **자기의식 자체가 자기소여적**이라고 가정한다면 확실히 옳다. 그러나 데리다가 의문에 부치는 것이 정확히 이 공리이다. 그러면 핵심적 문제는 자기의식에 관한 이전의 모든 이론에 불가결했던 공리에 의존함 없이 자기의식에 관해 어떻게 설명할 수 있을까 하는 것이다. 정말이지 만약 자기현전 자체가 없고 단지 결코 (현재)이지 않았던 과거와 결코 (현재)이지 않을 미래 사이의 끊임없는 분할만이 존재한다면 어떻게 우리가 동일성에 대해 말할 수 있을 것인가?

원-기록의 필연성이 분명해지는 곳이 바로 여기이다. 데리다의 원-기록 개념은 우리가 시간의 필연적 종합을 어떤 비시간적인 통일

---

30) Zahavi, *Self-Awareness and Alterity*, 135.

성 속에 정초하지 않고도 사고할 수 있게 해 준다. 이때 주목할 것은, 우리가 절대적 흐름 내의 어떤 통일성으로서 삼항을 놓는 것을 거부하는 한에서, 후설이 현전 구성의 최소 조건으로서 서술하는 삼항 구조(근원인상-파지-예지)가 원-기록을 예증하는 것으로 볼 수 있다는 것이다. 이 경우 근원인상의 지금은 (파지의 본래적인 연기를 통해) 그 자신의 과거되기일 뿐인데, 이것은 동시에 (예지의 본래적인 지연을 통해) 미래를 향해 투사되기인 것이다. 그래서 근원인상은 시간 속의 간극을 가로질러 반복을 가능하게 하고 재현전화의 일반적 구조를 드러내는 **근원적 기입**이다. 그런 기입 없이는 파지하거나 예지할 어떤 것도 없을 것이고, 과거와 미래 사이의 매개도 없을 것이며, 따라서 지각이나 자기의식 또한 없을 것이다.

기입의 필연성 때문에, 자기촉발은 항상 이미 타자촉발이다. 만약 주관이 기입을 통해서만 스스로를 구성할 수 있다면, 이는 스스로에 대해 외적인 것에 의존하는 것이다. 그래서 데리다는 원-기록을 가리켜 "외면성 일반의 개방"이라고 하는데 이는 어떤 것이 스스로의 **내부에서/그 자체로** 존재하는 것의 불가능성에서 기인하기 때문이다. 『목소리와 현상』의 밀도 있고 핵심적인 구절은 문제의 논리를 다음과 같이 상술한다.

살아 있는 현재는 항상 이미 하나의 흔적이다. 이러한 흔적은 그 생명이 스스로의 내부에 있을 단순한 현재에 기초해서는 사고불가능하다. 살아 있는 현재의 자아는 근원적으로 하나의 흔적이다. 흔적은 속성attribute이 아니고, 우리는 살아 있는 현재의 자아가 "근원적으로" 흔적"이다"라고 말할 수 없다. 흔적을 기초로 해서 근원적임을 사고해야만 하지 그 역은 아니다. 이러한 원-기록은 의미의 기원에서 작동하고 있다. 왜냐하면 후설이 인지했듯이 의미는 본성상 시간적이기 때문에, 결코 단순히 현재할 수 없다. 그것은 항상 이미 흔적의 "운동" 속에, 말하자면 "의미화"signification의 질서 속에 있다. [···] 흔적이 살아 있는 현재와 그 외부 사이의 내밀함, 외면성 일반의 개방, 비고유성의 개방 등등이기 때문에, **그 시초에서부터 의미의 시간화는 "공간내기"이다.** 우리가 공간내기를 "간격"이나 차이로 그리고 외부에의 개방으로서 동시에 받아들이자마자, 더 이상 절대적인 내면성이란 없으며, "외부"는 비공간적인 내부, "시간"이라고 불리는 것이 스스로에게 나타나며, 스스로를 구성하고, 스스로 "현전"하는 운동 속에 스며들어간다. 공간은 시간 "안에" 있고, 시간의 바깥으로의 순수한 나아감이며, 그 자기관계로서 시간의 외부에 있음이다. 공간의 외면성, 공간으로서의 외면성은 시간에 부수하는 어떤 것이 아니고, 시간화의 운동 "내부에서" 스스로를 순수한 "외부"로 여기는 것이다. [···] 어떤 순수 내면성이라는 주제는 [···] "시간" 자체와 급진적으로 모순된다. [···] "시간"이 "절대적 주관성"일 수 없는 것은 정확히 시간을 현재와 현재 존재의 자기현전을 기초로 사고할 수 없기 때문이다. "세계"는, 이 표제하에 사고되는 모든 것 및 가장 엄밀한 초월론적 환원에 의해 배제되는 모든 것과 마찬가지로, 시간화의 운동 속에 근원적으로 연루되어 있다(85~86/95~96, 번역 수정).

이 구절은 이 장에서 나의 주요 주장—시간의 문제는 **왜** 데리다적 의미의 기록이 근원적이고 **어떻게** 이 원-기록이 이해되어야만 하는지를 설명해 준다는 것—을 강화시켜 준다. 내가 주장했듯이, 그리고 여기서 데리다가 강조하듯이 시간의 구성이 동일성 논리와 양립불가능한 것은 그것이 현전의 기초 위에서 사고될 수 없기 때문이다. 각각의 지금은 그것의 사건 자체 속에서 다른 지금이 잇따르기 때문에, 그것이 존재하기 위해서는 기억의 기입을 요구한다. 결과적으로 데리다는 시간화의 운동을 하나의 지금의 또 다른 지금에 대한 환원불가능한 개방이라고 서술하고, 시간의 밖에 근원적인 있음을 그것의 **공간내기**라고 구체화한다.[31] 만약 데리다 저작에서 하나의 핵심어가 있다면, 이는 시간화와 공간화의 상호함축에 대한 약어인 **공간내기**일 것이다. 그러나 이 지반에서 우리는 천천히 움직여야만 하는데, **왜** 그리고 **어떻게** 공간내기가 원-기록으로서 이해되어야 하는지에 대해서뿐 아니라, 이것이 시간과 상호주관성에 대한 우리의 이해에 **무엇**을 함축하는지를 명료하게 해야만 한다.

　기록 일반의 기능은 공간의 시간되기뿐 아니라 시간의 공간되기로 특징지어지는 기입들을 통해 과거와 미래를 매개하는 것이다. 한편으로 기록된 것은 항상 이미 기억의 기입, **시간을 공간화하는** 과거의 흔적이다. 다른 한편으로 기록된 것은 그 기입 이후에만 읽힐 수 있기에 **공간을 시간화하는** 미래와의 관계에 의해 표시된다. 애초에 기록을

---

31) "현재의 **또 다른** 절대적 현재에 대한 개방으로서 시간화. 시간이 이처럼 자기 자신 바깥에 있음은 시간의 공간내기이다. **원-무대**(arche-stage). 이러한 무대, 하나의 현재의 또 다른 현재 **자체**에 대한 관계로서, 즉 비파생적인 재현전화로서 무대는 […] 기호 일반의 구조를 '지시'(reference)로서, 무언가에 대한 존재(für etwas sein)로서 생산하며, 그것의 환원을 급진적으로 금지한다. 구성적인 주관성이란 없다. 구성이라는 개념 자체는 탈구축되어야 한다"(*SP*, 84~85/94: 번역 수정)라는 데리다의 서술을 보라. 어떻게 "그 가장 일반적인 형식에서 반복, 그 가장 보편적인 의미에서 흔적의 가능성이, 지금의 순수 현실성에 거주해야 할 뿐 아니라 그것을 도입하는 **차-이**의 바로 그 운동을 통해 지금을 구성하는 가능성이기도"(*SP*, 67/75: 번역 수정)한지에 대한 데리다의 논증도 보라.

하는 이유는 일어나는 것을 **미래를 위한 기억**으로서 보존하는 것이고, 기억은 반복의 가능성과 그 불가피한 짝패, 즉 절멸의, 망각의 위협 모두를 구성한다.

　나의 후설 독해는 심지어 가장 최소의 종합이나 가장 기본적인 자기의식에 대해서도 그러한 시공간적 기입들에 대한 "초월론적" 필연성을 증명하고자 했다. 그러나 원-기록은 단순히 유한한 의식의 경험을 위한 초월론적 조건인 것만이 아니다. 이는 생명 일반의 "극단초월론적" 조건이기도 하다.[32] 데리다가 『기록과 차이』에서 말하듯이, 생명 자체는 항상 이미 "그것을 구성하는 기억의 기원에 의해 위협받는다"(202/301). 이는 기억의 기원 ─ 즉, 시간의 공간화의 필연성, 미래에 대해 과거의 흔적들을 기입하기의 필연성 ─ 이 최초의 심급부터 기억을 망각에 개방하는 본래적인 시간적 자리바꿈이기 때문이다. 미래에 대해 과거를 보존하는 흔적들은 삭제에 노출됨으로써만 기입될 수 있다. 데리다는 원-기록의 위태로운 시간을 다음과 같이 서술한다.

　따라서 흔적들은 그것들의 삭제 기간을 용인함으로써만 그 기입의 공간을 생산한다. 처음부터, 흔적들의 첫 번째 자국impression의 "현재"에서, 흔적들은 반복과 삭제, 가독성legibility과 불가독성의 이중적 힘에 의해 구성된다. 양손달린 기계, 행위자들 또는 기원들의 다수성 ─ 이것이 타자와의 근원적 관계와 기록의 근원적 시간성, 근원

---

32) 데리다가 "파지와 예지의 이중운동"이 "'지향적 의식'의 가능성"에만 국한되는 것이 아니라 오히려 생명의 모든 수준에서 작동하고 있는 원-기록에 해당하는 것이라고 지적하는 (84/125) *Of Grammatology*를 보라.

적 공간내기, 지연, 단순한 기원의 삭제, 우리가 계속해서 지각이라고 부르길 고집하는 것의 문턱에서 벌어지는 교전의 "근원적인" 복잡화가 아닌가? […] 하지만 이는 "지각", 생명의 그 타자와의 첫 번째 관계, 생명의 기원이 항상 이미 재현전화를 준비했었기 때문이다(*WD*, 226/334).

후설에 대한 급진화를 통해서 우리는 어떻게 유한성이 자기촉발에서 표시되는지를 알 수 있다. 모든 파지는 그 내부에서부터 그 보충적인 예지 ─ 이는 파지가 유지하려고 시도하는 기입을 삭제할 수 있는 미래의 긴박함에서 기인한다 ─ 에 의해 위협받는다. 그래서 시간적 유한성은 자기촉발 자체에 기입된다. 또는 데리다가 말하듯이, "**나는 존재한다**에서 **나**[1]의 스스로에게 나타남은 이처럼 근원적으로 나 자신의 가능한 사라짐과 맺는 어떤 관계이다. 그래서 **나는 존재한다**는 근원적으로 **나는 필멸자**임을 뜻한다"(*SP*, 54/60~61).

시간적 유한성에 대한 데리다의 주장은 후설에 대한 그의 탈구축에서 쟁점이 되는 것을 명료화하도록 도와주어야 한다. 데리다의 비판가들과 지지자들은 종종 데리다가 후설을 세계와의 관계 및 다른 인간의 타자성과의 관계를 배제하는 내면성을 촉진하는 과업을 수행한다고 가정해 왔다. 이러한 가정을 고려하면, 후설에 대해 잘 아는 독자들은 탈구축에 의해 제기된 비판으로부터 후설을 옹호하는 데 별 어려움을 겪지 않았다. 확실히, 후설은 결코 주관이 세계 및 타자와의 관계들로부터 면제되기를 원하지 않았다. 그는 단지 주관적 지향성을 기초로해서 이 관계성의 가능성 조건을 분석하고자 했을 뿐이다. 그래서 우리가 본 것처럼, 그는 타자성과의 관계가, 기억과 자기이입^Einfühlung과 같은 활동에서 예증되듯이 재현전화의 구조에 의해 개방된다는 것을 발견했다. 이러한 활동을 통해 주관은 스스로에게 하나의 타자로서 나타난다. 과거에서 스스로를 기억함으로써 또는 타자의 관점을 상상하고 스스로를 타인들과의 관계에서 하나의 타자로서 바라봄으로써 말이다. 사실 데리다는 후설에서 이러한 동기들의 중요성을 최초로 강조한 사람들 중 하나이며, 그는 항상 특히 에마뉘엘 레비나스와의 중요한 논쟁에서, 후설이 타자성에 관한 세련된 사상가라고 주장했다.[33]

그러나 데리다에게 결정적인 질문은 재현전화의 구조가 의식 자체의 조건인가 하는 점이다. 시간과 상호주관성의 구성에 있어 재현전화의 필연성을 인정함에도 불구하고 후설은 이를 거부하고 만다. 후설이 『위기』에서 설명하듯이, 스스로를 기억하기에 포함된 "자기-시간화" 및 다른 자아들과 관계하기에 연루된 "자기-소외"는 그가 "즉각적인 '나', 흐르면서도 정적인$^{flowingly-statically}$ 현재"라고 서술하는 근원적인 자기현전화에 파생적인 것으로 간주되어야만 한다(185). 그러면 문제는 후설이 세계 및 타자들과의 관계를 배제할 것이라는 점이 아니라, 그가 이 관계를 우리가 스스로에게 매개 없이 주어지는 살아 있는 현전 안에서 정초한다는 점이다. 그래서 후설은 『위기』에서 다른 많은 비슷한 구절들 중에서도 가령 이렇게 쓴다. "그 순수한 내면성으로 환원된 각각의 영혼은 그 스스로에 대해 있음(대자존재)과 스스로 안에 있음(즉자존재)을 가지고, 근원적으로 자기 자신인 생명을 갖는다"(255). 다시 한번, 후설은 주관이 본질적으로 세계 및 타자들에

---

33) 『글쓰기와 차이』에 수록된 데리다의 글, "Violence and Metaphysics" 중 "Of Transcendental Violence" 절을 보라.

매여 있음을 배제하지 않는다. 그러나 그는 이러한 본질적인 끈bond을 그 또는 그녀의 독특성 속에서 모든 사람에게 속해 있는 근본적인 온전함integrity을 기초로 해서 사고한다. 그런 온전함의 형식은 순수 자기촉발일 것이다. 오직 순수한 자기촉발만이 주관이 스스로의 밖에 있는 어떤 것에도 의존하지 않는 자기관계의 양상을 확보할 수 있을 것이다. 그래서 데리다가 적절한 공식으로 말하듯이, 순수 자기촉발에서 주관은 "세계로 양도된 어떤 기표라는 신체에서 죽음을 무릅쓸"(SP, 77/87) 필요가 없을 것이다.

반대로, 데리다는 그런 근본적 온전함의 급진적 불가능성으로부터 엄밀한 귀결들을 이끌어내려 한다. 시간의 가장 기본적인 자기촉발조차도 공간의 타자촉발과 시간에 외적인 것에 대한 부수적 의존을 전제한다. 그런 외적인 지지물은 그것이 생기자마자 삭제의 위협을 무릅쓰게 되며 주관으로 하여금 어떤 타자뿐만 아니라 자기 역시도 본질적으로 배반하기 쉽게끔 만든다. 즉 자기 및 타자를 배제하고 간과하고 망각되기 쉬운 것으로 만드는 것이다. 따라서 원-기록을 사고하는 것은 어떻게 죽음, 차별과 삭제가 처음부터 작동 중이고 이미 구성된 어떤 주관에 [차후에] 닥쳐오는 것이 아닌지를 사고하는 것이다.

결과적으로, 원-기록과 "원-폭력"의 연계는 데리다에서 한 가지 핵심적 동기이다. 그가 『그라마톨로지에 대하여』에서 주장하듯이, 형이상학은 항상 폭력을 근원적인 평화 또는 근본적인 온전함에 **파생적인** 것으로 간주해 왔다. 그리하여 폭력의 가능성은 오직 추락, 즉 순수한 기원으로부터의 치명적인 타락으로만 설명될 수 있다. 사고의 이런 형상figure을 탈구축함으로써, 데리다는 왜 폭력이 단지 폭력에 선행하는 무언가에 생기는 경험적인 우연이 아닌지를 해명하려 한다. 오히려 폭력은 어떤 것이 죽음과 망각으로부터 피신하는 것을 허락하지 않는, 본질적 비고유성에서 기인한다. "현행적인 그리고 파생적 의미에서 폭력의 가능성에 앞서서 […] 그 가능성의 공간으로서, 원-기록의 폭력이 존재한다."[34]

　　나는 타자촉발의 필연성을 분석함으로써 원-폭력에 대한 설명을 위한 길을 예비했다. 스스로의 밖에 있는 것에 의존하는 것은 본질적으로 "타자"에 의해 타협되고 위협받는 것이다. 데리다에서 "타자"가 대개 가리키는 것은 다른 인간이 아니다. 반대로 타자성은 시간의 공간내기와 분리불가능하다.[35] 그러한 공간내기는 환원불가능하게 폭력적인데 그것이 어떤 내면성이든 침입하고 모두를—어떤 타자뿐 아니라 나 자신도—유한성의 위험들에 노출시키기 때문이다. 그래서 데리다가 자아의 구성에 있어 타자의 환원불가능성을 주장할 때 그는 주관성의 핵심에 다른 인간을 향한 **윤리적** 개방성을 놓는 것이 아니다. 오히려 쟁점이 되는 것은 타락과 은폐에 대한 근원적 개방으로, 이는 자기 자신과의 관계를 포함한 모든 관계의 가능성을 개방한다. 후설에 대한 그의 독해에서 데리다는, 의식을 그 내부에서부터 위협하는 폭력적인 개방을 사고하기 위해서 매개되지 않은 현전화의 가능성을 논박하고 근원적인 재현전화에 대해 주장한다. 어떤 면에서는, 이 장에서 나의 노력들은 『그라마톨로지에 대하여』의 다음 명제, "원-기록은 비

---

34) Derrida, *Of Grammatology*, 110/162; 또한 106, 112, 135/156, 164~165, 195도 보라.

35) 예컨대 *Speech and Phenomena*의 5장과 6장을 보라. 데리다가 그에게 타자성과 공간내기는 "절대적으로 분리불가능"(81, 94, 106~7n42/107, 130, 108~9n31)하다고 강조하는 Positions도 보라. 또한 타자성은 공간내기를 통해 이해되어야만 한다는 그의 지속적인 주장을 회고하고 그의 사유에 있어 윤리적 또는 정치적 "전회"는 없었다고 주장하는 *Rogues*를 보라(38~39/63~64). 나는 다음 장에서 이 주장을 강화할 것이다.

도덕성의 기원으로서 도덕성의 기원이다. 윤리의 비윤리적 개방. 하나의 폭력적인 개방"(140/202)을 읽기 위한 준비로 볼 수 있다.

3장 원-폭력: 데리다와 레비나스

어떤 초월론적이고 선윤리적인 폭력이 있다. […] 윤리적 결단이나 자유에서
기인하지 않는, 또는 타자를 마주치거나 초과하는 어떤 방식에서 기인하지
않는 이러한 초월론적 폭력이 근원적으로 관계를 설립한다. […]
—데리다, 『기록과 차이』, 128/188

최근 15년간, 탈구축을 옹호하는 표준적인 방식은 그것에 "윤리적 동
기"를 부여하는 것이었다. 이러한 사고방식에 따르면, 형이상학적인
전제들과 총체화하는 체계들에 대한 데리다의 논박은 "타자"를 존중
하라는 윤리적인 고려에서 나온다. 그런 관점에 대한 가장 걸출한 옹
호자들은 내가 다시 다룰 로버트 베르나스코니, 드루시아 코넬과 사이
먼 크리츨리로, 그들의 독해들은 내가 이 장에서 대결하려 하는 탈구
축에 대한 설명을 예증하기 때문이다. 이러한 독해들이 공유하는 것
은 데리다의 타자성에 대한 사유를 에마뉘엘 레비나스의 윤리적 형
이상학에 동화시키려는 시도이다. 결과적으로 그들은, 코넬이 그녀의
책 『한계의 철학』*The Philosophy of the Limit*에서 말하듯이, 탈구축을 "타자
에 대한 비폭력적인 관계에 대한 열망"(62)으로서 이해한다. 그런 접
근은 확실히 타자가 선에 해당되고 우리에게 근원적 윤리를 상기시키
는 레비나스적인 틀 내에서는 의미가 있다. "전쟁은 평화를 전제하며,
타자의 선행하고 거부감을 주지 않는/면역적이지 않은non-allergic 현전
을 전제한다"(199/173~74)고 레비나스는 그의 중심 저작인 『전체성
과 무한』*Totality and Infinity*에서 주장한다. 그러나 내가 논증할 것처럼 근

원적 평화라는 생각은 탈구축적 사유와 양립불가능하다. 데리다의 저작에서는 타자를 근원적으로 선한 것으로 정립하거나 그 또는 그녀 또는 그것에 대해 비폭력적인 관계를 처방할 지지물이 없다. 반대로, 데리다의 타자성에 대한 개념은 구성적 폭력이라는 개념과 분리될 수 없다. 내가 인용한 제사가 분명하게 하듯이 폭력은 평화로운 타자에 부수하는 것이 아니라 모든 관계의 가능성을 표시하는 것이다. 이 제사는 데리다의 초기 글인「폭력과 형이상학」에서 온 것이지만, 우리는 어떻게 데리다의 사유가 책임, 정의와 환대에 대한 그의 후기 저작에 이르기까지 계속해서 구성적 폭력이라는 개념에 의해 인도되는지를 보게 될 것이다.

동시대 담론에서 되풀이되는 상투어는 데리다의 후기 텍스트들에서 윤리적인 것으로의 "전회"를 위치시키는 것이다. 그런 서사는, 데리다의 최초 저작에서부터 윤리적 물음들이 주요 관심이었음을 사고하는 데 실패했다는 점뿐 아니라, 어떻게 탈구축의 논리가 윤리에 관한 토론을 이끄는 근본 공리들을 변형시키는지를 무시한다는 점에서도 오도적이다. 데리다를 "윤리적" 철학자로서 전유하는 것은 폭력에 대한 그의 복잡한 논리를 이해하지 못하는 무능력과 더불어, 이에 수반하는 것으로서 "타자성"과 "결정불가능성"과 같은 중심적인 탈구축적 용어들의 중대한 함축들을 평가하는 데 실패하는 것에 기반한다.

데리다가 명시적으로 정의에 대한 물음을 다루기 시작하는 곳이자 그의 사유에서 "전회"를 시작하는 책으로 종종 간주되는 『마르크스의 유령들』이 출발하기 좋은 장소가 될 것 같다. 소위 전회는 탈구축에서 윤리적 명령의 확인으로서 환영되었거나, 데리다가 경건하게 일컫는 "정의"가 동시대 세계의 실제 정치적 도전들에 대해 아무런 관련도 갖지 않는다는 이유로 해서 어떤 자족적인 유토피아주의로서 비판받았다. 그러나 이러한 독해들을 받아들이지 않을 좋은 이유들이 있는데, 그들은 데리다가 윤리정치적 개념들을 다루는 방식을 잘못 해석하기 때문이다. 『마르크스의 유령들』이 정의에 관한 책이라는 것은 사실이다. 그러나 데리다가 정의라고 부르는 것은 어떤 윤리적 이상이 아니다. 반대로, 데리다는 존재의 이상적 상태라는 바로 그 관념을 문제 삼으며, 이는 윤리와 정치의 목적들에 관해 우리가 상속받은 가정들에 대한 심오한 재형상화를 함축한다.

중요한 하나의 단서는 책 전체에서 반향을 일으키는 구절, 즉 "시간은 이음매에서 벗어나 있다"이다. 셰익스피어의 『햄릿』에서 온 이 대사는 『마르크스의 유령들』의 주요 동기이다. 그 반향을 탐구함으로써 우리는 이 책에서 쟁점이 되는 것을 평가하기 시작할 수 있다. 데리다가 지적하듯이, 햄릿의 대사는 사회의 팽배한 상태에 대한 하나의 비판으로서 종종 인용되고 번역되어 왔다. 이 경우 시간의 탈구 disjointure는 공동체의 정초적 원리들이 도착되었거나 잘못되어 버린 도덕적이거나 사회적인 부패로서 이해된다. 그런 비판은, 자신의 경로를 이탈하고 시간의 이음매들을 함께 결집하지 못하는 탈구된 시간을 자기 자신과 조화롭게 동시성을 유지하는 사회 ——여기에서 동시성이 잃어버린 기원으로 정립되든 아니면 완성된 미래로 정립되든 간에 ——와 대립시킨다. 전통적인 이데올로기 비판을 특징짓는 것이 이와 동일한 방식의 비판이다. 즉 그러한 비판에 따르면, 정의에 대한 요구는 현존하는 사물의 질서에 대비하여, 사물의 질서가 어떻게 존재해야 **마땅한가**에 관한 어떤 요구로서 제기된다.

『마르크스의 유령들』에서 데리다는 "시간은 이음매에서 벗어나 있다"가 무엇을 뜻하는지에 대한 이해를 재형상화한다. 많은 독자들이 주목했듯이, 데리다는 우리가 해방과 진보라는 개념을 없애 버릴 수 없다는 그의 주장에 있어서 확고하다. 그는 정치적인 비판을 추구하는 것, 글로벌 자본주의의 무수한 희생자들 앞에서 눈을 감지 말 것, 그리고 어떤 "마르크스주의적"인 정신을 재긍정하는 것의 중요성을 반복해서 강조한다. 이 점들은 『마르크스의 유령들』에서 재현된바 마르크스와 마르크스주의의 죽음을 선포하는 프란시스 후쿠야마의 책 『역사의 종말과 최후의 인간』*The End of History and the Last Man*의 신자유주의적 수사에 대한 비판을 통해 강화된다. 자본주의적 파라다이스에서 이데올로기들과 해방적 서사들의 종말을 축하하는 후쿠야마의 신복음주의에 항의하면서 "폭력, 불평등, 배제와 기아, 따라서 경제적 억압이 지구와 인류의 역사상 그토록 많은 인간 존재자들에게 영향을 미친 적은 없었"(85/141)다는 점을 상기시키며 데리다는 동시대 세계의 "칠판 그림"blackboard picture을 그린다.[1] 이런 언급은 그저 이데올로기에 대한 전통적인 비판의 한 판본으로만 보이게 할 수 있다. 외관상 데리다는 우리의 시간이 "이음매에서 벗어나 있"다고 주장하고 우리가 더 나은, 더 정의로운 사회의 이름으로 이 탈구와 싸워야 한다고 주장하는 것 같다. 그러나 중추적인 차이는 해방에 대한 고전적인 개념이 —정치적 비판의 마르크스주의적 형식에서처럼— 이상적인 조건은 절대적인 평화여야 한다는 통념에 연결되어 있다는 것이다. 세계가 사실상de facto 폭력, 배제와 차별로 특징지어질 때, 이처럼 정의는 권리

---

1) [옮긴이] 여기서는 데리다가 후쿠야마에 반하여 마르크스주의적인 세계 서술, 암울한 세계, 칠판 위의 검은 그림처럼 암울한 세계라고 쓰는 구절을 염두에 두고 있는 듯하다.

상^{de jure} 폭력을 종결시켜야만 한다고 요청한다.

데리다 사유가 도전하려는 것은 정의를 위한 투쟁을 단념하지 않으면서도, 이상적인 정의라는 개념을 논박하는 것이다. 데리다에게 시간의 탈구는 그것에 앞서는 존재의 상태에 부수하는 어떤 것도 아니고 최종적으로 극복할 수 있거나 극복해야만 하는 무엇도 아니다. 그래서 『마르크스의 유령들』의 도발적인 논제는 폭력과 차별이 정의에 대립되지 않는다는 것이다. 폭력과 차별은 정의의 바로 그 가능성으로부터 분리될 수 없다. 물론 데리다는 폭력과 차별을 그것들 자체로 긍정적인 것으로 간주하지는 않는다. 오히려 그는 배제의 장치^{machinery}가 모든 정체성 형성에서 작동하고 있으며 최종적으로 제거될 수 없다고 주장한다. 시간의 탈구는 어떤 사회와 생명이 시작되기 위해서뿐만 아니라 어떤 윤리와 정치가 있기 위한 조건이기도 하다.

필연적 탈구라는 개념을 추적함으로써, 우리는 데리다 사유의 연속성을 식별해 볼 수 있다. 데리다의 탈구축적 논리는 항상 존재 **자체**의 불가능성/그 자체로 존재하기의 불가능성^{the impossibility of being *in itself*}에 관련된다. 이전의 장들에서 나는 어떻게 데리다의 논리가 시간성의 함축들로부터 나오는지를 보여 주었다. 시간성은 결코 그 자체일 수 없으며 항상 더 이상 없는 것과 아직 없는 것 사이에서 탈구된다. 이처럼 시간 자신은 구성적으로 이음매에서 벗어나 있다. 또는 보다 정확히 말한다면, 시간 자신은 어떤 "자체"^{itself}의 불가능성이다. 이는 역설이 아니라 시간의 최소 정의에 대한 분석으로부터 나오는 것이다. 가장 짧은 시간적 순간조차도 그것이 생기자마자 분할—이후로부터 이전을, 미래로부터 과거를 분리—되어야만 한다. 그런 분할 없이는 시간이란 없을 것이며, 영원히 동일하게 남아 있는 현전만이 있을 것이다.

그러므로 시간은 흔적의 종합(원-기록) 없이는 사고불가능하다. 시간의 흔적내기를 생명 일반의 조건으로 사고하는 것은 처음부터 생명을 죽음에, 기억을 망각에, 동일성을 타자성에 등등 노출시키는 구성적 유한성을 사고하는 것이다. 데리다는 항상 그러한 이중 구속의 논리로부터 나아간다. 내가 여기서 강조하고 싶은 것은 탈구축적 논리를 이끄는 흔적에 대한 이해가 레비나스의 흔적에 대한 이해와 급진적으로 다르다는 점이다. 실로 데리다와 레비나스 모두 현재한 적 없는 과거의 흔적으로서 "타자의 흔적"에 호소한다. 공유된 어휘는 종종 그들의 근친성의 증거로 제시되지만, 문제의 용어들에 대한 정밀한 탐구는 이 유비가 오도적임을 드러낸다.[2]

가장 유익한 자료는 그의 저작들에서 작동하는 흔적 개념을 해명하는 레비나스의 글 「타자의 흔적」The Trace of the Other이다. 레비나스의 주요 관심은 "흔적이 존재 이하의 것과의 관계에 영향을 주는 것이 아니라 무한한, 절대적인 타자에게 의무적으로 주어지는 것"(357)을 주장하는 것이다. 여기서 절대적인 타자는 레비나스가 플라톤에서의 존재를 넘어선 선이나 플로티누스의 일자에 유비적인 것으로 서술하는 신의 긍정적 무한성이다. 일자는 절대적인 과거인데 왜냐하면 이것이

---

2) 물론 *Of Grammatology*에서 데리다 자신이 "흔적"이라는 용어의 선택에 대해 설명하면서 레비나스를(그리고 니체, 프로이트, 하이데거 같은 몇몇 다른 사람들과 더불어 현대 생물학) 언급한다. 그러나 데리다가 지적하듯이, 이런 담론들에 대한 그의 간접적 준거는 그가 이를 승인함을 뜻하지는 않는다. 더구나 데리다는 계속해서 용어에 대한 그의 사용이 "자연과 문화, 동물성과 인간성의 대립 이전에 사고되어야만 하는 '기억'의 원-현상"을 가리킨다고 설명한다. 그래서 흔적은 "시간화로서 차-이"와 생명 일반의 유한성으로부터 분리불가능하다. *Of Grammatology*, 70~71/102~104를 보라.

"모든 관계와 은폐로부터 이미 벗어났"(356)기 때문이다. 세계에 부재하기는 해도 일자는 인간의 얼굴과의 윤리적 대면에서의 어떤 흔적으로서 제시된다. "하나의 얼굴이 빛나는 것은 타자의 흔적에서이다. 거기서 제시되는 것은 나의 삶으로부터 면제됨^{absolving} 자체이고 나를 이미 절대적인$^{ab\text{-}solute}$ 것으로서 방문한다"(359). 레비나스는 심지어 다음과 같은 주장도 한다. "오로지 세계를 초월하는 존재만이 흔적을 남긴다"(358).

그렇다고 타자가 흔적으로서 나타난다는 것이 그것이 매개에 의존한다거나 의미화의 운동에 종속된다는 것을 뜻하지는 않는다. 반대로 레비나스는 타자가 "매개 없이 도래한다. 곧 타자는 스스로를 알린다"(351)고 주장한다. 얼굴의 직접성은 레비나스의 논증에서 부수적인 특징이 아니다. 오히려 이는 윤리적 대면에서 근원적인 "올곧음"^{uprightness} 개념에 핵심적이다. 레비나스가 설명하듯이, 이는 "이러한 절대성의 현현^{ephiphany}으로서 당신의 말하기$^{thou\text{-}saying}$의 예외적인 올곧음에 대한 우리의 해석을 정당화해 준 타자의 현전의 절대성"(358)이다. 그래서 레비나스의 타자의 절대적 현전에 대한 서술이 그의 절대적 과거 개념과 상호교환가능한 것으로 드러날 때 우리는 놀라서는 안 된다.[3] 레비나스 자신은 얼굴의 절대적 현전과 부재하는 일

---

3) 레비나스에게 "절대적 과거"가 전통적으로 절대적 현전으로서 지시되었던 것, 즉 일자에 해당함을 강조하는 것으로는 "Enigma and Phenomenon"을 보라. 레비나스가 일자는 결코 현재한 적이 없다고 할 때 그가 "현전"이라는 용어를 분해(disintegration)의 시간과 유사하게 쓴다는 점에 주목하는 것이 핵심적이다. 그래서 탈구된 현전으로부터 일자를 면제하는 것은 이를 유한성의 오염으로부터 구하는 한 가지 방법이 된다. "넘어섰던 그는 결코 현전하지 않았다. 그는 모든 현전에 선행했고 유한한 존재들의 분해와 사라짐이 […] 아닌 시간에서의 모든 동시대성을 초과했지만, 그를 포괄할 수 없는 세계에 상대적인 신의 근원적인 선행, 결

자의 절대적 과거 사이의 등가성을 설명한다. "얼굴의 지고한 현전은 이러한 지고하고 비가역적인 부재와 분리불가능하다"(356).

데리다의 흔적 개념은 이러한 레비나스적인 전제들을 체계적으로 논박하는 것으로 볼 수 있다. 첫째로, 데리다에서 결코 현전한 적 없는 과거의 흔적은 부재하는 일자를 가리키지 않는다. 반대로 이는 일자라는 바로 그 관념을 논박하는 구성적인 공간내기를 지시한다. 둘째로, 공간내기는 왜 그 자신의 "은폐"에 앞서는 심급(레비나스의 설명에서는 절대적 타자 같은)이 있을 수 없는지를 설명해 준다. 데리다가 『그라마톨로지에 대하여』에서 말하듯이, "타자 자체의 현전화, 말하자면 그 '자체'ᵃˢ ˢᵘᶜʰ의 은폐는 항상 이미 시작되었다"(47/69). 셋째로, 흔적의 공간내기는 어떤 것 **자체**의 가능성을 논박하고 삭제를 필연적인 위험으로서 설명한다. 그래서 이는 흔적에 대한 레비나스의 목적론적 전유를 반박한다. 데리다가 『기록과 차이』에서 정식화하듯이, "지워질 수 없는 흔적은 흔적이 아니라 어떤 충만한 현전, 부동의 그리고 타락불가능한 실체, 신의 아들, 임재ᵖᵃʳᵒᵘˢⁱᵃ의 기호인 것이지 어떤 씨앗, 즉 필멸의 싹이 아니다"(230/339).

마지막으로 그러나 결코 덜 중요하지는 않은 것은, 데리다에게 흔적이 매개의 필연성에 수반된다는 점이다. 이는 레비나스의 "올곧음" 개념을 정초하는 "무매개성"을 막는다. 레비나스는 윤리의 선차성을 촉구하려 할 때 반복해서 올곧음에 준거한다. 『전체성과 무한』에서 얼굴 대 얼굴의 관계는 추정되기로 "모든 위협과 모든 오염에 낯선" "직

코 스스로 현전한 적 없는 태곳적 과거 [⋯] 이는 존재를 넘어서 모든 철학이 표현하고 싶어하는 일자(the One)이다"(*Basic Philosophical Writings*, 77).

접적"이고 "무매개적인" 마주침을 위한 보장으로서 등장하는데, 이는 "타락한" 것으로 비난받는 수사의 기만적인 권력에 대해서 "얼굴의 절대적인 진정성"과 "명예의 원초적인 말"에 의존한다.[4] 레비나스의 또 다른 주요 철학적 저작, 『존재와 다르게』는 원초적인 말하기Saying의 "진실함"과 말해진 것Said에서 그것의 "소외" 사이의 대립을 유지하면서 동일한 논리를 따른다.[5] 말하기와 말해진 것의 구별을 유지하기 위해 레비나스는 명시적으로 말과 기록의 대립에 의존한다. 레비나스가 설명하듯이 진실함은 타인에 대한 친밀함proximity of one-for-the-other 속에서 오직 구어spoken language로부터만 나오는데, 어떤 기록 안에는(또는 보다 일반적으로 말하면, 기호들의 체계로서 언어 안에는) 그런 진실함을 보장할 수 있는 것이 없기 때문이다. 따라서 레비나스는 "언어를 기호들의 체계로 간주할 때 말하기는 진실함으로 해석될 수 없을 것이다. 우리는 오직 이미 구어 ──이는 다시 기호들의 체계에 놓여 있을 수 없는데 ──로부터만 기호들의 체계로의 언어에 진입할 수 있다(*Otherwise Than Being or Beyond Essence*, 199n9, 183n1). 이는 데리다가 현전의 형이상학의 가장 만연한 판본들 중 하나로서 분석했던 음성중심주의phonocentrism의 한 가지 탁월한 예이다. 데리다가 『그라마톨로지에 대하여』에서 보여 주듯이, 기록에 대해서 (이상화된) 말을 특권화하는 것은 악 이전에 선이 있고, 폭력 이전에 평화가 있고 등등의

---

4) *Totality and Infinity* 1부의 "Rhetoric and Injustices"장과 3부의 "Reason and the Face"을 보라. 또한 "표현"과 '살아 있는 말'에 관한 레비나스의 형이상학에 대한 데리다의 논평(*WD*, 101~103/149~152) 및 수사 없는 순수 언어라는 레비나스의 생각에 대한 데리다의 논평을 보라(147~148/218~220).

5) Levinas, *Otherwise Than Being or Beyond Essence*, 143~134, 199/183~185를 보라.

전제에서 도출된 것이다.

레비나스가 말과 기록의 대립을 고수하는 것은 증상적이다. 윤리의 선차성은 **먼저** 진실함과 평화로운 환대가, 이런 가치들이 진실하지 못함과 폭력적인 적대에 의해 위협받기 **이전에** 있었음을 요구한다. 데리다는 정확히 이러한 대립의 논리를 겨냥한다. 이는 그가 형이상학의 "윤리적-이론적 결정"이라고 부르는 것으로부터 나오는데 이는 단순한 것이 복잡한 것에 앞서고, 순수가 비순수에 앞서며, 진실한 것이 기만적인 것에 앞서고 등등을 요청한다.[6] 따라서 긍정적으로 평가된 용어로부터의 모든 일탈들은 "소외"의 증상들로서 설명되어 버리고, 욕망할 만한 것은 잃어버렸거나 타락한 것으로서 상정되는 것으로의 복귀로 구상된다. 반대로, 데리다는 어떤 것이 존재하는 것을 **가능하게** 하는 것이 동시에 그것이 그 자체로 존재하는 것을 **불가능하게** 만든다고 주장한다. 어떤 "긍정적인" 항의 온전함은 필연적으로 그 "타자"에 의해 타협되고 위협받는다. 그런 구성적 타자성은 **본질적인 타락가능성**에 해당하는데, 이는 이상적인 세계에서 사물들이 어떻게 있어**야만 하는가**에 관한 모든 윤리적-이론적 결정들을 논박한다.[7]

여기서 핵심 용어는 데리다가 "결정불가능성"이라고 부르는 것으로, 이는 모든 것을 예측될 수 없는 시간의 도래에 개방한다. 내가 1장에서 주장했듯이, 결정불가능성과 결정을 내리는 것 사이의 대립은 없

---

6) 형이상학의 윤리이론적 결정의 주요 특징들에 대한 간략한 요약으로는 Derrida, *Limited Inc*, 93/173~174를 보라.

7) 데리다는 *Limited Inc*(77~79/146~149)에서 본질적 타락가능성에 대한 그의 사유의 윤곽을 그린다. 후기 저작에서 이는 본질적 도착가능성으로 되풀이된다. 예컨대 *Adieu*, 34~35/68~69, 그리고 *Of Hospitality*, 53, 55, 65, 79/51, 53, 61, 75를 보라.

다. 반대로, 결정들을 내려야만 하는 것은 무엇이 일어날지 계산하는 것이 불가능하기 **때문**이다. 그래서 데리다는 우리는 항상 예측될 수 없는 것과 관련해서 행위한다는 것을, 이러한 결정들의 귀결들이 최종적으로 확고할 수 없다고 해도 항상 결정들을 내리도록 강제된다는 것을 강조한다. (윤리적, 정치적, 법적 등) 어떠한 종류의 결정이든지 다소간 폭력적이기 마련인데, 그럼에도 불구하고 결정을 내리는 것은 필수적인 일이다. 다시 한번 나는 폭력적인 구별differentiation이, 폭력이 그에 선행하는 조화에서 일어나는 어떤 타락으로서 이해되어서는 안 된다는 점을 강조하고 싶다. 반대로, 차별은 어떤 구성적인 조건으로서 간주되어야 한다. 분할의 표시들 없이는―말하자면, 분리하는 경계들 없이는―아무것도 없을 것이다.

사실 윤리적이거나 정치적인 처방들에 따라서 삶을 조직하려는 모든 시도는 근본적인 이중성에 의해 표시되었던 것이 될 것이다. 한편으로, 어떤 공동체를 형성하기 위해서는 경계들을 그려내고, 구획하는 것이 필수이다. 다른 한편으로, 모든 종류의 공동체가 다소간 명백한 불안정성에 의해 특징지어지는 것은 정확히 이러한 배제적인 경계들 때문이다. 포함될 수 없는 것은 우세한 질서가 변혁되거나 전복될 수 있는 기회뿐만 아니라 위험 또한 개방한다.

『마르크스의 유령들』에서, 데리다는 이 논증을 근원적인 "유령성"spectrality 측면에서 전개한다. 한 가지 두드러진 함축은 사회의 형성으로부터 배제되고 소멸되었던 사람들, 역사적 폭력의 희생자들의 출몰하는 상기로서 혼령들과 유령들에 관련된다. 그러나 유령성이라는 개념은 국가, 국민 또는 이데올로기의 양심에 질문하는 이러한 귀신들에 의해 소진되지 않는다. 오히려 데리다의 목적은 존재를 자기동일적인 현전을 통해서 사고하는 전통적인 "존재론"과는 반대로, 일반적인 "유령론"hantologie을 정식화하는 것이다. 이때 유령의 형상에서 중요한 것은 그것이 완전히 현전할 수 없다는 점이다. 이는 존재 자체를 갖지 않으며 **더 이상 없는** 것 또는 **아직 없는** 것과의 관계를 표시한다. 그리고 시간——과거와 미래 사이의 탈구——이 심지어 가장 짧은 순간의 조건이기도 하기 때문에, 유령성은 일어나는 모든 것에서 작동하는 것이다. 어떠한 동일성이든 공동체이든지 결코 배제의 장치로부터 벗어날 수 없고, 유령들을 만드는 데 결코 실패할 수 없는데, 이는 포함될 수 없는 과거와 예상될 수 없는 미래에 대해서 스스로를 구획해야만 하기 때문이다. 역으로, 동일성이나 공동체는 스스로의 안으로 통합할 수 없는 것에 의해 항상 위협받을 것이다——부정당하고, 무시당하고, 예측불가능한 것이 출몰할 것이다.

그래서 엄밀한 탈구축적 사고는 우리가 항상 이미 어떤 "폭력의 경제"에 기입되어 있다고 주장한다. 여기서 우리는 배제하는 자들이자 배제당한 자들이다. 어떠한 위치/입장도 자율적이거나 절대적일 수 없다. 곧 이는 필연적으로 다른 입장에 매여 있다. 다른 입장을 침해하고 다른 입장으로 인해 침해당하면서 말이다. 따라서 정의를 위한 투쟁은 평화를 위한 투쟁이 될 수 없고, 다만 "더 작은 폭력"lesser violence을 위한 투쟁일 뿐이다. 데리다 자신은 이 말을 「폭력과 형이상학」에서 짤막하게 사용할 뿐이지만, 나는 이를 데리다의 정치적인 것에 대한 재사유에 핵심적이라고 여겨지는 방향으로 발전시킬 것이다.[8] 내 주장의 출발점은 정의의 이름하에 내려지는 모든 결정들이 더

---

8) 더 작은 폭력에 대한 데리다의 짧은 언급들에 대해서는 *Writing and Difference*, 313n21,

작은 폭력이라고 판단되는 것의 관점에 따라 내려진다는 것이다. 만약 항상 어떤 폭력의 경제가 있다면, 정의의 결정들은 비폭력적인 것을 고르는 것의 문제일 수 없다. 오히려 무엇인가를 정당화하는 것은 그 것이 다른 어떤 것보다 덜 폭력적이라고 주장하는 것이다. 이는 더 작은 폭력의 관점에서 내려진 결정들이 실제로도 그것들이 반대하는 폭력보다 덜 폭력적임을 의미하지는 않는다. 반대로, 심지어 가장 끔찍한 행위들조차 더 작은 폭력으로 판단된 것의 관점에서 정당화된다. 예컨대, 대량학살에 대한 정당화들은 명백히 더 작은 폭력을 위한 논변에 호소하는데, 문제의 집단을 절멸하는 것은 그 집단이 다른 집단에 제기하는 위험들보다 덜 폭력적인 것으로 주장되기 때문이다. 그러나 불안정한 지점은 정의에 관한 모든 결정들이 폭력의 논리에 연루된다는 점이다. 더 작은 폭력에 대한 욕망은 결코 순진무구한 것이 아닌데, 이는 여하튼 이런저런 폭력에 대한 욕망이고, 그것이 더 나은 것을 낳으리라는 보장이 없기 때문이다.

결과적으로, 나의 주장은 더 작은 폭력에 대한 욕망이 어떤 규범적 이상에 해당된다거나 본래적으로 좋거나 한 것이 아니라는 점이다. 그런 주장은 폭력을 객관적으로 정의하고 측정할 수 있는 어떤 방법이 있다고 전제하는데, 이는 옹호될 수 없는 전제다. 폭력의 모든 정의와 척도는 자체로 폭력적인데, 이는 그 정의와 척도가 그들이 배제하는 것이 출몰하는 결정들에 근거하기 때문이다. 그래서 폭력에 해당하는 것에 관한 기준은 항상 도전의 여지가 있다. 실로, 폭력의 정의들이 가능한 변화의 여지가 없다면 정치적 비판을 추구하고 법을 변혁시킬

117, 130/136n1, 172, 191을 보라.

기회도 없을 것이다. 오늘날의 한 가지 예는 동물 권리의 확장이다. 법적 의미에서 이전에는 폭력으로 인지되지 못했던 것 —동물의 학대와 살해—이 하나의 불법적인 폭력으로 인지되기 시작했다. 폭력으로 간주되는 것에 대한 기준의 유사한 변형은 종속된 계급들, 인종들과 젠더들에 대해서 여전히 진행 중이다. 만약 무엇이 덜 폭력적인 것인가에 대한 어떤 객관적인 규범이 있다면, 그런 정치적 비판의 범위는 미리부터 제한될 것이며 정치는 종결되고 말 것이다. 반대로, 데리다는 정치가 끝없는 것이라고 주장하는데 폭력에 대한 어떠한 정의도 그 자체가 폭력적이며 가능한 논쟁에 부쳐지기 때문이다.

탈구축은 어떠한 주어진 경우든 간에 "더 작은 폭력"이 무엇인지를 우리에게 가르쳐줄 수는 없다. 반대로, 탈구축은 왜 폭력에 대한 물음들이 영원히 결정불가능한 것으로 남는지를 상술한다. 더 작은 폭력이라고 가정된 것은 그것이 반대하는 폭력에 비해 항상 더 폭력적일 수도 있으며, 계산의 불가능성에서 기인하는 도전들에는 끝이 없을 수 있다. 여기서 데리다의 주장은 부정적인 것도 긍정적인 것도 아니다. 오히려 이는 욕망할 만한 것**과** 욕망할 만하지 않은 것 모두의 조건으로서 폭력을 설명한다. 폭력의 경제 때문에, 더 작은 폭력의 (그리고 더 많은 폭력이라는 위협의) 가능성은 항상 존재한다. 그렇지 않으면 애초에 정치란 없을 것이다. 만약 더 작은 폭력이라는 기회가(그리고 더 많은 폭력이라는 위협이) 없다면, 정치적 투쟁이란 없을 것인데 어떤 것도 결코 변화할 수 없을 것이기 때문이다.

여기서 한 가지 가능한 반론은 우리가 폭력의 가능성을 넘어서 우세하게 될 어떤 이상적 기원이나 목적, 아르케나 텔로스를 향해서 노력해야만 한다는 것이다. 설령 모든 공동체에 차별과 망각의 희생자들이 출몰한다고 해도, 우리는 아무도 배제하지 않는 존재의 상태, 즉 모두를 포함하는 완성된 현전에 도달하려고 시도해야 한다는 것이다. 그러나 데리다의 유령론적 사유가 대결하는 것이 정확히 그러한 "존재론적" 논제이다. 『마르크스의 유령들』의 몇몇 곳에서 그는 완전히 현전하는 삶—"이음매에서 벗어나 있"지 않게 될, 어떠한 유령들도 출몰하지 않을 삶—은 단지 완전한 죽음일 뿐일 것이라고 주장한다. 데리다의 요점은, 비록 그것이 도달할 수 없는 목적이라 할지라도, 마치 바람직한 목적인 것처럼 실존의 평화로운 상태가 단순히 실현불가능하다는 것이 아니다. 오히려 그는 절대적 평화가 바람직한 것이라는 바로 그 관념에 도전한다. 모든 폭력적인 변화가 불가능하게 된 존재의 상태에서는 아무것도 일어날 수 없다. 그래서 데리다가 「폭력과 형이상학」에서 이미 주장했듯이 절대적인 평화는 절대적인 폭력과 분리불가능하다. 폭력을 최종적으로 종결시킬 어떤 것(목적이 종교적 구원이든, 보편적 정의이든, 조화로운 상호주관성이든 또는 다른 어떤 이상이든 간에)은 생명 일반의 가능성을 종결시킬 것이다. 절대적 평화라는 관념은 어떠한 것이건 일어나기 위한 조건인 결정불가능한 미래를 제거하는 관념이다. 이처럼 절대적 평화라는 관념은 절대적 폭력이라는 관념이다.

현재 장의 목적은 어떻게 데리다가 레비나스에 대한 독해를 통해서 폭력에 대한 사유를 추구하는지를 해명하는 것이다. 그래서 나는 왜 데리다가 레비나스의 저작에 그토록 많은 관심을 쏟았는지를 명백히 하려고 할 것이다. 데리다의 관심을 끄는 것은 윤리적인 것이 전유될 수 없는 타자성에 기초해서 사고되어야만 한다는 레비나스의 주장이다. 그러나 타자성은 데리다의 저작에서 급진적으로 상이한 의미를 갖는다. 이는 존재를 넘어선 선을 증명하지 않으며, "타자"는 대개 또 다른 인간을 가리키지도 않는다. 반대로, 타자성은 시간의 공간내기와 분리불가능하다. 공간내기는 "원-폭력적"인데 왜냐하면 이는 어떠한 내면성도 침해하며 모두를――모든 타인들뿐 아니라 나 자신도――유한성의 본질적인 타락가능성에 노출시키는 것이기 때문이다.

그래서 데리다가 레비나스를 읽을 때 그가 보여 주고자 하는 것은 타자와의 관계가 자체로 윤리적일 수 없고, 그 관계란 어떠한 윤리에 의해서도 전유될 수 없는 비윤리적인 개방이라는 점이다. 같은 이유로, 레비나스가 타자에 귀속시키는 형이상학적이고 종교적인 성질들은 데리다에게 있어 타자성에 대한 엄밀한 사고와 양립불가능한 것이다. 「신앙과 지식」에서 데리다가 강조하듯이, 공간내기의 타자성은 "결코 종교로 진입하지 않았던 것이 될 것이며 결코 스스로를 신성화되고, 축성祝聖받고, 인간화되고, 신학화되도록 하지 않을 것이며 […] 안전하고 건전한 것, 신성하고 성스러운 것과 급진적으로 이질적인 것으로서, 그것은 어떠한 **무손화/보상**indemnification도 허용하지 않"(58/34)으며 "선도, 신도, 인간도 아니"(59/35)다. 레비나스로부터의 암묵적인 분리는 데리다가 동일한 문단을 공간내기에 관한 그의 생각이 "완전히 **얼굴 없는** 타자"라고 하면서 마무리할 때 더욱 강화된다(강조는 필자).

데리다는 먼저 「폭력과 형이상학」에서 레비나스를 그에 반하여 읽는 전략을 전개한다. 출발점은 레비나스가 윤리를 가리켜 "제일 철학"이라고 한 것이다. 레비나스의 주장은 다른 인간과의 얼굴 대 얼굴의 대면이라는 이제는 유명해진 그의 개념에 근거한다. 레비나스에 따르면 이 대면의 특유한 점은 근본적인 비대칭이다. 주체는 타자를 절대적인 타자로서 존중하라는 윤리적인 명령을 통해 타자에 종속된다. 그의 서술에서 권력과 지배의 명백한 반향에도 불구하고(타자는 주인, 최고의 것, 초월적인 것 등등으로 나타난다), 레비나스는 타자에 대한 복종은 윤리적 선에 해당한다고 말한다. 그는 『전체성과 무한』에서 "타자를 위해 존재하는 것은 선한 것이다"라고 주장한다(261/239).

레비나스의 사유는 긍정적인 원리 —이는 최고의 것으로 군립**해야** 하는데— 와 불행하게도 우리의 실존을 장악해 온 부정적인 원리 사이의 형이상학적 대립을 서술한다. 주된 명법은 "살인하지 말지어다"thou shalt not kill라고 일컬어지는데, 이 명령은 레비나스에 따르면 얼굴의 직접적 드러남으로부터 나오는 것이고 주체를 무조건적 도덕적 책임과 마주치게 하는 것이다. 확실히 레비나스는 그런 금지가 위반을 막을 수는 없음을 알고 있다. 그러나 무한주의적인 형이상학을 따라서, 레비나스는 이러한 위반들을 절대적인 타자의 긍정적 무한성을 위협하는 것, 그가 동일자Same라고 부르는 것으로부터 **도출**하려고 시도한다.

동일자와 타자 사이의 이분법은 철학적 전통에 대한 레비나스의 비판을 이끄는 원리이다. 레비나스에게 있어 통일성과 동일성이라는 전통적 형이상학적 개념들의 문제는 그것들이 근원적 평화라는 관념에 의존한다는 것이 아니다. 오히려 이러한 개념들은 **무한한 타자성**(타자)의 초월성을 배제하는 **유한한 총체성**(동일자)을[9] 세움으로써 궁

---

9) [옮긴이] 레비나스 번역이나 연구 논문 등에서 이는 대개 '전체성'이라고 번역된다. 그런데 여기서 관건은 단순히 전체(whole)와 부분(part)과의 관계라기보다는, 타자성에 대비되는 것으로서 동일자가 타자들에게 행사하는 총체화한 폭력이기 때문에 '전체성'이 아닌 '총체성'이라는 번역어를 사용했다.

극적으로 폭력을 행사한다. 이처럼 레비나스는 타자성과 총체성이라는 개념을 매우 특이한 방식으로 사용한다. 레비나스를 그에 맞서서 읽기 위해, 데리다는 「폭력과 형이상학」의 많은 부분들을 위에서 소묘한 개념적 도식이 어떻게 지지불가능한지를 증명하기 위해 할애한다.

데리다의 주요 논증은 유한자가 총체성이 될 수 없다는 것이다. 반대로 타자성이 환원불가능한 것은 시간적 유한성 때문이다. 아무리 짧은 순간이라도 시간에 의해 탈구된다는 것은 나도 그렇고 그밖에 다른 누구도 **우리 자신 내에서**in ourselves 보호될 수 없음을 함축한다. 그래서 타자성은 선함이나 비폭력을 통해 이해될 수 없다. 만약 타자성이 환원불가능하다면, 폭력은 필연적인 위험인데 왜냐하면 우리는 "절대적"이기는커녕, 우리는 우리를 침해하고, 부정하거나 착취할 수 있는 타자들에 항상 의존적이기 때문이다.

그러므로 절대적인 평화라는 관념은 전통적으로 어떠한 형식의 부정성이나 차이로부터도 해방된 폐쇄된 총체성이라는 관념에 연결되어 왔다. 오직 그런 통일성만이 어떤 분해하는 힘들이나 논쟁적인 적대들이 들어서는 것을─즉 어떤 타자성도─허용하지 않음으로써 평정을 보장할 수 있었다. 그런 절대적 통일성이라는 관념은 절대적 동일자라는 관념이고, 우리는 어떻게 이것이 절대적인 타자라는 레비나스의 관념과 함께하는지를 알 수 있다. 레비나스가 공언하는 바와 반대로, 총체성이라는 통일성은 결코 유한자와 동일시된 적이 없었으며 다만 역사의 폭력적 조건들을 넘어선 긍정적 무한성으로서 투사되었다. 레비나스 자신이 고수하는 것이 바로 이런 사고방식이다.

철학사에서 레비나스가 가장 좋아하는 예들은 데카르트의 무한자에 대한 관념과 플라톤의 존재를 넘어선 선이다. 이러한 개념들─레비나스에게 있어 절대적인 타자를 증명해 주는——은 절대적 동일자 관념의 주요한 예들이다. 그것들은 어떠한 제한적 관계들로부터도 해방된, 그럼으로써 모든 형식의 타자성으로부터 해방된 완전한 통일성의 상태를 정의한다. 또는 레비나스 자신이 말하듯이

> 플라톤이 말하는 일자는 […] 절대적으로 **타자**이지 어떤 상대적인 항에 대해서 그런 것이 아니다. 그것은 대문자 드러나지 않는 것 Unrevealed이지 드러나지 않은 것unrevealed이 아닌데, 왜냐하면 모든 지식은 일자의 빛을 받기에는 너무 제한적이거나 너무 협소하기 때문이다. 그것이 드러나지 않는 것인 까닭은 그것이 **일자**이기 때문이고, 자신을 인식되게끔 한다는 것은 일자의 통일성과 이미 충돌하는 어떤 이중성을 함축하기 때문이다. 일자는 존재를 넘어서 있지 않은데 왜냐하면 그것이 묻혀있고 숨겨져 있기 때문이다. 그것이 묻혀 있는 것은 그것이 존재를 넘어서 있기 때문이며, 존재에 전적으로 타자이기/존재와 전혀 다른 것이기 때문이다(「타자의 흔적」, 347).

외관상 비일관성에 대해 의식하지 않은 채로, 레비나스는 이렇게 동일성, 총체성, 단자적 존재의 철학을, 이러한 이상들을 복귀시키는 어떤 절대적인 것을 환기시킴으로써 비판한다. 실로 레비나스는 전적인 동일자 대신에 전적인 타자에 대해 말한다. 그러나 용어법에서의 변화는 본질적인 차이를 낳지 않는데 이 두 극단들——데리다가 「폭력과 형이상학」에서 주장하듯이——은 서로 전도되어 근본에 있어서 동일한 이상 위에 지어졌기 때문이다.

전적인 타자와 전적인 동일자 사이의 수렴은, 신 존재를 증명하려

는 고전적인 시도로 데카르트가 『성찰』의 세 번째 성찰에서 제안한바 무한자 관념에 대한 레비나스의 매료를 검토해 본다면 더욱 명백해진다. 여기서 레비나스의 관심을 끄는 것은 데카르트가 수립한 유한자와 무한자 사이의 날카로운 대립이다. 데카르트가 신의 긍정적 무한성을 사고하려 시도할 때, 그는 완전한 존재자^the Perfect에 대한 관념이 그의 상상력을 넘어섬을 발견한다. 이는 데카르트로 하여금 그런 무한자의 관념이 그 자신의 유한한 의식에서 기원할 수 없을 것이고, 어떤 절대적인 초월성(예컨대 신)을 증명한다는 결론으로 이끈다. 레비나스에 따르면 그런 절대적인 초월성은 신적인 것과의 "닮음"을 품고 있는 타자의 얼굴에서 드러난다. 『전체성과 무한』에서 레비나스는 심지어 데카르트의 **근원적인 것**(무한자의 완전성)과 **부차적인 것**(유한자의 불완전성) 사이의 대립이 "전적으로 타당한 것으로 남아 있다"(41/12)라고 주장한다. 무한자의 완전성은 "역사를 넘어서" 있고, 관계들의 제한적 작용으로부터 "면제된" 무엇으로서 절대적인 타자라는 레비나스의 이해에 해당한다.

데카르트에 대한 논의는 어떻게 레비나스가 동일성과 타자성이라는 전통적인 철학적 개념들의 쟁점을 잘못 해석하고 있는지에 관한 유익한 사례이다. 실로 무한자라는 데카르트의 관념은 유한한 주체에 대해서 절대적으로 타자라고 말할 수도 있다. 그러나 무한자 관념이 절대적으로 타자인 것은 그것이 타자성이라는 조건을 초월하기 때문이다. 데카르트가 완전성을 상상할 수 없는 것은 그 완전성이 자기 아닌 다른 어떤 것에 의해서도 오염되지 않은, 순수 자율성의 상태일 것이기 때문이다. 만약 타자가 그런 긍정적 무한성이라면, 그것은 스스로와 절대적으로 동일한 것이 되어 어떠한 타자성도 허용하지 않게 될 것이다. 타자성은 관계들의 작용을 요구하는데, 여기에서는 어떠한 주어진 항도 다른 것들**과 다른 것**이며, 한정으로부터 "면제"될 수 없다.

같은 이유로, 타자는 **그 자체로** 존중받을 수 없고 ─ 스스로 주어진 것처럼 ─ 오직 다른 이의 관점과 연관됨으로써만 존중받을 수 있다. 자체로 존중받지 못함이라는 "폭력"은 폭력에 선행하는 심급에 부수하는 어떤 것이 아니라 구성적인 타자성의 특징이다. 만약 타자가 나에게 그 또는 그녀 자신으로서, 그 또는 그녀 자신의 관점으로부터 나타날 수 있다면, 그 또는 그녀는 타자가 아닐 것이다. 그래서 우리는 항상 서로를 오해하거나 무시할 수 있는데, 우리 중 누구도 타자의 경험에 직접적인 접근을 할 수 없기 때문이다. 얼굴 대 얼굴의 대면은 레비나스가 호소하는 "무매개성"에 의해 특징지어질 수 없다. 오히려 대면은 항상 어떤 시간적 거리를 가로질러 매개된다. 시간적 거리는 모든 종류의 불화의 공간을 개방하지만, 그럼에도 그것은 일체의 관계들이 존재하기 위한 선행 조건이다.

더구나 우리가 후설에 관한 이전 장에서 보았듯이 동일한 시간성이 주체의 자기관계를 구성한다. 가장 내밀한 자기촉발조차도 시간의 폭력적 이행을 통해서만 일어날 수 있는데, 이는 그 자체로 표시되기 위해 흔적들의 공간화를 요구하지만 이는 또한 시간화가 수반하는 운동 속에서 이러한 흔적들을 지우게 될 위험도 무릅쓰는 것이기도 하다. 그래서 시간의 공간내기를 사고하는 것은 어떻게 죽음, 차별과 말소가 처음부터 작동 중이고 이미 구성된 어떤 주체에 닥쳐오는 것이 아닌지를 사고하는 것이다. 모든 경험은 시초에서부터 삭제의 위협을 받으며, 주체가 본질적으로 다른 이들뿐 아니라 스스로에 의해서 침해당할 수 있도록, 배제되고, 무시되고 망각될 수 있도록 만든다.[10]

그래서 데리다는 자아와 타자 사이의 관계에 대해서 이중적인 논변을 설명한다. 한편으로 그는 주체가 스스로의 밖으로 나갈 수 없음을 강조한다. 타자에 대한 개방성은 주체 자신의 경험을 통해 매개되며 따라서 필연적으로 제한적이다. 다른 한편으로 주체는 결코 그 자체일 수 없고 항상 그것을 초과하는 타자성에 노출되어 있다.[11] 타자성은 존재를 넘어선 선에서 기인하는 것이 아니라 처음부터 자아와 타자의 온전함을 깨뜨리는 시간의 공간내기에서 기인한다.

시간의 공간내기는 타자성이 결정불가능함을 함축한다. 타자는 무엇이든지 또는 누구든지 될 수 있다. 타자에 대한 관계는 이렇게 윤리에 대한 비윤리적 개방이다. 이러한 개방이 폭력적인 것은 그것이 모든 것이 그것을 타락시키고 절멸시킬 수 있는 것에 노출되어 있음을 함축하기 때문이다.

그래서 데리다는 **타자로서** 타자는 **필멸자로서** 타자임을 강조한다.[12] 애초부터 책임의 요구를 제기하는 것이 이러한 근원적 유한성이다. 만약 타자가 침해되거나 제거될 수 없다면(그리고 역으로, 만약 타자가 나를 침해하거나 제거할 수 없다면), 책임을 가지거나 윤리적 문제들에 대한 성찰을 할 이유도 없을 것이다. 데리다가 『우정의 정치』에서

---

10) **시간은 폭력**이라는 데리다의 다음과 같은 주장을 참조하라. "최종 분석에서, 만약 폭력을 타자가 그것인 바대로 나타나지 않는 필연성으로, 동일자 안에서, 동일자에 대하여, 그리고 동일자에 의해서만 존중받게 된다는 필연성으로, 동일자의 현상으로부터 해방되는 바로 그 와중에도 동일자에 의해 은폐될 수밖에 없다는 필연성으로 규정한다면, 시간은 폭력이다"(WD, 195/133).

11) 데리다는 이러한 이중적 논변을 "Violence and Metaphysics"의 "Of Transcendental Violence" 절에서 전개한다.

12) 예컨대 데리다가 "타자로서 타자, 즉 필멸자로서 필멸자"(39/57)를 상술하는 *Mémoires*를 보라.

쓰듯이, 윤리의 폭력적 개방은 이미 "살인하지 말지어다"라는 율법에 이미 드러나 있다. 데리다에게 이 명령은 근원적 평화를 증명하는 것이 아니라 폭력이 하나의 절박한 위협임을 시사한다(그렇지 않으면 금지의 필요가 없을 것이다). 공격들과 폭력들은 항상 가능한데 왜냐하면 관계들은 누군가가 타자에 의한 살해에 노출되어 있고 역도 성립하는 그런 유한한 존재들 사이에서만 벼려지기 때문이다. 따라서 데리다가 『우정의 정치』에서 말하듯이, 가장 애정 어린 사랑이나 친밀한 우정에서조차도 "나는 너를 죽일 수 있고, 너는 나를 죽일 수 있다"라는 문장이 출몰한다(122/143).

결과적으로, 타자에 대한 무조건적인 복종이라는 레비나스의 명령은 지지될 수 없다. 레비나스가 얼굴 대 얼굴의 대면으로부터 나아가야 한다고 주장하기는 하지만, 명백히 그는 윤리적 대면에서 위를 응시하거나(최고로서 타자를 향해) 아래를 응시하는(『전체성과 무한』에서 선언된 후렴구처럼 "가난한 자, 이방인, 과부와 고아의 얼굴"을 갖고 있는, 속절없이 도움을 필요로 하는 누군가로서 타자를 향해) 주체를 요청한다. 그러나 당신을 공격하는 타자, 제공된 환대를 거절하는 타자, 그래서 당신이 도움이 필요할 때 그것을 거절하는 타자와 마주치게 되는 모든 상황들에 관해서 레비나스는 할 말이 없다. 만약 내가 마주치는 타자가 나를 죽이길 원한다면, 그 또는 그녀의 명령에 복종해야 하는가? 그리고 누군가가 나에게 동의하지 않는다면, 나는 이 비판을 의문시되거나 반론될 수 없는 하나의 법으로서 자동적으로 받아들여야만 하는가?

이런 질문들은 레비나스가 자신의 윤리학을 상호주관적 마주침에 정초하지 않았음을 분명하게 해 준다. 오히려 그는 윤리적 마주침이 근본적 비대칭성을 드러낸다고 전제하는데, 이 비대칭성에서 타자는 선의 초월성을 드러내는 절대적 타자이다. 그래서 레비나스는 모든 형식의 자기애를 윤리적 관계의 타락으로서 비난하고, 주체는 스스로를 온전히 타자에 바쳐야 한다고 처방한다. 레비나스에게 윤리적이라는 것은 순수하게 무관심한 것, 자신의 이로움에 대한 어떠한 인정도 좇지 않고 타자에 대해 책임을 지는 것이다.[13]

그러나 레비나스에 의해 가정된 비대칭성이 자기논박적임을 깨닫기 위해서는 다른 누군가와의 얼굴 대 얼굴에 당신 자신을 놓는 것으로 충분하다. 만약 당신과 내가 서로의 앞에 서 있을 때, 누가 타자인가? 대답은 이중적으로만 긍정적일 수 있는데, "타자"는 말을 하는 자가 누구인지에 따라 지시체가 바뀌는 상호교환가능한 용어이기 때문이다. 데리다가 「폭력과 형이상학」에서 강조하듯이, 나는 타자에게 하나의 타자이고 그 역도 마찬가지이다.

데리다의 논변은 절대적인 타자라는 레비나스의 관념에 반대할 뿐 아니라 그의 수사법 또한 논박한다. "타자"가 가역적인 용어라는 것은 모든 레비나스의 윤리적 선언들이 그것들에 반대로 읽힐 수 있음

---

13) 예컨대, 레비나스가 "이기주의"가 "악"(81)이라고 주장하는 *Humanisme de l'autre homme*를 보라. 이기주의에 대한 레비나스의 비난은 구성적 나르시시즘에 대한 데리다의 긍정과 대조되어야 한다. "나는 나르시스적인 재전유의 운동 없이는 타자에 대한 관계는 절대적으로 파괴될 것이라고, 미리 파괴될 것이라고 믿는다. 타자에 대한 관계——그것이 설령 비대칭적이고, 개방적이며, 가능한 재전유 없이 남아 있다고 하더라도——는, 예컨대, 사랑이 가능하기 위해서는 자신의 이미지 속으로의 재전유라는 어떤 운동을 따라가야만 한다. 사랑은 나르시스적이다"(*Points...*, 199). 이 언급에서 데리다가 명시적으로 레비나스에 관여하지 않지만, 이는 그의 레비나스 독해에서 되풀이되는 한 도식을 예증한다. 레비나스에게 타자에 대한 고유한 관계의 오염으로서 개탄되는 것은(이 경우에서는, 자기애) 데리다에게는 타자에 대한 관계의 가능성이다. 그러므로 오염을 제거하는 것은 타자에 대한 관계를 미리 제거하는 것이다. 이는 순수한 비폭력은 순수 폭력이라는 데리다의 일반적인 논변에 해당한다.

을 뜻한다. 내가 타자에 복종해야 한다고 말하는 것은 동시에 타자가 나에게 복종해야 한다는 말이기도 한데, 우리가 서로에게 타자들일 때 나는 당신이고 당신은 나이기 때문이다. 나의 자기애를 비난하는 것은 마찬가지로 타자의 자기애를 비난하는 것이기도 하다. 실로 레비나스의 윤리학을 변호하는 누구든, 그 또는 그녀가 다른 누군가에게 다가서서 얼굴 대 얼굴로 "당신은 타자에게 복종해야 한다"라고 말하자마자 무자비한 아이러니와 마주치게 될 것이다. 이 말은 문자 그대로 "당신은 **나에게** 복종해야만 하고, **나의** 법을 따라야만 한다"를 뜻한다.

레비나스는 그 자신의 규정들 속에서 이러한 전도들에 대해 사고할 수 없는데 그가 타자성이 그 자체로 윤리적일 수 없음을 깨닫기를 거부하기 때문이다. 오히려 타자성은 어떠한 것도 **그 자체**일 수 없음을 표시한다. 레비나스는 이러한 통찰을 소화할 수 없는데, 그의 철학은 타자성이 궁극적으로 선에 해당할 것을 요구하고 있기 때문이다. 레비나스가 윤리적인 것을 외관상 폭력적인 용어들로 서술할 때도—타자가 주체를 "고발하고", "박해하며", "외상을 입히는" 『존재와 다르게』에서처럼—그는 주체의 악한 이기주의를 타자의 요구에 종속시킴으로써 파열시키는 선의 심급으로 폭력을 이해한다. 그래서 폭군에 대한 종속—또한 자기애를 가진 이를 고발하고 그의 명령을 따르도록 요구하는—이 윤리적인 타자에 대한 종속과 엄밀하게 구별될 수 있다는 것은 레비나스에게 핵심적인 것이다.[14] 그러나 탈구축

---

14) 레비나스의 철학이 "폭군의 잔인한 타율성과" 타자의 윤리적 타율성을 "구별할 줄 아는 주체를 요구"함을 관찰한 샬리에(Chalier)를 참조하라(Catherine Chalier, *What Ought I to Do?* 62, 78~79).

적 분석이 의문시하는 것이 정확히 "선한" 타자와 "악한" 타자 사이의 그런 구별 가능성이다. 타자를 근원적으로 선한 것으로 정립하는 것은 타자성의 구성적인 결정불가능성을 부인하는 것이다. 타자는 예측될 수 없고 그, 그녀 또는 그것에 대해서 우리가 어떻게 행위해야 하는지 미리 알 수 없다. 결과적으로, 항상 잔인한 폭군일 수도 있는 타자에게 복종하는 것에 본래적으로 윤리적인 것 따위는 없다. 시초에서부터 모든 관계에 연루되어 있는 그런 위험들에 **앞서는** 어떤 마주침도 있을 수 없다.

따라서 유한한 타자에 대한 관계는 윤리를 **가능하게** 하는 것인 동시에 윤리의 원리들 중 어떤 것도 보장된 정당성을 갖는 것을 **불가능하게** 하는데, 그 원리들이 부적합한 것으로 드러나는 상황들에 우리는 항상 마주칠 수 있기 때문이다. 누군가 "타자"에 대해 말할 때, 그가 말하는 것이 무엇 또는 누구인지는 결코 미리 알 수 없다. 타자와의 마주침이 어떤 기회 또는 위협, 인정 또는 거절, 계속된 삶 또는 폭력적인 죽음을 가져오게 될지 결정하는 것은 불가능하다.

놀랍게도, 우리는 레비나스 자신의 텍스트들의 구절들을 따라가 봄으로써 타자성과 폭력 사이의 연계를 설명해 볼 수 있다. 예컨대 『전체성과 무한』의 가장 매혹적인 페이지들 중 몇몇 구절은 존재를 어떤 구성적 타자성에 노출시키는 것이 **필멸성**임을 보여 준다. 필멸적인 것은 누군가의 의지가 최종적으로 통제할 수 없는 힘들의 영향하에 있는 것이다. 이런 맥락에서 레비나스는 폭력이 어떤 본질적 위험으로서 간주되어야 한다는 점을 받아들이는데, 도래할 불가피한 죽음은 끊임없는 위협으로서 나타나기 때문이다. 죽음이 얼마나 평온하게 나타날 수 있는가와 무관하게, 그것은 항상 그에 맞서 방어할 수도 준비할 수도 없는 하나의 "살해"이다. 우리는 다만 가능한 한 죽음을 지연시키려 시도할 수 있을 뿐인데, 이는 우리의 미래와 관련한 어떤 환원불가능한 불안정성에 의해 사로잡혀 있다. 상당히 흥미롭게도, 레비나스는 이런 근본적인 취약함을 타자와의 관계에 연결시킨다. 정확히, 일어날 무언가에 대한 나의 불안 때문에, 나는 어떤 초월적인 선에 의해서도 진정될 수 없는 나의 한계와 타자들에 대한 나의 의존을 알아차리게 된다. 레비나스 자신은 "폭력의 공포"가 "타자에 대한 공포, 절대적으로 예측불가능한 것에 대한 공포"(235/212)로 연장된다고 쓰는데, 이는 타자성이 어떤 긍정적 무한성을 가리키는 것이 아니라 예측불가능하고 폭력적인 미래를 가리키는 것임을 뜻하는 것이어야 한다.

동일한 사고방식을 『존재와 다르게』에서도 읽을 수 있다. 여기서 타자성은 시간의 통시성과 주체의 근원적인 노출과 연계되는데, 이는 레비나스에 의해 항상 이미 "그 자신으로부터 벗어난" 시간성으로 서술되었다. 주체는 자신의 통제를 초과하는 과거와 미래와의 관계를 통해서 성립된다. 그래서 이는 결코 하나의 폐쇄된 존재자일 수 없다. 오히려 주체는 시간의 통시성에서 기인하고 타자들과의 상호작용 속에서 위반될 위험에 의해서 강조되는 어떤 본래적 타자성에 의해 조건 지어진다.

만약 레비나스가 이런 논증을 일관되게 따랐다면(통시적 시간성이 주체의 조건일 뿐만 아니라 모든 타자의 조건이기도 하다는 점을 추가하면서), 타자성은 결코 선함이라는 형이상학적 관념과 양립할 수 없을 것이다. 그러나 레비나스는 타자성을 신성의 흔적으로 이해함으로써 통시성의 비판적 함축들을 무력화시킨다. 그가 「타자의 흔적」에서 설명하듯이, 그런 흔적은 선의 절대적 초월성을 증명하며, 이 흔적을 그는 또한 "모든 시간들을 통일하는 어떤 절대적 과거"(358)로 서술한다. 이처럼 레비나스 자신이 통시성을 타자성의 조건으로서 서술한다는 사실에도 불구하고, 타자에 대한 그의 종교적 이해는 통시적 시간성을 넘어선 어떤 심급이라는 관념을 재도입한다.

시간성을 넘어선 어떤 심급에 대한 호소는 『전체성과 무한』과 『존재와 다르게』 모두에서 두드러진다. 『전체성과 무한』에서 레비나스는 "전쟁의 존재론"을 폐지하는 "메시아적 평화"에 대한 약속을 견지한다. 이러한 종말론적인 비전은 내가 다음 장에서 다루게 될 것인 어떤 시간의 극복을 문자 그대로 기획한다. 여기서는 다만 레비나스에 따르면 메시아적 "승리"가 시간적인 것을 영원한 것으로 "변환"함으로써 시간의 파괴적 힘들을 종결시킬 것이라는 점만을 지적해 두고자 한다 (285/261). 사실 그런 종결은 존재를 넘어선 선이라는 그의 교설을 위해 필수적이다. 레비나스가 『존재와 다르게』에서 단언하듯이, "무한한 것으로서 선에게 타자란 없"는데 "어떤 것도 그 선함으로부터 탈출할 수 없"기 때문이다(187n8/13).

그래서 레비나스를 그 자신에 반대해 읽기 위해서는 그의 텍스트에서 어떻게 "타자성", "초월성" 및 "무한성"에 대한 두 가지 급진적으로 상이한 개념들이 작동하고 있는지에 대해 조심할 필요가 있다. 통시적 시간성의 무한한 타자성은 존재를 넘어선 선의 무한한 타자성과 양립불가능하다. 「폭력과 형이상학」에서 데리다는 부정적 무한성과 긍정적 무한성에 대한 헤겔의 구별에 의지함으로써 이러한 논변을 편다. **부정적 무한성** 개념은 종말/목적^{end} 없는 자리바꿈의 과정을 명명한다. 고전적인 예는 어떤 수도 가장 큰 수일 수 없고 항상 다른 수에 의해 대체되고 이는 차례로 다른 수에 의해 대체되며 등등인 수학으로부터 온다. 『논리학』에서 헤겔은 이를 시간적 유한성에 본래적인 것으로 분석함으로써 그런 부정적 무한성에 대한 일반적 정의를 제공한다. 헤겔이 보여 주듯이, 유한한 것은 그것이 존재 자체로 되지 못하도록 하고 "**타자와의 관계**"에 개방하는, 어떤 끊임없는 "존재하기를 멈추기"ceasing-to-be이다(250). 유한한 관계성relationality은 필연적으로 어떤 부정적 무한성을 함축하는데 항들 중 어떤 것도 절대적일 수 없기 때문이다. 각각의 것은 항상 다른 유한성에 의해 초월되고, 이는 차례로 다른 유한성에 의해 초월되고 등등. 헤겔에게 그런 부정적 무한성은 "악무한"schlechte Unendliche이다. 시간의 부정성에 의해 추동되는 운동은 차라리 개념의 참된 무한성에 의해 통치되는 자기-현실화의 과정이다. 개념은 완전히 그 자체로 있는 것으로 그럼으로써 공간적 한계와 시간적 변화를 지양하는 **긍정적 무한성**이다. 시간의 부정을 부정함으로써, "스스로에게 되돌아간 참된 무한성의 이미지는 **원환**이 되고, 스스로에게 닿은 선은 **시작**과 **끝**도 없이 닫혀 있으며 완전히 현전해 있다"(149).

결과적으로, 헤겔의 총체화를 문제 삼기 원한다면 긍정적 무한성이라는 관념을 논박해야 한다. 데리다는 "헤겔에 의해 포위되지 않기 위해 취해야 할 유일한 효과적 입장"은 "악무한(즉 심오한 방식에서 근원적 유한성)을 환원불가능한 것으로 고려"(*WD*, 119/176)하는 것이다. 몇 줄 더 밑의 괄호에서 데리다는 악무한 자체가 "시간"이라 지적한다.[15] 이는 데리다 논변의 열쇠이다. 부정적 무한성의 끊임없는 자리

---

15) 데리다는 이 언급을 전개시키지 않지만 우리는 *Philosophy of Nature*에서 헤겔의 설명을 고려함으로써 그 관련성을 수립할 수 있다. 여기서 헤겔은 "부정성, 그러니까 스스로에 대해 정

바꿈은 **차-이**의 공간내기인 시간화의 운동에 해당한다. 그러므로 **차-이**는 하나의 **무한한 유한성**으로서 서술될 수 있다.[16] 내가 1장에서 보여 주었듯이, 유한성에 대한 이런 생각은 헤겔이 비판한 바 칸트에서 무한성에 관한 이념으로의 회귀를 함축하지 않는다. 시간의 무한한 유

립된 것이 시간"(257절)이라고 진술한다. 시간적인 것은 결코 그 자체로 주어질 수 없고 항상 "존재하게 될 것이고 사라지는 것"(258절)이다. 이러한 시간의 본래적 무한성은 시간이 현전 자체로서의 존재라는 규정과 양립불가능함을 함축한다. "시간은 그것**인** 한에서 그것이 아니며, 그것이 **아닌** 한에서 그것이다"(258절). 그래서 헤겔에게 개념이 "시간 안에 없고, 시간적인 어떤 것도 아니"(258절)라는 점은 핵심적이다. 변증법적이기 위해서, 시간의 힘은 지양의 운동 속에서 시간의 부정성을 부정하는 개념의 힘에 종속되어야 한다. 역으로 시간을 환원불가능한 것으로 사고하는 것은 지양될 수 없는 어떤 부정성을 사고하는 것이다. "무한한 시간은, 그것이 지양된 시간으로서가 아니라 여전히 시간으로서 생각될 때, 영원성으로부터 또한 구별되어야만 한다. 그것은 이 시간이 아니라 다른 시간이고, 이는 다시 또 다른 시간이며 등등일 것인데 […] 만약 사고가 유한한 것을 영원한 것으로 용해할 수 없다면 말이다"(247절).

16) **"무한한 차-이는 유한하다"**(*SP*, 102/114) 및 "유한성은 비헤겔적인 동일성에 따르면 무한성이 된다"(*Dissemination*, 253/285)라는 데리다의 주장을 보라. 이러한 정식화들은 그 불투명성으로 악명 높지만, 내가 무한한 유한성이라는 말로 전개한 논리에 따르면 데리다의 외관상 역설들을 설명할 수 있다. 한편으로, **차-이**의 운동은 무한한데 시간의 흔적내기가 어떤 것이 존재하고 비규정적으로 작동하기 위한 조건이기 때문이다. 다른 한편으로, **차-이**의 운동은 유한한데, 시간 자체의 흔적내기는 절대적으로 파괴가능하고 그래서 소멸될 수 있으며, 그 경우 모든 것은 소멸될 것이기 때문이다. 이러한 논증의 논리는 이를 헤겔의 유한성 논의에서의 중심적 논증과 관계시킬 때 더 명료화될 수 있다. 『논리학』에서 헤겔은 "어떤 철학이나 의견 또는 지성도 유한한 것이 절대적이라는 관점에 스스로를 묶이도록 하지 않을 것이다. 바로 그 반대가 유한한 것에 관한 주장에 분명하게 현전한다. 유한한 것은 제한되어 있고, 일시적이며, 그것은 **오직** 유한하고, 불멸의 것이 아니다. 이는 직접적으로 유한한 것의 규정과 표현에 함축되어 있다. 그러나 요점은, 유한한 것을 사고함에 있어서 유한성의 **존재**를 고수하고 **일시성**을 계속해서 존재하도록 하느냐 아니면 유한성의 **일시성**을 고수하고 **존재하기를 멈추는 것을 멈추기**(ceasing-to-be cease to be)를 계속해서 존재하도록 하느냐 하는 것이다"(130)라고 지적한다. 이 구절은 유한성에 대한 변증법적인 이해와 탈구축적 이해 사이의 차이를 간결하게 묘사한다. 헤겔에게 시간의 부정 ─모든 유한한 존재자들에 본래적인 "존재하기를 멈추기"─은 부정의 부정, "존재하기를 멈추는 것을 멈추기"를 통해 극복된다. 반대로 데리다에게는 유한성은 무한하게 유한한 것이고 어떤 긍정적 무한성으로 결코 지양될 수 없는 것이다. 존재하기를 멈추는 것을 멈추기는 완료를 가져오지 않을 것이다. 오히려 이는 어떤 것이 존재하기 위한 조건을 제거해 버릴 것이다.

한성은 영원히 닿을 수 없는 채로 남아 있는 긍정적 무한성으로 향해 있지 않다. 반대로, 무한한 유한성에 대한 사고는 유한성을 부정적 제한으로서가 **아니라** 존재 일반에 구성적인 것으로 설명함으로써 긍정적 무한성이라는 바로 그 관념을 반박한다.[17] 긍정적 무한성은 내재적 현실성(헤겔)이 아니고 초월론적 이념(칸트)도 아니다. 긍정적 무한성은 **자체로 자기논박적**인데 모든 것은 그것이 존재 자체가 되지 못하게 막는 시간적 변화에 종속되기 때문이다. 타자성은 이처럼 처음부터 모든 가능한 총체성을 논박하는 유한성의 부정적 무한성 때문에 환원불가능하다.

데리다의 탈구축적 논리와는 반대로, 레비나스는 하나의 긍정적 무한성으로서 타자에 준거함으로써 총체성의 철학들을 비판하려고 시도한다. 레비나스의 논변은 옹호될 수 없는데, 그런 절대적인 타자는 어떤 절대적인 동일자일 것이기 때문이다. 긍정적 무한성의 관념은 정확히 자신이 아닌 어떤 것과의 관계에 의해 제한되지 않는, 그러니까 타자성을 없애 버리는 어떤 총체성의 관념이다. 데리다는 「폭력과 형이상학」에서 이렇게 쓴다.

---

17) 무한성에 대한 헤겔과 데리다 각각의 생각들에 대한 귀중한 설명을 제공하는 로돌프 가셰의 글 "Structural Infinity"를 보라. 가셰는 데리다에게 긍정적 무한성(그러니까 총체화)이 불가능한 것은 경험적 제한들 때문이 아니라 "구조적" 이유들 때문이라고 올바르게 강조한다. 그러나 가셰는 데리다가 "Violence and Metaphysics"에서 명확하게 하는바 총체화의 불가능성과 시간의 구성 사이의 연계에 대해 다루지 않는다. 데리다에게 시간화의 운동은 경험적인 것의 효과가 아니라 존재 일반의 무한한 유한성의 "극단초월론적" 조건이다. 그래서 시간화의 구성적 운동은 **왜** 총체화가 경험적인(우연적인) 이유들이 아니라 구조적인(필연적인) 이유들로 불가능한 것인지에 관한 이유이다.

무한한 타자, 타자의 무한성은 어떤 긍정적 무한성, 신 또는 신과의 닮음**으로서** 타자가 아니다. 무한한 타자는 만약 그것이 긍정적 무한성이라면, 그것이 무한정한 것의 부정성을 그 안에 유지하지 않는다면, 타자가 아닐 것이다. […] 타자는 (나의 것이고 타자의 것인) 유한성과 필멸성 안에서가 아니라면, 그것인 것, 무한한 타자일 수 없다(*WD*, 114~115/168~169).

여기서 데리다의 논변은 그의 저작들에서 작동하는 "무한한 타자" 개념을 이해함에 있어 중추적이다. 데리다가 무한한 타자라는 용어를 채택하는 것은 레비나스의 긍정적 무한성으로서의 타자관에 대한 고수를 알리지 **않는다.** 오히려 이는 유한성의 부정적 무한성을 가리킨다. 유한성은 타자가 무한하게 타자임을 함축하는데, 이는 타자가 관계들로부터 면제되어 있고 자체로 머물기 때문이 아니라, 유한성은 타자성이 결코 제거되거나 극복될 수 없음을 함축하기 때문이다.

동일한 논리가 "절대적인 타자"나 "완전한 타자"wholly other/tout autre라는 용어에 대한 데리다의 사용에도 나타나는데, 이는 레비나스가 이런 용어들을 쓰는 것과는 엄밀하게 구별되어야 한다. 데리다에게, "절대적으로"나 "완전히"는 긍정적 무한성이나 다른 형식의 신성을 지시하는 것이 아니라 모든 타자의 급진적 유한성을 지시한다. 모든 유한한 타자는 절대적으로 타자인데, 그것이 절대적으로 그 자체로 타자이기 때문이 아니라 반대로 결코 그 자체로 타자일 수 없기 때문이다. 그래서 이는 항상 자신 아닌 다른 것이 되는 것이며 자체로 어떤 온전함도 가질 수 없다(예컨대, "윤리적인").

동일한 이유로 데리다의 "무한한 책임" 개념은 레비나스의 그것과 혼동되어서는 안 된다. 데리다에게 책임의 무한성은 책임이 항상 타자들의 **부정적 무한성**과의 관계 속에서 발생한다는 사실에 해당한다. 책임의 부정적 무한성은 공간적이고(나의 지평을 초과하는 무수한 유한한 타자들) 또 시간적(나의 지평을 초과하는 과거와 도래할 무수한 시간들)이다. 레비나스적 의미의 책임을 긍정하기는커녕, 타자들의 부정적 무한성은 윤리에 "제일철학"의 지위를 부여하고 형이상학적인 "선함"을 이끄는 원리가 되도록 하는 근원적 마주침이라는 그의 개념에 치명적이다. 설령 누군가를 위해 당신을 온전히 희생하는 것이, 얼굴 대 얼굴로 마주친 누군가에게 당신의 모든 힘을 쏟는 것이 가능하다고 해도, 이는 당신의 관심을 요구했거나 당신의 도움을 필요로 했던 모든 타자들을 무시했거나 거절했음을 의미할 것이다. 리처드 비어즈워스가 적절히 말했듯이, 항상 **두 명 이상**이 존재하기 때문이다.[18] 내가 누군가를 향할 때마다, 나는 또 다른 누군가를 외면하는 것이고 그렇게 차별을 하는 셈이다. 데리다가 『죽음의 선물』에서 지적하듯이, "나는 다른 타자, 다른 타자들을 희생시키지 않고는 또 다른 이의 부름, 요구, 책무나 심지어 사랑에 응답할 수 없다"(68/68). 결과적으로, 데리다는 책임 개념이 선험적으로 "스캔들과 아포리아"(68/68)에 적합한 것임을 강조한다. 잠재적으로, 고려해야 할 무한한 수의 타자들이 있으며, 어떤 타자들을 위해 다른 타자들을 배제하지 않고서는 어떤 책임도 가질 수 없다. 이처럼 책임감을 갖는 것을 **가능하게** 하는 것은 동시에 어떤 책임이 완전히 책임감 있게 되는 것을 **불가능하게** 만든다. 이 경우 책임은 항상 다소간 차별하는 것이며, 무한한 책임은 차

---

18) Beardsworth, *Derrida and the Political*, 137을 보라.

별의 필연성에 대한 또 다른 이름이다.

차별의 필연성은 데리다 사유의 핵심에 있으며, 윤리정치적인 문제들에 대한 탈구축적 이해를 상술하기 원하는 누구라도 이를 정교화할 필요가 있다. 내가 이 점을 주장하는 것은 차별의 필연성이 데리다와 레비나스 사이의 결연 관계를 가다듬으려는 여러 시도들과는 대립되는 접근을 요구하기 때문이다. 그런 결연 관계를 주장하는 첫 번째 사람 중 하나는 데리다에 대한 후기 레비나스적 독해를 위한 길을 연 바 있는 로버트 베르나스코니이다.[19] 그의 글 「데리다에서 레비나스의 흔적」The Trace of Levinas in Derrida에서 베르나스코니는 「폭력과 형이상학」이 레비나스의 철학과 대결하는 것으로 이해되어서는 안 되며, 다만 스스로 철학적 담론을 부여하는 어떤 필연성들을 지적하는 것이라고 주장한다. 레비나스에 대한 비판은 이 경우 레비나스가 형이상학적인 언어를 사용하는 방식에만 국한될 것이며, 베르나스코니는 "이는 레비나스가 말한 것에 대한 일시적인 판단과 혼동되어서는 안 된다"(26)고 주장한다. 그래서 베르나스코니는 데리다 글의 중심 주장들을 무시하고 심지어는 거기서 정교화된 폭력 개념을 다루지도 않는다. 베르나스코니는 "우리는 유한한 것을 서구 존재론 전통의 총체화하는 사고를 뜻하는 것으로 보는데, 무한한 것이 이를 넘어서려는 시

---

19) 예컨대 코넬과 크리츨리(*The Ethics of Deconstruction*)를 보라. 이들 모두는 탈구축에서 "윤리적 계기"를 발견하고 "Violence and Metaphysics"에서의 레비나스 비판을 완화시키기 위한 그들의 시도에 있어 베르나스코니에 준거한다. 또한 "데리다의 저작이 관계하는 타자성들이 윤리적인 힘을 가진다는 점이 보일 수 있"고 "데리다의 저작에서 이런 힘을 부여하는 윤리적인 ─ 말의 레비나스적인 의미에서 ─ 의의와, 그것이 응답하는 윤리적 요구를 명시적으로 만드는 것이 가능하다"는 그녀의 주장에 있어 베르나스코니와 크리츨리에 의존하는 질 로빈스(Jill Robbins)도 보라(*Altered Reading*, 29~30).

도를 뜻하기 때문이다"(15)라고 주장한다. 이는 데리다의 글을 토론하기에는 오도적인 모체^{matrix}인데, 데리다는 그런 설정의 비정합성을 보여 주기 때문이다. 데리다는 유한한 것이 총체성이 될 수 없다고 주장하며, 총체성의 관념이 레비나스가 총체성 관념에 대한 도전으로서 정립한 (긍정적) 무한성 관념이라고 주장한다. 그래서 데리다는 "역사, 즉, 유한성을 […] **유한한 총체성도 긍정적 무한성도 용인할 수 없는** 의미에서 진지하게" 받아들일 것을 주장한다(*WD*, 117/172; 강조는 필자). 베르나스코니가 이 논증의 논리 ─데리다의 전체 글을 관통하는─를 무시하기 때문에, 그는 데리다와 레비나스 사이의 차이를 잘못 해석한다. 후기의 글 「탈구축과 윤리의 가능성」^{Deconstruction and the Possibility of Ethics}에서 베르나스코니는 어떻게 타자성이 이미 동일자 **속에** 있는지에 관한 데리다의 논변이, 타자라는 관념이 역사와 서구 존재론 속에, 플라톤의 존재를 넘어 선에 그리고 무한한 것에 대한 데카르트의 관념 속에 반영되어 있다는 레비나스의 인정을 통해서 적절하게 대답되었다고 주장한다(128). 그러나 실상 데리다의 비판들 중 어떤 것도 이런 움직임을 통해 대답되지 않는다. 반대로 데리다의 주장은 레비나스가 플라톤과 데카르트에서 찬동하는 긍정적 무한성을 통해서는 타자성이 사고될 수 없다는 것이다. 오히려 타자성은 **차-이**의 무한한 유한성에서 항상 이미 작동 중인 공간내기의 폭력으로부터 분리불가능하다. 이런 주장을 인정하는 대신, 베르나스코니는 데리다가 실제로는 레비나스와 불화하지 않는다는 그의 주장을 되풀이한다. 베르나스코니에 따르면, 데리다는 결코 "레비나스의 중심적 용어들 중 어떤 것이 비정합적"(129)임을 보이려고 의도하지 않았다. 오히려 베르나스코니는 얼굴 대 얼굴 관계에서 기원하는 것으로서 레비나스적 용어로 탈구축의 윤리를 정식화한다.

　베르나스코니의 논제는 폭넓게 영향력 있는 『탈구축의 윤리』에서 사이먼 크리츨리에 의해 좀 더 전개된다. 크리츨리는 레비나스적인 의미의 윤리가 "데리다의 저작이 향하고 있는 목표 또는 지평"(2)이라고 단언한다. 그래서 탈구축의 동기는 크리츨리가 데리다의 근원적인 "예" 개념에 연결시키는 "무조건적인 윤리적 명법"(31)일 것이다. 크리츨리에게 근원적인 "예"는 탈구축에서의 "윤리적 계기"로, 이는 탈구축이 "타자성, 타자의 이타성otherness의 긍정"(189)에 충실하도록 한다. 이런 주장은 도처에서 반복되는데, 크리츨리는 타자성, 폭력, 시간성 사이의 본래적 연계에 대한 데리다의 분석을 사고하지 않는다. 오히려 크리츨리는 탈구축적 독해의 "결정불가능성"이 어떤 윤리적 지지물을 갖는다고 주장하는데, 이는 가정상 타자의 타자성을 존중하기 위해 판단을 주저하고 중지하는 것이기 때문이다. 크리츨리는 이것이 매력적인 윤리라고 생각하지만, 그는 어떻게 이것이 항상 결단들, 불화들, 갈등들을 포함하는 정치 영역으로 옮겨질 수 있을지 염려한다. 크리츨리에 따르면, 데리다는 이런 현상들을 "결정불가능한" 접근의 이점을 위해 회피하며, 그래서 탈구축은 윤리적인 것에서 정치적인 것으로의 필연적인 "이행"에 대한 적합한 설명을 제공하지 못한다. 크리츨리가 말하듯이,

　　탈구축은 정치의 물음을 하나의 물음으로서 ──즉, 사실적이거나 경험적인 지반에서의 쟁론, 적대, 투쟁, 갈등과 불화로서 주제화하는 데 실패한다. 탈구축적 독해의 엄밀한 결정불가능성은 정치적 판단, 정치적 비판 및 정치적 결정의 활동을 설명하는 데 실패한다(189~190).

그래서 크리츨리는 그가 데리다 사유의 "궁지"를 발견했다고 믿고 레비나스 철학을 통해 그로부터의 "탈출구"를 우리에게 보여 주려고 시도한다.

크리츨리의 설명은 몇 가지 이유들로 해서 틀렸다. 첫째로, 데리다가 근원적인 "예"라고 부르는 것은 타자에 대한 윤리적 긍정을 가리키지 않으며, 생명 일반의 조건인 시간의 흔적 구조에 해당하는 것이다. 우리가 무엇을 하든지, 우리는 항상 이미 미래의 도래에 대해 "예"라고 말해 왔는데 그것 없이는 어떤 것도 일어날 수 없기 때문이다. 그러나 같은 이유로, 모든 긍정은 본질적으로 부정에 의해 위협받고 사로잡혀 있는데, 미래의 도래는 또한 그에 대해 "아니요"라고 말하고 싶을 모든 위협들을 함축하기 때문이다. 무조건적인 "예"는 그 자체로는 아무것도 아니다. 이는 미리 주어진 어떤 긍정적이거나 부정적인 응답 없이도 협상해야만 할 예측불가능한 미래의 개방을 표시할 뿐이다.

둘째, 데리다의 "결정불가능성" 개념은 타자에 대한 경건한 존중과는 아무 상관이 없다. 내가 주장했던 것처럼, 결정불가능성은 시간성을 하나의 환원불가능한 조건으로 사고하는 것이 무엇을 의미하는지를 해명해 주는 것이다. 따라서 모든 것은 약속들과 위협들, 생명과 죽음, 충실성과 배반 등을 동시에 가능하게 만드는 것, 어떤 구성적인 이중성을 기초로 해서 이해되어야만 한다. 쟁점이 되는 것은 시간적 타자성을 윤리의 비윤리적인 개방으로서 사고하는 것이다. 시간적 타자성은 욕망할 만한 것**과** 욕망할 만하지 않은 것, 모든 기회**와** 모든 위협을 발생시킨다. 그래서 타자성은 무조건적으로 "존중"해야만 하는 누군가 또는 어떤 것에 해당할 수 없다. 오히려 이는 긍정들과 부정들, 확인들과 저항들을, "동일한" 무한한 유한성으로부터 기인하는 결정불가능한 사건들과의 관계 속에서 재촉한다. 그래서 데리다의 사유에서 결정불가능성과 결단들 사이에는 어떤 대립도 없다. 반대로, 결단들을 필연적이게 하는 것이 바로 결정불가능한 미래이다. 우리는 항상 시간적 타자성과 대면하도록 그리고 본질적으로 타락가능한 계산들에 따라서 이따금씩 이루어질 뿐인 결단들에 개입하도록 강제된다.

셋째, 데리다의 사유에서는 윤리와 정치 사이의 레비나스적인 구별을 위한 지지물이 없다. 데리다가 정치적인 것을 "사실적이거나 경험적인 지반에서의 갈등과 불화"로서 설명하는 데 실패한다는 크리츨리의 주장은 단순히 잘못에 불과한데, 데리다는 폭력이 환원불가능하다고—우리는 항상 이미 다소간 폭력적인 결단들을 내리는 과정 속에 연루되어 있다고 주장하기 때문이다. 크리츨리의 비판은 더욱 오도적인데, 그와 레비나스가 정치적인 것에 귀속시키는 갈등들에 선행할 근원적인 "윤리적 경험"의 사고를 옹호하는 것이 실제로는 그와 레비나스이기 때문이다. 이처럼 그들은 어떻게 근원적인 것으로 가정된 "윤리"로부터 부차적인 것으로 간주된 "정치"로의 "이행"을 찾을 수 있는지에 대한 물음과 직면한다. 크리츨리가 데리다적인 궁지라고 지각하는 것으로부터의 "출구"를 찾았다고 생각하는 것이 위의 물음에 대한 레비나스의 대답 속에 있다. 그러나 사실 크리츨리가 도입하는 레비나스적 논증이 어떻게 데리다가 탈구축하는 형이상학적인 논리의 분명한 하나의 예인지 추적해 볼 수 있다. 우리가 본 것처럼, 레비나스는 주체가 비교불가능하게 높은 것으로서 타자에 복종하는 어떤 "무매개적인" 대면을 준거로 하여 윤리를 "제일철학"으로 내세우고 싶어 한다. 이는 윤리의 권리상의 것, 즉 윤리의 정언명법일 것이다. 그러나 레비나스 자신의 설명에서 그런 접근은 사실상 지지불가능한 것임이 드러나는데, 왜냐하면 둘 사이의 대면은 윤리적 관계를 방해하고 우리가 대문자 타자the Other보다도 타자들others을 고려할 것을 요구하는 제3자le tiers에 의해 의문시되기 때문이다. 그리하여 우리는 레비나스가 정치적인 영역이라고 지칭하는 것에 갇히게 되는데, 이 영역에서 사회 정의를 달성하기 위해서는 상호주관적 관계들을 문제 삼고 그것을 계산하는 것이 필수이다. 그러나 레비나스의 관찰은 그가 정치적인 것에 선행할 타자와의 독특하고 윤리적인 마주침이라는 개념을 포기했음을 함축하지 않는다. 대신 그는 우리에게 "인간적 형제애"를 상기시키면서, 여기서 다름 아닌 하나님 아버지God the Father로 드러나는 타자에 대한 존중에 의해 정치 공동체가 인도되어야 함을 말한다.

레비나스의 추론 방식에서의 신학적-가부장적 인본주의를 무시한다고 해도, 그가 어떻게 그의 개념적 도식의 비정합성을 해소하려고 시도하는지를 주목해야 한다. 레비나스와 크리츨리 모두 "제3자"가 얼굴 대 얼굴 대면에 출몰하고 있음을 받아들인다. 동시에 그들이 제3자의 도착을 하나의 질서에서 다른 질서로의 이행, 무매개적인 것에서 매개적인 것으로, 근원적인 것에서 파생적인 것으로, 윤리적인 것에서 정치적인 것으로의 이행으로 묘사하는 것처럼 말이다. 동일한 논증 구조가 베르나스코니의 글 「윤리 없는 정의?」Justice Without ethics?에서도 되풀이된다. 베르나스코니는 절대적으로 독특한 타자 앞에 복종의 윤리와 대립되는 타자가 항상 이미 있음을 지적하지만, 그는 이런 모순의 탈구축적 귀결들을 이끌어 내지는 않는다. 베르나스코니에게, 사실상 처음부터 제3의 당사자가 있다는 것은 "제3의 당사자 없는 타자와의 얼굴 대 얼굴의 관계"(65)로서 윤리라는 권리상 정의를 의문시하지 않는다. 실로 베르나스코니는 레비나스의 윤리적 이상이 제3자의 문제에 의해 논쟁될 수 있음을 절대적으로 배제한다. "타자들others 없이 대문자 타자the Other와의 얼굴 대 얼굴이 있을 수 없기 때문에, 윤리 개념이 의미가 없다고는 주장할 수 없다"(같은 곳). 그래서 베르나스코니는 근원적인 차별에 대한 탈구축적 사고를 배제하고 대문자 타자the Other와 타자들others, 윤리적인 것과 정치적인 것 사이의 레비나스적인 구별들을 보존한다. 그러나 항상 이미 둘 이상이 존재한다면, 정치로부터 윤리를 구별하는 레비나스적인 구획에 대한 어떤 정당화도 없게 될 것이다. 얼굴 대 얼굴이라는 대면에서의 근원적인 "윤리적인 경험"이라는 바로 그 관념은 지지불가능한데, 어떠한 대면도 항상 타자들을 배제하고 이로써 차별을 행사하기 때문이다.

데리다는 정확히 이 점을 『아듀 레비나스』*Adieu to Emmanuel Levinas*에서 이야기한다. 여기서 데리다는 "제3자는 기다리지 않는다"고 주장하면서 윤리의 선차성을 논박한다.[20] 레비나스가 윤리적 대면의 "올곧음" 속에 "명예의 원초적인 말"이 있다고 하는 곳에서, 데리다는 그런 무조건적인 충실성의 서약은 필연적으로, 어떤 타자를 위해 다른 타자들과의 관계를 배신한다든지 혹은 그 역의 방식으로 해서, 서약을 어기게 된다고 주장한다. 『아듀 레비나스』에서 윤리의 비윤리적인 개방은 우리로 하여금 폭력에 이중적으로 노출되도록, "폭력을 겪도록 그리고 또한 폭력을 행사하도록"(33/66) 만드는 원-위증arche-perjury 또는 원-배반arche-betrayal으로서 서술된다. 더구나 "유일한the 타자"와 "제3자"와 같은 범주들로 분류할 수 없는 무수한 타자들이 있어 왔다.

---

20) 이 구절들과 더불어 *Adieu*에 대한 예리한 독해에 대해서는 베닝턴의 *Interrupting Derrida*에서 "Deconstruction and Ethics" 장을 보라.

결과적으로, 데리다는 우리는 오직 "배반과 배반 사이에서, 항상 하나 이상인 배반 사이에서"(34/68) 선택할 수 있다고 주장한다.

레비나스는 제3자에 대한 그의 사유로부터 완전히 다른 결론을 이끌어 낸다. 제3자와의 피할 수 없는 관계를 근원적인 윤리적 대면이라는 관념을 반박하는 것으로 간주하는 대신, 레비나스는 그것이 신이라는 이름하에 보편적 정의를 위한 길을 연다고 주장한다.[21] 신에 대한 레비나스의 준거는 우연이 아니다. 이는 그가 『존재와 다르게』(159/203)에서 말하듯이 "가까운 사람들과 먼 사람들 사이의 구별이 없는 사회, 또한 가장 가까운 사람을 지나쳐 갈 불가능성도 남아 있는 사회"에 대한 그의 희망을 강조하는 데 필수이다. 그런 이상적 사회를 완수하는 유일한 방식은 어떤 총체화하는 심급을 통해서만 가능할 것인데, 이는 모든 관계의 모든 측면을 살피는 능력을 가질 것이고 그럼으로써 실수를 범하거나 차별을 행사할 위험으로부터 절대적으로 안전한 것이 될 것이다. 물론 레비나스는 본인이 총체성의 철학자들을 논박한다고 주장한다. 그러나 그는 그런 논박의 귀결들을 평가하지 않는다. 만약 모든 것과 모든 사람이 포함될 수 없다면 — 그러니까 만약 총체화가 불가능하다면 — 배제하는 것은 항상 필연적일 것이다. 이것이 데리다의 탈구축적 논리가 강조하는 것이다. 더구나 탈구축적 논리는 (배제 없는 타자성을 존중하는 사회에 대한 레비나스의 "정치적" 비전뿐 아니라 타자 앞에 무조건적인 복종이라는 그의 윤리적 비전을 인도하는 하나의 이상인) 절대적 평화에 도달하는 것이 바람직할 것이라는 개념을 논박한다. 그런 평화는 사실 관계들의 가능성 자체를 파괴할

---

21) Levinas, *Otherwise Than Being or Beyond Essence*, 157~160/200~204을 보라.

것이고 그럼으로써 절대적 폭력과 등가적인 것이 될 것이다. 데리다에게, 레비나스의 둘 사이의 이상적인 윤리적 관계는 옹호될 수 없을 뿐 아니라 바람직하지도 않다. 이는 "최악의 폭력"(100/99)이라고 「신앙과 지식」에서 데리다는 쓴다. 레비나스와 반대로, 데리다는 "하나 이상인 것/더 이상 하나가 아닌 것le plus d'Un은 곧 둘 이상인 것/더 이상 둘이 아닌 것이다"(같은 곳)라고 주장한다.[22] 타자들의 이런 근원적인 산종dissemination은 어떤 윤리나 정치에 의해서도 결코 지배될 수 없다. 오히려 이는 모든 종류의 폭력, 데리다가 극적으로 "위증, 거짓말, 심지어 강간하고 맨손으로 죽일 때조차 멀리서 명령된 원격의 살인"(같은 곳)으로 축약된 폭력을 위한 시간과 공간을 연다. 그런 폭력의 위협들은 제거될 수 없고──위협들은 관계들의 바로 그 가능성에 수반되기 때문에──다만 협상이라는 본질적으로 위태로운 과정들 속에서 완화될 수 있을 뿐이다.

우리는 드루시야 코넬의 책 『한계의 철학』을 사고함으로써 폭력의 탈구축적 논리를 구체화해 볼 수 있다.[23] 베르나스코니와 크리츨리처럼, 코넬은 탈구축을 "윤리적 관계를 제정하는 윤리적 욕망에 의해 추동되는 것"(62)으로서 읽으면서, 탈구축에 윤리적 동기를 부여하고 싶어 한다. 코넬이 레비나스 철학의 몇몇 측면들에 비판적임에도 불구

---

22) [옮긴이] 여기서 데리다는 불어 plus의 이중적 의미('~이상'이라는 의미이자 '~아님'이라는 의미)를 활용하고 있는 것으로 보인다. 곧 이 맥락에서 데리다의 논의는 레비나스식의 일원적인 타자관이 (총체성에 대한 철학을 비판하려는 본래의 의도에도 불구하고) 타자의 다수성을 하나의 통일적인 원리로 환원 또는 총체화하고 만다는 점을 지적하는 것으로 볼 수 있다. 이러한 이중적 의미에 대한 자세한 설명으로는 『마르크스의 유령들』 국역 16쪽의 주 15를 보라.
23) 상이한 맥락에서 코넬에 대한 통찰력 있는 비판으로는, 비키 커비(Vicki Kirby)의 주목할 만한 책 *Telling Flesh*의 3장을 보라.

하고, 윤리적 관계에 대한 그녀의 이해는 선으로서의 타자라는 레비나스의 개념에 의해 강하게 영향 받은 것이다. 코넬에 따르면, 윤리적이 되는 것은 타자성을 "존중"하는 것이고 "타자성과의 비폭력적인 관계를 제정하는"(64) 것이 될 것이다. 코넬은 반복해서 윤리적인 것의 그런 "제정"enactment에 대해 말하지만, 대부분에서 그녀는 이를 하나의 이상으로, 우리가 "열망"할 수는 있지만 결코 다다를 수는 없는 어떤 것으로서 정립하는 일에 스스로를 제한한다. 그래서 코넬이 "우리는 타자성에 대한 충실성의 약속을 결코 완전히는 지킬 수 없다"(90)고 인정하면서도, 그녀는 그런 충실성의 바람직함 및 윤리적 지위에 대해서는 질문하지 않는다. 반대로, 코넬은 명시적으로 "타자와의 비폭력적인 윤리적 관계에 대한 희망으로서의 공동체라는 **이상**"(56), "폭력 없이 함께 소속하는 것으로서 이해된 공동주의communalism"라는 유토피아적인 "꿈"(60)으로 그녀가 갱생시킨 희망에 찬동함으로써, 사태가 어떻게 **되어야** 하는가라는 개념을 고수한다.

평화라는 유토피아적인 꿈은 코넬의 책을 관통하고 있으며 타자성에 대한 탈구축적 사고에 대해 그녀가 갖는 오해의 징후를 보여 준다. 내가 주장한 것처럼, 타자에 대한 비폭력적인 관계라는 개념은 타자성의 억압에 기초해 있는데, 왜냐하면 이는 타자는 결국 폭력적이지 않음을 전제하고 결과적으로 타자의 급진적인 예측불가능성을 부인해야만 하기 때문이다. 오직 타자가 원초적으로 평화적이라고 가정할 때에만 비폭력적인 관계를 처방하는 것이 의미 있게 되는데, 만약 타자가 나를 파괴하길 원할 경우 타자의 타자성을 "존중"하라는 명령은 아무런 의미도 없을 것이기 때문이다. 게다가 폭력 없는 공동체라는 꿈은, "윤리적" 관계에 참여하고 싶어 하지 않는 누구 또는 어떤 것을 배제하기 때문에, 그 안에는 평화 **외에는 다른 아무것도 없을** 공동체에 대한 꿈이다. 이처럼 가정상 윤리적인 꿈은 그 자체로 비윤리적인 것인데, 이는 폭력의 감수성 및 이에 수반되는 폭력과 싸우려는 시도들로부터 분리될 수 없는 급진적 타자성에 대한 감수성을 제거하기를 꿈꾸는 것이기 때문이다.

탈구축의 윤리정치적 의의를 평가할 수 있는 것은 오직 폭력의 탈구축적 "논리"와 타협함으로써 가능하다. 폭력의 탈구축적 논리는 사회적 부정의들이나 폭력의 여타 형식들을 비판하는 것을 막지 않으며, 다만 배제를 단번에 제거하는 것이 바람직하다고 말하는 교설들의 내적 모순을 드러낸다. 차별은 하나의 구성적 조건이다. 차별의 협상은 어떤 규제적 이념에 의해 통제될 수 없거나 그 고유한 정당성에 대한 어떤 보장도 가질 수 없다. 정확히 이런 이유로 윤리정치적 물음들에 대해 반성하고, 본질적으로 위태로운 "더 작은 폭력"을 위한 전략을 실행하는 것은 언제나 긴급한 일이 될 것이다. 레비나스처럼, 사태가 어떻게 **되어야** 하는가에 대한 형이상학적 전제들로부터 출발하는 이들은 하나 또는 다른 이상의 이점을 위해 이런 궁지를 어떻게든 부인하려 시도할 것이다. 그러나 내가 주장하고 싶은 것은, 이렇게 함으로써 그들은 레비나스 자신이 스스로 안내자로 삼고 있는 형이상학적 가치들을 지지하는 것을 **불가능**하게 함과 동시에, 책임은 **가능**하게 하는 조건에 대해 맹목적으로 남게 된다는 것이다.

그럼에도 불구하고, 데리다가 특히 『마르크스의 유령들』 이후로 그의 저작에서 부각되어 온 정의와 환대와 같은 주제들에 관해서, 이

런 가치들을 채택하게 되었다는 가정이 널리 퍼져 있다.[24]

오독의 원천은 데리다가 1장에서 내가 정교화했던 법과 정의의 구별에서처럼, 또는 조건적 환대와 무조건적 환대 사이의 유사한 구별에서처럼 두 가지 원리들 사이의 대립을 작동시키는 것처럼 보인다는 것이다. 『탈구축의 윤리』의 속편인 『윤리-정치-주체성』이라는 제목의 책에서 크리츨리는 데리다와 레비나스가 공통적으로 윤리를 정치로부터 구별한다는 점에서 양자 사이에는 연관성이 존재한다는 자신의 제안을 강조하기 위해 이런 가정된 대립들을 이용한다.[25] 크리츨리의 도식에 따르면, 정치적 영역은 고유한 윤리적 관계를 위한 여지를 주지 않는데, 이는 누구 또는 무엇을 우선시해야 하는지에 대한 어떤 주어진 기준도 없이 무수한 타자들을 고려할 것을 요구하기 때문이다. 크리츨리가 말하듯이, 그래서 **정치**는 다소간 무근거적인, 부정의한 결단들의 문제이다. "내가 x를 위해 내릴 각각의 선택은 y와 z에게는 불리하게 작용하며, a, b, c에 대해서는 말할 것도 없다"(108). 그러나 크리츨리의 관찰은 그가 정치의 조건들에 선행하는 **윤리**를 대변하는 것을 막지 않는다. 그래서 크리츨리는 데리다의 법^{droit}과 조건적 환대 개념이 정치적인 것에 속하는 반면, 정의와 무조건적인 환대는 윤리적인

---

24) 예컨대 "Juctice Without Ethics"에서 베르나스코니는 데리다가 "정의"라고 부르는 것이 레비나스가 "윤리적인 것"이라고 부르는 것에 해당한다고 말한다. 나는 이 장의 이어지는 절에서, 크리츨리에 의해 추가적으로 전개되는 이런 생각과 대결한다.

25) 예컨대, 데리다가 "정치적인 것의 영역을 위험과 위태로움의 영역으로서 남겨두는 반면 환대 윤리의 선차성"을 긍정한다는 크리츨리의 단언을 보라(*Ethics-Politics-Subjectivity*, 275). 크리츨리의 설명에 따르면, 이는 *Adieu*에서 데리다의 주장이다. 그러나 우리가 본 것처럼 *Adieu*는 레비나스의 윤리와 정치 사이의 구별을 논박하는 원-배반 또는 원-위증이라는 구성적 폭력을 해명한다. 무수한 타자들 사이에서 차별의 원-필연성은 또한 *Politics of Friendship* 전체에서 지속적인 주제이다.

것에 해당한다고 주장한다.

　그러나 자세히 탐구해 보면, 데리다는 크리츨리의 추론의 기본 전제를 논박하고 있음이 드러난다. 데리다는 부정의가 정의의 바로 그 가능성 속에 기입되어 있고, 그래서 윤리에서 정치로의 이행이라고 일컬어지는 것을 통해 이차적으로 발생하는 어떤 것이 아니라고 주장한다. 레비나스처럼 데리다도 반복해서 "타자"와의 관계를 통해 정의에 대해 말하고 있는 것은 실로 참이다. 그러나 이는 크리츨리가 믿는 것처럼 데리다가 얼굴 대 얼굴의 대면 속에서 근원적인 윤리적 경험이라는 레비나스적 개념을 고수했음을 의미하지 않는다.[26] 반대로, 타자와의 관계를 여는 탈구는 결정불가능한 미래의 비윤리적인 개방으로부터 분리불가능하다. 데리다는 시간이 이음매에서 벗어나 있고out of joint, 벗어나 있어야만 한다는 것이 무엇을 의미하는지에 관해 『마르크스의 유령들』에서 다음과 같이 쓴다.

　[…] 결합 일반이, "이음매"의 이음이 우선 시간의 결합, 시간의 정확

---

26) 데리다가 "레비나스의 정의관을 그 자신의 설명을 해명하는 데"(99, 151) 사용한다고 주장함으로써 그의 독해를 적법하게 만들려는 크리츨리의 시도에 대해서는 *Ethics-Politics-Subjectivity*를 보라. 그러나 사실 크리츨리가 참조하는 바로 그 구절에서 데리다는 그런 식의 독해에 대해 다음과 같이 경고한다. "레비나스의 이 난해한 논의에 대해 질문들을 지니고 있기 때문에, 나는 여기에서 혼동이나 유비의 위험을 무릅쓰면서까지 그로부터 하나의 개념적 특징을 빌려올 생각은 없다. 따라서 나는 이 방향으로 더 나아가지는 않을 생각이다"("Force of Law", 250/49, 국역 48). 이 경우 요점은 우리가 레비나스와 데리다 사이의 유비를 그들 모두 정의를 타자와의 관계로서 말한다는 단순한 사실에 근거할 수 없다. 오히려 "타자"와 같은 표현은 어떤 본래적인 의미도 갖지 않으며, 이것이 왜 우리가 문제되는 논증들의 정확한 설명과 통사론을 따라가야만 하는지에 대한 이유이다. 만약 우리가 그렇게 한다면, 주장컨대 레비나스와 데리다의 "타자"에 대한 각각의 개념들은 양립불가능한 것임이 드러난다.

성 내지는 정당성, 시간이 자기와 함께 존재함이나 시간의 자신과의 조화를 전제한다면, 만약 **시간 자신이** "이음매에서 어긋"나게 될 때, 어긋나고 어그러지고 부조화되고 고장 나고 서로 맞지 않거나 부정확할 때 어떤 일이 일어나겠는가? […] 하지만 타자와 함께인 경우, "그것이 잘 이루어지지 않음"에 담겨 있는 이러한 어긋남, 이러한 어그러짐은, 선 또는 적어도 정당한 것이 기별되기 위해 필요하지 않겠는가? 어긋남은 타자의 가능성 자체가 아닌가? 이러한 두 개의 어그러짐, 한편으로 부당한 것의 어긋남과 다른 한편으로 타자와의 관계의 무한한 비대칭성을 열어 놓는 어긋남, 곧 정의를 위한 장소로서의 어긋남을 어떻게 구별할 것인가?(22/48, 국역 59)

그리고 그는 몇 쪽 뒤에서 계속해서 다음과 같이 말한다.

법을 넘어서는, 법률주의는 물론 더욱더 넘어서는, 도덕을 넘어서는, 도덕주의는 물론 더욱더 넘어서는 타자와의 관계로서 정의는, 존재 안에서 그리고 시간 안에서 어긋남 또는 몰시간성의 환원불가능한 초과를, 어떤 운푸게$^{Un-Fuge}$, "이음매가 어긋난" 어떤 탈구를 가정하고 있지 않은가? 이러한 어긋남이야말로 항상 악, 비전유, 불의^{adikia}의 위험 —이것들을 확실하게 제어할 수 있는 계산가능성은 존재하지 않는다— 을 무릅쓰면서 유일하게 타자로서 타자에게 **정의를 실행할 수 있는** 또는 **정의를 돌려줄** 수 있는 것이 아니겠는가?(27/55, 국역 70)

이 물음에 대한 데리다의 대답은 예이고, 그가 정의와 부정의 사이의 결정불가능한 관계를 하나의 구성적 조건이라고 생각한다는 것이 명료해져야 한다. 이어지는 쪽에서 데리다는 "정의로서 도착하는 이의 예측불가능한 독특성"(28/56, 국역 71)에 대해 말한다. 그러나 이때 도착하는 이l'arrivant는 또한 데리다가 강조하듯이 "피해를 끼치고 고통을 줄 수 있으며, 분명히 악의 가능성 자체를 이루는"(29/57, 국역 73) 탈구에 의해, 이음매에서 벗어남에 의해 가능해짐을 명심해야 한다.

타자와 도착하는 이가 두 가지 방식으로 ——타자이고 도래하는 무엇what뿐 아니라 타자이고 도래하는 누구who로서 ——이해될 수 있음이 여기서 중요하다. 누구와 무엇 사이의 동요는 항상 데리다의 저작에서 결정불가능하게 작동 중인데, 그가 타자와 도착하는 이가 무엇이든 또는 누구든 될 수 있음을 강조하기 때문이다. 따라서 탈구축은 "선함"에 의해 특징지어질 원초적 윤리적 관계를 허용하는 것이 아니라, 타자의 결정불가능한 도래에 대한 근본적 노출을 해명한다. 또는 데리다가 종종 반복하는 외관상 수수께끼 같은 문구로 말하듯이, 탈구축은 일어나는 것이다. 여기서 해당 프랑스어는 '스 키 아리브'ce qui arrive이다. 도래하는 무엇이든 또는 누구든 도래하고, 일어나고, 도착하며, 우리는, 일어나는 것의 힘에 의해 심지어 협상의 상황 자체가 파괴될 다소간 임박한 위험 속에서, 협상하도록 강제된다.

같은 이유로, 데리다가 무조건적인 환대라고 부르는 것은 현실적인 정치적 여건으로 인해 우리가 불행히도 타협해야만 하는 하나의 윤리적 이상이 아니다. 오히려 데리다는 그가 『마르크스의 유령들』(141/223)에서 쓰듯이 "환대와 배제는 함께 간다"는 것을 증명한다. 만약 내가 환영하는 것과 환영하지 않는 것, 내가 받아들일 만한 것과 받아들일 만하지 않은 것을 차별하지 않았다면, 이는 내가 책임감 있게 될, 판단들을 내릴 또는 어떤 비판적 반성들을 해 나갈 모든 요구들을 포기했었음을 의미할 것이다. 더욱이 이는 나 자신에 폭력적으로 대립하고 나의 환대 원리들을 포함해 나의 모든 것을 소멸시킬 수 있는 무엇이든지 간에 그것에 내 자신을 유보 없이 열어 놓았었음을 의미할 것이다.

그래서 우리가 애석하게도 환대를 조건적인 것으로 만들어야만 하는 반면 무조건적 환대의 윤리는 우리가 추구**해야만** 하는 것이라고 말하는 것은 옳지 **않다**. 반대로, 무조건적인 환대의 윤리는 **본질적인** 이유들로 해서 불가능한데, 이는 내가 부정적이거나 방어적인 방식으로 반응할 수 없고 자동적으로 모든 것을 환영해야만 할 것을 요구할 것이기 때문이다. 무조건적인 환대의 윤리는 모든 형식의 결정들을 단락short-circuit시킬 것이고 일어나는 것에 대한 완전한 무관심과 동일한 것이 될 것이다.[27]

이것이 데리다로 하여금 조건적 환대는 "무조건적 환대"에 매여 있다고 말하는 것을 막지 않는다. 그러나 여기서 그가 환기시키는 것은 하나의 윤리적 이상이 아니다. 그가 탈구축하는 무조건적인 환대의 윤리와는 구별되는 것으로, 데리다의 무조건적인 환대 개념은 항상 폭력적일 수 있고 어떻게 관계해야 할지를 미리 알 수 없는 예측불가능한 것에 대한 노출을 가리킨다. 타자성에 대한 "환대"가 무조건적인 것은 그것이 이상적이거나 자체로 윤리적이어서가 **아니라**, 폭력적인 방

---

27) 데리다가 무조건적인 환대는 유한성이라는 한계 때문에 도달할 수 없을 규제적 이념이 아니라고 주장하는 *Of Hospitality*를 보라. 오히려 무조건적인 환대는 개념적, 구조적인 이유들로 불가능하여 데리다가 말하듯이(149/131) 내적인 모순들에 의해 "빗금 쳐진다."

문들visitations에 필연적으로 취약하기 때문이다. 가장 조건적인 환대조차 그것을 훼손할 수도 있을 것에 무조건적으로 환대적이다. 내가 다른 누군가에게 내 집의 문을 열 때, 내가 그 또는 그녀 또는 그것에 대해 어떤 규칙을 부과하려고 하든 간에 나는 나의 집이나 나의 삶을 파괴할 수 있는 누군가에게 스스로를 여는 셈이다.[28]

그래서 데리다는 **초대**의 조건적인 환대와 **방문**visitation의 무조건적인 환대를 구별한다.[29] 얼마나 많이 또는 얼마 적게 나의 삶에 초대하든지 간에, 나는 내가 초대하지 않았고 나의 통제를 초과하는 타자들의 방문으로부터 면제될 수 없다. 실로, 데리다는 방문의 무조건적인 환대 없이는 **아무것도 일어날 수 없다**고 강조한다(『불량배들』, 149/205). 이렇게 무조건적인 환대는 내가 바라는 것과 내가 두려워하는 것 모두에 나를 개방시키는 시간의 폭력적인 변화에 대한 또 다른 이름이다. 방문에 대한 노출은 내가 바라는 환대에 본래적인데, 시간의 예측불가능한 도래 없이는 아무도 도착할 수 없고 아무것도 일어날 수 없기 때문이다. 그런데 마찬가지로 내가 바라는 환대는 또한 내가 두려워하는 것에 문을 열어주는 것이기도 하다. 환대는 선한 타자에 대한 초대로 결코 환원될 수 없다. 이는 악한 방문의 위험에도 열려 있

---

28) 데리다가 *Adieu*에서 말하듯이, "최악의 것에 대한 이와 같은 가능한 환대는 필연적이기 때문에, 좋은 환대는 하나의 기회를, 타자가 도래하도록 할 기회를 가질 수 있다"(25/69). 이는 이로운 것 또는 파괴적인 악재의 기회를 여는 것으로 데리다가 *Of Hospitality*에서 "환대의 계산불가능한 타이밍(timing)"(127/113)이라고 부르는 것에 연결되어야만 한다. 이러한 결정불가능한, 비윤리적인 개방 때문에, 어떤 "환대의 윤리"도 **선험적으로 제한되어 있고 모순적이다**"(65/63). 또한 ibid., 55, 81, 125/53, 75, 111을 보라.

29) 초대의 환대와 방문의 환대에 대한 데리다의 구별에 대해서는 특히 "Hospitality", 260~262; "Autoimmunity: Real and Symbolic Suicides", 128~130; "As If It Were Possible, 'Within Such Limits'", 400~401n8/296~297n1; 및 *For What Tomorrow*, 59~61/101~104를 보라.

어야만 한다. 평화적인 자로 환영받은 타자조차도 전쟁의 선동자로 판명될 수 있는데, 타자는 항상 변할 수 있기 때문이다.

따라서 우리는 왜 데리다가 무조건적인 환대는 조건적인 환대에 이질적**이고** 또 일단 그것으로부터 분리불가능하다고 말하는지 이해할 수 있다. 한편으로 무조건적인 환대는 조건적인 환대로부터 **분리불가능**한데, 환대의 조건들을 설립하고, 입장이 허락된 이들을 규제하는 것을 필연적이게 만드는 것이 바로 타자들의 방문에 대한 노출이기 때문이다. 다른 한편으로 무조건적인 환대는 조건적 환대에 **이질적**인데, 어떤 규제도 타자들의 방문에 대한 노출을 최종적으로 지배할 수 없기 때문이다. 가장 안전하게 보호되는 경계들조차도 위반되거나 내부로부터 위태로워질 수 있다. 그렇지 않으면 애초에 방어가 필요 없을 것이다. 사실 환대에 대한 모든 제한들은 동시에 그 제한들이 배제하고자 하는 것에 대한 노출, 규정된 제한들의 정당성을——옳게나 그르게나——의문시하는 이들이 출몰하는 어떤 것에 대한 노출이기도 하다.

『불량배들』에서 데리다는 그의 무조건적인 환대 개념이 "윤리적인 것"이나 어떤 형식의 규범적 처방과도 연계될 수 없음을 명시적으로 상기시킨다(172~173n12/204n1). 그 어떤 것도 더 환대적이 되는 것이 덜 환대적인 것보다 낫다는 것(또는 그 역)을 선험적으로 설립할 수 없다. 타자에 대한 더 많은 개방은 "나쁜" 사건들에 대한 더 많은 개방을 함축할 것이고, 타자에 대한 더 작은 개방은 "좋은" 사건들에 대한 더 작은 개방을 함축할 것이다. 결과적으로, 무조건적인 환대의 법은 타자와의 관계에서 어떻게 행위해야 하는가에 관한 규칙이나 규범을 제공하지 않고, 시간에 따라 위태로운 결단들을 내려야 함을 요구한다. 환대의 유일한 무조건적인 법은 우리가 예측 불가능한 사건들을 다루도록 강제될 것이라는 점이다.

이처럼 환대에 대한 데리다의 사유는 윤리의 비윤리적인 개방의 또 다른 판본을 표현한다. 비윤리적인 개방을 사고하는 것은 왜 항상 문제들이 있을 것이고 왜 이 문제들을 다루는 과정이 끝이 없을 것인지 사고하는 것이다. (여기서는 가능한 한 가장 넓은 의미에서 이해된, 곧 모든 종류의 구획과 결정으로서) 환대의 윤리와 정치는 어떤 입장도 자율적이거나 절대적일 수 없고 필연적으로 다른 입장들에 매여 있는바 어떤 "경제적"economical 협상 속에서 일어난다. 관계들의 작용이 궁극적으로 통제될 수 없기 때문에, 우리는 항상 협상의 전제들에 도전하거나 그것들을 전복시킬 상호작용들의 위협(그리고 기회)에 노출되어 있다.

그래서 정의도 환대도 하나의 윤리적인 이상으로 이해될 수 없다. 만약 데리다가 이 점에서 쉬이 오해된다면, 이는 그가 또한 "부정적으로" 가치화된 용어("폭력적 노출", "환원불가능한 차별")로 서술될 수 있는 조건을 분석하는 데 "긍정적으로" 가치화된 용어("환대", "정의")를 사용하기 때문이다. 이는 데리다를 윤리적 철학자로 만들고 싶어 하는 이들을 위한 타당한 구실이 아니다. 그러나 이는 데리다가 전통적 개념들에 대한 그의 탈구축에 적용하는 전략들에 관해서 조심스러워야 함을 우리에게 상기시킨다. 데리다가 "무조건적인" 환대나 "탈구축불가능한" 정의에 대해 말할 때, 이는 그가 그 자체로 좋은 어떤 것이라는 이상을 말하는 것처럼 보일 수도 있다. 그러나 나는 무조건적인 것과 탈구축불가능한 것은 시간의 탈구이고, 이는 어떤 것이 그 자체로 좋은 것이 되는 것을 불가능하게 만든다고 주장했다. 심지어 가장 이상적인 환대나 정의도 악의 타락에 열려 있어야만 하는데, 시간의 예측불가능한 도래가 환대나 정의라는 바로 그 관념에 기입되어 있기 때문이다.

확실히 환대와 정의의 본질적인 타락가능성은 가장 해로운 결과들을 가질 수도 있다. 그러나 데리다에게 타락가능성은 또한 어떤 것이 일어나기 위한 조건이기도 하다. 타자의 폭력적인 도래로부터 면제될 환대나 정의는 환대와 정의의 가능성을 취소해 버릴 것이다. 절대적인 평화를 보증할 유일한 방식은 혹시라도 평화를 깰 수도 있는 모든 것을 소멸시키고 그럼으로써 어떤 것이 일어나기 위한 조건인, 도래할 결정불가능한 시간을 소멸시키는 일일 것이다.

그래서 탈구축적 사유는 절대적 평화에 대한 모든 이상들에 맞선 비판적인 조심스러움을 실행한다. 우리가 본 것처럼, 절대적 평화는 절대적 폭력일 것이다. 그러나 이런 조심스러움은 탈구축적 사상가가 자동적으로 어떤 윤리정치적 통찰들에 할당될 수 있음을 함축하지는 **않는다.** 그 또는 그녀는 다른 모두와 마찬가지로 어떤 주어진 상황에서 실수를 하거나 잘못된 판단을 내릴 수 있다. 그러나 이런 불가피한 위험을 거부하는 것, 책임의 본질적 타락가능성을 부정하거나 하나의 이상적 미래에서의 그 완성을 기획하는 것은 애초에 책임을 가능하게 만드는 조건을 부정하는 것이다.

4장 생명의 자기면역: 데리다의 급진적 무신론

신을 친구로 원할 수는 없다.
—데리다, 『우정의 정치』, 223/251

『고백록』*Confession*의 4권에서, 아우구스티누스는 타가스테^{Tagaste}의 수사학 교사로 있을 때의 치명적인 에피소드를 들려준다. 젊은 아우구스티누스는 그가 한 친구를 알게 되고 깊은 애착을 가졌지만, 1년이 채 되지 않아 그 친구는 죽고 말았다. 아우구스티누스는 비탄에 빠졌다. 친구를 사랑함으로 해서, 그는 필멸적 존재에 대한 욕망에 속박되었다. 결과적으로, 아우구스티누스는 그 필멸적 친구의 상실에 좌절하며 그의 애도에 관해서 어떤 치유책도 찾지 못한다. 아우구스티누스가 욕망하는 것 — 그가 보호하고 유지하고 싶어 하는 필멸적 삶 — 의 원천은 또한 그가 두려워하는 것의 원천이기도 하다. 필멸자를 사랑하면서, 아우구스티누스는 그것을 죽음으로부터 보호하고 가능한 한 그 생명을 연장하고 싶어 한다. 그러나 필멸자를 유지하려는 그의 욕망은 상실에 대한 두려움을 강화시킨다. 아우구스티누스가 설명하듯이, "내 친구를 더 사랑할수록, 마치 잔인한 적처럼 나로부터 그를 앗아간 죽음을 더 미워하고 두려워했다."[1] 여기서 핵심적인 문제는 적, 죽음

---

1) Augustine, *Confession*, 4권 6장. *Confession*에 대한 앞으로의 인용은 본문 안에 주어지며,

의 위협이 외부로부터 하나의 악한 사건으로서 오는 것이 아니라 생명 안에 내재한다는 점이다. 아우구스티누스가 깨달았듯이, 그 친구가 죽을 수 있는 것은 **항상 가능**했다. 모든 필멸적인 유대는 끊어지기 마련이기에, 한 친구는 다른 친구를 애도하도록 될 수밖에 없었던 것이다. 아우구스티누스는 이렇게 쓴다. "나는 불행했고 필멸적인 것들에 대한 사랑에 속박된 모든 영혼들 또한 불행하다. 영혼은 필멸적인 것들을 상실할 때, 산산조각으로 찢어지게 되며, 필멸적인 것들의 상실 이전에 이미 거기 있던 불행을 깨닫게 되는 것도 바로 그때이다"(4.6).

아우구스티누스로부터 1500년 이상 지난 후, 데리다는 스스로가 유사한 애도의 상황 속에 있음을 발견한다. 그의 친구 폴 드 만Paul de Man의 죽음에 대해, 데리다는 『기억들』이라는 제목하에 일련의 강의들을 저술한다. 아우구스티누스처럼, 데리다는 둘 다 죽을 것이고 그들 중 하나는 다른 하나보다 먼저 죽을 것이라는 앎에 의해 우정이 항상 사로잡혀 있음을 분명히 한다. 실로 그는 "유한성에 대한 이런 앎 없이는 어떠한 우정도 없다"고 강조한다.[2] 친구는 "하나의 필멸자로서, 우리 필멸자에게" 주어질 수 있을 뿐이고, "우리가 그 자체로 사랑하는"(32/52) 이들은 필멸적인 친구이다. 그러나 사랑하는 친구가 필멸적이라는 것이 그의 죽음이 받아들일 만한 것임을 뜻하지는 않는다. 반대로, 데리다는 친구의 죽음을 받아들일 수 없으며 "기억의 유한성 앞에서 슬픔에 잠기고 만다"(34/53). 이는 역설이 아니라, 필멸적 삶에 대한 욕망에 본래적인 이중 구속에서 따라 나오는 것이다. 데리다가

권 수와 장 번호를 각각 인용할 것이다.

2) Derrida, *Mémoires*, 29/49. 이어지는 페이지 인용은 본문 안에 주어진다.

이런 필멸적 삶의 소멸에 의해 비탄에 빠지고 죽음을 받아들일 수 없는 것은 바로 데리다가 필멸적 삶에 매달리기 때문인 것이다. 이중 구속은 해소불가능한데, 그가 삶으로부터 보호하고자 하는 죽음은 보호되는 삶에 내적이기 때문이다.

내가 스스로 나 자신의 친구일 뿐이라고 하더라도 동일한 이중 구속이 작동한다. 내가 이전의 장들에서 주장했다시피, 가장 직접적인 자기촉발조차도 오직 시간의 도래를 통해서만 주어진다. 그래서 나는 필연적으로 스스로에 대해 필멸적인 타자로 분할된다. 매 순간 나는 미래를 위한 기억으로서 스스로를 계속 붙들어야만 하며, 기억은 상실될 수 있고 애도로 이끌 수 있다. 결과적으로, 데리다는 "일반적 가능성이라는 의미에서 애도"는 "우리가 **타자인 한에서** 타자와 맺는 모든 관계, 즉 하나가 항상 다른 하나 앞에서 죽을 수밖에 없는, 필멸자에 대한 필멸자로서 맺는 모든 관계"(39/57)를 규제한다고 주장한다. 여기서 필멸적인 타자는 내가 타자로서의 나 자신과 맺는 관계와——내가 과거의 자아를 잃어버리면서 나의 생존을 경험하는 것처럼——죽을 수도 있는 또 다른 타자와 맺고 있는 관계 모두를 가리킨다. 이 중 어떤 경우라도 자아와 타자는 오직 애도의 구조적 가능성을 통해서만 스스로에게 주어질 수 있다. 애도의 **현실적** 경험에 선행하는 것은 경험의 처음부터 작동 중인 **가능적** 애도인데, 모든 경험은 시간적인 것이고 상실되는 것이기 때문이다.

애도의 문제와 시간의 문제 사이의 동일한 연결이 『고백록』 전체에 걸쳐 아우구스티누스를 사로잡고 있다. 아우구스티누스는 시간적인 것이 결코 **시간적인 것 자신 안에** 머물 수 없고 시초부터 사라짐의 운동에 의해 표시됨을 힘주어 보여 준다. 과거는 더 이상 없고, 미래는 아직 없으며, 현재 자신은 오직 과거가 됨으로써만 존재할 수 있다. 아우구스티누스가 2권에서 말하듯이, "만약 현재가 항상 현재이고 과거로 흘러가지 않는다면, 그것은 전혀 시간이 아닐 것이고 다만 영원일 것이다"(11.14). 그래서 모든 현전은 존재하자마자 분할된다. 현전은 "갑자기 미래로부터 와서 과거로 흘러간다"(11.15). 한 시간이든, 일 분이든 또는 일 초든 막론하고, 우리는 어떤 것도 그 자체로 현전하는 것을 불가능하게 만드는 시간의 이러한 흘러감을 발견한다. 가장 즉각적인 현전조차 내부로부터 분할되며 그것이 생겨나자마자 사라진다. 어떤 것도 삶에 본래적인 시간의 이러한 상실을 막을 수 없는데 "시간의 존재 원인은 그것이 존재하기를 멈출 것이라는 것"(11.14)이기 때문이다.[3]

친구의 죽음으로 아우구스티누스에게 닥친 현실적 애도는 욕망의 첫 순간에서부터 작동하고 있는 가능적 애도의 강화이다. 시간적인 것은 결코 그 자체로 존재할 수 없기 때문에, 욕망의 모든 가장 미세한 운동에 상실의 위험이 드리워져 있다. 아우구스티누스의 말로 하면, "인간의 영혼이 나타나는 어디서나 [...] 그것은 슬픔에 고착되어 있"다. 왜냐하면 모든 것들은 "서둘러 사라지"고 "쉴 곳을" 주지 "않는데 이는 모든 것들은 정지하지 않기 때문이다. 그것들은 사라지고 아무도 육체적 감각들을 가지고 따라갈 수 없다. 그것들이 심지어 현재할 때도 아무도 그것들을 단단히 움켜쥘 수 없다"(4.10).

---

3) 아우구스티누스의 *Confession* 2권에서 시간의 취급에 대한 탈구축적 분석에 대해서는 Martin Hägglund, *Kronofobi*의 "Tidens distentio: Augustinus"장을 보라. 아우구스티누스와 애도에 대한 날카로운 주석으로는 Henry Staten의 *Wittgenstein and Derrida*, 136~139와 그의 훌륭한 *Eros in Mourning*, 6~8을 보라.

그래서 아우구스티누스와 데리다 모두, 필멸자를 욕망하는 것은 본질적으로 위험한 것임을 보여 주는데, 이는 욕망하는 이로 하여금 사라질 것에 의존하도록 만들기 때문이다. 그러나 동일한 궁지에 대한 그들의 답변은 급진적으로 다르다. 아우구스티누스의 기독교에 대한 전향은 명시적으로 필멸적 삶에 대한 애착으로부터의 돌아섬이다. 유한한 관계들의 기만적인 시간에 대해, 아우구스티누스는 신의 영원한 현전을 정립한다. 신 안에서는 어떤 것도 결코 사라질 수 없는데, 모든 것은 잇따름에 비할 수 없는 **하나의** 절대적인 현전 속에서, 스스로의 안에 머무는 **하나의** 절대적 통일 속에서 주어지기 때문이다. 그래서 아우구스티누스는 인간은 그가 친구들과 동료 인간들을 통해 신을 사랑하고 그들의 필멸적 독특성에 애착을 갖지 않는 한에서만 친구들과 동료 인간들을 사랑해야 한다고 주장한다. "만약 영혼들이 당신을 기쁘게 한다면, 그들을 신 안에서 사랑하라. 왜냐하면 그들 혼자서는 변화할 수밖에 없기 때문이다"(4.12). 아우구스티누스의 전략은 완전히 명시적으로 애도를 막는 것이다. 그의 친구들 안에서 신을 사랑하는 사람은 "그에게 소중한 그 누구도 잃지 않는데, 그들 모두 잃어버릴 수 없는 한 사람[신] 안에서 그에게 소중한 이들이기 때문이다"(4.9). 동일한 논리를 따라서, 아우구스티누스는 그의 친구에 대한 애도를 그의 필멸적 사랑으로부터 기인했던 "광기"(4.7)라고 비난한다. 그가 애도에 취약해진 이유는 "죽을 수밖에 없는 이를 사랑함으로써 모래에 물처럼"(4.8) 그의 영혼을 쏟아부었기 때문이다. 그리스도교인 아우구스티누스가 배워야만 하는 것은 오히려 필멸자로부터 스스로를 떼어내고 그의 욕망을 불멸적인 것을 향하게 하는 것이다.

　　반대로, 데리다는 우리가 **필멸자로서** 필멸자를 사랑하며 필멸성을 넘어선 것은 아무것도 있을 수 없다고 주장한다. 아우구스티누스에게 필멸자로서 필멸자를 사랑하는 것은 개탄할 만한 것이고 그릇된 것이다. 만약 누군가 필멸적일 수밖에 없다면, 긍정적인 것은 결코 부정적인 것으로부터 풀려날 수 없다. 어떠한 필멸적 유대도 이중 구속인데, **욕망할 만한** 어떤 것도 그것이 상실될 것이라는 **욕망할 만하지 않은** 사실로부터 분리될 수 없기 때문이다.

데리다가 주장하는 것이 정확히 그런 이중 구속이다. 『기억들』에 추가해서, 데리다가 개인적인 친구들의 죽음에 대해 쓴 텍스트들의 선집 『매번 유일한, 세계의 종말』을 살펴보는 것이 유익할 것 같다.[4] 다수의 독특한 사례들을 통해, 이 텍스트들은 극복될 수 없고, 필멸적인 것에 대한 사랑으로부터 발원하는 어떤 힘으로서 애도로 지속적으로 되돌아온다. 예컨대, 장-마리 베노아Jean-Marie Benoist에 대한 기억에 헌정된 글에서 데리다는 다음과 같이 쓴다.

> 친구를 갖는 것, 그를 바라보는 것, 당신의 눈으로 그를 좇는 것, 우정으로 그를 존중하는 것은 보다 강렬한 방식으로, 이미 상처 입고, 항상 집요하고, 점점 더 잊을 수 없는 방식으로, 당신들 중 하나는 불가피하게 또 다른 사람이 죽는 것을 보게 될 것임을 아는 것이다. 우리

---

4) 이 텍스트들의 선집은 영어로는 *The Work of Mourning*이라는 제목으로 파스칼-안 브로(Pascale-Anne Brault)와 마이클 나스(Michael Naas)에 의해 편집되고 그들의 탁월한 서문과 함께 2001년에 처음 출간되었다. 2003년에는 확장된 프랑스어 판본이 *Chaque fois unique, la fin du monde*라는 제목으로 출간되었다. 나는 프랑스어 판본의 제목에 준거하는데 이는 영어 판본에는 없는 데리다의 서문을 포함하기 때문이다. 이 서문으로부터의 인용을 제외하고, 본문에서의 페이지 인용은 먼저 영어 판본을, 다음으로 프랑스어 판본을 표시한다.

중 한 사람, 우리 각자는 자기 자신에게 다음과 같이 말하거니와, 우리 둘 중 한 사람은 더는 다른 이를 보지 않고 있는 자기 자신을 보게 될 그날, 그리하여 다른 이를 자신 안에 얼마간의 시간동안 더 품게 될 그 날을 맞이하게 될 것이다. 그의 눈은 보지 않은 채로 좇을 것이고, 눈물 한 방울, 매번 유일한 눈물 한 방울로 세계는 정지할 것이며, 그때부터 이 유일한 눈물을 통해 모든 것은, 그 눈물을 통해 세계 그 자체는—그리고 그날은 올 것이다—흐느낌에 떠는 것으로, 소멸 그 자체를 반영하는 것으로 나타날 것이다. 세계, 세계 전체, 세계 그 자체의 소멸을 말이다. 왜냐하면 죽음은 우리로부터 단지 세계 내의 어떤 특수한 생명만을, 우리에게 속하는 어떤 순간만을 앗아가는 것 뿐 아니라 매번, 제한 없이, 그를 통해 세계가, 무엇보다 먼저 우리 자신의 세계가 유한하고도 무한한—필멸적으로 무한한—방식에서 열린 것이 되어 있을 누군가도 앗아가기 때문이다(107/137~38).

이 구절은 애도의 경험에서 두드러진 필멸적 존재의 이중 구속을 그려낸다. 한편으로, 필멸성은 모든 타자를 유일한 살아 있는 존재로 만든다. 만약 타자가 필멸적이지 않다면, 타자를 그 밖의 다른 것과 구별할 어떤 것도 없을 것인데, 타자는 대체불가능할 것이 아니게 될 것이기 때문이다. 다른 한편으로, 타자의 본질을 구성하는 필멸성은 또한 타자 모두를 파괴가능한 것으로 만든다. 타자를 통해 열리는 세계는 그래서 "필멸적으로 무한하다". 아무도 타자를 대체할 수 없다. 아무도 그가 경험했던 것을 경험할 수 없고, 봤던 것을 볼 수도, 느꼈던 것을 느낄 수도 없다. 세계의 이런 유일한 기원의 소멸은 내가 생명의 무한한 유한성으로서 분석했던 것을 통렬하게 떠올리게 하는 것이다.

타자는 무한히 타자인데 ─ 그 타자성은 다른 누군가에 의해 극복되거나 회복될 수 없다 ─ 이는 타자가 유한하기 때문이다.

데리다는 그의 죽음 개념에서 생명의 절대적 필멸성을 세계의 종말로서 포착한다. 애도에 관한 그의 반성들에서의 주된 줄기는 각각의 죽음이 세계의 종말이라는 것이다. 만약 누군가 죽으면 이는 단순히 세계 안에서 살아가는 누군가의 종말이 아니다. 이는 오히려 **세계 자체의 종말**인데, 각자는 세계의 독특하고 돌이킬 수 없는 기원이기 때문이다. 데리다가 『매번 유일한』의 서문에서 강조하듯이, 그런 세계의 종말은 "모든 살아 있는 존재를 [⋯] 하나이고 유일한 살아 있는 존재로 만드는 '하나이고 유일한' 것의 어떤 여지도, 가장 미약한 기회도 남겨놓지 않는다. 하나이고 유일한 세계의 대체에 대해서건 그 생존에 대해서건 말이다"(II; 저자의 번역). 데리다는 신 관념에 맞선 그의 논증을 명시적으로 견지한다. 그는 "신"이라는 것을 죽음이 **유일한** 세계 ─ 참되고 궁극적인 세계 ─ 를, 설령 독특한 살아 있는 존재의 필멸적 세계를 끝낸다고 해도, 종결시킬 수 없는 관념으로서 설명한다. 신 관념은 이처럼 파괴가능성으로부터 면제된 어떤 것이 있을 수 있다는 관념이다. 반대로 데리다에게 모든 가능한 세계는 절대적으로 파괴가능하다는 것을 사고하는 것이 관건이다.

데리다가 표현하는 무신론은 단지 신과 불멸성의 존재를 부인하는 것만이 아니다. 그것은 또한 내가 급진적 무신론이라고 부르는 것에 해당한다. 급진적 무신론은 욕망될 수 있는 모든 것은 그 본질에 있어 필멸적이라는 논변으로부터 출발한다. 사랑은 언제나 폐허의 사랑이라는 그의 주장에 따르면, 이러한 논변의 한 판본은 데리다의 글 「법의 힘」에 제시되어 있다. 요점은 폐허 자체를 사랑한다는 것이 아니라,

사랑하는 사람이라면 누구나 그 내부에 자신의 폐허를 품고 있다는 점이다.

> 그것들의 취약함에 대한 무상한precaire 경험이 아니라면 우리는 어떤 기념물, 건축물, 제도를 사랑할 수 없다. 그것은 항상 거기 있었던 것이 아니며, 항상 거기 있지도 않을 것이다. 그것은 유한한 것이다. 그리고 바로 이러한 이유에서 우리는 그것을 죽을 수밖에 없는mortel 것으로서, 그것의 탄생부터 죽음에 이르기까지, 그것의 몰락의, 나 자신의 몰락의 ─ 따라서 전자는 바로 나 자신의 몰락이거나 나 자신의 몰락을 미리 보여 주는 것이다 ─ 환영이나 그림자를 통해 사랑한다 (278/105, 국역 99).

사랑과 사랑받는 것의 경험 모두는 필연적으로 유한하다. 그런 유한성은 욕망을 금지하게 될 어떤 것이 아니라 애초부터 욕망을 촉발하는 것이다. 이는 그것을 유지하고자 하는 사랑받는 것은 상실될 수 있기 **때문**이고, 그것을 기억하고자 하는 경험은 망각될 수 있기 **때문**이다. 데리다가 빼어나게 말하듯이, 유한성의 경험 없이 **우리는 사랑할 수 없다.** 이 전제로부터 급진적 무신론이 필연적으로 따라 나온다. 만약 필멸적인 것을 제외하고 어떤 것도 사랑할 수 없다면, 우리는 신을 사랑할 수 없다는 것이 따라 나오는데, 신은 어떤 것을 욕망할 만한 것으로 만드는 필멸성을 드러내지 않기 때문이다. 신의 절대적 존재는 단지 도달불가능일 뿐 아니라 **욕망할 만한 것이 아닌**데, 이는 무엇을 욕망하건 불가결한 필멸성을 말소할 것이기 때문이다.

급진적 무신론의 주목할 만한 한 가지 예는 데리다의 책 『우정의 정치』에서 찾을 수 있다. 8장 결말부에서 데리다는 완벽한 우정에 대한 아리스토텔레스의 설명에 대해 논의한다. 여기서 기본적 문제는 우리가 아우구스티누스와 데리다의 애도에 대한 성찰에서 추적했던 것, 즉 모든 친구들은 필멸적이라는 문제이다. 문제의 필멸성은 단순히 친구들이 죽을 수 있다는 것뿐만 아니라 그들이 또한 친밀한 관계를 기만하고, 배반하고 위반할 수 있다는 것을 함축한다. 이 경우 결정적인 물음은 왜 필멸적 타락가능성으로부터 면제된 완벽한 친구가 존재할 수 없는가 하는 것이다. 신은 그런 완벽한 친구의 모델인데, 오직 절대적으로 자기충족적인 존재만이 스스로나 다른 이를 배반하는 것으로부터 면제될 수 있기 때문이다. 그러나 데리다가 그의 아리스토텔레스 독해에서 강조하다시피, **우리는** 그런 완벽한 친구를 **원할 수 없다.** 하나의 자기충족적인 존재는 스스로 아닌 어떤 것도 생각할 수 없으며, 결과적으로 어떤 관계도 가질 수 없다. 데리다가 말하듯이, 신의 절대적 존재는 "우정에 대해 관심이 없는데, 그는 타자에게 관심이 없기 때문이다"(223/251). 데리다의 논변은 왜 완벽한 우정이란 있을 수 없는가라는 물음에 관한 급진적으로 무신론적인 답변의 가능성을 연다. 고전적인 답변은 완벽을 우정의 **목적**^{telos}으로서, 그것이 필멸적 존재자들에게는 접근불가능한 것으로 남을지라도 우정에 대한 욕망을 추동하는 이상으로서 정립하는 것이다. 고전적 무신론은 이러한 욕망 모델 안에 남아 있다. 그것이 신의 존재를 부인하기는 해도, 우리가 그런 완벽한 존재를 욕망한다는 것에 대해서는 이의를 제기하지는 않는 것이다. 그러나 완벽한 우정에 대한 아리스토텔레스의 설명은 욕망에 대한 이런 목적론적 관점을 그와 반대로 읽는 것을 가능하게 한다. 데리다가 강조하듯이, 완벽한 우정에 대한 접근불가능성은 "**다르게** ──즉,

참된 또는 완벽한 우정을 단순히 상상가능한 **목적**으로서 접근불가능하게 만들 뿐 아니라 **그것이** 바로 그 본질에 있어서, 그러니까 그 **목적**에 있어서 **상상불가능하기 때문에** 접근불가능하게 만드는 타자성에 대한 사유의 측면에서"(221~222/249/50) 해석될 수 있다. 여기서 데리다가 타자성에 대한 사유라고 부르는 것이 내가 급진적 무신론이라고 부르는 것에 해당한다. 급진적 무신론의 논리에 따르면, 완벽한 우정은 접근불가능한 이상일 뿐 아니라 그 자체로 상상불가능한 것이다. 하나의 완벽한 우정은 우정의 가능성을 파괴할 것인데, 필멸성 없이는 우정도 있을 수 없기 때문이다.

우리는 데리다의 "근본악"radical evil 개념을 경유해 급진적 무신론 개념을 보다 전개시켜 볼 수 있다. 이 용어는 칸트의 논고 『순전한 이성의 한계 내에서의 종교』Religion Within the Limits of Reason Alone에 등장하는 것인데, 이는 데리다의 저작에서는 완전히 상이한 의미를 부여받는다. 근본악 개념은 악의 기원에 관련한 가장 근본적인 신학적 논쟁들 중 하나에 대한 개입으로 볼 수 있다. 고전적인 신학적 문제는 신의 전능함이 악의 존재와 어떻게 양립가능하느냐는 것이다. 만약 신이 악을 창조했다면 그는 절대적으로 선하지 않을 것이지만, 만약 그가 악을 창조하지 않았다면 그는 전능하지 않을 것이다. 아우구스티누스는 악이 존재 자체에 속하지 않는다고 주장함으로써 이 문제에 대한 가장 영향력 있는 해결책을 정식화했다. 오직 선한 것만이 존재를 가지며, 악은 단지 선의 결여, 외부로부터 부수하는 타락일 뿐이고, 존재 자체의 최고의 선에 영향을 끼치지 않는다는 것이다. 아우구스티누스가 『신국론』The City of God에서 쓰듯이 "악은 긍정적인 본성을 갖지 않는다. 오히려 선의 상실이 '악'이라는 이름을 얻어 왔다"(11.9). 그래서 신은 존재하지 않음으로 하여 (왜냐하면 존재를 갖는 모든 것은 선하므로) 악에 책임을 갖지 않고도 모든 것의 창조자일 수 있다. 오히려 악의 원천은 인간의 자유 의지 속에 있는데, 이는 그들로 하여금 신을 향하는 것 대신 필멸적인 일들을 선호하기 쉽게 만든다.

칸트는 도덕법보다는 감각적 본성의 동인을 따르도록 이끌 수도 있는 자유의지의 어떤 효과로 악을 환원함으로써 유사한 논변을 편다. 칸트에게 근본악은 인간의 능력으로는 최종적으로 근절될 수 없는 악에 대한 성향을 가리킨다.[5] 그러나 칸트는 악으로부터 면제된 선 이념을 의문시하지 않는다. 반대로, 데리다의 근본악 개념은 그 자체로 선한 어떤 것이라는 바로 그 이념을 다음과 같이 논박한다.

여기서 "근본악"에 대한 사유는 우발적 사태eventuality로서 근본악에 관심 갖는 것이 아니다. 이는 단순히 어떤 악 내지 어떤 타락의 **가능성**, 비-성취non-accomplishment 또는 어떤 실패의 **가능성**이 **근절불가능한** 것이라는 것이다. 그리고 이는 근본악이 모든 지복felicity, 모든 긍정적 가치의 조건 ─ 예를 들어 윤리의 조건 ─ 이기 때문이다. 그러므로 당신이 이런 부정적인 것의 **가능성**을 근절하고자 한다면, 당신은 당신이 살려내고 싶어 하는 것을 파괴하게 된다. 그래서 윤리는 악의 근절불가능한 **가능성** 없이 윤리적일 수 없다. […] 불행의, 비-완수non-fulfilment의 **가능성**은 우리가 윤리, 정치, 지복, 완수 등의 이름 하에서 살려내고 싶어 하는 것의 부분이다.[6]

---

5) Kant, *Religion Within the Limits of Reason Alone*, 32를 보라.

6) Derrida, in *Arguing with Derrida*, ed. Simon Glendinning, 54.

악의 가능성은 우리로 하여금 이상적인 선을 달성하는 것을 막는 인간적 구성에 관한 개탄할 만한 사실이 아니다. 차라리 악의 가능성은 우리가 욕망하는 선에 본래적인데, 심지어 가장 이상적인 성취조차도 비성취의 가능성에 열린 채로 남을 수밖에 없기 때문이다. 이러한 논변은 본질적으로 시간적인 것으로서, 성취에 대한 재사유를 전제한다. 데리다 자신은 명시적으로 그런 재사유에 착수하지 않지만, 이는 그의 논변의 논리를 전개하는 데 있어 불가결하다. 만약 성취가 본질적으로 시간적이라면, 성취는 비성취의 가능성에 열린 채로 남아 있어야만 한다는 점이 따라 나오는데, 이는 결코 그 안에서 휴식할 수 없으며 미래의 도래에 의해 변화되기 때문이다. 같은 이유로, 선한 모든 것은 악으로의 변화에 열려 있어야만 한다. 악의 이러한 위협은 선한 것에 부수하는 것이 아니다. 오히려 이것은 우리가 욕망하는 선의 일부이다.

그래서 데리다는 아우구스티누스가 악의 원천으로 낙인찍는 욕망을 긍정하는 것으로 볼 수 있다. 『자유의지론』*On Free choice of the Will*이라는 논고에서 아우구스티누스는 악을 "상실의 두려움 없이는 소유될 수 없는 사물들"(1.4)에 대한 욕망으로부터 도출해 낸다. 만약 누군가 욕망하는 것을 상실할 것을 두려워하지 않는다면, 그는 결코 증오나 분노를 느끼지도 않을 것이고 폭력에 의지할 필요도 없을 텐데 왜냐하면 그는 결코 위협을 느끼지 않을 것이기 때문이다. 결과적으로, 아우구스티누스는 악을 행하는 추동력이 필멸적 삶에 대한 욕망이라고 주장한다. 모든 악과 죄는 "자신의 의지에 반하여 상실할 수도 있는 사물들에 대한 사랑"(1.4)에 기인한다. 그런 사랑의 가장 근본적인 사례는 물론 자신의 의지에 반하여 상실할 수도 있는 필멸적 삶에 대한 애착이다. 악의 극복을 위한 길은 따라서 필멸적 삶에 대한 욕망을 신의 불멸적 삶에 대한 욕망으로 전향시키는 것이다.[7]

반대로, 데리다는 필멸적 삶에 대한 욕망을 구성적인 힘으로서 상술한다. 그의 근본악 개념은 악의 가능성이 사랑받는 자 자신에게 본래적인 것임을 가리키는데, 사랑받는 자는 필멸적이기 때문이다. 사랑받는 자의 필멸성은 친근성에 대한 욕망과 상실의 두려움 모두를 재촉한다. 데리다가 『우정의 정치』에서 쓰듯이, "사랑은 악이고, 사랑은 악의 운반자가 될 수 있으며 악은 항상 사랑으로부터, 가장 큰 사랑의 근본악으로부터 나올 수 있다"(257/287~288). 데리다는 이 주장을 정교화하지 않지만, 우리는 책의 앞쪽에서 나타난 "나는 당신을 사랑한다"라는 구절에 대한 그의 분석에서 그 논증을 추적해 볼 수 있다. 데리다의 분석은 그가 "유일한 우정, 분할불가능한 유대, 한순간의, 영원히 한순간의, 모든 시간(들)에 대해 한순간의 '나는 당신을 사랑한다'에 대한 욕망"(215/243)으로 서술하는 것으로부터 출발한다. 분할불가능한 유대에 대한 이러한 욕망에는 하나의 내적 모순이 있는데, 이는 시간적인/일시적인 것을 영원히 유지하려는 욕망이기 때문이다. 데리다가 지적하듯이, "분할불가능성은 그 유한성에 있어서 무매개적으로 무한하다. 이는 반복과 다수화에 대한 욕망 속에서만, 그것을 유지하기 위해 분할불가능한 것을 분할하는 약속과 기억 속에서만 그 자체로 나타난다"(216/244). 가장 분할불가능한 유대조차도 이처럼 그 내부에서부터 분할되는데, 이는 미래를 위한 기억으로서만 유지되어야 하기 때문이다. 미래를 위한 노출은 유대를 유지하는 기회와 연대를 깨뜨리려

---

7) 특히 아우구스티누스의 *On Free choice of the Will*, 1.16을 보라.

는 위협 모두를 주는 것이다. '나는 당신을 사랑한다'라는 구속력 있는 선언은 오직 선과 악의 가능성을 동시에 여는 결정불가능한 미래 앞에 서만 행해질 수 있다.

"나는 당신을 사랑한다"는 어떤 것을 증명할 수 없고 그렇게 희망해 서도 안 된다. 증언이든 신조이든 간에 그러한 선언은, 어둠 속에서 규칙 없고 개념 없는 어떤 독특성의 예외적인 상태에 놓인 채로, 이 론적으로 결정 불가능하게, 있음직하지 않게 남아 있기를 원하는 경 우에만 결정할 수가 있다. 이론적으로, 그것은 언제나 그 대립물로 변 화할 수 있다. 근본악의, 위증의 절대적 범죄의 가능성 없이는, 책임 도, 자유도, 결정도 없다. [⋯] 게다가—동일한 법칙의 다른 한편으 로는—"나는 당신을 사랑한다"라는 요청이나 제공, 약속이나 기도 는 일방적이고 비대칭적인 것으로 남아야만 한다. 다른 답들이 있건 없건, 하나 또는 다른 방식이건, 어떤 상호성도, 어떤 조화도, 어떤 동 의도 무한한 불균형을 제거할 수도 없고 그래서도 안 된다. 이러한 불 균형은 실로 우정에서나 사랑에서나 나눔의 조건이다. 혐오뿐 아니 라 증오에서도 말이다. 결과적으로 되돌려줌 없이 그리고 알아줌 없 이 **선사하는** 이러한 불균형에 대한 욕망은 "좋은 합의"를 기대할 수 도 없어야 하고, 보장된, 즉각적이거나 완벽한 이해를 계산할 수도 없 어야 한다. 이는 실로 욕망의 본질을 이루는 것, 곧 피할 수 없는 오해 의 위험을 욕망해야만 한다(219~220/247~248).

"나는 당신을 사랑한다"라는 선언은 그 운명을 보장받을 수 없는 데, 감정은 변화가능하고 타자가 이에 화답하지 않을 수도 있기 때문이다. 내가 주장하고 싶은 것은 그런 보장없음이 욕망의 **본질**에 속한다는 것이다. 데리다에 따르면, 사랑의 선언은 그것을 변화가능성으로부터 면제시킬 보장을 기대할 **수도 없을** 것이고, "무엇보다도 타자에게 말을 걸 수 있는 가능성을 미리 파괴하게 될 그러한 보장에 의존하기를 **원하지 않아야** 하며, 또한 의존하지 **않고자 욕망해야** 한다"(219/247). 나의 주장은 이러한 욕망의 논리가 시간의 공간내기를 하나의 구성적인 조건으로 사고하는 것으로부터 따라 나온다는 점이다. 시간의 공간내기는 모든 순간에 변화의 가능성을 개방하고 보장없음을 모든 관계에 있어 본래적인 것으로 만든다. 만약 사랑받는 자가 나에게 무엇을 할지 확신한다면, 나는 그 또는 그녀 또는 그것을 욕망하지 않을 텐데 거기에는 타자와 관계할 어떤 시간이나 공간도 없을 것이기 때문이다. 타자에 대한 욕망은 결코 불변자에 대한 욕망일 수 없는데, 타자는 본래적으로 변화가능한 자이기 때문이다.

함께 존재함의 가능성은 이처럼 버림받음의 위험으로부터 분리불가능하다. 이러한 이중 구속은 가설적으로라도 해소될 수 없는데, 필멸성은 우리가 욕망하는 모든 것**과** 욕망하지 않는 모든 것 모두의 조건이기 때문이다. 근본악 개념에 입각하여, 이는 증오와 혐오뿐 아니라 우정과 사랑을 발생시킨다. 데리다가 『우정의 정치』의 다른 곳에서 다음과 같이 쓰듯이 말이다. "나는 오직 어떤 **필멸자**와만 우정의 관계로 진입할 수 있을 뿐 아니라, 최소한 소위 폭력적인 죽음——즉, **어쩌면 나에 의해** 죽임당할 수 있음에 노출된 필멸자만을 우정 속에서 사랑할 수 있다. […] 사랑 또는 우정 속에서 사랑함은 언제나 다음을 뜻한다. 나는 당신을 죽일 수 있고, 당신은 나를 죽일 수 있고, 우리는 우리 자신을 죽일 수 있다"(122/143). 그래서 욕망의 대상인 선과 두려움의 대상인 악은 동일한 원천을 갖는데, 욕망하는 어떠한 선이든 간에 필멸적이기 때문이다.

급진적 무신론의 논리에 따라, 나는 데리다의 사유를 종교적인 틀에 동화시키려는 모든 시도들이 어떻게 잘못되었는지를 보여 줄 것이다. 지난 20년간 탈구축에 관한 신학적 설명을 제공하는 연구들이 급증했다. 이러한 독해들은 믿음, 메시아성, 신과 같은 개념들에 관여하는 데리다의 후기 저작들에서 명백히 종교적인 용어들이 증가하는 것을 구실로 삼았다. 그러나 나는 데리다가 급진적으로 무신론적인 욕망관에 따라서 이러한 개념들을 뒤집어서 독해한다고 주장할 것이다.

욕망에 관한 물음은 존 D. 카푸토의 널리 영향력 있는 책인 『자크 데리다의 기도와 눈물: 종교 없는 종교』의 핵심에 있다. 이 주제에 관한 카푸토의 여러 다른 텍스트들 및 카푸토의 저작을 고찰하는 두 권의 논문집들과 더불어, 『기도와 눈물』은 카푸토를 데리다 연구에서 종교적 전회에 관한 가장 강력한 지지자로 만들었다.[8] 데리다에 대한 종교적 독해에 대한 나의 논박은 주로 카푸토에 초점을 맞출 것인데, 이는 그의 영향력 때문뿐 아니라 그가 탈구축을 종교와 양립가능하게 만드는 시도에 있어서 가능한 한 멀리 나아갔기 때문이다. 카푸토가 체

---

8) *The Prayers and Tears of Jacques Derrida*와 더불어, 카푸토의 책들 *Against Ethics*; *Deconstruction in a Nutshell* 및 *On Religion*도 보라. 카푸토는 또한 그가 공동 편집한 데리다와 종교에 관한 책들에 글들을 기고했다. *God, the Gift and Postmodernism*; *Questioning God*; *Augustine and Postmodernism*을 보라. 카푸토의 저작에 할애된 두 권들은 *Religion With/Out Religion*, ed. James H. Olthuis와 *A Passion for the Impossible*, ed. Mark Dooley이다. 카푸토를 따르는 데리다에 대한 추가적인 연구들로는 Hugh Rayment-Pickard, *Impossible God*; Theodore W. Jennings, *Reading Derrida/Thinking Paul*; James K. A. Smith, *Jacques Derrida*를 보라.

계적으로 데리다를 오독한다는 것은 탈구축의 급진적 무신론을 증명해 준다. 실로 나는 데리다의 저작이 카푸토의 기본 전제를 논박함을 보여 줄 것이다.

카푸토의 저작에서 중심적인 주장은 탈구축과 종교가 욕망 또는 "정념"에 관해 동일한 관점을 공유한다는 것이다. 그래서 카푸토가 탈구축과 부정신학의 관계에 대해 논의할 때, 그는 부정신학에 대한 데리다의 되풀이되는 반론들을 주목하긴 하지만, 카푸토에게 이러한 반론들은 단지 이야기의 시작일 뿐이지 끝이 아니다. 카푸토에 따르면, 부정신학 비판은 부정신학에 관한 데리다의 논의 가운데 "첫 번째의 예비적이고 단지 부정적인 측면"과 관련된 것으로, 이는 부정신학을 추동하는 욕망에 대한 긍정이 그것을 대체한다. "'탈구축은 부정신학이 아니요'라고 말할 때마다 그것이 긍정하는 것을 긍정하면서 '예'라고 말한다. 탈구축은 부정신학이 욕망하는 것을 욕망하고 부정신학의 정념을 공유한다."[9] 카푸토의 주장은 [우리 논의의] 시작을 위한 좋은 장소인데 부정신학과 탈구축의 욕망관에 대한 비교가 후자의 급진적 무신론을 드러내기 때문이다.

카푸토의 주장과 반대로, 부정신학은 탈구축이 긍정하는 것에 대해서 '아니요'라고 말한다. 탈구축에서 긍정되는 필멸적 삶에 대한 욕망은 정확히 부정신학에서는 폄하되는 욕망이다. 역사상 가장 영향력 있는 부정신학자들 중 한 사람이자 카푸토의 주요 준거가 되는 마이스터 에크하르트의 저작은 하나의 엄밀한 사례를 제공한다. 에크하르트

---

9) Caputo, *The Prayers and Tears of Jacques Derrida*, 3. 본문에서 카푸토에 대한 모든 페이지 인용은 이 책에 준거한다.

에게 최고의 덕은 "모든 피조물로부터의 절대적인 초연함detachment"인데, 필멸적 피조물에 대한 욕망은 신의 절대적인 충만함 속에서의 휴식과 양립불가능하기 때문이다.[10] 신은 스스로에서, 절대적인 현전 속에서 주어지며 그래서 신에게는 "어떤 것도 과거가 아니고 어떤 것도 미래가 아니다"(93).[11] 반대로 필멸적 피조물을 욕망하는 것은 결코 그 자체일 수 없고 돌이킬 수 없는 과거와 예측불가능한 미래와의 관계에 의해 구성되는 어떤 것을 욕망하는 것이다. 에크하르트의 유명한 초연함Gelâzenheit 개념은 정확히 유한한 것과의 그러한 끈으로부터 스스로를 떼어내는 것에 관련된다. 초연함은 사물들이 그 자체로 있도록 하고 신의 무시간적인 현전에 접근하기 위해서, 있었던 것과 있을 것에 관해서 사람들이 벗어나도록 기능한다. 핵심적인 운동은 시간적인 것으로부터 멀리 욕망을 이끄는 것이고 변화가능한 존재들의 운명에 무심하게 되는 것이다.

절대적인 초연함 속에 있는 사람은 어떤 시간적인 것도 그에게 영향을 줄 수 없고 어떠한 필멸적인 사물도 전혀 의식하지 않는 영원으로 들어가게 된다. 세계는 그에게 완전히 죽은 것인데, 그는 세상의 어떠한 것에도 애호를 갖지 않기 때문이다. […] 진정한 초연함은 미풍이 부는 거대한 산처럼, 일어나는 일, 기쁨과 슬픔, 명예와 불명예에 의해 거의 흔들리지 않는 마음을 뜻한다. 그런 부동의 초연함은 한 사람을

---

10) Eckhart, "Detachment", in *The Best of Meister Eckhart*, 88. 이어지는 페이지 인용은 본문 속에 주어진다.

11) Eckhart, Sermon 25, in *Meister Eckhart: A Modern Translation*, 212~217을 보라.

최고로 신적인 것으로 만든다. 신이 신인 것은 부동의 초연함 때문이다. 신은 그의 순수함과 단순성과 불변성을 초연함에서 취한다. 만약, 그렇다면 한 사람이 신처럼 된다면, 어떤 피조물도 신을 닮을 수 있는 한, 이는 초연함에 의한 것일 터이다. 이는 순수성으로, 순수성에서 단순성으로, 그리고 단순성에서 부동성으로 이끈다(91).

그렇다면 에크하르트에게, 최고의 것은 **아무것도 일어날 수 없는** 휴식의 상태일 것이다. 만약 무언가가 일어날 수 있다면, 모든 것이 휴식을 취하는 것을 막는 시간의 이행에 대한 노출이 존재한다. "아무리 사소한 것일지라도 어떠한 사건이건 간에 초연함에 대해 항상 어떤 곤란을 야기할 것이다"(90). 절대적인 초연함은 오히려 "스스로 안에 머무는" 정지이고, 에크하르트는 "아무리 탁월한 것이라도 스스로의 밖으로 나가는 것이 가만히 머무는 것보다 낫지 않다"(89)고 강조한다. 그래서 인간은 신처럼 절대적으로 고요해지게 되는 것을 목표로 해야 하는데, 신에게 아무것도 일어날 수 없는 까닭은 바로 그가 시간으로부터 면제되어 있기 때문이다.

에크하르트의 이상은 부정의 부정으로서 신이라는 그의 정의에 요약되어 있다.[12] 유한한 존재에는 필연적으로 부정이 깃들어 있는데, 그것의 존재는 그것이 있지 **않을** 수도 있음을 함축하기 때문이다. 신은 부정의 부정인데, 유한한 존재는 신의 절대적인 충만함 속에서 부정되기 때문이다. 동일한 논리가 욕망에 대한 물음에 적용된다. 인간

---

12) 신에 대한 이러한 정의에 대해서는 Eckhart, Sermon 21, in *Meister Eckhart: A Modern Translation*, 281을 보라.

은 신과 더불어 있는 자가 되기 위해서 유한한 존재자들에 대한 욕망을 부정해야만 한다.

그래서 에크하르트는 절대적 면역이라는 종교적 이상에 관한 하나의 명료한 판본을 정식화한다. 그는 존재의 술어가 시간적 유한성을 함축하는 한에서 신을 술어화하는 것을 거부한다. 모든 존재자는 사라질 수밖에 없고 스스로의 내부에 어떤 자기면역적 위협으로서 자신의 죽음을 품고 있다. 그러므로 신이 하나의 존재자가 아니라고 말하는 것은 그를 유한성으로부터 면역된 이로 만드는 한 가지 방식이다.

그러나 만약 에크하르트의 텍스트를 자기면역의 탈구축적 논리와 더불어 접근한다면, 우리는 신의 이상적 면역성을 그와 반대로 독해할 수 있다. 에크하르트는 절대적인 현전과 절대적인 충만함으로서의 신 개념에 찬동하지만 또한 그것이 절대적 부재와 절대적 공허와 분리불가능함을 보여 준다. 신은 무인데, 유한한 모든 것(말하자면 모든 것)이 신으로부터 제거되어야만 하기 때문이다. 에크하르트가 신의 형언할 수 없는 완벽함의 이름 속 역설을 긍정하는 반면, 탈구축의 논리는 우리로 하여금 이 역설을 반대 방향으로 읽을 수 있게 해 준다. 만약 신이 무로서만 상상될 수 있다면, 이는 그가 형언불가능하기 때문이 아니라 신의 순수 생명이 다름 아닌 순수 죽음뿐일 것이기 때문이다. 에크하르트 자신은 신과의 통일로의 길(부정적인 길)$^{via\ negativa}$이 조물주 신을 위하여, 유한한 존재자들과의 모든 끈에 대한 내적인 "파괴"를 통해서 달성될 수 있다는 점에 있어 매우 분명하다. 초연함의 대상은 "절대적으로 무^{nothing}"(95)가 되어야만 하는데, 어떤 것^{something}인 모든 것은 피조물이고 필멸적이기 때문이다.

완벽한 무관심은 피조물들에 관심을 보이지 않는다. 그것은 비천함도 고귀함도 없는 것이다. 그것은 아래에 있거나 위에 있는 것에 관심을 갖지 않는다. 그것은 스스로의 주인이 되고자 하는 의도이고, 누구를 사랑하지도 미워하지도 않고, 이것이나 저것을 갖지도 않고 어떠한 피조물과도 닮거나 닮지 않게 되는 것이다. 그것이 되고자 하는 유일한 것은 동일자이다. 그러나 그것은 이렇게 되거나 저렇게 되는 것에 관해 아무런 욕망도 갖지 않는다. 이것이나 저것인 그는 어떤 것이다. 그러나 무관심은 절대적으로 무이다(90).

에크하르트는 여기서 그의 욕망관에 따를 때 "최고"인 절대적 면역을 서술한다. 그러나 우리가 자기면역의 논리를 따른다면, 우리는 이것이 "최악"임을 볼 수 있다. 내가 주장했듯이, 유한성의 자기면역에 대한 어떤 치유책도 있을 수 없는데, 죽음의 위협은 욕망되는 무엇 **속에** 놓여 있기 때문이다. 이러한 유한성의 자기면역은 데리다가 근본악이라고 부르는 것에 해당한다. 근본악은 사랑과 증오, 매혹과 두려움 모두를 재촉한다. 데리다에게, 그런 근본악은 극복하는 것이 바람직한 하나의 부정적인 궁지가 아니다. 오히려 근본악에 대한 해독제가 될 절대적인 선은 절대적인 악과 동일한데, 그것은 어떤 것이 존재할 가능성을 파괴할 것이기 때문이다. 동일한 논리가 에크하르트의 추론에서 명백하지만, 그는 반대의 결론을 이끌어 낸다. 증오가 사랑에 본래적임을 고려하면, 에크하르트는 사랑과 증오 모두를 부정하고 있다. 그리고 이것이나 저것에 대한 욕망이 유한자에 대한 욕망임을 고려하면, 에크하르트는 이것과 저것에 대한 욕망 모두를 부정하고 있다. 에크하르트의 입장은 확실히 일관적인데, 왜냐하면 모든 것에 본래적인 어떤 자기면역적인 위협이 있다면, 절대적 면역을 갖는 유일한 방식은 모든 것을 부정하는 것이기 때문이다. 그러나 급진적으로 무신론적인 주장은 **우리가 절대적 면역을 원할 수 없다**는 것이고 그것이 결코 욕망의 목표인 적도 없었다는 것이다.

에크하르트에게 문제는 실로 욕망이 신의 절대적인 무로 향해 있지 **않다**는 것이다. 욕망은 차라리 필멸적 삶에 대한 욕망이다. 만약 사람들이 필멸적 존재자들에 대해 **관심**을 갖지 않는다면, 필멸적 존재자들로부터의 **무관심**을 설교할 이유가 없을 것이기 때문이다. 에크하르트는 어떻게 필멸적 욕망의 매혹이 신이라는 가장 순수한 개념에서도 작동 중인지에 주목한다. 창조된 존재자들로서 인간뿐 아니라 사유의 대상으로서 신 또한 부정적인 길^{via negativa}에서 제거되어야만 한다. 우리는 **사유**될 수 있는 신에 안주해서는 안 되는데 왜냐하면 사유가 사라질 때 신 또한 사라질 것이기 때문이다.[13] 대신, 에크하르트는 그에게서 신을 제거해 달라고 기도하는데, 그가 "신"에 대해 형성할 수 있는 모든 개념들은 필멸성의 제약들하에 있기 때문이다.[14]

---

13) Eckhart, "Counsels on Discernment", in *Meister Eckhart: Sermons and Treatises*, 2: 253을 보라. 또한 에크하르트의 "우리는 형식을 버려야 하고 형식 없는 본질과 통일되어야 하는데, 이는 신의 정신적인 위안은 무형의 것이고 모든 필멸적인 위로들을 경멸하는 사람들에게만 주어지기 때문이다"("Detachment", in *The Best of Meister Eckhart*, 97)라는 언급을 보라.

14) Eckhart, Sermon 28, in *Meister Eckhart: A Modern Translation*, 231을 보라. 에크하르트의 논고 "The Kingdom of God"의 다음과 같은 주장도 보라.
"영혼이 그 신을 상실해야만 한다고 말하는 것은 이상하게 들릴 수 있지만, 나는 어떤 점에서는 영혼이 신을 상실하는 것이 피조물들을 잃는 것보다 완전성에 대하여 더욱 필수적임을 긍정한다. 모든 것은 사라질 수밖에 없다. 영혼은 절대적인 무 속에 존속할 수밖에 없다. 영혼이 그 신을 상실해야 한다는 것은 신의 완전한 의도인데, 왜냐하면 영혼이 신을 소유하며 의식하고 아는 한, 영혼은 신으로부터 떨어져 있기 때문이다. 신은 영혼이 스스로를 상실하기 위해, 영혼 속에서 신 자신을 소멸시키길 바란다. 왜냐하면 저런 신은 피조물로부터 취해 동일한 논증을 신이나 천사에 대한 아름다운 서술에 대해 경고한 위-디오니시우스에서도 찾을 수 있다. 만약 우리가 아름다운 이미지를 바라본다면, 필멸적인 감각의 수준에 머물게 되고 신 자신보다는 소멸하게 될 이미지들에 더 애착을 갖게 될 위험이 있다. 그래서 모든 이미지들이 신에게 부적합하다는 것을 그리고 신성의 "비물질적인 실재"에 접근하기 위해 감각들에 호소하는 모든 것을 넘어서야만 함을 상기시키기 위해서는, 신을 벌레나 어떤 다른 혐오스러운 것으로 표상하는 것이 더 낫다는 것이다.[15] 극복되어야만 하는 것은 위-디오니시우스가 "순간적인 것과 함께 살아가려는 만성적인 충동, 감각에 의해 찬양받는 무엇이든 그것과 더불어 남으려는 살아 있는, 지배적 열망"(151)이라고 서술하는바 물질적인 것에 대한 욕망이다.

반대로 데리다에게 이는 내부로부터의 면역이라는 종교적 이상을 반박하는 것인 필멸적 생명에 대한 구성적 욕망을 사고하는 문제이다. 만약 필멸적인 것만을 욕망할 수 있다면, 불멸성을 욕망할 수는 없는데 이는 **필멸자로서** 필멸자를 제거할 것이기 때문이다. 그래서 나는 데리다가 가장 종교적인 관념들도 그것들에 대항하여 읽기 위해 필멸적 삶에 대한 욕망에 의지했음을 보여 줄 것이다. 데리다에게 메시아적인 희망은 시간적인 생존에 대한 희망이고, 믿음은 항상 유한한 것 안에서의 믿음이며, 신에 대한 욕망은 다른 모든 욕망과 마찬가지로 필멸

진 신이기 때문이다. 영혼이 하나의 피조물이 되었을 때 그는 하나의 신을 획득한다. 영혼이 그의 피조물임을 잃게 되었을 때, 신은 그 자신인 바대로 스스로에게 머물고, 영혼은 신으로부터 벗어나 그를 스스로에게 놓아둘 때 신을 명예롭게 한다"(Eckhart, *Meister Eckhart*, ed. Pfeiffer, 274).

15) Pseudo-Dionysius, *The Celestial Hierarchy*, in *Pseudo-Dionysius: The Complete Works*, 151~152를 보라.

자에 대한 욕망이다.

[이것들의] 공통분모는 욕망이 **불가능한 것**에 대한 욕망이라는 데 리다의 주장이다. 불가능한 것에 대한 욕망은 카푸토에게 매우 중심적인데, 그는 불가능한 것이 "탈구축의 종교적 열망"(xxi)을 증명한다고 주장한다. 카푸토에 따르면, "불가능한 것, 불가능한 것에 감격한 존재는 종교적인 것이고, 종교적인 열정이다"(xx). 그러나 이러한 주장은 데리다가 불가능한 것으로 의미하는 바에 대한 근본적인 오해에 기반하고 있다. 카푸토는 신약에서 예수의 진술을 인용하고 종종 언급한다. "필멸자에게는 불가능한 것이되 신에게는 그렇지 않으니 신에게는 모든 것이 가능하기 때문이다"(「마가복음」 10:27).[16] 이 진술은 데리다에 대한 카푸토의 체계적인 오독의 모체이다. 데리다가 어떤 것이 불가능하다고 쓸 때, 카푸토는 이를 우리 필멸자에게는 불가능하지만 신에게는 그렇지 않음을 뜻하는 것으로 간주한다. 카푸토는 "신과 더불어서는 모든 것이 가능하고, 무엇보다 **유일하게**the 불가능한 것도 가능하다"(114). 그리고 다시 "신과 더불어서는 모든 것이 가능한데, 심지어 **유일하게** 불가능한 것도 가능하다"(133). 불가능한 것에 대한 데리다의 열정은 이처럼 종교적인 열정에 해당하고 특히 카푸토가 정의와 선물에 관한 데리다의 저작들에서 발견하는 예언자적 종말론의 열정에 해당한다. 카푸토에게 절대적인 정의는 우리의 현존하는 법적 질서 안에서는 불가능하지만 "신이 지배하는 신의 왕국"(224)에서는 그렇지 않다. **우리의** 법적 체계들은 항상 다소간 불의하지만, 그의 왕국

---

16) 카푸토는 이 구절을 *On Religion*, 7에서 인용하고, *The Prayers and Tears of Jacques Derrida*에서 이를 반복해서 언급한다.

에서 신은 "우리의 모든 눈물을 헤아릴 것"(113)이며 "정의가 땅 위에 강물처럼 흐르"고 "정의가 '신의 자식들 모두에게' 도래하게 할"(114) 것이다. 유사하게, 카푸토는 우리가 순수한 선물을 주는 것은 불가능하지만, 신에게는 가능하다고 말한다. "신은 사랑이고 신이 주는 것은 최고의 것인데, 왜냐하면 신의 의지, 신의 마음은 처음부터 끝까지 선한 것이기 때문"(225)이고, "모든 선한 선물은 신으로부터 오는 것이다"(229).

설령 우리에게 접근불가능하다고 해도, 불가능한 것은 이처럼 우리가 욕망하는 어떤 이상적 가능성으로 나타난다. 우리가 욕망하는 것은 우리의 필멸성을 고려할 때 불가능한 것이지만, 우리는 신의 왕국에서 그것이 가능해지는 것을 꿈꾼다. 그러한 불가능한 왕국의 꿈은 절대적인 면역의 꿈으로, 거기서 선은 악에 면역이 될 것이고, 정의는 부정의에 면역될 것이며, 선물은 독에 면역될 것이다.

카푸토의 불가능성 개념이 교훈적인 이유는 그것이 데리다의 불가능성 개념의 대립물이기 때문이다. 데리다가 불가능성이라고 부르는 것은 신의 왕국과 같이 우리의 인간적인 한계들 때문에 도달불가능한 어떤 것을 지시하는 것이 아니다. 데리다는 불가능한 것은 접근불가능한 이상이 **아니**라는 점을 명시적으로 강조한다. 이는 차라리 "부인할 수 없이 가장 **실재적인 것**"이다.[17] 불가능한 것은 도달불가능한 이상이 아니라 부인할 수 없이 가장 실재적인 것인데, 그것이 모든 것을 그 내부에서 분할하는 시간의 공간내기에 해당하기 때문이다. 시간

---

17) Derrida, *Rogues*, 84/123, 동일한 정식이 "Autoimmunity: Real and Symbolic Suicides", 134에서 발견된다.

의 공간내기는 X를 **가능**하게 만드는 한편 X가 그것 자체로 되는 것을 **불가능**하게 만든다. 그러한 공간내기는 절대적 면역이라는 종교적 이상과 완전히 양립불가능하다. 데리다가 「신앙과 지식」에서 쓰듯이, 시간의 공간내기는 결코 종교로 진입하지 않았던 것이 될 것이며 결코 스스로를 신성화되고, 축성祝聖받고, 인간화되고, 신학화되도록 하지 않을 것이며 [⋯] 안전하고 건전한 것, 신성하고 성스러운 것과 급진적으로 이질적인 것으로서, 그것은 어떠한 **무손화/보상**indemnification도 허용하지 않는다(58/34/국역 109).

시간의 공간내기는 어떤 것이 그 자체로 선하게 되는 것을 불가능하게 만드는데, 이는 처음부터 변화와 타락의 가능성을 개방하기 때문이다. 존재 자체의/그 자체로 존재하기의 불가능성은 전통적으로 우리가 극복하기를 바라는 부정적인 궁지로서 이해되어 왔다. 그러나 데리다의 급진적으로 무신론적인 논증은 존재 자체의/그 자체로 존재하기의 불가능성이 부정적인 궁지가 **아니**라는 것이다. 그가 간결한 정식으로 말하듯이, "무엇을 가능하게 만드는 것은 바로 그것이 가능하게 만든 것을 불가능하게 만들고 ──그것의 기회로서── 어떤 부정적이지 않은 기회를, 어떤 파멸의 원리를 그것이 약속하거나 촉진하고자 한 그것에 도입한다".[18] 그래서 가능한 것과 불가능한 것 사이의 대립은 없다. 우리가 불가능한 것을 욕망한다는 것은 우리가 가능한 것 위에 또는 너머에 있는 어떤 것을 욕망함을 의미하지 않는다. 반대로, 이는 우리가 욕망하는 어떤 것이든, 그것을 그 자체로 존재하는 것을 불

---

18) Derrida, "As if It Were Possible, 'Within Such Limits'", 361/308. 이어지는 페이지 인용은 본문 속에 주어진다.

가능하게 만드는 시간적 유한성에 의해 구성됨을 의미한다.

가능화possibilization는 자신이 그 불가능성의 유령, 자기 자신에 대한 애도의 유령에 사로잡히는 것을 허락한다. 자신의 내부에서 이루어 지는 자기-애도는 그것에 생명이나 생존, 그 가능성 자체를 또한 선 사한다. 이러한 **불가능성**은 그 가능성을 열고, **그 안에서** 그것을 가능 하게 만드는 어떤 흔적 ─ 기회와 위협 ─ 을 남긴다(359/305).

우리가 욕망하는 것의 기회는 그것을 상실한다는 위협으로부터 분리불가능하다. 데리다는 이러한 이중 구속을, **생존**의 문제로서 생명 에 연결함으로써 가장 기본적인 수준에 위치시킨다. 생존의 운동에는, 과거에 상실된 것과 미래에 상실될 것과의 관계 모두에 있어서 필연 적으로 애도가 출몰한다. 데리다가『우정의 정치』에서 쓰듯이, 생존은 "애도, 곧 우리가 결코 그 가능성을 기다릴 수 없는 애도의 다른 이름 이다. 왜냐하면 애도 없이는 생존할 수 없기 때문이다"(13/31). 데리다 는 계속해서 이러한 "생존의 동어반복"이 "모든 살아 있는 존재의 극 복할 수 없는 동어반복"이고 "신조차도 속수무책일" 것이라고 구체화 한다(14/31). 그래서 생명 자체의 운동에 기입된 생존의 법칙에는 **예외 가 없다.** 살아가는 것은 필연적으로 생존의 시간을 긍정하는 것인데, 이는 시간이라는 것이 일차적으로 계속 살아갈 가능성을 선사하는 것 이기 때문이다. 그러나 살아가는 것은 또한 생존의 시간을 두려워하는 것인데, 이는 시간이 언제나 누군가 죽을 수 있거나 사랑받는 사람의 죽음을 애도하도록 남겨질 것이라는 점을 함축하기 때문이다.

데리다의 불가능성 논리는 시간적 생존의 이중 구속이 이상적으로라도 해소될 수 없음을 상술한다. 존재 자체의/그 자체로 존재하기의 불가능성은 필연적인데, 이는 "도래하거나 일어나는 것에 대한 노출"에 해당하고, "이러한 노출(욕망, 개방성, 그러나 또한 두려움)이야말로 개방해 주는 것이며, 스스로를 개방해 주는 것, 우리를 시간에 개방해 주는 것, 우리에게 도래하는 것에, 우리에게 도착하거나 일어나는 것에, 사건에 개방해 주는 것"이기 때문이다.[19] 불가능한 것은 이처럼 내내 일어나는 것이다. 이는 시간성의 조건인 존재 자체의/그 자체로 존재하기의 불가능성을 가리킨다. 이러한 존재 자체의/그 자체로 존재하기의 불가능성은 결여가 아닌데, 만약 존재가 그 자체로 주어진다면 **어떤 것도 일어날 수 없을** 것이기 때문이다. 오히려, 존재 자체의/그 자체로 존재하기의 불가능성은 우리가 욕망하는 모든 것의 가능성과 우리가 두려워하는 모든 것의 위험을 개방한다.

그래서 우리는 어떻게 카푸토가 불가능성의 역설을 잘못된 방향으로 읽고 있는지를 알 수 있다. 데리다에게 존재 자체의/그 자체로 존재하기의 불가능성은 모든 것의 가능성을 개방한다. 불가능한 것은 불가능하게 남아야만 하는데, 존재 자체의/그 자체로 존재하기의 불가능성만이 어떤 것이 일어나도록 허용하기 때문이다. 역으로, 만약 불가능한 것이 가능해진다면(카푸토의 신의 왕국에서처럼), 모든 것이 불가능해질 텐데 이는 어떤 것도 일어날 수 없기 때문이다.

앞선 장들에서 나는 어떻게 불가능성의 논리가 정의와 선물에 관한 데리다의 분석들을 형성하는지에 관해 보여 주었다. 선물은 불가능한데 이것이 시간의 선물이기 때문이다. 시간은 선물을 가능하게 하는

---

19) Derrida, "Autoimmunity: Real and Symbolic Suicides", 120(국역 220).

데, 시간적이지 않고는 아무것도 주어질 수 없기 때문이다. 그러나 시간은 또한 선물이 그 자체로 주어지는 것을 불가능하게 만드는데, 시간적인 것은 결코 그 자체일 수 없기 때문이다. 그래서 가장 욕망할 만한 선물조차 독이 될 위험을 무릅써야만 하는데, 이는 그 자신의 변화로부터 면제될 수 없기 때문이다. 만약 좋은 선물의 이러한 불가능성이 극복될 수 있다면—예컨대, 신의 왕국에서처럼—, 선물이란 없을 것인데 왜냐하면 시간이 없을 것이기 때문이다. 카푸토가 신의 왕국에서 어떻게 불가능한 선물이 가능해지는지에 대해 서술할 때, 그는 이처럼 선물의 조건이 취소된다고 서술한다. 만약 선물이 모두 좋은 것이라면(이것이 카푸토가 신의 선물을 어떻게 생각하는지를 보여 준다) 이는 주어질 수 없는데, 왜냐하면 폭력적 상실과 타락의 가능성을 여는 시간적 간격 없이는 아무것도 주어질 수 없기 때문이다.

유비적으로, 데리다는 시간의 도래 없이는 정의도 있을 수 없다고 주장한다. 시간의 도래는 정의를 가능하게 하는데, 법의 일반성에 도전하는 예측불가능한 사건들 없이는 정의에 관한 물음도 없을 것이기 때문이다. 그러나 같은 이유로, 시간의 도래는 절대적 정의를 불가능하게 하는데, 그것이 정의롭지 못한 결단들을 내렸거나 내렸던 것이 될 위험을 개방하기 때문이다. 데리다가 시간의 도래가 정의의 탈구축 불가능한 조건이라고 주장할 때, 그는 이처럼 정의 자체의 핵심에 타락, 악, 피해의 가능성을 기입하는 것이 "탈-총체화적 조건"임을 강조한다.[20] 만약 절대적 정의의 이러한 불가능성이 극복될 수 있다면, 모든 정의는 제거될 것이다. 따라서 신의 왕국에서 불가능한 정의가 어

---

20) Derrida, *Specters of Marx*, 28/56. 또한 1장에서의 나의 분석을 보라.

떻게 가능해지느냐에 관한 카푸토의 설명은 정의의 바로 그 가능성을 취소하고 만다. 신이 우리의 모든 눈물을 헤아리고 모두에게 정의롭기 위해서는, 그는 모든 이와 모든 것을 포괄할 수 있는 하나의 총체화하는 심급이어야 할 것이다. 만약 그가 총체화하는 심급이 아니라면, 그는 다른 이들을 대가로 어떤 이들에 주목해야 할 것이고 차별의 부정의를 범하게 될 것이다. 그래서 절대적 정의는 시간의 도래와 양립불가능한데, 시간의 도래는 어떠한 총체화도 초과하기 때문이다. 그러나 마찬가지로 절대적 정의는 애초에 아무것도 정의에 대한 관심을 야기하게 될 수 없음을 함축한다. 카푸토가 지적하듯이, 신의 왕국에서 내일에 관해 걱정할 이유란 없는데, 신은 우리가 필요로 하는 모든 것을 제공할 것이기 때문이다.[21]

반대로 데리다의 논변은 부정의로부터 면역된 절대적 정의나 독으로부터 면제된 선물이 존재하는 것은 완전히 불가능하다는 것이다.

---

21) 카푸토가 "신이 지배하고, 신이 우리에게 오늘 **필요로 하는** 것을 정확하고 충분하게 줄 것이고 우리가 부나 부를 추구할 부담조차 없는 신의 왕국"(224)에 대해 쓰는 *The Prayers and Tears of Jacques Derrida*를 보라. 카푸토에 따르면, "이 왕국은 지금, 오늘"이기에 우리는 내일에 대해 걱정하는 일을 멈추어야만 한다. "네가 무엇을 먹을지 또는 마시거나 입을지에 대해 묻지 않는, 너의 다음 식사가 어디에서 올지 묻지 않는, 직업 안정성을, 의료 보험이나 보장된 주거를 추구하지 않는 그런 광기를 가져라. […] 내일에 대해 생각하는 것을 멈추어라. 내일이 스스로 걱정하도록 내버려두라"(224). 확실히, 카푸토는 신의 왕국에서 "시간"이 있다고 말하지만, "오늘"의 절대적인 심급에서 과거와 미래를 취소하는 것이 이 시간이다. 그래서 그것은 전혀 시간이 아니다. 신의 왕국에 관한 카푸토의 후기 글도 보라.
"왕국의 도래는, 우리를 지탱하는 신의 통치를 위해, 우리 가운데 있는 불안을 잠재운다. 이는 어떤 미래적인 것이라기보다는 **현재적**(presential) 시간, 오늘을 오늘이게 하는 현전화의 시간이다. […] 과거에 당신이 빚진 것은 잊어라. 미래에 당신이 빚진 것도 잊어라. 시간의 사슬을 찢어버리고 오늘을 선물로서 받아들이되, 이를 자유로운 선물, 속박된 시간에 대립되는 것으로서 자유로운, 열려 있거나 해방된 시간이라고 하자. 그 안에는 어떤 새롭고도 해방적인 것이, 우리와 더불어 있는 지금 및 과거와 미래로부터 우리를 해방시켜 주는 지금을 개시했다"(Caputo, "Reason, History, and a Little Madness", 99, 101).

이러한 불가능성은 부정적인 것이 아니라, 모든 정의나 선물의 가능성이다. 정의는 부정의에 열려 있어야만 하고 선물은 독에 열려 있어야만 하는데, 정의도 선물도 그 자체로 주어질 수 없는 것이기 때문이다.

카푸토가 욕망할 만한 것으로 삼는 절대적 면역은 이처럼 단순히 도달불가능한 것이 아니다. 오히려 그것은 생명 자신의 자기면역적 개방을 폐쇄할 것이기 때문에 **욕망할 만한 것이 아니다**. 데리다의 종교적인 독자들은 필연적으로 욕망의 이러한 논리를 평가하는 데 실패하는데, 이는 가장 욕망할 만한 것(최고)이라는 그들의 이상이 가장 욕망할 만한 것이 아니라는 것(최악)을 보여 주기 때문이다. 하나의 두드러진 예는 카푸토와 더불어 탈구축을 종교에 부응하도록 하는 시도에 있어 주요한 인물이었던 리처드 커니이다. 커니는 (카푸토 판본의) 탈구축을 대개 승인하지만, 그는 우리를 쟁점의 핵심으로 데려가는 한 가지 비판적인 물음을 제기한다.[22]

커니는 "타자"의 도래에 대한 무조건적인 개방성이 존재한다는 데리다의 주장으로부터 출발한다. 우리가 본 것처럼, 데리다는 도래하는 타자는 누구든 또는 어떤 것이든 될 수 있음을 강조한다. 이것이 바로 커니를 괴롭히는 주장이다. 카푸토를 따라서, 커니는 탈구축이 "오직 한 사람의 도래를 기다린다"[23]고 가정한다. 커니는 오직 한 사람의 도래를 "구원과 해방을 위해 도래할 초월적 신"이라는 개념과 연결시

---

22) 커니의 영향력 있는 책 *The God Who May Be*와 그의 글 "Desire of God"을 보라. 나는 이 글을 인용하지만 동일한 주장들을 *The God Who May Be*의 4장에서도 발견할 수 있다. 커니의 작업을 다루는 논문집 한 권이 최근 출간된 바 있다. Manoussakis, *After God*을 보라.

23) 카푸토의 *The Prayers and Tears of Jacques Derrida*을 보라. "예언적 종교처럼, 탈구축은 오직 한 사람의 도래를 기다린다"(118).

키면서도(「신의 욕망」, 127), 어떻게 그러한 선한 신의 도래가 급진적으로 예측불가능한 미래를 위한 노출과 양립가능한지 우려한다. 카푸토는 두 가지 서로 배타적인 논증들을 전개함으로써 이 문제를 무시한다. 한편으로 그는 정의가 예측될 수 없는 타자와의 관계에 관련된다는 데리다의 주장을 되풀이한다. 다른 한편으로 그는 타자가 항상 "희생자이지, 희생을 일으키는 사람이 아니다. 도래할 '타자'가 찰스 맨슨(미국의 유명한 연쇄살인마)이나 어떤 약탈자 또는 강간범일 수 있다는 것은 결코 옳지 않을 것"[24]이라고 단언한다. 카푸토의 주장은 데리다의 타자성의 논리와 완전히 상반된다. 도래할 타자는 항상 약탈자나 강간범일 수 있는데, 도래하는 타자는 예측될 수도 없고 어느 때라도 그 성격이 변화할 수 있기 때문이다.

　　카푸토와 달리, 커니는 여기에 심각한 문제가 있음을 인지한다. 도래하는 타자가 항상 "어떠한 타자로든 변화할 수 있다"는 것을 고려할 때(데리다가 『이름을 제외하고』에서 쓰듯이), 커니는 어떻게 우리가 "참된 예언자와 거짓 예언자들을, 신을 불러오는 이와 악을 불러오는 이를, 성령과 성스럽지 못한 령을"(127) 구별할 수 있는지 묻는다. 커니에게 핵심은 타자가 선한지 악한지를 "실질적으로 구별"(143)할 수 있게 해주고 그럼으로써 "치유하고 구원하러 온 이"로부터 "훔치고 강간하기 위해 밤에 온 도둑들"(126)을 분리할 수 있게 해줄 기준이 있어야만 한다는 것이다. 그런 기준을 제공하지 않음으로써, 데리다는 "정보를 갖춘 판단, 해석학적 기억, 서사적 상상력 및 합리적 구별에 근거한──어떤 종류의 비판적 식별의 필요"(139)를 과소평가하는 듯 보인

---

24) Caputo, "Discussion with Richard Kearney", 131.

다. 동일한 이유로, 커니는 데리다가 "만약 우리가 결코 (확실히) **알** 수도 없거나 (틀림없이) **볼** 수도 없고 또는 (어떤 일정한 집합의 기준을) **가질** 수도 없을 때"(127) 어떻게 결정을 내릴 수 있는지를 해명하지 않는다고 우려한다.

데리다가 도래하는 타자가 선한지 악한지를 어떻게 구별할 수 있는지에 대한 실질적인 기준을 제공하지 않는 것은 참이다. 그러나 이것이 그가 식별, 재인recognition 및 차별적 결정의 필요를 과소평가함을 의미하지는 않는다. 반대로, 데리다는 그런 행위들이 이를 초과하는 결정불가능한 미래 **때문에** 필수적이라고 주장한다. 타자가 무엇을 야기할지 미리 알 수 없기 때문에, 우리는 식별하고, 재인하며 결정을 내리고자 한다. 만약 우리가 (확실히) 알거나 (틀림없이) 보거나 또는 (어떤 일정한 집합의 기준을) 갖는다면, 우리는 타자가 무엇을 할지 미리 알게 될 것이고 미래를 예측할 수 있을 것이다. 그러나 같은 이유로 하여 결정들에 대한 필요도 없게 될 것이다. 만약 미래가 예측가능하다면, 결정을 내려야 할 것은 아무것도 없을 것이고 애초에 행위의 아무런 이유도 없을 것이다.

모든 재인은 이처럼 가능한 오인에 의해, 모든 식별은 잘못된 식별에 의해, 모든 결정은 이를 의문시할 결정불가능한 미래에 의해 사로잡혀 있다. 커니가 이러한 문제를 완화할 기준을 요구할 때, 그는 우리로 하여금 타자가 선한지 악한지를 **단번에 그리고 최종적으로** 결정하게 해줄 기준을 요구한다. 그러나 그러한 최종적인 식별은 타자와의 관계와는 양립불가능한데, 타자는 항상 변할 수 있기 때문이다. 타자와의 관계에 있어 구조적인 불확실성은 우리로 하여금 타자의 참된 본성에 접근하지 못하도록 하는 어떤 인지적 제한과는 아무런 상관이 없다. 타자의 참된 본성이란 없는데, 타자는 시간적이고 그것이 무엇이 될지 알 수 없기 때문이다. 타자가 최종적으로 식별될 수 없거나 재인될 수 없는 까닭은 그것이 또 다른 영역에 속하는 형언할 수 없는 타자라서가 아니라 그것이 본래적으로 변화가능하고 어떠한 주어진 식별이나 재인이라도 반박할 수 있는 것이기 때문이다.

그래서 데리다는 선한 자로 식별된 타자조차 항상 악이 **될** 수도 있고 "이는 기쁨과 행복의 가장 평화로운 경험에서조차 참"[25]이라고 주장한다. 내가 선한 친구를 초대하고 좋은 시간을 보낼 때조차 "그 경험이 끔찍했을 수도 있다는 것. 단순히 그것이 끔찍했을 **수도** 있다는 것뿐 아니라 그럴 위협 또한 남아 있다는 것. 이 선한 친구가 악마가 될 수도 있다는 것, 도착적일 수 있다는 것. 도착성은 단번에 그리고 최종적으로 배제될 수 있는 어떤 우연이 아니고 경험의 일부"(9)라는 것은 어떤 환원불가능한 조건이다.

여기서 우리는 선의 기회가 악의 위협으로부터 분리불가능함을 강화하는 근본악에 대한 사유로 되돌아간다. 데리다가 말하듯이 "어떤 사건, 심지어 좋은 사건이 일어날 가능성에도 근본악의 가능성이 하나의 가능성으로서 기입되어 있어야만 하"는데, 왜냐하면 "만약 우리가 그런 근본악의 순전한 가능성을 배제한다면, 아무런 사건도 없을 것이다. 우리가 도래할 것에 노출되어 있을 때, 심지어 환대의 가장 관대한 의도 안에서조차도 우리는 도래하는 이가 우리를 죽이려 도래한다는, 악의 형상이라는 가능성을 배제해서는 안 된다"(9). 데리다의 추론에서 **해야만 한다**[must]는 타자에 대해 열려 있어야 한다는 하나

---

25) Derrida, "Perhaps or Maybe", 9. 이어지는 페이지 인용은 본문 속에 주어진다.

의 윤리적 의무를 지시하지 않는데, 이는 선택의 문제가 아니기 때문이다. 타자의 도래에 대한 노출——이는 시간의 도래와 분리불가능한데——은 모든 결정에 앞서고 모든 지배를 초과한다. 우리가 악의 가능성을 배제하지 말아야 하는 까닭은 아무것도 그것 없이는 일어날 수 없기 때문이다. 실로, 데리다의 논증은 단지 아무것도 일어날 수 없다는 것뿐 아니라 또한 악의 가능성 없이는 **아무것도 바람직하지 않다**는 것 또한 함축하는데, 이는 선 자체의 경험에 본래적이기 때문이다. 친구에 대한 그의 예를 따라서, 데리다는 다음과 같이 쓴다. "내가 어떤 좋은 것을 경험할 때, 예컨대 친구의 도래를 경험할 때, 만약 내가 기쁜 놀람과 더불어 행복하다면, 이러한 행복의 경험 속에, 그 안에, 그것의 가능한 도착perversion에 대한 기억 또는 암묵적 준거lateral reference가 현전해야만 한다. 말하자면 그런 도착이 도사리고 있는 것이다. 그렇지 않으면 나는 그 경험을 즐길 수 없을 것이다"(9). 그래서 데리다는 우리가 욕망하는 선에 관한 가장 근본적인 가정을 재형상화한다. 악의 위협은 선의 결여를 증명하지 않는다. 오히려 이는 우리가 욕망하는 어떠한 선에도 내적인 것이다.

근본악의 동일한 논리가 데리다의 **믿음**에 대한 분석을 이끈다. 데리다는 믿음이 타자와의 모든 관계에서 구성적이라고 주장하는데, 타자가 무엇을 할지 **알** 수 없거나 타자가 무슨 생각을 하는지 **볼** 수 없기 때문이다. "나는 타자를 **보지** 않으며, 그 또는 그녀가 무슨 생각을 하는지 또는 그 또는 그녀가 나를 속이길 원하는지를 **보지** 않습니다. 그래서 나는 타자를 신뢰해야만 합니다——이것이 믿음입니다. 믿음은 맹목적입니다."[26] 결과적으로, 믿음은 기만당함에 열려 있어야 하고, 신뢰는 위반됨에 열려 있어야 하며, 타자에게 부여된 신용은 파산에 열려 있어야 한다. 데리다가 『우정의 정치』에서 언급하듯이, "계산가능한 신빙성 및 확실성의 보장과의 ─ 사실은, 지식과의 ─ 이러한 단절은 신뢰 또는 믿음으로서 신임의 구조에 의해 규정된다"(16/34). 믿음은 내가 결코 타자의 의도에 접근할 수 없을 뿐만 아니라 타자가 자체로 변화가능하고 언제든 그 마음을 바꿀 수 있기 때문에 신뢰할 만한 것이 아니다.

변화가능한 것 속에 있는 그러한 믿음 없이는 타자와의 관계도 경험 일반도 있을 수 없다. 경험이 시간의 예측불가능한 도래에 입각해 있기 때문에 우리는 무엇이 일어날지 결코 확실히 알 수 없다. 우리가 무엇을 하든지 간에, 우리는 우리의 희망을 부수고 우리가 욕망하는 것을 파괴할 수도 있는 어떤 미래를 믿는다. 『불량배들』에서 데리다는 "계산불가능한 사건에 대한 이러한 노-출ex-position"이 "그것 없이는 아무런 사회적 유대도, 타자에 대한 부름도, 올곧음이나 정직함도, 명예로운 약속도 그러니까 아무런 명예도, 맹세되어야 할 믿음이나 주어져야 할 서약도 없게 될 바로 그 믿음, 신용 또는 확신의 환원불가능한 공간내기"(153/210~211)임을 강조한다. 이로부터 선과 악 또는 맹세된 믿음과 서약을 깨는 것 사이의 엄격한 대립을 유지할 수는 없다는 것이 따라 나온다. 오히려 데리다는 "이성이 도래할 사건, 무엇 또는 누군가가 도래하는 사건에 대해 스스로를 폐쇄시키지 않자마자", "오

---

26) Derrida, "Hospitality, Justice, and Responsibility", 80. 또한 Derrida, *Memoirs of the Blind*도 보라.

직 최악의 것과 서약을 깨는 것의 무한한 가능성만이 좋은 것, 진실성과 서약된 믿음의 가능성을 선사할 수 있"(153/211)음을 고려하게 됨에 틀림없다고 주장한다.

믿음의 자기면역은 데리다의 종교에 관한 주요 저술 「신앙과 지식」에 중심적이다. 데리다는 여기서 믿음과 절대적 면역(흠없음/성결)이라는 종교적 이상을 구별한다. 양자는 악의 타락으로부터 안전한 절대적인 선에 대한 믿음으로 이해되는 종교적 믿음 개념에서 대개 혼용되었다. 그러나 근본악의 논리는 우리로 하여금 절대적 면역의 종교적 이상을 그것과는 반대로 읽게 해 준다. 선한 것을 믿는 것은 단번에 그리고 최종적으로 신뢰될 수 있는 어떤 것을 믿는 것이 아니다. 반대로, 선한 것이 자기면역적인 것은 악의 가능성이 그 자신의 구성에 있어 본래적이기 때문이다.

자기면역의 위험 없이는 가장 자율적인 살아 있는 현재에서 아무것도 면역적이고, 안전하고 건전하고, **성스럽고** 신성하거나 할 수 없고, 아무것도 흠 없을 수 없다. 늘 그렇듯, 위험은 스스로에게 두 번, 동일한 유한한 위험을 부과한다. 한 번이 아니라 두 번, 즉 위협과 기회를 부과하는 것이다. 이 두 단어로, 그것 없이는 선한 것이 아무것도 아니게 될 근본악의 **가능성**을 떠맡아야만 ─ 누군가는 또한 신뢰해야만 한다고 말할 것이다 ─ 한다(82/71/국역 160).

시간의 분할(항상 "한 번이 아니라 두 번"이 존재하는)은 근본악의 조건을 설명해 준다. 무엇을 믿든지 간에 그것은 스스로 위협일 수도 있는 것을 "신뢰"하도록 요구하는 결정불가능한 미래에 종속된 것이다. 이러한 근본악의 조건은 제거될 수 없는데, 이는 생명 자체의 조건이기 때문이다. 만약 근본악이 제거된다면, 이는 "미래의 폐지"(83/72) 그러니까 생명 자체의 폐지에 이르게 될 것이다.

이렇게 우리는 데리다가 카푸토와 커니의 추론을 이끄는 절대적 면역이라는 종교적 이상을 어떻게 논박하고 있는지 구체화해 볼 수 있다. 그들은 현전의 형이상학을 넘어서서 사유할 것을 주장하지만, 사실 그들의 논변들은 어떤 절대적 현전에 근거하고 있다. 타자가 절대적으로 그 자체로 현전한다는 전제 없이는, 아무것도 타자가 희생자를 만든 이였거나 그렇게 된 것으로 판명될 수 없는 희생자**라**는 카푸토의 단언을 보호해 줄 수 없다. 게다가 타자는 결코 카푸토가 하듯이 "그의 선이 절대적인 타자"일 수 없다.[27] 그런, 절대적으로 선한 타자라는 이상은 또한 커니의 추론을 이끄는 이상이기도 하다. 누가 도래해야 하는가에 대한 그의 모델은 명시적으로 구원과 속죄를 가져올 초월적인 신이다. 만약 도래하는 타자가 단번에 그리고 최종적으로 선한 이여서 우리가 안전하게 치료하러 오는 것과 훼손하러 오는 것을 구별할 수 있다면 그것이 커니에게는 최선일 것이다.

데리다에게는 반대로 그런 선한 신의 도래는 최악의 것일 텐데, 이는 어떠한 최종적인 구원도 위협하고 모든 선한 타자를 악이 되기 쉽게 만드는 시간의 도래를 제거하게 될 것이기 때문이다. 악의 가능성을 배제함으로써, 가정상 타자와의 이상적인 관계로 간주되는 것은 타자와의 모든 관계를 제거하게 된다. 도래할 타자는 카푸토와 커니가 우리가 희망한다고 생각하는 완전히 선한 타자를 **제외하고** 누구든 또

27) Caputo, *Against Ethics*, 91.

는 어떤 것이든 될 수 있는데, 그러한 타자는 스스로를 다른 모든 것과 더불어 취소해 버릴 것이기 때문이다.

그래서 우리는 데리다의 타자에 대한 사유가 어떻게 구원에 대한 종교적 관념을 탈구축하는지 추적해 볼 수 있다. 『불량배들』에서 그는 "구원(안전한 것, 면역된 것, 건강과 안전의 의미에서)으로서 모든 안녕salut으로부터 타자에 대한 인사greeting 또는 인사말salutation로서 안녕salut 개념을 화해될 수 없는 것으로서 분리시킬"(114/160) 것을 제안한다. 더욱이 그는 구원에 대한 바로 그 욕망을 의문시할 것을 제안한다. "타자에 대한, 도래하는 것에 대한 인사 또는 인사말을 환원불가능한 것으로 생각하기 그리고 구원으로서 안녕에 대한 어떠한 추구와도 이질적인 것으로 생각하기"(114/160). 이러한 명제들은, 구원에 대한 종교적 개념이 타자에 대한 개방과 양립불가능함을 강조하기 위해 프랑스어 안녕salut의 자원을 사용하는 데리다 생애의 마지막 십 년간의 다수 텍스트들과 공명한다.[28] 안녕은 어떤 이 또는 어떤 것의 구원salut de/saluation of과 어떤 이 또는 어떤 것에 대한 인사salut à/greeting to 모두를 의미할 수 있다. 데리다는 전자의 의미를 흠없음이라는 종교적 이상과 연결시킨다. 구원으로서 안녕을 받아들이는 것은 악으로부터 완전히 면역되는 것, 어떤 가능한 해로부터도 안전한 것이 되는 일이다. 반대로 인사로 안녕을 전하는 것은 언제나 해를 끼치거나 악을 행할 수 있는 타자에 스스로를 개방하는 것이고 어떤 구원도 위협하는

---

28) 안녕은 1996년에 처음으로 출간된 다음 다섯 가지 텍스트들에 나타난다. *Monolingualism of the Other*; "Faith and Knowledge"; "Dead Man Running'"; "How to Name"; "Avances." 이는 이어지는 몇몇 텍스트들, *On Touching; H.C. for Life; Chaque fois unique, la fin du monde*에서도 되풀이된다.

상실의 가능성을 개방하는 것이다. 데리다가 설명하듯이, 인사 안녕은 "마주침 또는 분리의 순간에, 헤어짐이나 다시 만남의 순간에"발언되고 "매번 이는 떠나감이자 다가섬 모두인데 매번, 심지어 출발이나 죽음의 순간에서조차, 도래하는 것의 도래에 대한 '안녕'이다."[29] 그래서 인사 안녕은 시간적 생존의 경험을 의미한다. 이는 도래하거나 떠나가는 필멸적 타자에게 전해지는 것이다. 타자에 대한 그러한 인사는 **경험 일반**을 특징짓는데, 타자의 도래와 떠나감은 시간의 도래와 떠나감에 해당하기 때문이다. 나의 가장 즉각적인 자기관계에서조차 나는 항상 떠남과 도착의 문턱에서 스스로에게 인사하는 중인데, 나는 오직 과거가 됨으로써 그리고 미래가 됨으로써만 존재할 수 있기 때문이다.

데리다의 강한 주장은 타자에 대한 인사가 구원에 대한 바로 그 희망과 양립불가능하다는 점이다. "누구에게 인사salut à는 누구의 구원 salut de의 포기를 전제한다. 타자에 **대해** 인사를 전하는 것, 자기 자신의 자아로부터 타자로서의 타자에게 인사하기, 이러한 인사가 그것이 되어야 마땅한 것이 되기 위해서는 구원이나 속죄에 대한 모든 희망, '안전한'것의 모든 귀환 및 회복과 절연해야만 한다"(269~270/184). 데리다 논증의 급진성은 타자에게 인사하기가 선택의 문제가 아님을 염두에 둘 때 드러난다. 누가 무엇을 하든지 간에, 타자에 대해 인사하는 것이다. 이는 타자의 도래 없이는 아무것도 일어날 수 없기 때문이다. 그래서 데리다의 주의주의적 은유에 대한 의지에도 불구하고, 구원에 대한 희망의 "포기"는 생명 자체의 도래에 수반하는 것이다. 무엇을 욕망하든지, 우리는 구원의 절대적 면역을 욕망할 수 없는데, 이는 무엇을

---

29) Derrida, "Dead Man Running'", 258/168. 이어지는 페이지 인용은 본문 속에 주어진다.

욕망하는지 간에 그것의 조건인 타자에 대한 개방을 폐쇄할 것이기 때문이다.

따라서 데리다는 "그 자신의 보호를 상실하고 그 자신의 가장 기본적인 방어들조차 파괴하기까지 하는 자기면역학적autoimmunological 필연성에 따라서, 면역학적 구원에 대한 욕망은 항상 비극적으로 스스로와 모순된다"(359n9/183n1)고 쓴다. 데리다는 이 주장을 더 전개하지 않지만, 내 논변은 이것이 생존의 무조건적인 긍정을 사고함으로부터 따라 나온다는 것이다. 내가 1장에서 보여 준 것처럼, 생존의 긍정이 무조건적인 것은 생명의 모든 순간이 시간의 흔적 구조에 의존하기 때문이다. 생명을 가능하게 하는 흔적은, 항상 그것을 지울 수도 있는 미래를 위해 내맡겨져 있음을 통해 과거에서부터 계속 살아가는 것이다. 그런 필멸성에 대한 무조건적인 긍정은 죽음에 대한 수용을 함축하지 않는다. 반대로, 필멸적인 생명을 긍정하는 것은 죽음에 반대하는 것, 죽음에 저항하고 이를 가능한 한 지연시키는 것이다. 그런데 필멸적 생명이 본질적으로 죽음에 연계되어 있는 까닭에, 이는 내적으로 그것이 대립하는 것에 결부되어 있다.

이처럼 구원에 대한 욕망을 내부에서부터 반대하는 "자기면역학적 필연성"이 있다. 만약 필멸적 생명을 긍정하지 않는다면, 죽음으로부터 어떤 것을 살리고자 하는 아무런 욕망도 없을 것인데 오직 필멸적인 생명만이 죽음에 의해 위협될 수 있기 때문이다. 필멸적 생명에 대한 긍정 없이는, 구원에 대한 욕망도 없을 것이다. 그러나 같은 이유로, 구원에 대한 욕망은 불멸성이라는 절대적 면역에 대한 욕망일 수 없다. 불멸성의 상태는 필멸적인 것을 살리려는 욕망에 해당할 수 없는데, 그것은 필멸적 생명의 시간을 종결시킬 것이기 때문이다. 차라리 구원에 대한 욕망은 본질적으로 자기면역적인 생존에 대한 욕망인데, 그에 맞서 방어하고자 하는 죽음은 방어되는 것에 내적이기 때문이다.

그래서 우리는 불멸성으로서 구원과 생존으로서 구원을 구별해야 한다. 절대적 면역으로서 구원이라는 종교적 관념은 필연적으로 불멸성의 관념으로, 이는 모든 필멸적 존재는 자기면역적이기 때문이다. 전통적인 무신론은 종교가 약속하는 구원이라는 절대적 면역을 우리가 욕망한다는 것을 의문시하지 않고, 구원에 대한 종교적 희망을 하나의 미망으로서 기각한다. 반대로, 급진적 무신론은 구원에 대한 욕망 안에 내적인 모순을 위치시키고 구원의 종교적 관념을 그것과 반대로 읽을 수 있게 해준다. 우리는 안녕에 대한 데리다의 저작에서 그러한 급진적으로 무신론적인 운동을 추적해 볼 수 있다. 타자에 대한 인사 또는 인사말로서 안녕은, 구원에 대한 욕망을 재개념화할 수 있게 해주는 생존의 운동에 해당한다.

인사하는 것은 정확히 타자가 불리는 곳에서, 즉 그 목적지/끝end이 되었던 것이 될 타자가 불리는 곳에서 타자의 이름을 부르는 것이며, 덧붙이자면, **이것은** 정확히 타자가 더 이상 스스로를 부를 수 없고, 스스로를 살릴 수 없고, 인사할 수 없고 오로지 인사만 받을 수 있는 곳, 안녕/구원salut의 두 가지 의미들이 분리되고 서로 헤어짐을 말하는 곳에서의 애도이고 치유할 수 없는 사로잡힘이다. […] 건강이나 구원, 속죄나 부활로서의 안녕은 결코 부름이나 "서로를 호출하기"로서의 안녕 같은 것이어서는 안 된다. 두 가지 안녕들 사이의 절대적인 이질성, 화해불가능한 차이. 그것을 기뻐하든 또는 슬퍼하든 간에, 이러한 분리는 대문자 필연성이다. [...] 다른 이뿐 아니라 스스로를 부를 수 있는 것, 스스로를 부르거나 서로를 호출하는 것, 인사하기가 명명하기 이상인 곳에서, 부를 수 있기 위해서는 구원이나 건강인 안녕, 속죄나 부활인 안녕이 결코 보장되어서는 안 되는 것이 필수적이다. 그것이 불가능한out of the question 것이 아니라, 그것이 항상 거절되고, 위협받고, 금지되고, 상실되고, 잃어버릴 **수 있음**이 가능하다는 것이 필수적이라는 것이다. **출구 없음**no-way-out 또는 아포리아의 끝없음, 결코 끝나지 않는 끝의 끝없음. 구원이나 건강의 안녕하지 않음의 가능성이 부름으로서 **안녕**에 유령처럼 출몰함이 틀림없다. [...] 살아가면서, 사는 이들 중 하나로서, 즉 죽어가면서, 죽어가는 이들 중 하나로서, 타자의 사라져감sa mourance과 자기 자신의 사라져감 속에서, 삶도 죽음도 아닌 생존에서, 우리는 오직 서로를 호출하고 인사할 수 있는 것이다.[30]

데리다는 여기서 두 가지 외관상 모순적인 주장들을 전개한다. 한편으로, 구원으로서 안녕과 타자를 호출하는 인사로서 안녕 사이의 "절대적인 이질성, 화해불가능한 차이"가 존재한다. (모든 자기관계를 이끄는 시간의 분할에 따라 "다른 이일 수도 있고 우리 자신"일 수도 있는) 타자에 대한 인사 없이는 어떤 것도 있을 수 없다는 것을 고려할 때, 구원의 절대적 면역은 처음부터 배제되어 있음이 따라 나온다. 데리다가 같은 텍스트의 앞쪽에서 쓰듯이 "스스로를 살리기 위해, 이를 안전하고 건전하게, 면역적이게, 해가 없고 온전한 것으로 만들기 위

---

30) Derrida, "How to Name", 218/203. 이어지는 페이지 인용은 본문 속에 주어진다.

해"무엇을 하든지 간에, "구원은 없다. 안녕도, **필사적인 도망**run for your life도 없으며 또는 단순히 구원에 대한 희망 없는 **필사적인 도망**도 없다"(216/202). 이처럼 구원의 종교적 개념은 단호하게 부정된다. 다른 한편으로, 데리다는 위의 구절에서 구원이 "불가능한" 것이 아니라 차라리 결코 보장될 수 없는 무엇으로서 이해되어야 한다고 쓴다.

이러한 외관상 모순적인 주장들은 내가 제시한 바 있는 불멸성과 생존 사이의 구별을 적용한다면 일관적이게 된다. 구원이 필멸성의 절대적 면역으로서 이해되는 한에서, 이는 불가능한 것이다. 그러한 구원이 있을 수 없는데, 어떠한 면역성이건 위협하게 될 수 있는 타자에 대한 인사 없이는 아무것도 일어날 수 없기 때문이다. 그러나 구원이 어떤 이에게 살아갈 또 한 번의 시간을 선사함으로써 죽음으로부터 살려내는 생존으로서 이해되는 한에서, 이는 불가능한 것이 아니다. 이는 차라리 시간의 무한한 유한성("결코 끝나지 않는 끝의 끝없음") 때문에 항상 "거절되고, 위협받고, 금지되고, 상실되고, 잃어버릴"수 있는 위태로운 가능성이다. 구원이 결코 보장될 수 없는 이유는 신에 의해 거부될 수도 있을 이의 불멸의 구원이 있기 때문이 아니라, 문제의 구원이 시간적 생존의 문제이기 때문이다. 그러한 생존이 결코 보장될 수 없는 것은 이것이 ─계속 살아가는 한에서─ 항상 내부로부터 위협받기 때문이다.

우리는 이렇게 왜 데리다가 안녕의 두 의미들이 죽음의 순간에, "타자가 더 이상 스스로를 부를 수 없고, 스스로를 살릴 수 없고, 인사할 수 없고, 오로지 인사만 받을 수 있는" 때에 헤어진다고 쓰는지 이해할 수 있다. 건강이나 구원으로서 안녕은 죽음보다 오래 살 수 없는데, 이는 필멸적 건강이나 필멸적 구원의 문제이기 때문이다. 반대로,

타자에 대한 인사말로서 안녕은 죽음보다 오래 살 수 있는데, 이는 다만 오직 타자에 대한 모든 부름을 표시하는 시간적 유한성에 자신을 종속시킴으로써 그렇게 할 수 있다. 데리다가 지적하듯이 "살아가면서" 다시 말해 "죽어가면서", 모든 안녕에 대해 시간을 주고받는 생존의 운동 속에서만 우리는 타자를 호출할 수 있다.

그래서 데리다가 구원 없는 안녕에 대해 말할 때, 그는 단순히 구원에 대한 종교적 관념을 거부하는 것만이 아니다. 그러한 거부는 전통적 무신론의 경계 내부에 머무르게 될 것이다. 구원 없는 안녕이라는 데리다의 개념이 급진적으로 무신론적인 것은 이것이 구원의 결여를 가리키는 것이 아니라 구원에 대한 바로 그 욕망을 재개념화하도록 해 주기 때문이다. 이는 건강을 위한 투쟁을 포기하거나 구원에 대한 희망을 비난하는 문제가 아니다. 차라리 이는 이러한 투쟁들과 희망들이 종교적 이상으로서 촉진되는바 절대적 면역에 결코 관련되지 않음을 증명하는 것의 문제이다. 건강을 위한 투쟁과 구원에 대한 희망은 불멸적이고자 하는 욕망에 의해 추동된 적이 결코 없고, 필멸적인 것으로서 계속 살아가려는 욕망에 의해 추동되어 왔다.

데리다의 메시아주의 없는 메시아적인 것이라는 개념에서도 동일한 급진적 무신론을 추적해 볼 수 있다. 데리다 용어 중 어떤 다른 용어들보다도, 메시아적인 것은 데리다가 구원에 대한 종교적 희망을 품고 있다는 오해를 불러일으켜 왔다. 그러한 독해는 데리다의 메시아적인 것과 모든 형식의 "메시아주의" 사이의 구별을 오해하는 것에서 기인한다. 데리다의 용어에서 메시아적인 것은 욕망되는 것을 위한 기회를 여는 동시에 이를 내부로부터 위협하는 결정불가능한 미래와의 관계에 대한 다른 이름인데, 이는 시간적 유한성에 의해 구성되기 때문이다. 반대로, 메시아주의는 도래해서 시간을 종결시키고 아무것도 방해하게 될 수 없을 영원한 평화로 시간을 대체할 미래를 위한 종교적이거나 정치적인 믿음이다. 결과적으로, 데리다는 그가 메시아적인 것이라고 부르는 것이 메시아주의 없는 것이고 종교 없는 것임을 강조한다. **도래의 약속**의 형식적 구조에 관한 유일한 공통의 특징이 바로 데리다가 메시아주의를 그것에 반대로 읽기 위해 활용하는 것이다.

데리다의 독해는 오해되기 쉬운데 도래의 약속이 갖는 각각의 의미들이 완전히 양립불가능하기 때문이다. 데리다가 도래할 것으로 가리키는 것(미래를 의미하는 프랑스어 avenir는 문자 그대로는 올-것, à-venir를 뜻한다)은 어떤 현전 속에 휴식할 수 없으며 항상 또 다른 미래에 스스로를 개방하는 것이다. 이처럼 도래의 약속은, 또 다른 미래의 도래에 의해 차례로 위협받게 되는 미래에 스스로를 바쳐야 하는바 경험 일반에 본래적이다. 탈구축의 약속은 메시아주의의 약속을 지지하기는커녕, 이를 선험적으로 논박한다. 평화로운 해결책이란 결코 있을 수 없는데, 결정불가능한 미래를 위한 개방은 어떤 것이 일어나기 위한 조건이기 때문이다. 반대로 메시아주의는 메시아를 ─ 도래할 것이고 결정불가능한 미래를 향한 개방을 **종결**시킬 ─ 약속한다.

메시아주의의 명백한 한 가지 예는 레비나스가 『전체성과 무한』의 끝 무렵에 언급한 "메시아적 승리"이다. 레비나스는 윤리의 형이상학적 "진리"가, 어떤 결정적인 판단들도 받아들이지 않고 항상 판단 기준이 개조될 수 있는 또 다른 미래에 관계되는 시간성과 양립불가능하다는 점에 주목한다. 이러한 시간적 궁지를 고려할 때, 어떤 윤리적 원리들도 비판적 질문이나 폭력적 변형에 맞서 보호될 수 없고, 어떤 신도 결코 역사의 부정의를 심판할 수 없게 된다. 이때 레비나스에게 시간의 **부정적** 무한성 ── 무한하게 유한한 자리바꿈으로서 시간 ──은 존재를 넘어선 선의 **긍정적** 무한성에 의해 극복되어야만 한다. 또는 레비나스가 문자 그대로 말하듯이, 최종심급에서 시간적인 것을 영원한 것으로 "전환함"으로써 우연적인 미래를 향한 열림을 "봉인하는" 초월적 진리가 있어야만 한다. 레비나스는 이러한 전환을 끝없는 시간성이 금지할 수 없는 "악"에 대해 "보증된" "순수한" 메시아적 승리라고 부른다(285/261).

데리다가 메시아적인 것이라고 부르는 것은 레비나스가 메시아적인 것이라고 부르는 것의 반대이다.[31] 실로 데리다의 메시아적인 것 개념은 종교적 전통 전체에 역행하는 것이다. 메시아적인 것에 대한 종교적 개념들의 공통분모는 그들이 메시아적인 것을 무시간적인 평화의 약속으로서 정립한다는 것이다. 반대로, 데리다는 무시간성이라는 바로 그 관념을 논박하는 미래의 도래와 메시아적인 것을 연결한다. 메시아적인 것을 서술하는 데리다의 핵심 정식은 "미래가 있는 것이 필요하다" 또는 "미래가 있어야만 한다"로 번역될 수 있는 ~해야 한다/~이 필요하다il faut l'avenir이다. 데리다는 이 구절을 다음과 같이 주해한다.

---

31) 그래서 나의 주장은 *Appositions of Jacques Derrida and Emmanuel Levinas*에서 존 레웰린(John Llewelyn)의 메시아적인 것에 대한 설명과 다르다. 레웰린은 레비나스의 메시아적인 승리 개념의 패러프레이즈를 제공하지만 어떤 비판적인 질문들도 제기하지 않으며, 더욱이 관련된 쟁점들에 대한 특정한 논의를 추구하지 않고 데리다의 메시아적인 것 개념과의 유사성을 제안한다(229~230). 명백히, 레웰린은 제안된 유사성이 그의 전체 책을 종결하기에 충분히 설득력 있다고 생각한다. 반대로 나의 주장은 "메시아적인 것"에 대한 물음이, 내가 3장에서 분석했던 레비나스와 데리다 각각의 생각의 일반적 양립불가능성을 예증한다는 것이다.

장래에 대해서는 "~해야 한다/~이 필요하다"가 존재한다. 그 비규정성이 어떤 것이든 간에 ——그것이 "장래가 존재해야 한다/장래가 필요하다"의 비규정성일지라도 ——장래와 역사가 존재한다. […] 우리는 이러한 엄밀한 논점을 강조해야 하는데, 이는 바로 이러한 엄밀한 논점이야말로 장래의 궁극적인 표시로 남아 있는 어떤 본질적인 비엄밀성, 비규정성을 말해 주기 때문이다. 이러한 해야 함, 이러한 필연성/필요함, 이러한 지령이나 명령, 이러한 서약, 이러한 가제, 따라서 이러한 약속, 이러한 필연적인/필요한 **약속의 양상이나 내용이 어떤 것이든 간에, 이러한 "~해야 한다/~이 필요하다"가 존재해야 하며/필요하며, 이것이 바로 법칙이다.** 내용에 대한 이러한 무차별성은 무관심이 아니며, 이는 무관심한 **태도**가 아니다. 그와는 정반대다. 이러한 무차별성은 사건과 장래 그 자체에 대한 개방을 표시하면서, 그것이 어떤 것이든 상관없이, 모든 내용 일반에 대한 관심 및 무관심하지 않음을 조건 짓는다. 그것이 없이는 의도도 욕구도 욕망 및 기타 그 어느 것도 존재하지 않을 것이다. […] 겉보기에는 "형식주의적"이지만, 내용에 대한 이러한 무차별성은, 장래 그 자체, 곧 필연적으로 약속되고 지령되고 지정되고 지시되어 있는, 자신의 가능성의 필연적으로 형식적인 필연성 안에 있는, 요컨대 자신의 법칙 안에 있는, 장래 그 자체의 필연적으로 순수하고 순수하게 필연적인 형식을 사고할 수 있게 선사해 준다는 장점을 아마도 지니고 있을 것이다. 모든 현재를 자기 자신과의 동시간성 바깥으로 탈구시키는 것이 바로 이러한 무차별성이다. 약속되고 있는 것이 무엇이든, 그 약속이 지켜지든 아니면 지켜지지 못한 채 남아 있든 간에, 필연적으로 약속이 존재하며, 따라서 도래할 것으로서 역사성이 존재한다. 우리가 메시아주의 없는 메시아적인 것이라고 이름 붙인 것이 바로 이것이다(『마르크 스의 유령들』, 73/123~124, 국역 153~155).

다른 곳에서처럼 여기서 데리다는 메시아적인 약속을 모든 경험과 모든 희망의 형식적 조건으로서 정의하는데, 이것이 결정불가능한 미래를 위한 개방을 표시하기 때문이다. 메시아적인 약속의 "내용"은 어떤 것 또는 누구나가 될 수 있지만, 그것이 무엇이든 간에, 시간으로부터 면제될 수는 없다. 오히려 그것은 "모든 현재를 자기 자신과의 동시간성 바깥으로 탈구"시키는 시간의 법칙에 필연적으로 종속된다. 데리다가 지적하듯이, 메시아적인 약속이 달성된다 하더라도, 여전히 "도래할 것으로서 역사성"의 형식에서 시간이 존재할 것이다. 이로부터 메시아적인 약속은 무시간적인 평화의 약속이 될 수 없음이 따라나오는데, 그러한 약속의 달성은 시간을 종결시킬 것이기 때문이다.

데리다는 이처럼 종교적 종말론의 논리를 전도시킨 것으로 볼 수 있다. 시간의 종말을 촉진시키는 대신, 데리다는 시간의 도래가 어떤 주어진 목적도 초과함을 강조한다. 그가 설명하듯이, "존재나 역사의 어떤 규정가능한 목적도 넘어서 있는 어떤 극단성"이 있고 "이러한 종말론—극단적인 것을 넘어선 극단으로서, 최종의 것을 넘어선 최종으로서—은 필연적으로 오직 미래의 비-규정가능성을 향한 절대적인 열림이 되어야 한다. […] 내가 종말론적인 것 또는 메시아적인 것으로 부르는 것은 매우 결핍되고 비규정적이어서 '도래할' 존재를 남겨놓는 미래를 위한 어떤 관계 외에 아무것도 아니다."[32] 메시아적인 것

---

32) Derrida, *A Taste for the Secret*, 20. 이어지는 페이지 인용은 본문 속에 주어진다.

의 약속은 위협으로부터 분리불가능한데, 이것이 누군가가 희망하는 것을 부정할 수도 있는 어떤 예측불가능한 미래의 약속이기 때문이다. 그래서 데리다는 "그것들이 기대, 희망, 약속——외관상 매우 인상적인 모티프들——의 형식을 갖는다 하더라도, 종말론적인 것 또는 메시아 적인 것은 또한 죽음의 경험이기도 하다. […] 오직 필멸자만이 이러한 의미에서 미래에 대해 말할 수 있고, 신은 결코 그렇게 할 수 없다. 그 래서 나는 이것이 죽음의 어떤 급박함에 의해 미래로서 가능해진 하나 의 담론——차라리 하나의 경험——임을 매우 잘 안다"(23).

그럼에도 불구하고, 무엇보다도 데리다에 대한 종교적 독해에 대 한 알리바이로 기능했던 것이 바로 메시아적인 것이다. 카푸토에게 메 시아적인 것은 "탈구축의 경로가 틀림없이 예언적-메시아적인 방향 으로 나아가는 지점"이고 "구체적인 메시아주의들 가운데 우리가 데 리다의 종교, 정의에 대한 요구, 민주주의, 도래할 단 한 사람, 평화에 대한 요구의 핵심을 다루는" 곳이다.[33] 이러한 전제로부터 출발하여, 카푸토는 데리다의 메시아적인 것과 메시아주의 사이의 구별에 대한 정교한 오독에 착수한다. 카푸토에 따르면, 데리다의 구별은 "전쟁과 평화의 차이를 드러낸다. […] 구체적인 메시아주의들은 항상 전쟁을 의미해 왔지만, 메시아적인 것의 의미는 샬롬shalom, 평화pax이고 또는 그래야 한다"(190). 메시아적인 것은 이렇게 신적인 평화의 약속에 관 련되며, 구체적인 메시아주의들이 스스로를 특별히 신에 의해 선택된 것으로 놓고 그럼으로써 타자들을 배제하는 한에서, 카푸토는 신적인

---

33) Caputo, *The Prayers and Tears of Jacques Derrida*, xxviii. 이어지는 페이지 인용은 본문 속에 주어진다.

평화의 약속이 이런 메시아주의들에 의해 왜곡된 것으로 간주한다. 카푸토의 도식에서 "종교가 스스로를 선택된 **소수**에게 주어진 더 높은 **지식**으로서 간주할 때, 그것은 가장 위험하다. 이런 종교는 전쟁의 정식이다. […] 신이 또 다른 민족에 대해 하나의 민족의 편에 선 것처럼, 또는 다른 민족에게는 거부된 특별한 특권을 하나의 민족에게 부여한 것처럼 말이다."[34] 그러한 메시아주의와는 반대로, 카푸토는 "희생 제의가 아니라 정의 안에서 기뻐한다고 말했던 신, 신의 **모든** 자식들에 대한 정의의 꿈을 가진 강력한 예언적 힘으로서 종교"를 장려하는데, "이것이 탈구축이라는 소파에서의 한 시간"[35]으로부터 나타나는 종교이다. 이 종교는 "억압받는 자와 다른 모두를 위한 복음이다"(160). 따라서 탈구축은 "종교에 대한, 그 긍정적인 구원을 위한 축복"으로 나타나는데 "탈구축은 종교로 하여금 그 자신의 최악의 본능을 단념시키"고 "위험한 것을 초래하고 피를 흩뿌리게 하는 종교의 승리주의를 절대화하는바 지식을 믿음과 혼동하는 경향에 대해 조언하고 훈계함으로써 종교가 자신의 양심을 검토하도록 돕는다"(159). 이른바 탈구축적인 종교에 관한 카푸토의 모든 저작들은 타자들을 환영하는 "좋은" 종교와 타자들을 배제하는 "나쁜" 종교 사이의 이러한 대립을 둘러싸고 구조화되어 있다. 카푸토에게, 데리다의 저작은 우리로 하여금 모두에게 열린 신적인 왕국에 관한 "메시아적" 약속을 위해 "피비린내

---

34) Caputo, *Deconstruction in a Nutshell*, 159. 이어지는 페이지 인용은 본문 속에 주어진다.

35) [옮긴이] 원어는 'an hour on the couch with deconstruction'이다. 이 말로 카푸토가 의미하는 바는 분명하지는 않은데, 적어도 그가 이야기하는 종류의 탈구축은 정신분석학적 함의를 지니는 것처럼 보인다.

나는 메시아주의들"로부터 떠나가도록 도와준다.[36]

　메시아주의에 대한 그러한 독해는 전적으로 옹호될 수 없는 것이다. 데리다가 메시아적인 것을 경험의 "보편적" 구조로 서술한 것은 사실이지만, 이러한 보편성은 평화의 신적인 왕국을 약속하지 않는다. 반대로, 메시아적인 것의 보편적 구조는 모든 경험의 공통분모인 "미래로의 역사적 개방이라는 환원불가능한 운동"을 가리킨다.[37] 이는 그 자체로, 모든 종류의 폭력을 발생시킨다. 데리다는 명시적으로 메시아적인 것을 급진적으로 예측불가능한 미래를 위한 노출로서 정의하는데, 이는 "타자와 죽음——그리고 근본악——이 어떠한 순간에라도 하나의 놀라움으로 도래할 수 있다"는 것을 함축한다.[38] 같은 이유로, "메시아적인 것은 위협하는 것"이고 "놀라운 것이다."[39] 데리다가 『우정의 정치』에서 지적하듯이, 메시아적인 것은 "그 가운데 어떤 환원불가능한 부인disvowal을 지니"는데, 이는 "부름 받은 것the called을 억압된 것으로, 욕망된 것을 욕망되지 않은 것으로, 친구를 적으로 **선험적으로 전환**"하는 "구조적 모순"에 의해 사로잡혀 있기 때문이다(174/198). 구조적 모순은 어떤 결정불가능한 미래를 위한 메시아적인 개방에 기인한다. 누구도 미래의 도래를 "그것을 동시에 두려워하지 않고" 욕망할 수 없는데, 이것이 "위협과 기회를 동시에 가져올"(174/198) 수 있기 때문이다. 게다가 그러한 **"이중 구속"**에 개입된 것은 "단순히 나 자

---

36) 예컨대, *The Prayers and Tears of Jacques Derrida*, xxi, 205와 Caputo, *On Religion*, 114 를 보라.

37) Derrida, *Specters of Marx*, 167/266.

38) Derrida, "Faith and Knowledge", 56/30.

39) Derrida, "Nietzsche and the Machine", 255.

신이나 나 자신의 욕망뿐 아니라 타자, 메시아 또는 신 자신이기도 하다"(174/198). 여기서 메시아나 신은 도래할 수 있는 모든 타자들과 마찬가지로 필멸적임이 따라 나온다. 데리다는 도래할 타자를 "메시아, 위험한 '아마도'의 사상가, 신, 사건의 형식에서, 즉 예외와 유일자의 형식에서 도래할 **누구나**"로서 주해한다(174/198). 공통분모는 도래하는 누구든지 시간적 유한성의 이중 구속에 종속될 수밖에 없다는 것으로, 이는 모든 기회가 위협이 되기 쉽도록 만든다. 욕망되는 일체의 것은 "나의 호소, 나의 초대, 나의 기대, 나의 욕망에 응답하지 않을 수" 있어야만 한다. 그래서 데리다는 "메시아의 기대"는 "두려움, 참을 수 없는 공포―그러니까 기다려지는 것에 대한 증오"(173/198)일 수도 있다고 주장한다. 최종적인 평화를 약속하기는커녕, 메시아적인 것은 전쟁을 재촉한다. 모든 희망뿐 아니라 모든 편집증, 두려움 및 증오의 원천이 바로 필멸적인 미래를 위한 개방인데, 이는 욕망되는 타자가 항상 위협일 수 있거나 또는 위협으로 변모될 수 있음을 함축하기 때문이다.

이 경우 핵심적 물음은 왜 데리다가 결정불가능한 미래를 위한 개방을 가리키기 위해 **메시아적**이라는 말을 유지하기로 했는가 하는 점이다. 데리다의 용어 사용은 반직관적인 것으로 보일 수 있고 쉽사리 종교적인 전유들을 불러들인다. 그러나 나의 주장은 데리다의 메시아주의 없는 메시아적인 것은, 구원 없는 안녕이라는 그의 개념에서 우리가 추적한바 급진적으로 무신론적인 논리를 따른다는 것이다. 급진적 무신론은 단순히 메시아적인 희망을 하나의 미망으로서 비난할 수 없다. 오히려 이는 메시아적인 희망이 불멸성(영원의 긍정적 무한성)에 대한 희망이 아니라 생존(시간의 부정적 무한성)에 대한 희망에서 기인

함을 보여 주어야만 한다.[40]

여기서는 데리다의 메시아적인 것에 대한 설명과 명시적으로 평행적인 약속에 대한 설명을 자세히 살펴보는 것이 유익하다. 데리다는 "약속의 구조"를 **"지금 여기, 미래를 짊어진 것의 기억"**[41]으로서 정의한다. 약속에 대한 이러한 정의는 시간적 생존의 조건인 과거와 미래 사이의 분할을 강조한다. 한편으로, 약속하는 것은 스스로 미래에 헌신하는 것인데, 도래하는 어떤 것만을 약속할 수 있기 때문이다. 다른 한편으로, 약속하는 것은 스스로 과거에 헌신하는 것인데, 이는 약속을 기억할 약속을 함축하기 때문이다. 내가 무엇을 약속하든지 간에, 나는 필연적으로 약속의 기억을 유지할 것을 약속한다. 그래서 그 내부에서 약속을 분할하는 시간의 간격이 있는데, 이는 처음부터 모든 지금을 분할하는 간격에 해당한다.

약속의 경험에서의 필연적 간격 때문에, 약속이 깨지게 될 시간은 항상 존재한다. 내가 약속하는 순간은 약속을 바꾸거나 취소할 수 있는 또 다른 순간에 의해 즉각적으로 계속된다. 약속이 깨질 수도 있다는 것은 약속의 행위에 외생적인 어떤 것이 아니고, 그 존재 자체에 내생적이다. 하나의 약속이 되기 위해서 약속은 깨질 수 있**어야만 한다.**

---

40) "부활"개념에 대한 데리다의 짤막한 언급은 그러한 급진적 무신론을 고수하는 것으로 볼 수 있다. 한편으로 데리다는 부활에 대한 모든 종교적 개념을 논박하는데, 모든 죽음은 부활을 배제하는바 세계의 취소불가능한 종말이기 때문이다(*Chaque fois unique*, 11을 보라). 다른 한편으로, 그는 부활에 대한 욕망을 그것에 반대로 읽을 가능성을 연다. 그러한 독해에서, 부활에 대한 욕망은 "불멸의 신체나 영광의 신체"에 대한 욕망이 아니라 차라리 "우리를 취약한 신체, 다시금 잊혀질 수도 있는 신체에 관련"되게 하는 필멸적 생존에 대한 욕망에서 기인한다("Language Is Never Owned", 107).

41) Derrida, *The Other Heading*, 78/76.

만약 약속이 지켜질 것이 확실하다면, 약속이란 없을 것인데 약속은 예측불가능한 미래와의 관계에서 이루어지기 때문이다. 데리다가 말하듯이, "약속은 지켜지지 **않을 수** 있어야만 하고, 지켜지지 않을 것 같거나 하나의 약속이기 위해서 지켜지지 않을 수 있다는 위협이 되어야만 한다."[42] 실패의 가능성은 이처럼 약속 속에 "하나의 예비적인 위험으로서 기입되어 있을 뿐인 것만이 아니"(362/308)다. 오히려 "실패의 가능성은 사건을, 심지어 그것이 성공할 때조차, 어떤 불가능성의 흔적으로서, 때로는 그 기억으로서 그리고 항상 그 출몰로서 표시하기를 계속해야 한다"(362/309).

데리다의 논증은 약속을 **시간의 약속**으로서 사고하는 것으로부터 나온다. 만약 약속이 (그 내용이 무엇이든) 시간의 약속이라면, 심지어 약속의 가장 이상적인 완수조차도 비-완수의 가능성에 의해 사로잡혀 있음에 틀림없는데, 시간적인 것은 그 자신의 변화에 열린 채로 남아 있어야만 하기 때문이다. 이때 약속이 완수될 수 없다고 말하는 것은 오도적이다. 차라리 약속은 완수가 시간의 완료로서 이해되는 한에서, **완수를 약속하지 않는다.** 약속은 시간을 종결시킬, 자체로 현재하게 될 미래를 약속하지 않는다. 무엇을 약속하든지, 그것은 결국 약속의 구조를 가지게 될 미래의 도래를 약속한다. 실로, 경험의 구조는 항상 약속의 구조일 것이다. 가장 직접적인 경험조차도 미래를 위한 기억으로서 그리고 기억 자체를 위한 약속으로서 기입되어 있어야만 한다.

---

42) Derrida, "As if It Were Possible, 'Within Such Limits'", 362/308~309. 이어지는 페이지 인용은 본문 속에 주어진다.

만약 약속이 모든 경험에 본래적이라면, 우리는 약속과 위협 사이의 관계를 보다 복잡화해야만 한다. 데리다가 지적하듯이, "약속에 대한 건전한, 고전적인 이론은 어떤 악한 의도를 가진, 해로운 또는 악의적인 약속을 고려할 수 없다. 약속은 축도祝禱(좋은 것을 말하기) benediction의 질서에 속한다. 나는 오직 '좋은 것'만을 약속할 수 있다. 나는 타인에게 내가 그를 죽이고, [물건을] 훔치고, 거짓말하거나 저주할 것이라고 약속할 수 없다. 이는 약속이 아니라 위협일 것이다[43]". 그러나 모든 행위를 약속의 구조에 따라 정렬함으로써 데리다가 의문시하는 것은 정확히 약속과 위협 사이의 공리적인axiomatic [자명한] 구별이다. 이는 심지어 내가 훔치거나 죽인다고 위협하는 때조차, 나는 약속을 하고 있다는 사실로부터 따라 나오는 것이다. 약속의 구조에 본래적인 위협은 단지 약속이 깨질 수도 있다는 것에만 있지 않다. 이 위협은 또한 약속이 지켜질 수 있음에도 있다. 데리다는 "위협은 외부로부터 와서 약속 옆자리로 오는 어떤 것이 아닙니다"라는 그의 주장에서 약속과 위협 사이의 상호의존을 전형적으로 보여 준다. 오히려 "위협은 약속 자체이고, 또는 차라리, 위협과 약속은 항상 약속**으로서** 함께 옵니다. 이는 약속이 항상 이미 위협받는다는 것만을 뜻하지 않습니다. 이는 또한 약속이 **위협하기**임을 뜻합니다".[44]

우리는 이처럼 왜 데리다가 "약속은 오직 필멸적인 것에만 맹세한다. 하나의 약속은 오직 죽음의 조건하에서만 의미와 중대함을 갖는

---

43) Derrida, "Avances", 38.
44) Derrida, "Nietzsche and the Machine", 255. "A Certain Impossible Possibility of Saying the Event", 458~459도 보라.

다"[45]고 주장하는지 이해할 수 있다. 데리다가 이 주장을 정교화하지 않음에도 불구하고, 나는 그것이 약속에 대한 그의 모든 설명이 전제하는 것이라고 주장한다. 데리다의 기준에 따르면, 약속은 깨질 수 있어야만 하고 다른 약속들을 깰 수 있어야만 한다. 약속은 위협받을 수 있고 위협이 될 수 있는 것이어야만 한다. 오직 필멸성의 약속만이 이러한 기준을 충족시킬 수 있다. 불멸성의 약속은 결코 깨질 수 없는데, 이는 필멸자에게 일어나는 어떤 것에 의해서도 부인되지 않기 때문이다. 누군가 죽을 때 깨지는 것은 불멸성의 약속이 아닌데, 필멸적 생명의 죽음은 불멸성의 지위와는 아무런 관련도 없기 때문이다. 누군가 죽을 때 깨지는 것은 차라리 필멸적 생존의 약속이다. 그러면 데리다의 기준에서 따라 나오는 것은 모든 약속이 필멸적 생존의 약속이라는 것이다. 필멸적 생존의 약속은 위협받는 것(왜냐하면 그것이 달성될 때조차 죽음에 의해 부정될 수 있기에)이자 위협하는 것(왜냐하면 이는 생존하지 않는 것을 대가로 해서만 달성될 수 있기에) 모두이다.

『마르크스의 유령들』에서 데리다는 그가 "메시아적인 것의 무신학적인atheological 유산"(168/266)이라고 부르는 것을 추구하기 위해 약속의 구조를 사용한다. 메시아적인 것은 여기서 과거(부정의로 인한 희생자들을 기억하라는 약속으로서)와 미래(정의를 추구하라는 약속으로서) 모두를 향해 있는 정의의 약속과 연결된다. 정의의 메시아적인 약속이 급진적으로 무신론적인 것은 그것이 생존에 대한 무조건적인 긍정으로부터 나오기 때문이다. 생존에 대한 긍정 없이는 애초에 정의에 대한 투쟁도 없을 것이다. 내가 누군가 또는 무엇의 생존을 욕망하

---

45) Derrida, *Memoires*, 150/143.

지 않는다면, 나로 하여금 과거에 대한 기억이나 더 나은 미래를 위해 싸우도록 강제할 것은 아무것도 없을 것이다.

그러나 생존에 대한 긍정은 결코 결백하지 않은데, 생존의 운동은 항상 생존하지 **않는** 것의 제거나 근절을 함축하기 때문이다. 데리다가 『마르크스의 유령들』에서 쓰듯이, 배제된 것을 기억하려는, 죽은 이를 지키는 일은 "마침내는 배제하게 될 것이다".

> 이는 심지어 다른 것도 아니고 바로 자신의 선조들을 밤새워 보호함으로써 무화시키게 될 것이다. 다른 어떤 순간도 아니고 바로 이 순간에. 망각(이것이 유죄인지 무죄인지는 별로 중요하지 않다)과 배제 또는 살해에 의해, 이러한 밤샘 보호 자체가 새로운 환영들을 산출할 것이다. 이미 환영들을 선별함으로써, 자신의 환영들 중에서 또 자신의 환영들을 뽑아냄으로써, 그리하여 죽은 자들을 죽임으로써, 새로운 환영들을 산출할 것이다. 이것은 유한자의 법칙, 어떤 결정과 선택, 책임이 의미(이러한 의미는 결정 불가능한 것의 시련을 통과해야 한다)를 지니게 되는 유일한 존재자인 살아 있는 필멸자들로서의 유한한 실존들을 위한 결정과 책임의 법칙이다(87/144, 국역 177).

모든 정의의 약속은 이처럼 죽은 자들을 고려해야만 할 것이다. 그 약속은 그들을 기념한다는 의미에서나 억누른다는repressing 의미에서 죽은 자들을 "매장"해야 할 것이다. 데리다의 말로 하자면, "아직 살아 있는 필멸자들이 이미 죽어 있는 생명체들을 매장하는 것이 항상 필연적일 것이다. 죽은 이들은 결코 누구도 매장하지 않았으며, 살아 있는 이들, 단지 살아 있는 이들, 불멸적인 생명체들 역시 그렇지 않았다. 신들은 결코 누구도 매장하지 않는다"(114/187, 국역 227). 죽은 자들을 매장하는 것의 형상은 따라서 필멸적 생존의 형상이다. 죽은 자들을 매장하는 것이라는 동일한 형상은 『마르크스의 유령들』에 가득하여 책의 종결부에 이르러 다음과 같은 핵심적인 정식에 이르게 된다.

오직 필멸자들만이, 오직 살아 있는 신들이 아닌 살아 있는 자들만이 죽은 자들을 매장할 수 있다. 오직 필멸자들만이 그들을 밤새워 지킬 수 있으며, 지키는 일을 할 수 있다. 환영들 역시 그렇게 할 수 있는데, 그것들은 감시가 있는/그것이 감시하는 곳이면 어디든지 있다. 죽은 자들은 **그렇게 할 수 없다**. 이는 불가능하며, 또 그렇게 되어서도 안 된다.

반대로, 그렇지만 이러한 불가능한 것의 근거 없음이 **발생할** 수 있다는 것, 바로 이것이야말로 우리가 **사고해야** 할, 그리고 —왜 안 되겠는가? —다시 축귀해야 할 절대적인 폐허 내지 절대적인 잿더미, 위협이다. 이러한 축귀는 환영들을 몰아내기 위해서가 아니라 이번에는 그것들에게 권리를 부여하기 위해서 이루어진다. 만약 환영들에게 권리를 부여하는 것이 환영들을 살아 있는 것으로 되돌아오게 만드는 것이라면, 더 이상 망령들에 불과한 망령들이 아니라, 어떤 환대의 기억 내지 약속이 영접해야 하는 —하지만 그들이 있는 그대로 자신을 현존화하리라는 확실성은 없이 영접해야 하는 —또 다른 도착하는 이들로서 되돌아오게 만드는 것이라면 말이다. 아니 그것들에 이런 의미의 권리/법을 부여하기 위해서가 아니라 **정의**의 배려에서. 현존하는 실존 내지 본질은 결코 정의의 조건이나 대상 또는 **사물**이었던 적이 없다. 불가능한 것("죽은 자들이 죽은 자들을 매장하게 하라")은, 아 안타깝게도, 항상 가능하다는 것을 계속 상기해야 한다. 이 절대적인 악(이것은 죽음을 알지 못하는, 그리고 더 이상 그것의 말에 귀를 기울이지 않는 절대적인 생명, 충만하게 현존하는 생명이다. 그렇지 않은가?)은 발생할 수 있음을 계속 상기해야 한다. 바로 이러한 불가능성의 끔찍한 가능성에 따라 정의가 바람직한 것이 된다는 점을 계속 상기해야 한다. 법을 **통하여**, 하지만 따라서 법을 **넘어서** (175/277~278, 국역 336~337).

생존의 경험 ──죽은 자들의 매장으로서── 은 여기서 정의의 배려를 제기하는 것으로서 제시된다. 만약 생명이 완전히 자신에게 현존한다면, 과거에 상실되었고 미래에 상실될 것이 출몰하지 않는다면, 정의의 배려를 야기할 것은 아무것도 없을 것이다. 결과적으로, "현존하는 실존 내지 본질은 결코 정의의 조건이나 대상 또는 **사물**이었던 적이 없다". 정의에 대한 투쟁은 오히려 정의에 대한 투쟁을 시간의 유령적 경험에 충실하도록 하는 생존을 위한 투쟁이다. **아직** 오지 않은 미래를 위해 간직된 **더 이상** 없는 것에 대한 기억 없이는 어떤 정의도 있을 수 없다. 다른 타자들을 희생해 어떤 타자들의 기억과 삶을 유지함으로써 배제하고 무화하게 될 "살아 있는 필멸자들"에 의해서만 정의는 야기될 수 있는 것이다. 타자들 사이의 차별은 어떤 이상적 정의의 결여가 아니다. 이는 정의의 기회와 부정의의 위협 모두를 주는 "유한자의 법칙, 어떤 결정과 책임의 법칙"이다.

그래서 정의를 **가능**하게 하는 생존에 대한 충실함은 또한 절대적 정의를 **불가능**하게 만드는 것이다. 카푸토가 생각하기에 극복함이 바람직한 것이 바로 절대적 정의의 이러한 불가능성이다. 카푸토에 따르면, 우리는 신의 왕국에서야 가능하게 되는 불가능한 것을 "꿈꾼다". 카푸토의 욕망관에서 그러한 왕국이 "최고"인 반면, 데리다의 욕망관에서 그것은 "최악"이다. 위에서 인용된 구절에서 데리다는 "죽은 자들이 자기의 죽은 자들을 매장하게 하라"는 예수의 명법에 대한 주장을 편다. 그의 아버지를 매장하고자 하는 한 남자에게 응답하면서 예수는 말하길, "죽은 자들이 자기의 죽은 자들을 매장하게 하고 너는 가서 하나님의 나라(신의 왕국)를 전파하라"(「누가복음」 9:60). 예수의 요구는 확실히 일관적인데, 그가 죽은 자들을 매장하는 것에 관심 갖는 한─그러니까 필멸적 생존에─그는 신의 왕국을 막는 것이기 때문이다. 신의 왕국의 절대적 평화는 생존과 양립불가능한데, 상실의 폭력은 생존 자체의 운동 속에 기입되어 있기 때문이다. 만약 누군가 온전히 멀쩡하게 생존한다면, 그는 생존하는 것이 아닐 것이고 절대적인 현전 속에 휴식하는 것일 터이다. 절대적인 평화를 얻는 유일한 방법은 "절대적인 생명, 충만하게 현존하는 생명, 죽음을 알지 못하는 생명"을 얻는 것이다. 그러나 데리다가 지적하듯이, 그런 절대적인 생명은 시간의 모든 흔적을 제거하는 "절대적인 잿더미"라는 "절대적인 악"이 될 것이다. 따라서 불가능한 것(죽은 자들이 자기의 죽은 자들을 매장하게 하라)이 불가능한 것은 어떤 부정적인 궁지가 아니다. 반대로, 불가능한 것이 가능해진다면 모든 것은 소멸될 것이다.

아이러니하게도, 카푸토가 위의 구절을 마주쳤을 때 그는 이것이 "또 다른 데리다적인 **불가능한 것**, 우리가 꿈꾸는 불가능한 것이 아니라 우리가 두려움 속에서 살아가는 것인 불가능한 것"[46]이라고 주장한

---

46) Caputo, *The Prayers and Tears of Jacques Derrida*, 147.

다. 사실 데리다는 여기서 그의 전체 저작을 관통하고 있고 카푸토가 체계적으로 오독하는 불가능성에 대한 동일한 논리를 좇고 있다. 카푸토는 불가능한 것이 가능해질 것을 우리가 욕망한다고 생각하지만, 데리다는 불가능한 것이 가능해질 것을 우리가 두려워한다고 주장한다. 만약 불가능한 것이 가능해진다면, 모든 것은 삭제될 것이다. 죽은 자들이 자기의 죽은 자들을 매장하게 될 것이고, 생존의 폭력적인 흔적들은 제거될 것이다. 유한성의 그러한 종언은 "안타깝게도, 항상 가능"하지만——모든 것은 절대적으로 파괴가능하므로——미래를 위해 과거의 흔적들을 보존하는 생존의 운동은 이에 저항한다.[47] 시간의 그러한 흔적내기는 생명의 최소한의 방어이지만 이는 또한 처음부터 생명을 공격하는데, 이는 모든 순간의 통합성을 깨고 모든 것을 절멸될 수 있는 것으로 만들기 때문이다.

결국 정의의 자기면역을 야기하는 것은 생명의 자기면역이다. 『아카이브에 대한 열병』*Archive Fever/mal d'Archive*[48]에서 데리다는 그가 "정

---

47) 1장에서 데리다의 종말계시 개념에 대한 나의 분석을 보라.

48) [옮긴이] 여기서 프랑스어 mal은 영역 제목의 fever처럼 열정이나 열광이라는 의미를 담고 있기도 하지만, 다른 한편으로 병이나 실패, 악 등을 가리키기도 한다. 후자의 경우 보관이나 기록이 잘 되지 않고 실패한다는 의미 또한 담고 있기 때문에, 절충적으로나마 두 가지 의미를 함축하기 위해 '열병'이라는 용어를 사용해 보았다. 여기서 열병은 보관기록으로서 아카이브에 대한 열정이기도 하지만, 동시에 그 기록의 본래적인 실패를 함축한다는 점에서 탈나는 것, 곧 병이기도 하다. 유사한 맥락에서 데리다의 또 다른 핵심 개념인 '흔적' 역시 이러한 이중적인 의미를 담고 있는 것으로 보이는데, 흔적이란 기록을 위한 것이지만 동시에 항상 이미 말소될 수 있는 가능성을 지니는 것이다. 아래에서 데리다가 쓰듯이 보관소로서 아카이브는 보존 및 유지를 위한 것이나 말소나 파괴, 절멸을 피할 수 없는 어떤 것이다. 게다가 보존이라는 것이 항상 어떤 선별과 배제의 작용을 전제한다는 점을 상기해 보자. 아래에서 데리다가 말하고 헤글룬드가 강조하듯 정의를 실행하고자 하는 보관("망각에 대한 저항")이 또한 폭력과 부정의의 장소가 되기도 하는 것은 이러한 이유 때문이다.

의, 법을 초과하지만 또한 법을 요구하는 정의를 기억의 방향에서, 망각에 대한 저항 행위의 방향에서" 사고함을 상기시킨다. "이것이 명령 일반의 행위이든 다른 사람들, 산 자나 죽은 자의 할당의 장소이든 간에"(76n14/122n1) 말이다. 그러나 망각에 대한 저항은 정의의 실행이기도 하지만 또한 "모든 폭력들의 장소이기도 하다. 왜냐하면 만약 그 저항이 단지 미래를 기억하라는 것이자 기억에 대한 명령, 즉 보관소를 지키고 [보관물을] 모으라는 원-존재자적/집정관적archontic 명령일 뿐이라면, 이는 단지 타자들, 다른 타자들과 나 자신 안의 타자들을 기억하는 것일 뿐이기 때문이다"(77/123). 그래서 "나는 의심의 여지 없이 정의에 대한 고려로부터 정의롭지 않게 될 것"(63/101~102)인데, 누군가에 대한 기억은 다른 이들에 대한 망각을 함축하기 때문이다. 더구나 "이러한 정의의 부정의는 **일자**one와 **유일자**unique의 구성에서 자신의 폭력성을 집중적으로 드러낼 수 있다"(77/123). 심지어 가장 고양된 일자조차 그것의 시간적 구성 ──이는 있었던 것을 망각되기 쉽게 만들고 미래를 위한 열림 자체 속에서 과거 자신의 방어를 위협하는데 ──때문에 그 자신과 차이 나고 지연된다. 데리다가 말하듯이 "즉시, 동시에, 그러나 이음매에서 벗어난 동일한 시간 속에서, 일자는 자기 자신을 자기 자신에게 기억하는 것을 잊으며, 자기 자신인 이러한 부정의의 보관소를 유지하면서 말소한다"(78/125). 그래서 일자는 타자들에 폭력적일 뿐 아니라 스스로에게도 폭력적이다. "일자는 스스로를 폭력으로 만든다. 일자는 스스로를 위반하고 폭력을 가하며 또한 스스로를 폭력으로서 설립한다"(78/125). 가장 최소한의 생명도 가장 이상적인 정의도 그러한 폭력으로부터 면제될 수는 없는데, 이것들은 항상 상실과 말소를 포함하는 생존의 운동에 의존하기 때문이다.

우리가 『우정의 정치』로부터 상기하듯이, 생존의 법칙에는 어떤 예외도 없으며 "신조차 속수무책"(14/31)이다. 데리다의 논증은 어떤 것도 — "신"으로서 정립되는 무엇이든 포함하여 — 시간적 유한성으로부터 면제될 수 없음을 함축하기 때문에 급진적으로 무신론적이다. 데리다가 『불량배들』에서 지적하듯이, "그 자신의 자기성ipseity 속에서 스스로를 탈구축하는 신의 이야기"는 "취약한 비주권nonsovereignty, 고통받고 분할가능한 자, 필멸인 자"(157/215~216)인 신의 이야기이다. 창세기는 그런 이야기의 한 사례이다. 창세기에 대한 그의 독해에서 데리다는 신이 아담에게 동물들의 이름을 지어줄 임무를 주는 장면에 집중한다. 데리다의 흥미를 끄는 것은 신이 아담이 무엇을 할지 **보기 위해서** 그에게 임무를 위임한다는 것이다(「창세기」 2:19). 신 자신은 이처럼 결정불가능한 미래에 종속되는데, 그렇지 않다면 신이 기다려서 볼 필요가 없을 것이기 때문이다.

이러한 "보기 위해서"는 모든 강력한 신**과** 그에게 무엇이 일어날지 모르는 신의 유한성에 대한 내적 성찰의 무한한 권리를 언어와 더불어 동시에 표시한다. 그리고 이름들과 더불어. 요컨대 신은 아직 그가 정말로 무엇을 원하는지 알지 못한다. 이것이 그가 동물에 대해서, 말하자면 생명체 자체의 삶에 대해서 무엇을 원하는지를 알지 못하는 신, 그것이 도래하는 것을 보지 못한 채로 무언가가 도래하는 것을 보는 신, 어떤 시인이 무대에 등장해 살아 있는 것들에게 이름을 부여할 때 무엇을 보게 될지 알지 못한 채로 **"나는 나인 자이다"**라고 말하게 될 신의 유한성이다. 이처럼 신의 것이고 강력하지만 박탈된 "보기 위해서", 시간의 첫 번째 울림stroke, 시간 이전에, 놀람에 대한, 인간과 동물 사이에 일어날 무엇이라는 사건에 대한 신의 노출, 이러한 시간 이전의 시간은 항상 나를 어지럽게 만들어 왔다. 누군가가 말한 것처럼, 약속이나 위협의 형식에서, 일어나게 될 것을 알지 못한 채로 "당신은 당신이 보게 될 것을 보게 될 것"이다.[49]

데리다가 신의 이야기를 읽을 때, 그는 시간적 용어들을 신을 서술하는 데 부적합한 것으로 간주하지 않는다. 반대로 그는 유한성이 생성/창시 자체에 기입되어 있고 신을 처음부터 시간의 예측불가능한 도래에 노출시킨다고 주장한다.

따라서 데리다가 신을 다루는 방식은 부정신학에서 신을 다루는 방식과 반대이다. 부정신학은 우리가 신에 대해 이야기하는 어떠한 이야기도, 우리가 신을 서술하기 위해 사용하는 어떠한 이미지나 술어도 신의 긍정적 무한성에 적합할 수 없다는 전제에서 출발한다. 신을 서술하는 것은 그를 시간적 유한성에 적용되는 조건들에 의존적이도록 만드는 것이다. 부정신학이 신을 술어화하기를 거부하는 것은 신을 그러한 필멸적 오염으로부터 구하기 위해서이다. 데리다의 주장은 정확히 그 대립물인데, 그는 다른 모두와 마찬가지로 신도 시간적 유한성에 의존적이라고 하기 때문이다. 데리다가 신의 이름을 채택할 때, 또는 신이 연루된 어떤 이야기를 읽을 때, 이는 분할불가능하다고 가정된 것조차도 분할가능하고 **나는 ~이다**[I am]라고 고백하는 누구든 필멸적이라는 것을 보여 주기 위해서이다.

그러한 급진적 무신론은 데리다의 저작을 처음부터 끝까지 이끄

---

49) Derrida, "The Animal That Therefore I Am(More to Follow)", 386~387/36.

는 흔적에 대한 사유로부터 나온다. 흔적의 구조는 모든 것이 시간의 무한한 유한성에 종속되어 있고 결과적으로 신 자신이 **"흔적의 어떤 효과"**[50]임을 함축한다. 이로부터 종교에 의해 전유될 수 없는 시간의 공간내기에 의해 긍정적 무한성으로서 신에 관한 어떤 개념도 그 내부에서 모순된다는 것이 따라 나온다. 데리다가 「신앙과 지식」에서 쓰듯이, 시간의 공간내기는 "결코 종교로 진입하지 않았던 것이 될 것이며 결코 스스로를 신성화되고, 축성祝聖받고, 인간화되고, 신학화되도록 하지 않을 것"(58/34/국역 109)이다.

내가 이러한 전제들을 상기시키는 것은 이것들이 데리다의 사유를 종교에 적용하려는 또 다른 주된 시도, 헨트 드 브리스Hent de Vries의 『철학과 종교로의 전회』*Philosophy and the Turn to Religion*와 상충되기 때문이다. 드 브리스에 따르면, 데리다가 1960년대에 전개했던 일반화된 기록 개념으로부터 드 브리스가 **"일반화된 종교"**(434)라고 부르는 것으로의 어떤 이행이 존재한다. 데리다는 결코 일반화된 종교에 대해 말하지 않지만, 드 브리스는 그것이 데리다의 저작에서 쟁점이 되는 것을 이해하는 데 있어 가장 중요한 용어라고 주장한다. "일반화된 기록에서 일반화된 종교로의 이행은 전혀 사소한 것이라든지 오래된 논의 및 고정된 '개념적 모체'의 단순한 이식이 아니다. […] 내 의견으로는 여기서 연구된 종교로의 전회는 또한 가장 중요한 것을 구성

---

50) Derrida, *Writing and Difference*, 108/160. 또한 "흔적의 유한한 원인과 무한한 원인 사이의 구별"이 "이차적"이고 "그 자체 흔적이나 **차-이의 효과**"(29/561)임을 함축하는 무한한 유한성으로서의 흔적 또는 **차-이**에 대한 그의 정의를 상기시키는 "How to Avoid Speaking"도 보라. 또한 시간의 흔적내기의 일반적 필연성에 대한 데리다의 언급도 보라("How to Avoid Speaking", 12/545).

한다."[51] 내가 이 책에서 내내 주장한 것처럼, 데리다의 사유에서 그러한 "전회"란 없다. 원-기록에 대한 초기 저작은 데리다의 이후 저작 모두를 이끄는 시간의 공간내기를 표현한다. 『이름을 제외하고』에서 데리다는 공간내기가 "그 토대가 확실하고, 모든 내적 또는 외적 탈구축으로부터 피신한 구성물로서 탈구축불가능한 것"이 아니라, 일어나는 모든 것에 작동 중인 탈구축의 운동 자체로서 탈구축불가능한 것임을 상기시킨다(80/104). 드 브리스는 결코 시간의 공간내기에 대해 다루지 않으며 원-기록으로 데리다가 뜻하는 바를 해명하기 위해 시도하지도 않고 그것을 단지 이차적 중요성을 갖는 것으로 격하시킨다. 드 브리스는 데리다가 공간내기는 "결코 종교로 진입하지 않았던 것이 될 것"이라고 진술하는 구절을 인용하지만 이에 주목하지는 않는다.[52] 오히려 드 브리스는 그의 책의 목적이 데리다의 저작이 "기록의 학은 고사하고, 기록에 대해서가 아니라 오히려 '신'에게adieu 또는 총체적인 타자를 대체하게 될 무엇에게 […] 다름 아니라 신으로의 정식에서 쟁점이 되는 것인 '무한한 것'과 궁극적으로는 무한한 것Infinite을 대체하는 것에게"(26) 향하는 도정에 있다는 걸 보이기 위한 것이라고 주

---

51) De Vries, *Philosophy and the Turn to Religion*, 434. 다른 표시가 없는 드 브리스에 대한 모든 페이지 인용은 이 책에 준거한다.

52) 데리다의 진술 맥락은 "스스로를 어떠한 신학적, 존재론적 또는 인간학적 심급에 의해 지배되도록 허용하지 않으면서 […] 부정의 길, 비아 네가티바(via negativa)의 길을 따라서 스스로를 '존재를 넘어선'것으로도 고지하지 않는 공간내기"에 대한 이름인 코라(khōra)에 대한 논의이다. 코라의 공간내기는 "안전하고 건전한 것, 신성하고 성스러운 것에 급진적으로 이질적"이고 "선한 것도, 신도" 아니다. 반대로 그것은 "항상 그것들에 저항할 것이고, 어떤 무한한 저항의 바로 그 장소였던 것이 될 것(그리고 심지어 전미래 조차 믿음이나 법 없이 코라를 전유, 굴절시키거나 성찰했던 것이 되지 않을 것)이다"("Faith and Knowledge", 57~58/34~35; 「신앙과 지식」, 107~110). 드 브리스는 문제되는 구절을 인용할 때 이러한 주장들 중 어떤 것도 다루지 않는다. de Vries, *Philosophy and the Turn to Religion*, 110을 보라.

장한다.

드 브리스는 데리다가 "확실히 신학보다는 철학에 가깝다는"[53] 것을 강조했던 로돌프 가셰와 대결한다. 가셰는 흔적이 신보다 더 근원적이라고 주장하는데, 신은 흔적의 효과이기 때문이다. 그러나 드 브리스는 신이 흔적의 "가장 범례적인 이름"이라는 것에 반대하여 말하길, "흔적은 신보다 더 근원적이지 않다. 오히려 흔적과 신—또는 어떤 절대적인 것이 신의 자리를 대체하게 되건 간에—은 동-근원적이라고 할 수 있다"(357).[54] 드 브리스는 데리다가 흔적으로 뜻하는 바에 대해 어떻게 생각하는지에 대한 설명을 주지는 않지만, 쟁점이 되는 것을 이해하지 못했다는 것은 그의 논증으로 볼 때 분명하다. 흔적은 신을 대체할 수 있는 절대자가 아니다. 이는 오히려 생명의 무한한 유한성을 표시하는 것이다. 데리다가 강조하듯이, "흔적은 항상 유한한 존재의 유한한 흔적이다. 그래서 그것은 스스로 사라질 수 있다. 뿌리 뽑을 수 없는 흔적은 흔적이 아니다. 흔적은 스스로의 안에 자신의 위태로움, 잿더미의 취약함, 자신의 필멸성을 기입한다".[55] 드 브리스는 데리다의 유한성에 대한 사유를 지속적으로 회피했다.[56] 드 브리스

---

53) Gasché, "God, for Example", 170. 드 브리스의 가셰에 대한 반론으로는 *Philosophy and the Turn to Religion*, 90, 355~357을 보라.

54) 드 브리스의 "'신'의 형상, 욕망 및 약속"은 "흔적의 구조의 가장 범례적인 심급"(93)이라는 언급과 "신"은 "이러한 흔적 자체의 가장 고유한 이름일 것"(355)이라는 언급을 보라.

55) Derrida, "'Others Are Secret Because They Are Other'", 159/393~394. 또한 *Writing and Difference*, 230/339도 보라.

56) 드 브리스가 "데리다에게 탈구축불가능한 것은 유한성이 아니"고 오히려 "유한한 실존의 역사성이 어떤 종교성[신학소들(theologemes)과 '실정적'종교의 의례들]에 의해 오염된 채로 남아 있다는 사실"(200)이라고 주장하는 *Religion and Violence*를 보라. 드 브리스의 주장과는 반대로, 신학소들과 종교 의례들은 **탈구축가능**한데 왜냐하면 시간의 공간내기—그러니까 급진적 유한성—는 탈구축불가능하기 때문이다.

가 데리다의 무한한 유한성으로서의 **차-이**라는 정의를 한번 인용했을 때, 이는 그 중요성을 기각하기 위해서이다. 드 브리스에 따르면, "유한성에 대한 모든 주장 ―'무한한 차-이는 유한하다'―과 말하자면 칸트와 하이데거, 코제브와 사르트르가 꿈꾸었던 것보다 훨씬 급진적인 인간의 종언들에 대한 모든 강조에 대해, 그럼에도 우리는 여기 데리다의 텍스트들에서 어떤 유사-신비적인 **신격화**를 다루고 있다"(129). 드 브리스가 그의 주장에 대해서 제공하는 이유는 데리다에서 "자아는 타자가 되는데, 그에 대해 '신'이 여전히 가장 범례적인 ―어떤 의미에서 가장 교대가능한― 이름인 총체적 타자처럼 된다"(129)는 것이다. 드 브리스는 여기서 데리다의 전적인 타자 개념과 "우리는 우리 자신들로부터 전적으로 나와서 전적으로 신이 되어야만 하는데, 우리 자신에 속하는 것보다는 신에 속하는 것이 더 낫기 때문"(드 브리스, 129에서 인용)이라고 주장하는 위-디오니시우스의 황홀경 개념 사이의 유비를 이끌어 낸다. 사실 이 두 가지 개념들은 이보다 더 다를 수도 없는 것이다. 위-디오니시우스에게, 전적으로 신이 되는 것은 시간적 유한성을 초월하고 신적인 것의 긍정적 무한성과 통일되는 것이다. 반대로 데리다에게 모든 이는 전적으로 타자인데 왜냐하면 시간의 타자성은 극복될 수 없기 때문이다. 모든 이가 전적인 타자인 것은 모든 이는 항상 상실될 수 있고 다른 누구에 의해서도 재전유될 수 없는 시간적 독특성이기 때문이다.

따라서 드 브리스에 의해 제안된 부정신학과 탈구축 사이의 근친성은 오도적이다. 한 곳에서 드 브리스는 부정신학에 대한 데리다의 여러 반론들을 나열하지만, 그럼에도 그는 탈구축이 "가장 이단적인 또는 가장 정통적인 ―어떤 경우든 가장 엄밀한 무념apophatic 신학들"(100)[57]과 유사하다고 말한다. 드 브리스는 그런 신학들이 어떤 것일지 또는 그것들이 어떻게 데리다에 의해 제기된 반론들에 응답할 것인지에 대해서는 설명하지 않는다. 대신, 그는 "탈구축과 무념적인 것 사이의 관계를 명확하게 하는 것이 결국 달성될 수 없는 약속일 뿐이라고, 그에 필요한 모든 구별들을 흐리도록 위협하는 것"(101)이라고 주장한다. 내가 보여 준 것처럼, 이는 옳지 않다. 만약 우리가 탈구축이 설명하고 부정신학은 부인하는 무한한 유한성에 대한 사고로부터 나아간다면, 탈구축은 부정신학과 명백히 구별될 수 있다. 부정신학은 신을 유한성으로부터 구하기 위해 신에 대한 모든 서술들을 거부한다. 반대로 데리다에게 유한성은 신에 선행하며 신을 초과한다.

그러므로 드 브리스가 신의 이름에 대해 부여하는 특권은 지지될 수 없다. 드 브리스에게 신의 이름은 데리다의 종교로의 전회 속에서 "손대지 않은 채로 그리고 온전히 남아 있다". "마치 성스러운 이름이 (하이데거가 횔덜린을 오독함으로써 믿었던 것처럼) 결여적인 것이 아니라, 신의 이름에 대한 특유하고, 독특하지만 무한히 대체가능한 다수 이름들의 통합성 ——또는 절대성, 안전하고 건전한——속에서만 발견되는 것처럼"[58](24). 사실 데리다는 지속적으로 그러한 통합성이란

---

57) 무념신학은 부정신학의 또 다른 이름으로, 특징적으로 신에 대한 부정적인 언급들을 한다(그가 무엇이 아닌지를 강조하면서). 이는 신에 대한 긍정적인 언급을 하는 유념(kataphatic)신학과 구별된다.

58) 신의 이름에 대한 드 브리스의 특권화는 최소신학에 대한 전제를 다음과 같이 정의하는 그의 책 『최소신학들』(Minimal Theologies)에서 보다 명백하다. "**신**이라는 말은 따라서 스스로를 **어디에서도** 표시하지 않고 **어디에서나** 표시한다. 그것은 거의 아무것도 아닌 것이지만 동시에——최소한 모든 언어적인——의미의 핵심에 있다. 그러나 이러한 의미는 그에 대해 의미론적으로, 인식론적으로, 규범적으로, 실용적으로 또는 미학적으로 측정하고자 하는 어떠한 **기준**이건 간에 그것으로부터 스스로를 면제한다. 그리고 이러한 통찰은 단지 근대적 감수

없다고 주장한다. 신에 대한 탈구축은 종교의 토대인바 절대적 면역이라는 바로 그 관념의 탈구축이다. 안전하고 건전한 것이란 없고, 신성하고 성스러운 것이란 없으며, 신의 이름도 예외 없다. 이는 다른 이름들 가운데 하나의 이름이고, 모든 이름들의 공통분모는 그 이름들이 이름이 붙는 모든 것의 필멸성을 상세히 표현한다는 것이다. 데리다가 주장하듯이, "이름붙이기의 모든 경우는 유령의 생존 속에서 도래할 죽음을, 이름을 지닌 이가 누구든지 생존하는 이름의 수명longevity을 고지하는 것을 포함한다. 이름을 얻은 이가 누구이든지 그는 필멸적임을 또는 죽어감을 느끼는데, 왜냐하면 이름은 그를 살리고자 하고, 부르고자 하며, 따라서 그의 생존을 보장하고자 하기 때문이다".[59]

그래서 이름을 주거나 받고자 하는 욕망은 필멸적 생존에 대한 욕망이다. 이는 잊힐 수 있는 것을 기억하고자 하는 것 ─죽을 수도 있는 것을 살아있도록 하고자 하는 것이다. 여기서 나는 데리다가 생존에 대한 그러한 욕망을 그의 『할례고백』에서 어떻게 무대화하는지를 보이고 싶다. 이 자서전적 텍스트는 아우구스티누스의 『고백록』의 데

성의 열매일 뿐 아니라 성서의 핵심에도 놓여 있다"(590). 드 브리스는 데리다를 그러한 최소신학에 연관시키려 하지만, 그는 오직 데리다를 레비나스와 혼동함으로써만 그렇게 할 수 있다. 피터 길겐(Peter Gilgen)이 지적하듯이, "아마도 『최소신학들』에서 가장 두드러진 논증 방향은 레비나스와 데리다 사이의 심오한 차이들을 지우는 것에 있다"(99). 따라서 드 브리스는 최소신학의 근본적인 특징이 "레비나스의 절대적인 타자의 흔적에 대한 철학, 특히 데리다가 이 저자에게 할애한 연구에서 체계화─형식화, 그리고 말하자면 일반화, 심지어 급진화와 드라마화─ 되었던 바의 철학"(『최소신학들』, 24)에서 발견될 수 있다고 주장한다. 다시 한번, 드 브리스는 데리다가 흔적이라는 말로 뜻하는 바에 대한 분석을 제공하지 않는다. 내가 3장에서 보여 주었듯이, 레비나스와 데리다 각각의 흔적 개념은 양립불가능하다. 레비나스에게 흔적은 신의 긍정적 무한성으로서 흔적이다. 데리다에게는 반대로 흔적이 그로부터 아무것도 면제될 수 없는 시간의 무한한 유한성의 흔적이다.

59) Derrida, "The Animal That Therefore I Am(More to Follow)", 389/39.

리다 자신의 판본으로, 그는 자신의 서사 속에 라틴어 텍스트로부터 광범위한 인용들을 엮어 놓았다. 우리가 볼 것처럼, 아우구스티누스와의 문자적인 대결은 신에 대한 바로 그 욕망을 탈구축하며 아우구스티누스 자신의 고백에서 작동 중인 생존에 대한 무신론적 욕망을 급진적으로 동원한다.

아이러니하게도, 아우구스티누스에 대한 준거는 데리다를 하나의 종교적인 사상가로 만들려는 시도에서 주된 증거로 기능해 왔다. 『자크 데리다의 기도와 눈물』에서 카푸토는 "마침내 자크는 그가 내 내 종교를 가지고 있었다고 고백"했다는 안도의 한숨 소리와 함께 "나는 『할례고백』을 내 가슴 가까이에 내내 붙잡고 있던 게 될 것"(xxviii)이라고 고백한다. 여기서 카푸토의 공공연한 영웅은 아우구스티누스로, 그의 회심에서 카푸토는 불가능한 것에 대한 종교적 열정의 한 가지 범례적인 사례를 본다.[60] 이는 또한 카푸토가 데리다에게 귀속시키는 그런 열정이다.

카푸토에게, 아우구스티누스와 데리다 사이의 접촉 지점은 "내가 신을 사랑할 때 무엇을 사랑하는가?"[61]라는 질문이다. 아우구스티누스는 이러한 질문을 『고백록』 10장에서 제기하며 데리다는 이를 『할례고백』에서 인용한다. 아우구스티누스의 문자 그대로의 질문은 "내가 신을 사랑할 때, 나는 무엇을 사랑하는 것인가?"Quid ergo amo, cum deum amo?인데, 데리다는 『할례고백』에서 이를 "내가 나의 신을 사랑할 때, 나는 무엇을 사랑하는 것인가?"Quid ergo amo, cum deum meum amo?라

---

60) Caputo, *On Religion*, 3, 24~31을 보라.
61) Caputo, *The Prayers and Tears of Jacques Derrida*, xxii, 6장 그리고 "결론"을 보라.

고 잘못 인용한다(122/117). "나의 신"deum meum이라는 표현이 『고백록』의 앞선 장(10.6)에 등장하기는 하지만, 데리다는 아우구스티누스 텍스트에는 없는 "나의"meum라는 단어를 삽입한다. 데리다의 인용은 정황상 의도적인 것인데, 그가 계속해서 다음과 같이 쓰기 때문이다. "SA(성 아우구스티누스)의 이러한 질문을 나의 언어로 번역하는 것, 동일한 문장으로 번역하는 것 외에 무엇을 할 수 있을까? 전혀 아무것도 아니면서 동시에 거대한 차이를 지닌 의미 또는 오히려 지시체의 변화, 곧 'meum'이라는 유일한 차이를 규정하는 그러한 변화와 더불어서 말이다. 내가 무엇보다도 사랑하는 그것, 나는 무엇을 사랑하는가, 나는 누구를 사랑하는가?"(122/117). 이때 결정적인 질문은 아우구스티누스와 데리다 각각의 고백에서 "나의 신"에 대한 사랑이 무엇을 가리키느냐 하는 것이다. 카푸토가 반복해서 이 질문으로 되돌아옴에도 불구하고, 그는 『고백록』에서 아우구스티누스의 답에 대한 설명을 결코 해 주지 못하고, 데리다가 『고백록』에서의 답을 어떻게 반박하는지를 알아채는 데 실패한다.

아우구스티누스는 필멸적인 것과 불멸적인 것 사이의 대립을 중심으로 그의 고백을 조직화한다. 그의 회심 이전에, 아우구스티누스의 욕망은 필멸적인 존재들을 향해 있다. 이러한 필멸적 삶에 대한 욕망은 그가 그의 죄의 뿌리로서 낙인찍는 것이다. 그가 『고백록』의 첫 권에서 설명하듯이, "나의 죄는 이처럼 내가 쾌락, 행복, 진리를 신 자신에서가 아니라 그의 피조물(나 자신과 나머지)에서 찾았다는 것에 있었으며, 이로써 나는 슬픔, 혼란, 실수들로 곧장 빠져들어갔다"(1.20). 아우구스티누스는 사라지는 시간적인 것에 집착함으로써 그의 영혼이 "어리석어"(4.11)지지 않도록 그의 영혼에 간청한다. 오히려 그는 그의 영혼이 "동요할 수 없는 평화의 자리"(4.11)로서 신의 영원한 말씀을 향해 나아갈 수 있도록 재촉한다. 쟁점이 되는 것은 항상 상실될 수 있는 필멸적인 것에 대한 사랑을 결코 상실될 수 없는 불멸적인 것에 대한 사랑으로 전환시키는 일이다. "거기 너의 거처를 정하라. […] 그러면 너는 아무것도 잃지 않을 것이다"(4.11). 아우구스티누스가 신을 사랑할 때 그가 사랑하는 것을 선언하면서, 그는 그것이 시공간적인 어떠한 것에 대한 사랑도 초월함을 강조한다. 오히려 그것은 "공간이 포함할 수 없는 광휘, 시간이 운반할 수 없는 소리"(10.6)이다.

『할례고백』에서 데리다는 반대의 방식으로 그가 사랑하는 것에 대한 질문에 대답한다. 불멸적인 것(내가 무엇보다 사랑하는 분으로서 "나의 신"에 대한 열정)에 대해 일컬어지는 사랑은 필멸적인 것에 대한 사랑으로서 재기입된다. 데리다가 『할례고백』을 통해 언급하는 사랑하는 "당신"은 다수의 변화하는 지시 대상을—그 자신, 그의 어머니, 조프리 베닝턴, 그리고 다른 사람들—가지지만, 그것들의 공통분모는 그들이 모두 필멸적이라는 점이다. 데리다가 쓰듯이, "당신은 누구든, 나의 신을 대신하여 있다"(166/156). 그리고 나의 신으로서, 내가 누구보다 사랑하는 사람으로서 언급될 수 있는 사람은 누구든지 필멸적이다. "당신은 필멸적인 신이고, 그것이 내가 쓰는 이유, 내가 당신을 나의 신이라고 쓰는 이유이다." "당신을 당신 자신의 불멸성으로부터 구하"기 위해서 말이다(264/244). 이렇게 아우구스티누스의 가장 욕망할 만한 것에 대한 종교관은 급진적으로 전도된다. 불멸성은 욕망하고 희망하는 목적이 아니라 두려워하고 맞서 싸워야 할 목적인데, 그것은 필멸적 삶을 종결시킬 것이기 때문이다.

여기서 아우구스티누스의 『고백록』과 데리다의 『할례고백』 모두에 있어 핵심적인 역할을 하는 어머니와의 관계에 대해 고려해 보는 것이 유익할 것이다.[62] 아우구스티누스의 어머니 모니카는 그의 회심 배후에 있는 추동력이다. 그녀가 죽기 직전에 말하듯이, 그녀의 생애 목표는 그녀의 아들이 신을 위하여 세계의 쾌락으로부터 확실히 돌아설 수 있도록 하는 것이었다. "내가 이 삶에 조금 더 머물고자 원했던 유일한 이유가 하나 있었는데 그것은 내가 죽기 전에 가톨릭 기독교인이 된 너를 보아야만 한다는 것이었다. 이제 신이 내 희망을 넘어서 이를 보여 주셨다. 나는 네가 이 세계의 쾌락을 경멸하고 신의 종이 된 것을 보았기 때문이다"(9.10). 외국에서 그녀의 임종 자리에서조차, 모니카는 아들에게 참된 경건함에 대해 가르친다. 그녀가 심한 열병 이후 의식을 되찾고 아들이 그녀의 갑작스러운 죽음에 대해 슬퍼하는 것을 발견할 때, 그녀는 이렇게 말한다. "네가 여기서 엄마를 매장하겠구나"(9.11). 아우구스티누스가 말없이 눈물을 참는 동안 그의 형제는 그녀를 고향으로 모시고 갈 수 있을 것이라는 희망을 표현한다. 모니카의 대답은 "여전히 그런 세속적인 것을 고려하는 것에 대한 책망하는 눈빛"이다(9.11).

이때 모니카는 "우리는 이 생을 경멸하고 죽음을 고대해야만 한다"(9.11)는 그녀의 종교적 교훈을 각인시킨다. 그러나 그녀의 죽음에 이르렀을 때 아우구스티누스는 모니카의 교훈을 완전히 가슴으로 받아들일 수가 없다. 그는 "거대한 슬픔의 격류가 내 가슴 속에 사무쳤고 눈물로 흘러넘쳤다. 그러나 내 눈은 내 마음의 강력한 명령에 복종

---

62) 아우구스티누스와 데리다에서 어머니와의 관계에 대한 통찰력 있는 분석으로는 데이비드 파렐 크렐의 탁월한 책에서 『고백록』에 대한 장, *The Purest of Bastards*, 175~199를 보라.

했고 그 분수가 마르도록 빨아들이는 것처럼 보였다. 실로 끔찍한 것은 내가 그렇게 애쓸수록 내 상태가 그랬다는 것이다"(9.12)라고 고백한다. 아우구스티누스가 스스로를 "너무나 나약"(9.12)하다고 꾸짖음에도 불구하고, 그는 슬픔의 격류를 막아낼 수 없고 결국에는 "한 시간 동안 그의 어머니를 위해 우는 일"(9.12)에 굴복하고 만다. 그는 신에게 이 눈물들과 이를 낳은 "너무나 현세적인 애정"(9.13)의 죄에 대해서 자신을 용서해 달라고 간청한다.

그의 모든 경건함에 있어, 모니카 자신은 동일한 혈육적^{carnal} 애정을 드러낸다. 돌이켜보면서 아우구스티누스는 그에 대한 그녀의 헌신에서 "너무나 육체에 속하는 애정"을 가졌음을 비난한다. "왜냐하면 모든 어머니들이 하듯이, 다른 무엇보다도 더 그녀가 자신 곁에 나를 두는 것을 사랑했기 때문이다"(5.8). 아우구스티누스가 그녀를 두고 로마를 향해 떠날 때, "그녀는 울고 크게 통곡했으며 이 모든 고통을 통해서 그녀는 자신 안의 이브의 유산을 드러냈다. 슬픔 속에서 그녀가 낳았던 것을 찾으면서 말이다"(5.8). 아우구스티누스의 회심이 극복하고자 하는 것이 바로 필멸적 삶에 대한 이러한 욕망이다. 주의 품에 안기기 위해서, 그는 스스로를 여성 및 심지어 그의 어머니와의 유대로부터도——그녀가 아우구스티누스의 서사에서 이브의 딸들이 비난받게 되는 탄생에 대한 정열 그리고 죽음에 대한 애도를 대표하는 한에서——벗어나게 해야만 한다.

데리다의 『할례고백』은 아우구스티누스의 이러한 모티브들에 대한 정교한 전도를 무대화한다. 데리다의 고백은 꾸밈없는^{unapologetic} 성적 욕망에 의해 관통되어 있을 뿐 아니라, 그의 어머니와의 관계는 아우구스티누스가 억누르고 떠나보내려고 하는 필멸적 생존에 대한 정열을 또한 강화한다. 『할례고백』에서의 출발점은 데리다의 어머니 조르제트Georgette의 임박한 죽음이며, 그의 글쓰기는 애도의 고통에 대한 모든 가능한 치유책을 반박한다. 죽음과의 화해도 초월적인 위로도 없으며, 오직 생명을 연장하고 그 자신과 그 어머니의 기억을 보존하려는 절망적이고 자기면역적인 투쟁만이 있을 뿐이다.

데리다 저술 당시(1989년 1월~1990년 4월), 조르제트는 니스의 병원에 있었으며, 치매 때문에 아들을 알아볼 수 없었다. 그녀는 1991년 12월 5일까지 살아있었지만(『할례고백』은 같은 해 3월에 출간되었다), 그녀가 병으로 죽을 것이며 언제라도 죽을 수 있다는 사실은 시종일관 데리다의 고백을 사로잡고 있다. 게다가 데리다 자신의 죽음의 위협도 그가 『할례고백』을 쓰는 동안 강화되었다. 1989년에 바이러스 감염은 그의 얼굴 왼편을 마비시킨다. 바이러스의 공격은 데리다 스스로의 죽음에 대한 공포를 강화시킨다──"그토록 많은 항체들에 맞선" 그의 내적인 투쟁 및 "나 없이 나의 삶을 결정해야 할 결단"(282/261)에 대한 무력한 노출. 실로 데리다는 이중의 공포에 사로잡혀 있다. 곧 어머니보다 오래 살아남아 그녀의 죽음을 애도하는 고통 속에 남겨지거나, 어머니가 더 오래 살아서 더 이상 알아보지 못하는 아들의 죽음을 애도하지도 못하거나.

생존의 이중구속은 이처럼 강화된다. 데리다와 그의 어머니는 지지 않고는 이길 수 없는 "죽음에 맞선 경주"(112/108)에 붙잡혀 있다. 생존의 기회는 사랑하는 사람의 죽음에 직면하고 애도하도록 남겨질 위협으로부터 분리불가능하다. 생명의 모든 순간에 그러한 이중 구속이 작동하지만──앞섰던 것이 사라지지 않고는 생존도 있을 수 없기 때문에──, 그것은 데리다와 그 어머니의 생명을 특별히 가슴 아픈

방식으로 특징짓는다. 데리다가 태어나기 1년 전, 그의 형 폴 모세^{Paul}
^{Moïse}는 그가 아직 아기였을 때 죽었고, 데리다가 열 살이었을 때 그의
두 살짜리 동생 노르베르 피나스^{Norbert Pinhas}가 죽었다. 데리다는 처음
부터 이처럼 그의 어머니의 생존 경험에 의해 특징지어진다. 그는 죽
은 형의 어떤 대체물로서 잉태되었고 데리다에게서 유령으로 계속 살
아가는 형에 대한 어머니의 슬픔을 고통스럽게도 의식하게 된다. 그
는 스스로를 "소중하지만 너무나 취약한 불청객으로, 너무나 필멸적
인 자", "다른 사람을 대신해서 사랑받는"(51~52/52~53) 자로서 지
각한다. 두 번째 형제가 죽었을 때, 데리다는 애도하는 어머니를 볼 수
밖에 없었고 다시 한번 "유일한 대체물"(52/53)로 기능할 수밖에 없
게 된다. 데리다는 스스로의 입장을 "어떤 배제된 총아^{favorite}"의 입장
또는 보다 정확히는 "배제된 자이자 총아"(279/258)인 자로서 서술한
다. 그가 배제된 자인 것은 그가 죽은 이에 대한 대체물이기 때문이지
만 같은 이유로 그는 총아이기도 한데, 어머니가 데리다 또한 잃게 될
것이라는 두려움이 그녀가 그를 더욱더 사랑하도록 만들기 때문이다.
그가 아플 때, 그녀의 어머니는 데리다가 "나 이전의 아들처럼, 나 이
후의 아들처럼"(117/113) 죽게 될까봐 울며 걱정한다. 이어서 데리다
는 이렇게 쓴다. "나의 죽음에 대한 공포는 오직 그녀의 공포를 반영
한 것이 되어 있을 것이다. 내가 아팠을 때 매번 보았던 불안 그리고 의
심의 여지없이 내내 더욱 은밀했던 불안을 가졌던 **그녀에 대한** 나의
죽음 말이다"(211/196~197). 이처럼 데리다가 1989년에 스스로 이
와 반대되는 입장에 있는 것을 발견했을 때—그의 어머니는 아프고
그가 그녀가 죽게 될 것을 걱정하면서—그는 또한 스스로를 어머니
의 입장으로부터 애도하게 된다. 그 응답은 위로할 길 없는 눈물이다.

"나는 스스로를 위해 운다. 나는 나에 대해 미안해하는 나의 어머니로부터 스스로에 대해 미안함을 느낀다. 나는 내 어머니에게 푸념하고, 나는 스스로를 불행하게 만들며, 그녀는 나를 슬퍼하는 나를 슬퍼한다"(128/122).

데리다와 그의 어머니와의 관계에 대한 이야기는 아우구스티누스가 그의 어머니와의 관계에서 부정하고자 하는 욕망의 긍정에 해당한다. 우리가 본 것처럼, 아우구스티누스가 어머니를 남겨 두고 로마로 떠날 때 모니카는 절망 속에서 흐느꼈으며, 사랑하는 필멸자에 대한 동일한 애착은 아우구스티누스가 모니카의 죽음 이후에 통곡하도록 만들었다. 그러나 아우구스티누스에게서 요점은, 이러한 눈물이 죄 많은 것이고 잘못 인도된 것이라는 점이다. 그가 그의 어머니로부터 배웠다고 주장하는 바는 오히려 스스로를 신에게 바치고 그럼으로써 사랑하는 필멸자를 상실하는 고통으로부터 스스로를 면역이 되게 하는 것이다.

반대로, 데리다는 그의 어머니의 유산이 필멸적 삶에 대한 욕망이자 데리다가 "항상 나를 사로잡았던 공포"(50/52)라고 서술한 죽음에 대한 넘어설 수 없는 공포임을 공공연히 긍정한다. 그의 어머니는 그러한 공포에 대한 탈출구로서 신에게로 데리다를 이끄는 것이 아니라, 신의 이름이 필멸적 생존에 대한 욕망에 부차적인 것임을 드러낸다.

나는 이 아침에 신을, 하나의 인용을, 내 어머니가 말씀하셨던 무엇을 기억한다. […] 아마도 처음으로 내가 들었던 신의 이름, 물론 그것은 어머니가 기도할 때 그 입에서 나왔던 것으로, 내가 아픈 것을 볼 때마다, 내 이전의 그녀의 아들이 죽어갔던 것처럼, 내 이후의 아들이 그랬던 것처럼, 그것은 거의 항상 중이염, 고막염이었고, 열이 내릴 때 나는 그녀가 "신 덕분입니다. 신께 감사드립니다"라고 하는 것을 들었다. 울면서 신의 이름을 말하면서, 어느 여름날 "작은 숲"에 가는 길에, 의사가 지독하고 위험한 수술로 나를 위협했었을 때, 그 심각한 수술이 그 당시 내 귀 뒤에 구멍을 남길 수도 있을 거라고 했었을 때, 나는 여기 눈물의 기원, 항상 앳된, 잘 울고 소심한 아들이었던 나, 기본적으로 루소, 니체, 퐁주, SA(성 아우구스티누스) 등등의 작가만을 읽기 좋아했고 또한 쉽게 울었던 사춘기, 어른들이 아무것도 아닌 일로 울음을 터뜨리게 함으로써 즐거워하던 그런 아이, 그 어머니의 눈물과 더불어 항상 스스로 울곤 했던 아이를 신의 이름과 뒤섞었다. "나는 스스로 미안함을 느낀다", "나는 스스로 불행하게 만든다", "나는 나 자신으로 인해 운다", "나는 나 자신에 대해 운다" ─ 그러나 다른 이들처럼, 또 다른 우는 이 때문에 우는 다른 이처럼, 나는 나 자신이 그 대체물인 아이에 대한 어머니[의 슬픔] 때문에 운다. […] 나는 더욱더 두려워졌다. 마치 사춘기가 될 때까지 매일 밤, 부모님이 그들 곁에 긴 침대 위에서 자게 할 때까지 "엄마 나 무서워"를 외치며 깨어 있는 겁에 질린 아이처럼. 오늘날 내가 59살이 되기 직전 중간에 이 안면마비 또는 라임병으로 내게 막 일어난 일에 대한 공포처럼 (117~120/112~115).

생존을 위한 기도 ─ 그가 죽지 않으리라는, 그녀가 죽지 않으리라는 기도 ─ 는 『할례고백』 전체에 걸쳐 울려 퍼진다. 신을 향한 기도는 그 또는 그녀가 필멸적 삶으로부터 구제되리라는 기도가 아니다. 반대로, 그것은 그 또는 그녀가 필멸자로서 계속 살아가도록 됨으로써 불멸성으로부터 구원받으리라는 기도이다. 기도에 응답하는 누구도 결코 요청받는 생존을 지배할 수가 없다. 나의 신으로서 불리는 누구도(누구보다도 내가 사랑하는 이로서 또는 나의 운명을 결정하러 온 이로서) 그 자체로 필멸적이다. 그래서 모든 기도에는 생존에 대한 급진적으로 무신론적인 욕망에 의해 추동된 애도, 희망, 공포의 눈물이 수반된다.[63]

실로 『할례고백』은 그 구성의 기본적인 수준에서도 생존에 대한 욕망에 의해 추동된다. 저술 당시 데리다는 59살이었다. 『할례고백』

---

63) 데리다는 명시적으로 "나는 완전히 올바르게도 무신론자로 통한다"(Circumfession, 155/146)고 주장한다. 카푸토는 데리다의 "신에 대한 열정이 올바르게도 어떤 헬레니즘적인 신 [···] 신이라고 불리는 매우 유한한 헬레니즘적인 피조물에 대한 무신론으로 통한다"(The Prayers and Tears of Jacques Derrida, 334, 336)고 주장함으로써 위의 진술과 화해하려고 시도한다. 데리다의 신의 열정은 오히려 카푸토가 "유대적 아우구스티누스주의"(333)라고 부르는 것과 연관된다는 것이다. 이렇게 제안된 연관은 완전히 옹호불가능한 것이다. 카푸토가 그의 책 제목을 Circumfession에 나오는 기도와 눈물로부터 따올 때, 그는 데리다의 기도와 눈물이 정확히 아우구스티누스가 그의 종교적 회심 이후 비난하는 필멸적 삶에 대한 욕망으로부터 나온 것임을 결코 평가하지 않는다. 데리다 자신은 Circumfession이 아우구스티누스의 "비-기독교적인 탈구축"이고 "유대적인 탈구축이 아니"("Response to Catherine Malabou", 142)라는 것을 힘주어 말한다. "나는 가능한 한 비-유대적이고 무신론적인 존재이다"("Confessions and 'Circumfession': A Roundtable with Jacques Derrida", 37)라는 데리다의 언급도 보라. 같은 원탁회의에서 그의 공언된 무신론을 명료하게 해달라고 요청받았을 때, 데리다는 무신론에 대한 그의 입장이 "신의 이름이 무엇을 명명하느냐에 달려 있다"(38)고 지적한다. 내 논변은 우리가 일단 데리다가 "신"이라는 이름을 어떻게 쓰는지를 추적해 보면, 그가 어떻게 급진적 무신론을 고수하고 있는지를 볼 수 있으리라는 것이다. 카푸토의 주장과는 반대로, 이는 신이라 불리는 유한한 피조물을 거부하는 문제가 아니라, 유한한 피조물이 아닌 어떤 다른 신도 거부하는 문제이다. 『할례고백』에서 데리다는 그의 신을 "나인 타자, 내 안의 타자, 무신론적인 신"(216/201)으로 설명하면서 "신은 내 안의 죽음으로 해서 대지로 온다"(272/252)는 것을 강조한다. 데리다의 불가능한 신에 대한 열정은 이처럼 그에게 있어 모든 것이 가능한 신에 대한 열정이 아니다. 반대로, 그것은 필멸적 타자에 대한 열정이다. 데리다가 Mémoires에서 쓰듯이, "여기서 불가능한 것은 타자, 그가 우리에게 오는 것과 같은 타자이다. 필멸자로서, 우리 필멸자들에게. 그리고 그 자체로 우리가 사랑하는 이, 이를 좋은 것이라고 긍정하는 이에게"(32/52).

은 그래서 59개의 절로 나뉘는데, 이는 "59개의 마침표[시기]^{period}들과 완곡어법들^{periphrase}"이라는 소제목으로 수식된다. 각 절은 "내 호흡의 쉼표"(154/146)라고 구두점이 찍힌 하나의 긴 문장으로 나아가며 마지막 마침표로 표시된 끝맺음을 지연시키는 역할을 한다. 문장의 끝맺음은 데리다에 의해 결정되는 것이 아니라 그가 문장을 쓰는 컴퓨터 프로그램에 의해 중단된다. 『할례고백』은 컴퓨터가 문단이 너무 길다고 하자마자 데리다가 그의 문장을 쓰는 것을 멈춰야 함을 규정하는 규칙에 따라서 구성되어 있다.[64] 이렇게 데리다는, 마치 그가 통제할 수 없는 죽음과의 관계 속에서 살아가는 것처럼 그가 통제할 수 없는 마지막 마침표와의 관계하에서 글을 쓴다. 마지막 마침표와 죽음 사이의 유비는 데리다가 그의 어머니의 죽음을 예상하면서 쓴다는 사실에 의해 강화된다. "나를 더 이상 알아보지 못하는 그녀가 아직 더 살 수 있을지 매 순간 모르면서, 그럼에도 내가 그녀를 품고 있는 죽음을 품은 것처럼 보이는 이 문장의 끝에 다다랐을 때, 그녀가 이 모든 고백들을 위한 시간을 내게 남겨둘 정도로 오래 살 수 있을지 모르는 채로"(43/44). 그의 삶을 미규정적인 문장으로 쓰기는 컴퓨터 명령어에 의해서뿐 아니라 그의 어머니의 죽음이나 그 자신의 죽음에 의해서도 중단될 수 있다. 어떠한 경우든, "글쓰기를 외부에서부터 조각하고 계산불가능한 중단으로부터 그에 형상과 리듬을 부여하는" 것은 "사건의 예측불가능한 도래"로, 이로써 텍스트는 "그 가장 본질적인 내부에서 그러한 절단, 부수적이고 우연적인 외부"에 의존

---

64) 이 규칙에 대한 데리다의 설명으로는 *Circumfession*, 35/37과 그의 "Response to Catherine Malabou", 139를 보라.

하게 된다. "마치 각 음절, 그리고 각 완곡어법의 자리^{milieu} 자체가 어떤 전화 연락을, 죽어가던 이의 죽음이라는 소식을 들을 준비를 하듯이"(206~207/192~193).

따라서 통사론의 수준에서 이미 『할례고백』에는 생존의 드라마가 존재한다. 데리다의 저작은, 당시 쓰여지고 있던 사형 선고에도 불구하고 그의 호흡의 리듬을 각인시키고 연장하려고 시도한다. 그러나 죽음을 미루는 것으로 생각되는 모든 호흡, 삶에 시간을 더 주기 위한 그 호흡은 또한 처음부터 죽음에 의해 표시되어 있다. "숨을 쉴 때 나는 내 사후를 살아간다^{posthume}"(26/28). 데리다는 놀랍게도 스스로를 "긴 문장, 긴 마침표의 끝 이전에 죽게 될 것을 두려워하는 저자"(51/52)로 서술한다. 그의 59개의 구불구불한 완곡어법들은 "59개의 마침표, 59개의 호흡, 59개의 동요, 59개의 4행정^{four-stroke} 강박,[65] 각각은 **나는 존재한다**를 '나는 먹는다, 나는 마신다'^{manduco bibo}, **이미 나는 죽어 있다**에 기초해서 이야기하는 아우구스티누스적인 코기토, 그것은 눈물의 기원"(127~28/122)으로서 나타난다. 데리다의 고백은 59년에 걸친 그의 연속적인 자아들의 흔적들을 보존하려는 욕망에 의해 추동되며, 그는 이미 뿌리 뽑혀진 것의 기억으로 해서 눈물 흘린다. 실로 『할례고백』은 명시적으로 "59명의 미망인들 또는 나 자신의 반-범례들^{counterexemplarities}"(255/236~237)을 드러내면서, "59개의 기도 악단들^{prayer bands}"이 생존에 대한 희망을 기입하도록 하고 "그것 없이는 나는 아무것도 아닐 59개의 기원/탄원"(272/250~252)을 수행하도록 한다.

데리다는 그가 항상 "매초마다 따라잡으려는 강박"(39/40) ——사

---

65) [옮긴이] 이는 심장박동을 의미하는 듯하다.

라지는 것을 보유하려는 강박에 사로잡혀 있었음을 주장한다. 『할례고백』의 저술 당시에 그의 시간적 자아들을 보존하려는, 그 자아들의 사라짐에 저항하려는 욕망은 최소한 세 가지 요소들에 의해 강화된다. 첫째, 그의 어머니가 그를 더 이상 알아보지 못한다는, 그녀가 죽기도 전에 그에 대한 그녀의 기억이 지워졌다는 사실은 그로 하여금 그들의 삶 모두의 흔적들을 보존할 것을 더욱더 긴요한 것으로 만든다. 둘째, 그 자신의 병 또한 죽음의 위협에 맞서서 자신의 기억을 새겨넣고자 하는 더욱 큰 욕망을 촉진하는 것이다. 셋째, 『할례고백』은 데리다의 관점에서 그의 삶과 저술의 독특성을 지우고 있는 조프리 베닝턴의 『데리다베이스』*Derridabase*에 대한 응답으로 쓰였다. 베닝턴의 『데리다베이스』(소프트웨어 디베이스dBase를 따라서 이름붙여진)는 데리다 사유의 일반적 체계에 대한 접근을 제공하려고 하면서 그 없이도 작동할 수 있는 탈구축을 위해서 데리다 자신을 잉여적으로 만들고자 한다. 『할례고백』과 『데리다베이스』는 (베닝턴의 텍스트의 매 쪽마다 그 아래 데리다의 텍스트가 있는) 책 『자크 데리다』에서 함께 출판되었다. 이 책은 서문에 서술된 계약에 따라서 만들어졌으며, 데리다 텍스트에 틀을 제공한다. 이 계약은 데리다가 베닝턴의 텍스트를 읽은 후에, "제안된 체계화를 탈출하는 무언가를 쓰고, [베닝턴을] 놀라게 할 것"을 명기하고 있다. 이 저술의 일부분이 『할례고백』이다.

데리다는 베닝턴의 독해에 대해서 반론하지는 않는다. 차라리 그는 베닝턴(데리다의 텍스트에서 "G"라고 주로 언급되는)이 전지적인 신, "어떤 주제이든 간에 내가 과거에 썼을 것뿐 아니라 내가 미래에 생각할 것이나 쓸"(16/18) 모든 것을 통제하는 신의 위치에 있으리라는 사고 실험으로부터 나아간다. 데리다가 제기하는 물음은 왜 그가 그러한 신에 도전하고 반박하도록 추동되는가 하는 것이다. 그는 신이 아우구스티누스에 대한 모든 것을 이미 아는데 왜 그가 신에게 고백하는지에 관한 아우구스티누스의 유명한 물음을 암시한다.[66] 아우구스티누스의 답은 신이 모르는 어떤 것에 대해 그에게 알리기 위해서 우리가 신에게 고백을 하는 것은 아니라는 것이다. 우리는 우리의 죄를 뉘우치기 위해서 고백을 하고 그럼으로써 신이 아니라 우리 자신을 변형시킨다. 신에게 고백하는 것은 아우구스티누스가 "진리를 만들기"veritatem facere/making the truth라고 부르는 것이다. 진리를 만드는 것은 단순히 진리를 말하는 것이 아니라, 신을 향해 돌아감으로써 자신 안에 진리가 만들어지도록 하는 것이다. 아우구스티누스가 그의 고백을 쓰도록 한 명시적인 동기는 자신과 다른 사람들 속에서 그러한 진리 만들기를 가능하게 하기 위해서이다. "그렇다면 왜 나는 그토록 많은 것들의 이야기를 당신 앞에 내놓는가? 확실히, 나를 통해서 그것들을 당신이 알도록 하기 위해서는 아니고, 나 자신과 나의 독자들의 당신을 향한 헌신을 고무하기 위해서, 그럼으로써 우리는 모두 이렇게 말할 것이다. **주는 위대하시다, 극진히 찬송받을지어다**"(11.1).

반대로, 데리다가 『할례고백』을 쓰는 동기는 G가 "그보다 오래 살

---

66) 데리다는 이러한 물음의 한 판본(cur confitemur Deo scienti: "왜 신이 [우리에 관한 모든 것을] 아는데 우리가 신에게 고백해야 하는가")을 *Circumfession*(3/7)을 여는 페이지에서 인용한다. 데리다가 지적하듯이, 이 물음의 이러한 정식화는 문자 그대로 아우구스티누스의 것은 아니다. 이는 오히려 1649년의 데리다가 *Confessions*를 읽은 첫 번역인 로베르 아르노 당디리(Robert Arnauld d'Andilly)의 *Confessions*의 프랑스어 번역에 나온 한 장의 제목이다(*Circumfession*, 8/11~12를 보라). 아우구스티누스가 이 물음을 다루는 것에 대해서는 특히 *Confessions*, 11.1을 보라. 데리다는 *Confessions*의 이 절에서 나온 구절들을 *Circumfession*(75~76/74~75)에서 인용한다.

아남을 **예측 불가능한 것들**, 곧 그가 알아보고, 이름붙이고, 예측하고, 생산하고, 예견할 수 없었던 것이 될"(31/32) 사건들을 증언함으로써 G의 "신학적 프로그램"을 반박하는 것이다. 요점은 시간적 사건들을 초월하는 것이 아니라 반대로 그 사건들을 지우려고 시도하는 신학적 프로그램들을 교란시키는 것이다. 전지한 신은 달성불가능한 것일 뿐 아니라 바람직한 것도 아닌데, 그러면 "그를 놀라게 하고 그를 위해서 만들어 낼 무언가를 이야기할 만한 것이 아무것도 없"(16/19)을 것이기 때문이다. 데리다가 아우구스티누스의 기본적 전제를 뒤집는 것은 그가 "아우구스티누스는 여전히 사랑의 힘에 의해서 신에게로 **도착함**에 있어, 무언가가 신에게 일어나야만 함을 원했다"(18/19)고 제안할 때 결정적인 국면에 다다른다. 아우구스티누스에 맞서 제기될 수 있는 이보다 더 급진적으로 무신론적인 논증은 있을 수 없다. 아우구스티누스에게 핵심적인 요점은 신에게는 아무것도 일어날 수 없으며 그러한 초시간적인 영원성이 가장 바람직한 것이라는 점이다. 데리다에게는 반대로 전지한 신의 영원한 현존은 가장 바람직하지 않은 것이다. 만약 그러한 신이 있다면, 모든 것은 미리 결정될 것이며, 데리다는 "미래를 박탈당하고, 나로부터 어떤 사건도 생겨나지 않"(30/30)게 될 것이다.

이처럼 『할례고백』은 "SA의 신학적 프로그램"(73/72)에 반대하여 쓰였다. SA는 성 아우구스티누스$^{Saint\ Augustine}$의 준말이기도 하면서 모든 것을 이해할 수 있고 그럼으로써 시간의 예측불가능한 도래를 취소할 수 있을 절대지$^{Savoir\ Absolu}$라는 생각의 준말이기도 하다. 데리다에게 그런 절대지는 우리의 인간적인 한계들 때문에 불가능한 것이 아니다. 그것이 불가능한 까닭은 절대지가 어떤 것이 존재하기 위한 가능성인 시간성이라는 조건을 취소시킬 것이기 때문이다. "어떤 프로그램, 어떤 논리적이거나 텍스트적인 기계도 폐쇄할 수 없는 사건들의 기회"가 있어야 하는 것이 필연적인데 "왜냐하면 그것은 항상 날 것인 해프닝의 흐름을 극복하지 않음으로써만, 조프^{Geoff}(리 베닝턴)에 의해 고안된 신학적 프로그램에 의하지 않은 것으로서 작동해 왔기 때문이다"(16/18). 데리다의 요점은 사실 탈구축의 논리적 모체에 대한 베닝턴의 형식화에 대한 반론이 아닌데, 그 모체는 총체성이라고 일컬어지는 어떤 것도 그것이 지배할 수 없는 사건들에 의해 그 안에서부터 초과됨을 설명해 주기 때문이다. 데리다 자신은 우리에게 탈구축의 모체는 "본질상, 그 힘에 의해 포화불가능한 것, 봉합불가능한 것^{nonsuturable}"으로 남음을 상기시키는데, 왜냐하면 그것은 "사건의 예측불가능한 독특성"(34/36)에 대한 개방성이 있어야만 함을 함축하기 때문이다.

따라서 베닝턴에 대한 데리다의 도전은 그의 저작의 진리를 **말하는** 수준에 있는 것이 아니다. 이는 오히려 급진적으로 무신론적인 방식으로 진리를 **만드는** 수준에 있는 것이다. 데리다에게 진리를 만드는 것은 신에 대한 헌신의 문제가 아니라, 위증과 거짓말의 가능성에 항상 열려 있는 어떤 독특한 **증언**의 문제이다.[67] 그의 독특한 삶을 증

---

67) 진리 만들기로서 증언에 대한 데리다의 *Demeure*에서의 분석을 보라. "아우구스티누스의 표현에 따를 때 **진리를 만들기**의 약속으로서 증언—여기서 증인은 대체불가능하게 유일한 존재여야 하고, 자기 자신의 죽음을 스스로 죽을 수 있는 유일한 존재여야 한다—은 항상 최소한 허구, 위증 및 거짓말의 **가능성**과 함께 가는 것이다. 만약 이런 가능성이 제거된다면, 어떤 증언도 더 이상 가능하지 않을 것이다. 그것은 더 이상 증언의 의미를 지닐 수 없을 것이다"(27/28). 또한 *Circumfession*에서 진리 만들기에 대한 데리다의 언급도 보라. "나는 진리 만들기에 의존하지 않았다. 나는 만들어지는 진리에 의존하지 않았다. 나는 그저 진리 만들

언함에 있어서조차 데리다는 그의 삶의 진리를 위반할 수도 있다. 그는 그가 무엇이었는지 증언하지만 오직 더 이상 없는 사람의 이름으로 이야기함으로써만, 그가 이전의 자아에 충실하게 남아 있다는 보증 없이만 그렇게 할 수 있다.[68] 데리다가 『할례고백』의 마지막 문장에서 쓰듯이, "당신은 더 작은 존재, 당신, 당신보다 더 작은 존재"로 "그 삶이 그토록 짧았던 것이 되어 있을 당신 자신"에 대한 증언은 오직 "결코 같은 것으로 될 수 없을 증인들의 두 혼령들 사이의 교차점"(314~315/290~291)으로서만 발생할 수 있다.

그럼에도 불구하고, 증언에 대한 정열을 유도하는 것은 순간의 가분성 ─ 순간이 궁극적인 증인 없이 사라진다는 사실 ─ 이다. 증언하는 것은 다음과 같이 말함으로써 진리를 만드는 것이다. "이것이 내게 일어났다. 제발 나를 믿어 달라"고. 그러한 청원은 미래로부터 과거를 분리하는 어떤 간격 없이는 상상불가능할 것이다. 과거의 사라짐과 미래의 도래 없이는, 애초에 증언할 필요도 없을 것이다.[69] 시간의 바로 그 간격 때문에, 증언하는 이는 항상 거짓말하거나 스스로 위

기의 이러한 독창성이 당연하게도 위증, 발명 및 거짓말에 열려 있다는 것임을 보이려고 시도했다"("Response to Catherine Malabou", 140).

68) *Demeure*에서 데리다의 논증 참조. "우리 모두는 매 순간 다음과 같이 말할 수 있다. 사실 나는 내가 무엇을 느꼈는지 기억하지 못한다. 나는 그 순간 내가 무엇을 느꼈는지 서술할 수 없다. 그것은 불가능한데, 어떤 경우든 나는 그것을 분석할 수 없다. 과거의 나였던 것은 더 이상 내가 아니다"이는 "내"가 "이 다른 내 ─ 다른 타자들보다 더 타자적인 ─ 가 한 것, 또는 심지어 생각하거나 느낀 것에 책임질"수 없는데 이는 "그 순간의 틈을 의문시하는 성가신 현기증 때문"이고 "특히 두 자아의 정체성들을 분리하는 것은 죽음 자체이며, 다시 말해, 모든 것, 어떤 무한한 세계이기 때문이다. 둘은 죽는데 그가 죽으면 나는 살아남고, 그가 살아남으면 나는 죽는다"(66/85).

69) 증언의 시간성에 대한 데리다의 분석에 대해서는 특히 *Demeure*, 33, 40~41/36~37, 46~48을 보라.

증할 수 있겠지만——누구도 직접 알 수 없는 경험에 대해서 그가 증언 하므로——그러나 이러한 기만과 왜곡의 가능성이 증언의 결여는 아 니다. 오히려 기만과 왜곡의 가능성은 증언의 필연적인 조건이다. 전 지한 신 앞에서의 증언이란 무의미할 것이다. 누군가 증언하는 까닭 은 무언가가 알려지지 **않았고** 어떤 흔적 없이 유한한 사건이 사라지 는 것을 막기 위해서이다. 데리다의 『할례고백』을 관통하는 것은 그 런 증언에 대한 열정이다. 되풀이되는 문구로 "그것이 내게 일어났을 뿐"(305/282)이라고 선언하며, 데리다는 그의 대체불가능한 삶을 보 유하려는 욕망으로 끈질기게 되돌아온다. 그는 "G의 신학적 프로그램 을 파괴"(305/282)하기 위해서뿐만 아니라 또한 G가 그의 유일한 실 존을 알아보고 기억하도록 만들기 위해서 그에게 일어난 독특한 사건 들을 이야기한다.

조프리 베닝턴으로서 G와의 관계는 여기서 데리다의 어머니 조 르제트로서의 G와의 관계와 마주치게 된다. 『할례고백』을 쓸 당시 데 리다의 어머니는 그의 이름을 알아보지 못했고, 그의 독특한 실존에 대한 무관심은 또한 『데리다베이스』에 대해 데리다를 괴롭혔던 것이 었다. 그의 어머니가 그의 저작의 "단 한 문장도 읽기" 원하지 않았다 면, 베닝턴은 『데리다베이스』에서 데리다를 전혀 인용하지 않기로 선 택했다. 베닝턴은 "내 이름을 말하지 않는 내 어머니처럼, 문자 그대로 나의 문장들을 가져가면서도 그것들의 유일성을 완전히 잊고, 소각하 기로 결정"(28/30)했다. 그래서 데리다는 "나의 사건들로부터 나를 빼 앗을 권리를 두고 그[조프리 베닝턴]와 싸우"(32/33)고 "나의 몸 없이, 나의 저술들의 몸 없이도 할"(28/30) 권리를 두고서 싸우는 것이다. 다 시 한번, 데리다는 그의 저작에 대한 베닝턴의 독해에 맞서 싸우는 것이 아니라 그의 이름과 유일한 서명의 말소에 맞서서 싸우는 것이다. 『할례고백』의 목적은 "타자, 그리고 무엇보다도 G가 그의 이름을 알아보게 하고, 그의 이름을 발음하게 하는 것, 단지 그것뿐인 것으로, 그가 막 행했던 주인의 순회^{tour}, 나를 이해한다는 핑계로 나를 잊어버린 일을 넘어서 마침내 나를 부르는 것"을 강제하기 위해서 그의 이름을 "재기입"하는 것으로, "이는 마치 내가 그로 하여금 나를 알아보게 하고 그의 나에 대한 기억상실 ─내 어머니를 닮은─ 로부터 나오도록 하려고 노력하는 것처럼"(33/34) 하는 것이다.

　　누군가의 철학적 논평자에게 그 이름을 어머니의 애정을 가지고 불러주길 원하는 것은 확실히 나르시스적인 것이다. 그러나 여기서는 나르시시즘이 요점이다. 『할례고백』은 데리다가 단지 철학적 진리를 표명하기 위해서 쓴 것이 아니라, 또한 진리를 만들고 자신의 독특한 삶이 기억 속에서 계속 살아가도록 하기 위해 쓴 것이라는 점을 상기시키는 것이다.[70] 생존에 대한 욕망은 물론 텍스트에 서명하려는─계속 살아갈 수 있는 그의 작품에 자기 이름을 붙이려는─욕망에 이미 드러나 있으며 데리다는 종종 그의 서명에, 그와 더불어 그

---

70) *Circumfession*에서 데리다의 선언 참조. "시간에 대해, 기록의 시간에 대해, 곧 지금까지 아무것도 말해지지 않은 유언장의 상속에 대해 이해되어야 할 것이 남아 있는데, 확신하거니와 이는 누군가가 자기 자신의 생존에 대해 믿지 않을 때, 또한 그 어떤 것의 생존에 대해 믿지 않을 때 쓰게 되는 그것의 핵심을 건드린다. 누군가가 현재를 위해 쓰지만, 이러한 현재가─SA가 오직 자기 자신으로 되돌아감으로써, 기록 자체에 의해 증언되는, 거부되고 **부인된** 생존, 거부들과 부인들에 대하여 진리를 **만들기**를 원한다는 의미에서 ─ 만들어지는 것일 때, 당신은 나의 글쓰기가 이러한 자기 결핍을 향유하게 되는 각 단어의 유언장(마지막 의지, last will)을 듣게 되는데, 각 단어들은 증인 앞에서, 자기 자신을 현재(선물, present)로서, 곧 상속이 일차적으로 의미하는 필멸성으로 제시하면서 의기양양해한다. […]"(284~285/262~263).

가 특정한 텍스트를 썼던 날짜에 주목할 것을 요구했다. 서명과 날짜의 공통분모는 그것들이 미래를 위해서 과거의 흔적들을 보존하며 그럼으로써 생존을 고려하면서 작동한다는 점이다.[71] 그러나 자신의 저술 속에 그의 삶의 흔적들을 보존하고자 하는 데리다의 욕망은 단지 그가 그의 텍스트에 서명하고 날짜를 적는 방식에서만 명백한 것이 아니라, 또한 그의 철학적 저작에 자서전적인 자료들이 침범하도록 하는 방식에서도 또한 명백하다. 『할례고백』 이전의 가장 놀라운 사례는 『우편엽서』*The Post Card*로, 이는 사랑하는 사람에게 보내는 우편엽서로 된 거의 삼백 페이지의 글로 시작된다. 이러한 우편 발송envois은 1977년 6월 3일에서 1979년 8월 30일에 이르며, 철학적 논변과 논쟁들 외에도 데리다 인생의 사건들을 기록하고 있다. 『할례고백』에서 데리다가 가장 자주 인용하는 자신의 책 중 하나가 『우편엽서』임은 확실히 우연이 아니다. 이 두 저작들은 데리다가 종종 인터뷰의 "고백적" 양식에서 되돌아오곤 했던바 생존에 대한 욕망과 기록 사이의 연계에 대해 설득력 있는 증언을 제공한다. 『할례고백』을 쓰던 당시(1989년 4월)의 인터뷰에서 데리다는 그에게 일어나는 모든 것을 "기억의 형태로, 중단되지 않는 기입 속에 담고자 하는 강박적인 욕망"에 관해 서술한다.[72] 그로 하여금 쓰도록 재촉하는 것은 "무엇보다도 나를 가로질렀던 모든 목소리들의 흔적을 보존하고자 하는 사춘기의 꿈이었"

---

71) 날짜의 시간성에 대한 데리다의 분석으로는 *Circumfession*과 함께 유용하게 읽힐 수 있으며 날짜의 기입과 기념일의 돌아옴이 주된 모티브인 그의 글 "Schibboleth: For Paul Celan"을 보라. 나는 다른 곳에서 기록 일반의 시간성과 특히 시적인 연설의 시간성을 읽기 위한 모델로서 데리다의 날짜 분석을 개진한 적이 있다. Hägglund, *Kronofobi*, 1장을 보라.
72) Derrida, "'This Strange Institution Called Literature'", in *Acts of Literature*, 34. 이어지는 페이지 인용은 본문 안에 주어진다.

고, 데리다는 "마음 깊은 곳에서는 이것이 여전히 나의 가장 소박한 욕망"(35)이라고 고백한다. 그는 "문학 작품도, 철학 작품도" 아니라, 차라리 "그 흔적을 살아 있는 것으로 보존하고 싶은 유일한 사건"(35)으로부터 나오는 자서전적 글쓰기를 꿈꾼다.

1983년의 인터뷰에서 데리다는 욕망에 관해 동일한 개념을 정교화한다. 그는 그의 기록하고자 하는 욕망이 철학이나 문학을 쓰고자 하는 욕망이 아니라, 오히려 그에게 일어나는 모든 것을 보존하고자 하는 욕망이라고 주장한다.[73] 데리다는 이러한 욕망을 "특유한/자연스러운idiomatic 기록의 꿈"(136/145)과 연결시킨다. 그러나 질문은 어떻게 그런 꿈이 이해되어야 하는가 하는 점이다. 데리다는 먼저 이를 "바로 그것이고 어떤 방식으로 불가분한 순수하게 특유한/자연스러운 목소리의" 꿈으로 서술한다. 그러한 "통일성은 접근불가능한" 것이어서 그 "꿈은 영원히 실망스러운 것일 수밖에 없"지만, 데리다는 그럼에도 그것이 욕망의 추동력임을 주장한다. "통일성의 약속이 존재하고 그것이 욕망을 운동하게 하는 것입니다"(136/145~146). 욕망에 대한 이런 설명은 차이화가 통일성의 결여로서 이해되는 전통적 논리를 고수한다. 따라서 이는 욕망에 대한 탈구축적 설명으로서는 완전히 오도적인 것이다. 데리다 자신은 "나는 욕망이 결여와의 어떤 본질적인 관계를 가지고 있다고 믿지 않습니다"(143/153)라고 계속해서 이야기하는데, 그 자신의 추론에 근거한다면 우리는 왜 그가 욕망에 대해 처음 했던 설명이 옹호될 수 없는 것인지를 알 수 있다.

---

73) Derrida, "Dialanguages'", 143~152/153~161을 보라. 이어지는 페이지 인용은 본문 안에 주어진다.

차이화는 가장 직접적인 통일성에도 거주하고 있으며, 이는 우리가 욕망하는 충만함에 접근하는 것을 막는 결여가 아니다. 차이화는 단지 사실적 필연성일 뿐 아니라 모든 것이 사고가능하고 욕망가능하게 되기 위한 조건이기도 하다. 데리다는 이를 향유jouissance의 경험 자체에 본래적인 "차이나는 진동"differential vibration이라고 서술한다. 어떠한 향유도

> 이러한 순수 차이의 형식을 지니지 않고는 사고불가능합니다. 진동 없는, 차이 없는 충만함의 향유일 그것은 내게 형이상학의 신화──그리고 죽음 이 둘 모두인 것처럼 보입니다. 만약 살아 있는 향유나 삶이라고 불릴 수 있는 무엇이 있다면, 그것은 오직 차이나는 진동의 향유인 고통스러운 향유의 형식에서만 주어질 수 있습니다. [⋯] 이러한 "차이나는 진동"은 내게 있어 욕망에 대한 유일한 가능한 형식의 응답이고, 향유의 유일한 형식이며, 그래서 자기 내부에서부터 분할된 향유, 즉 둘 또는 그 이상을 위한 향유, 타자가 소환되는 향유입니다. 나는 다원적이지 않고, 차이나지 않는 살아 있는 향유를 상상할 수 없습니다. 이는 최소한 음색, 호흡, 음절이 이미 어떤 차이나는 진동이라는 사실에 의해 표시되어 있습니다(137/146).

이때 쟁점이 되는 것은 향유를 본질적으로 시간적인 것으로 재사고하는 일이다. 향유의 시간성은 향유가 그 자신 안에서 쉴 수 없음을 수반하지만 이는 그것이 존재 그 자체를 상실했거나 그에 다다르기를 열망해서가 아니다. 반대로 향유란 스스로와 일치하지 않음으로써만 향유일 수 있다. 완전한 향유란 그 스스로를 취소시킬 것인데, 그것은

아무것도 향유할 시간을 주지 않을 것이기 때문이다. 결과적으로, 완전한 향유가 있을 수 없는 이유는 향유의 어떤 존재론적인 결여가 있어서가 아니라, 욕망되는 향유가 시간적이기 때문이다. 가장 이상적인 향유조차도 그 안에서부터 시간의 차이화와 지연에 의해 변경될 수밖에 없다.[74]

같은 이유로, 특유한/자연스러운 글쓰기의 꿈은 불가분한 목소리의 꿈일 수 없다. 모든 음색, 호흡 또는 음절이 생겨나자마자 사라지는 차이나는 진동인 것과 마찬가지로, 보존하고자 욕망하는 목소리는 이미 그 안에서부터 분할되어 있다. 더구나 애초에 특유한/자연스러운 글쓰기라는 꿈을 재촉하는 것이 바로 독특한 것의 시간성이다. 만약 독특한 것이 사라지지 않는다면, 그것을 글쓰기 속에 보존하려는 욕망도 없을 것이다. 독특한 것이 상실될 위협은 외부에서만 오는 것이 아니라 또한 독특한 것 자체 안에서도 온다. 기록하도록 몰아대는 것이 이러한 본래적 유한성이다.

내게 있어 글쓰기의 기원에 있는 고통은 기억 상실의 고통, 단지 망각이나 건망증뿐 아니라, 흔적들의 제거입니다. 그렇지 않다면 나는 쓸 필요가 없었을 것입니다. 나의 글쓰기는 애초에 철학적 글쓰기나 예술가의 글쓰기가 아닙니다. 어떤 경우들에서는 그것이 그렇게 보일 수 있거나 다른 종류의 글쓰기에서 가져온 것처럼 보일 수도 있겠지

---

74) *A Taste for the Secret*에서 데리다의 간략하지만 시사적인 언급을 보라. "나는 완전한 향유가 있을 수 있다고 믿지 않습니다. 만약 그것이 완전하다면 더 이상 향유가 아닐 것입니다"(88~89).

만 말입니다. 내가 처음 가진 욕망은 철학 작품이나 예술 작품을 만들려는 것이 아닙니다. 그것은 기억을 보존하기 위한 것입니다. 일종의 기계, 정의상 불가능한 기계를 상상해 봅시다. 그것은 일어나는 모든 것을 새겨넣는engrammer 기계일 것이고, 거기서 가장 짧은 생각들, 신체의 가장 짧은 운동들, 욕망의 최소한의 흔적들, 햇빛 광선, 누군가와의 마주침, 지나가면서 들린 어떤 구절과 같은 것은 어딘가에 기입된다고 합시다. 어떤 일반적인 전자-두뇌-심장-신체-심리적 기록electroencephalocardiosomatopsychogram이 가능하다고 상상해 보십시오. 그 순간 나의 욕망은 절대적으로 충족될 것이고——유한성은 받아들일 만한 게 될 겁니다(그리고 이로써 [유한성이라는 것] 부인될 것입니다). 따라서 나를 괴롭히는 것, 그리고 모든 다른 가능한 종류의 고통을 넘어서는 것은 무언가가 사라진다는 사실입니다(143~144/153).

데리다는 여기서 특유한/자연스러운 기록이라는 꿈을 그 논리적 극단으로까지 밀어붙이고 있는데, 이는 꿈 자체가 지닌 내적 모순을 드러낸다. 데리다가 서술하는 기계는 절대적으로 특유한/자연스러운 기록, 일어나는 모든 것을 상실이나 왜곡 없이 기입하는 기록을 생산할 것이다. 그러한 기계는 "정의상 불가능한 기계"인데, 기입은 삭제될 수 있는 것이어야 하기 때문이다. 기계는 기입된 것을 삭제할 수도 있는 사건들에 열려 있음을 통해서만 일어나는 것들을 기록할 수 있을 뿐이다. 이러한 기계의 불가능성은 어떤 부정적인 곤경이 아닌데, 상실과 왜곡의 가능성 없이는 아무것도 일어날 수 없기 때문이다. 기계가 그 안에서 폐쇄되도록 만드는 것을 **불가능**하게 하는 시간성은 애초에 기계를 **가능**하게 만든 것이다. 시간의 잇따름 없이는 사라지는 것을 보존하는 반복가능한 기입들도 있을 수 없다. 그러나 시간의 잇따름은 또한 가장 이상적인 또는 가장 특유한/자연스러운 기록을 매순간 절멸에 노출시킨다.

우리는 데리다의 기억 기계라는 꿈에 있는 욕망의 이중구속을 식별할 수 있다. 만약 모든 것을 보존하는 기계가 있다면, 그의 "욕망은 절대적으로 충족될 것이"다. 그러나 마찬가지로, 그의 욕망이 절대적으로 충족될 수 없는 것도 분명하다. 절대적인 충족은 어떤 결여나 부정적인 제한 때문에 불가능한 것이 아니다. 모든 것을 보존하기 위해서 기계는 보존된 것을 삭제하게 될 수 있을 어떠한 것의 위협도 취소해야 할 것이고, 그럼으로써 또한 보존된 것을 얻게 될 어떠한 기회도 취소하고 말 것이다. 기계가 모든 것을 보존할 수 없는 이유는 그것이 사건 자체를 포획하는 데 실패해서가 아니라, 사건 자체라는 것이 없어질 것이기 때문이다. 데리다가 보존하길 원하는 사건은 그 자체로 시간적인 것이고, 생겨나자마자 스스로를 지우기 시작하는 것이다.

기억 기계의 꿈은 데리다가 보존하려는 욕망^{désir de garder}이라고 부르는 것으로부터 기인한다. 프랑스어 동사 가르데^{garder}는 무엇을 지킨다는 의미에서 무언가를 보존하는 것과 무엇을 경계한다는 의미에서 무언가를 멀리한다는 것 모두를 뜻할 수 있다. 이러한 이중적 의미는 보존하려는 욕망의 핵심에 있는 어떤 이중구속에 해당한다. 이는 유한한 삶을 보존하려는 욕망이지만, 그가 보존하고자 하는 삶은 스스로의 내부에 그가 멀리하고 싶은 죽음을 품고 있다. 보존하고자 하는 욕망은 이처럼 "극단적으로 보호되고, 방어적이며, 방어주의적인 태도인 동시에 가장 위협받고, 노출된 태도"(146/155)이다. 그것이 순전히 방어주의적인 이유는 그것이 상실될 수 있는 삶을 지키기 때문이고,

그것이 순전히 노출된 이유는 그것이 경계하는 죽음은 보호되는 삶에 내적인 것이기 때문이다.[75] 이러한 이중구속은 이상적으로조차 해소될 수 없는데, 보존하고자 하는 욕망은 원리상에서조차 주어진 삶을 완전히 소유하는 것을 욕망할 수 없기 때문이다. 무언가를 보존하는 것은 정의상 그것을 **미래를 위해** 보존하는 것이고, 따라서 어떠한 완전한 소유도 미리 파기하는 것이다. 만약 누군가 모든 것을 자신 안에, 불변의 소유로 보존한다면, 그는 아무것도 보존하지 않을 것이다. 무언가를 보존하는 것은 오히려 미래를 향해 있는, 사랑하는 이를 지키려는 약속, 그것을 새로이 긍정하려는 약속으로서 어떤 행위이다.

같은 이유로, 우리는 죽음의 공포로부터 치유될 수 없고 유한성을 "받아들이는" 것을 배울 수 없다. 데리다가 위의 문단에서 암시하다시피, **유한성을 받아들이는 것은 유한성을 부정하는 것과 마찬가지일 것이다.** 이는 역설이 아니라 유한한 삶을 보존하려는 욕망에 본래적인 이중구속으로부터 따라 나오는 것이다. 만약 유한성을 받아들인다면, 죽음을 받아들이고 그럼으로써 죽음으로 인해 소멸되는 유한한 삶에 대한 애착을 거부하게 될 것이다. 거꾸로, 유한한 삶을 보존하려는 욕망은 결코 죽음을 받아들이는 것과 마찬가지일 수 없다. 이와 반대로 유한한 삶을 보존하려는 욕망은 결코 그 자체로 화해될 수 없는데, 그것이 욕망하는 것은 그럼에도 죽음 자체로 이끌기 때문이다.[76]

---

75) 데리다의 가르데 동사에 대한 언어유희에 관해서는 그가 "죽음을 경계하는/보호하는 (garder) 담보물은 항상 뒤집힐 수 있다(Un gage peut toujours s'inverser qui garde la mort)"(422/524)라고 쓰는 "Aphorism Countertime"을 보라. 니콜라스 로일은 이 문장을 "죽음을 경계하는/보호하는(keep) [off] 담보물은 항상 뒤집힐 수 있다"라고 적절하게 번역했다.

76) 데리다가 사는 것을 배우는 것이 "죽는 것을 배우는 것, 그것을 받아들이기 위해 절대적 필멸

『할례고백』에서 상연되는 것이 그러한 생존의 드라마이다. 데리다에 따르면, G가 "당신을 이해시킬 수도 짐작하게 할 수도 없는 것, 물론 내 저작들이 마치 읽을 수 없는 것처럼 드러내는"(37/39) 것은, 그의 삶 전체에 걸쳐 출몰하는 생존에 대한 희망과 공포이다. "나는 기도와 눈물 속에서, 매 순간마다 그것들의 생존의 절박함 속에서, '나는 내가 살아 있는 것을 본다'는 문장이 '나는 내가 죽는 것을 본다'에 대한 번역을 나타내는, 언제 끝날지 모르는 생존의 절박함 속에서

성을 고려하는 것을 배우는 것"(24)을 뜻하는 한에서, 어떻게 사는지를 배울 수 없는지를 강조한 "Learning to Live finally"를 보라. 어떻게 사는지 배우는 것을 가능하게 하는 생존의 운동은——애초에 우리에게 사는 시간을 줌으로써——오히려 어떻게 죽는지 배우는 것을 불가능하게 만드는 것인데, 생존의 운동은 절대적 죽음에 대한 저항이지 그것을 받아들이는 것이 아니기 때문이다. 데리다가 지적하듯이, "사는 것을 배우기는 항상 나르시스적입니다. 우리는 스스로 구하기 위해서, 존속하기 위해서 가능한 한 많이 살기를 원합니다"(30). 사는 것을 배우는 것은 이처럼 그 자체로 불가능한데, 왜냐하면 그것은 사는 법을 배우기가 수용하고자 하는 죽음에 맞선 투쟁 속에 있기 때문이다. 다른 모든 이들과 마찬가지로, 데리다도 자신과 싸움하고 있으며, 그가 완전히 통제하거나 타협할 수 없는 자기면역적 전투 속에 있다. "저는 저 자신과 싸우고 있습니다. [···] 그리고 저는 모순적인 것들에 대해 말하고 있는데, 이것들은 말하자면 실질적인 긴장 상태에 놓여 있을 겁니다. 곧 이것들은 저를 구성하고 살아 있게 하지만, 또한 저를 죽게 만들 것입니다. 저는 때로 이 전쟁을 무섭고 참기 힘든 것으로 보지만, 동시에 저는 이것이 삶임을 알고 있습니다. 저는 영원한 휴식 속에서만 평화를 찾게 될 것입니다. 따라서 저는 이 모순을 떠맡는다고 말할 수 없지만, 저는 이 모순이 저를 살아 있게 하고, 정확히 당신이 앞에서 상기시켰던 바와 같은 질문을 제 스스로 던지게 만드는 것임을 알고 있습니다. '어떻게 사는 법을 배우는가'"(49). 죽는 기술이라는 관념에 대해 반대하는 데리다의 이전의 인터뷰를 보라.
"저는 죽음의 기술(ars moriendi)이라는 것이 있다고 생각하지 않습니다. [···] 만약 죽음이 있다면, 죽음이 일어난다면, 그것은 어떤 종류의 죽음의 기술도 물리칠 것입니다. 제가 아마도(the maybe)의 양상으로서 서술하는 것은 우리가 스스로를 가르친다든지 의도적으로 아마도를 고르는 것을 함축하지 않는데, 그것은 선택의 문제가 아닙니다. 우리는 항상 어쩌면(the perhaps)에 저항하려고, 스스로를 절대적으로 예측불가능한 도래에 맞서 보호하려고 시도합니다. [···] 제가 어쩌면이라는 이상한 단어로 서술하고자 하는 것은 삶의 기술, 윤리학이 아니고, 이는 어떤 촉발(affection)로, 우리는 어쩌면에 노출되어 있다는 것입니다. 그리고 아무리 우리가 준비되어 있고, 방어하며, 저항하더라도, 우리는 도래할 것에 노출된 채로 남아 있다는 사실을 고려해야만 합니다"("Perhaps or Maybe", 6).

살아왔으며, 나는 내가 사랑하는 당신, 마치 나의 무덤가에 있는 나의 아이들처럼 내가 [슬픔에 사로잡혀] 울고 있는 당신의 기억 속에서 당신으로부터 잘려나가 죽어 있는 나를 본다"(39~40/41). 이상하게도, 데리다는 생존의 이러한 기도와 눈물을 "나는 스스로를 죽이고 싶다"(38~39/39~40)라는 문장과 연관시킨다. 요점은 데리다가 죽고 싶어 한다는 것이 아니라, 그의 필멸적 삶에 대한 가장 강렬한 정서적 애착이 그가 죽었음에도 여전히 그 자신의 죽음을 애도하면서 살아남는 환상 속에서 생산된다는 점이다. 생존에 대한 강박은 데리다가 『할례고백』에서 계속해서 "내가 나홀로 죽고, 기도하고, 눈물 흘리는 것을 보는 장면"(43/44)으로 돌아가는 이유이다. 그는 "기록으로서의 생존에 대한 강렬한 관계는 나 이후에 남아 있을 무엇이라는 욕망에 의해 추동되는 것이 아닌데, 왜냐하면 나는 그 욕망을 향유할 **거기에** 없을 것이기 때문이다. […] 요점은 오히려 이러한 잔여들을, 그러니까 나의 발본적 부재에 대한 목격자들을 만듦으로써, 오늘, 여기서, 지금 나의 이러한 죽음을 살아가는 것이다"(191/178~179). 그 자신의 죽음을 살려는 시도는 죽으려는 욕망에 의해 추동되는 것이 아니라, 상실될 수 있는 필멸적 삶에 대한 그의 욕망을 강화시킨다. 데리다는 그 자신의 돌이킬 수 없는 죽음의 시나리오를 생각한다. "나의 가능한 생존, 즉, 절대적 죽음에 대한 현재의 실험을 통해 내가 만들어 낸 이러한 빛을 무엇보다도 강렬하게 향유하기, 나는 이것을 내가 사랑하는 도시의 거리들을 ─거기에서 나는 사랑하고, 그 벽에서 나는 운다─걸을 때마다 스스로에게 이야기한다"(191~192/179). 따라서 데리다가 생존을 위해 분투하는 것과 살해되는 것에 대해 공상하는 것 양자를 반복해서 고백하는 것은 역설이 아니다. 데리다는 죽고 싶어 하지 않지만,

그가 자신의 삶을 사랑하고 경계/보호하는 까닭은 정확히 절대적 죽음 속에서 그가 모든 것을 상실할 수도 있기 때문이다.

게다가, 데리다가 절대적 죽음에 저항할 때조차, 그는 계속 살아가기 위해 —이전의 자아들을 남겨두기 위해 또는 뿌리 뽑기 위해—스스로를 죽여야만 한다. 그가 쓰듯이, **"나는 내 생명을 빼앗아 가지 않지만, 나 자신에게 죽음을 준다"**I don't take my life, mais je me donne la mort(285/263). 이러한 정식화는 생존에 대한 욕망의 자기면역을 증언한다. 한편으로, 생존하는 것은 과거의 기억을 보존함으로써 망각에 저항하는 것이다. 다른 한편으로, 생존하는 것은 그 자신을 과거로부터 분리시키고 이를 망각으로 열어놓는 미래 속에서 계속 살아가는 것이다. 이러한 시간의 분할은 생존의 모든 계기에 있어 본래적인데, 우리는 과거의 기억을 예측불가능한 미래를 위한 어떤 흔적으로 남김으로써만 보존할 수 있기 때문이다. 시간의 흔적내기는 자아의 통합성을 구성하면서 또 위반한다. 나는 내 과거의 자아를 그것을 지울 수도 있는 미래 자아의 도래에 노출시킴으로써만 보호할 수 있을 뿐이지만, 그것이 또한 과거 자아에 계속 살아갈 기회를 주는 것이다. 이처럼 생존의 면역은 본질적으로 자기면역적이다. 내가 예전의 나를 얼마나 보호하려고 시도하든지, 나는 나 자신의 과거에 대한 방어를 공격해야만 하는데, 미래의 도래가 내 삶을 처음부터 개방하기 때문이다.

이처럼 우리는 『할례고백』에서 어쩌면 가장 놀라운 구절을 이해할 수 있다. 데리다는 자신을 믿을 수 없이 행복하고 희열에 차 있다고 하면서 또한 동시에 "항상 슬프고, 불우하고, 궁핍하며, 낙담해 있고, 성마르며, 질투심 많고, 필사적이고, 부정적이며 신경증적인 것으로서 자신의 반례"(268/248~249)라고 서술한다. 데리다에 따르면, 이러한 대립되는 상태들은 "서로 배제하지 않는데, 나는 그것들이 서로가, 동시에 그리고 모든 각도에서 참되다고 확신하기 때문이다"(268~270/249). 만약 데리다의 단언이 과장법적인 것으로 보인다면, 이는 그럼에도 우리가 그의 저작 전체에서 좇아온 이중구속을 증언하는 것이다. 시간적 유한성은 바람직한 것과 바람직하지 않은 모든 것의 위협 모두를 위한 기회를 개방하기에, 그것은 가장 부정적인 동시에 가장 바람직한 촉발적 반응의 원천이다.[77]

따라서 우리는 내가 이 장을 시작했던 애도의 경험으로 되돌아갈 수 있다. 시간적 유한성의 이중구속은 삶의 모든 계기에 있어 작동하지만, 사랑하는 이의 죽음에 이르러서는 몹시 통렬한 것이 된다. 사랑하는 이를 애도하는 것은 정확히 소중한 행복이 어떻게 항상 발본적 상실의 원천이 될 수 있었는지를 경험하는 것이다. 어떤 구성적 유한성 때문에, 모든 긍정은 처음부터 부정에 의해 사로잡혀 있고, 삶의 가장 능동적인 포용조차도 죽음에 대한 반동적인 애도로부터 면역될 수 없다. 『기억들』에서 데리다는 애도의 경험을 사별의 명료성^{bereaved}

---

77) *Circumfession*의 이전 구절에서 데리다는 "'나'는 즐거운 시간을 보내고 있고, 그토록 즐거운 시간을 보낸 것이 되겠지만, 그것은 미친 대가를 치른다"(141/134). 주어진 시간을 위해 지불할 미친 대가가 항상 있을 수 있는데, 가장 좋은 시간을 보내고 있는 이에게도 무슨 일이든 닥칠 수 있기 때문이다. 다른 모두와 마찬가지로, 데리다는 그에게 무엇이 일어날지 알 수 없으며 오히려 "일어날 미래로부터 비지식을 이끌어낸다"(142/135). 내가 이 책 내내 주장했던 것처럼, 그러한 비지식은 인지적 한계에서 기인하는 것이 아니라 무엇이건 일어나기 위한 조건으로서 시간의 예측불가능한 도래로부터 기인하는 것이다. 데리다는 그가 "비지식을 그 자체를 위해서 사랑"(141/135)한 것은 아니라고 주장하는데—비지식은 오히려 희망과 공포 모두의 원천이다— 그것 없이는 아무것도 욕망할 만하지 않다. "이러한 비지식은 유일하게 흥미로운 것, 미친 사람처럼 즐거운 시간을 보내기 위한 최고의 조건이고, 그것이 내가 G의 절대적 신학적 프로그램에 반대하거나 폭로하려는 사건이다. 내가 비지식을 그 자체를 위해서 사랑하는 것이 아니라 말이다"(141/134~135).

clarity으로 서술한다.

매번 우리는 친구가 영원히 가 버릴 수도 있음을, 돌이킬 수 없이 사라질 수 있음을, 그의 기억 속에서 무엇이 일어나는지에 대해서 아무것도 모르거나 아무것도 들을 수 없는 지점까지 무화될 수 있음을 안다. 이러한 두려운 투명성 속에서, 아무것도 나타나지 않는 타오르는 화염의 빛 속에서, 우리는 **불신** 자체 속에 머물러 있다. 왜냐하면 우리는 결코 죽음도 불멸성도 믿지 않을 것이기 때문이다. 그리고 우리는 충실성을 통해 이 끔찍한 빛의 화염을 유지하는데, **우리 안에서** 살아가는 타자가 **타자 그 자신 안에서** 살아간다고 착각하는 것은 불충실한 일일 것이기 때문이다. […] 만약 죽음이 타자에게 온다면, 그리고 타자를 통해 우리에게 온다면, 친구는 우리 **안에서**, 우리 **사이에서**가 아니라면 더 이상 존재하지 않는다. 그 자신 안에서, 그 자신에 의해서, 그 자신의, 그는 더 이상, 더는 없다. 그는 오직 우리 안에서만 살아간다. 그러나 **우리**는 결코 **우리 자신**이 아니고, 우리 사이에, 우리와 동일한 것이 아니며, "자아"는 결코 그 자체이거나 그 자신과 동일하지 않다. 이러한 거울반영적 성찰specular reflection은 결코 그 자체로 종결되지 않는다. 그것은 애도의 이러한 **가능성 앞에** 나타나지 않는다. […] 우리가 말하는 "나" 또는 "우리"는 이처럼 그것들이 오직 타자, 죽을 수 있는 타자로서 타자의 경험을 통해서만 나에게 또는 우리에게 이러한 타자의 기억을 남겨놓는 방식으로 그렇게 등장하고 제한된다. 타자의 죽는 순간 나의 또는 우리의 것인 이러한 끔찍한 고독은 우리가 "나", "우리", "우리 사이", "주체성", "상호주체성", "기억"이라고 부르는 자아와의 관계를 구성하는 것이다. 죽음의 가능성은,

말하자면, 이러한 상이한 심급들 "앞에서" "일어나"고, 그것들을 가능하게 만든다. 또는 보다 정확히, 나의 것 또는 우리의 것**으로서** 타자의 죽음 가능성은 타자와 기억의 유한성과의 어떠한 관계에도 형상을 부여^{in-form}하는 것이다.

우리는 **정확히** 모든 것이 "내 안에" 또는 "우리 안에"있는 유일한 기억에 맡겨질 때 우리에게 일어나는 것에 대해서 운다. 그러나 우리는 또한 기억의 또 다른 순서에서, "내 안의 것"과 "우리 안의 것"이 이러한 끔찍한 경험 **앞에** 등장하거나 나타나지 **않음**을 기억해야만 한다. 또는 최소한 그 가능성 앞에서가 아니라, 현실적으로 우리 안에서 느껴지고 기입되며 서명된 것으로서가 아니라. "내 안의 것"과 "우리 안의 것"은 오직 스스로 안에 죽음과 타자의 죽음에 대한 기억을 가짐으로써만 그 의미와 영향력을 획득한다. 그것들보다 더 큰 타자의, 그것들이 또는 우리가 품고, 가지거나 포함할 수 있는 것보다 더 큰 타자에 대한 기억, 왜냐하면 우리는 그때 "기억", "기억 안의" 것 이상이 아님을 슬퍼하기 때문이다. 이는 기억의 유한성 앞에서 슬픔에 몸을 가눌 수 없는 채로 남아있는 또 다른 방식이다. 우리는—사랑하는 이의 죽음 앞에서—내 안에 있음 또는 우리 안에 있음이 애도의 가능성으로부터 구성됨을 알고, 알았으며, **우리는 그것을 기억한다**. 우리는 우리 자신보다 오래된 이러한 기억의 관점으로부터만 우리 자신이다. 그리고 이것이, 우리는 이를 우리 자신에게 **상기**시킴으로써만 시작한다고 내가 말하는 이유이다. 우리는 **가능한** 애도의 이러한 기억을 통해서 우리 자신이 된다(21, 28, 33~3/43, 49, 52~53).

데리다의 애도에 대한 성찰은 항상 삶의 절대적 탈구축가능성으로부터, 죽은 타자가 더 이상 없으며 결코 다시는 있을 수 없음을 드러내는 "타오르는 화염"과 "끔찍한 빛"으로부터 나온다.[78] 타자의 기억을 우리 자신 안에 보존하고자 하는 욕망을 불러일으키는 것은 타자의 이러한 급진적 유한성이다. 그러나 동일한 유한성은 타자를 보존할 **가능성**이 타자를 흠 없는 채로 보존하는 것의 **불가능성**임을 함축한다. 타자의 죽음은 가장 고통스러운 방식으로 이러한 불가능성을 강화하는데, 그것이 극복될 수 없는 폭력적인 타자성을 표시하기 때문이다. 타자에 대한 우리의 모든 기억들——우리가 그 또는 그녀 또는 그것에 대해 지니고 있는 모든 흔적들——은 타자가 삶으로 되돌아오게 만들기에는 무력한 것이다. 데리다의 놀라운 정식화로는, 이것이 우리가 우는 이유이다. "우리는 **정확히** 모든 것이 '내 안에' 또는 '우리 안에' 있는 유일한 기억에 맡겨질 때 우리에게 일어나는 것에 대해서 운다."

이처럼 눈물의 기원은 필멸적 생존의 경험이다. 그러한 생존의 효과는 무섭고 참을 수 없는 것일 수 있다. 그러나 이는 생존의 필멸성이 우리로 하여금 타자에 대한 이상적인 관계를 갖지 못하도록 하는 곤경임을 뜻하지는 않는다. 오히려, 생존의 필멸성은 타자에 대한 모든 관계의 조건이다. 만약 타자가 우리 자신 안에 완전히 체현될 수 있다면, 어떠한 타자도 없을 것이다. 그리고 타자가 필멸적이지 않다면, 타자를 보존하려는 어떠한 욕망도 없을 것이다. 게다가 데리다가 위의 구

---

78) 데리다 텍스트에서 루이 마랭(Louis Marin)에 대한 기억에 관한 유사한 정식화를 보라. "그는 더 이상 없다. 우리가 이미지들 또는 회상 속에서 보는 그, 우리가 말하고, 우리가 인용하고, 우리가 그로 하여금 말하게끔 시도하는 그——그는 더 이상 없고, 더 이상 여기에, 더 이상 저기에 없다. 그리고 **어떤 것도 이러한 확실성의 두렵고 냉랭한 빛을 흩뜨리기 시작할 수 없다.** 이러한 확실성에 대한 존중이 여전히 어떤 빛, 마지막의 것, 친구에게 빚진 것인 것처럼"(141/134~135).

절에서 분명하게 하듯이, 자아도 애도의 가능성 앞에서 스스로에게 주어질 수 없다. 사랑하는 이에 대한 **현실적** 애도는 처음부터 모든 관계에서 작동 중인 어떤 **가능한** 애도를 증언한다.

그러한 애도의 경험은 급진적 무신론의 경험이다. 애도는 필멸적 타자에 대한 애착과 이러한 필멸적 타자를 간직하려는 욕망으로부터 기인한다. 따라서 내가 이 장을 시작했던 그리스도교인 아우구스티누스가 그의 친구에 대한 애도를 비난하는 것은 완전히 일관적인 것이다. 아우구스티누스가 그의 이전 자아를 그토록 취약하게 만들었던 필멸적 삶에 대한 욕망을 후회할 때 ——"나는 그때 미쳤고 어리석었다. 나는 분노하고 탄식하며 울고 걱정했다"(4.7) ——이러한 욕망에 대한 그의 설명은『고백록』에서 읽을 수 있는 급진적 무신론의 경험을 증언한다. 나는 그러한 급진적 무신론의 주목할 만한 하나의 사례를 인용하면서 이 장을 결론짓고 싶다. 문제되는 구절은 어떻게 사별한 아우구스티누스가 신 안에서 위안을 찾기를 거부했는지를 설명해 주는데, 신은 그의 필멸적 친구를 대신할 수 없기 때문이다. 아우구스티누스의 공식적 서사는 그가 거부했던 신이 단지 마니교적인 환상이고 그가 삶 막바지에 발견했던 참된 기독교적인 신이 아니라고 주장할 것이다. 그러나 그의 저작은 또한 또 다른 이야기를 들려준다. 아우구스티누스가 신 안에서 위안을 찾기를 거부한 이유는 그가 신의 불멸성에 대한 부적절한 이해를 가지고 있어서가 아니라, 필멸적 친구에 대한 그의 욕망이 신의 불멸성에 대한 욕망과 양립불가능했기 때문이다. 만약 우리가 필멸적 친구를 원한다면 불멸적인 신을 친구로 **원할 수는 없는데**, 불멸성은 필멸적 친구들을 가질 가능성을 취소시킬 것이기 때문이다. 여기서 원리적으로조차 필멸적 친구들의 상실에 대한 초월적 위로와 애도의 괴로움에 대한 최종적인 치료가 있을 수 없음이 따라 나온다. 여기에 아우구스티누스가, 돌이킬 수 없는 죽음의 끔찍한 빛 속에서 살아가면서도 생존을 향한 미규정적인 투쟁 속에서 그의 친구에 대한 기억을 유지하려는 아우구스티누스가 있다.

내 가슴은 슬픔으로 캄캄해졌고, 내가 보았던 어떠한 것도 죽음이었다. 내 조국은 내게 이상한 고통이었고, 내 집은 이상한 불행이었다. 우리가 했고 함께 말해 온 모든 것들은, 이제 그가 떠나 버렸기 때문에, 내게 순전한 고문이 되었다. […] 나는 나 자신에게 거대한 수수께끼가 되었고, 나는 내 영혼에게 왜 그것이 슬픈지 왜 그것이 나를 그토록 몹시 동요시키는지 묻곤 했다. 그리고 내 영혼은 뭐라고 답해야 할지 몰랐다. 만약 내가 "신을 믿으라"고 이야기했다면, 그것은 매우 올바르게도 나를 순종시키지 않았을 것인데, 내가 잃어버렸던 그 사람, 나의 가장 소중한 친구는 나의 영혼이 믿으라고 요청했던 환상적인 신보다 더 실재적이고 더 나았기 때문이다(4.4).

5장 민주주의의 자기면역: 데리다와 라클라우

> 나는 살아남기의 구조로서 "생존" 현상 분석하기를 결코 멈추지 않았는데, 이것은 진정으로 내게 관심을 끄는 유일한 것이지만, 이는 정확히 내가 사후 (post mortem)에도 계속 살아갈 것이라고 믿지 않는 한에서 그런 것입니다. 그리고 생존이 근본적으로 모든 것 ─내가 하는 것, 나인 것, 내가 쓰는 것, 내가 말하는 것 ─을 지시하는 것입니다.
>
> ─데리다, 『비밀에 대한 취향』, 88

앞선 장들에서 나는 어떻게 데리다의 저작이 생존으로서의 삶과 생존에 대한 욕망으로서 삶에 대한 욕망을 사고하는 데 강력한 자원들을 제공하는지 보여 주었다. 나는 삶의 모든 순간이 생존의 문제임을 주장했는데 왜냐하면 그것이 데리다가 흔적의 구조라고 부르는 것에 의존하기 때문이다. 흔적의 구조는 시간의 구성적 분할로부터 나온다. 삶의 모든 순간이 생겨나자마자 사라짐을 고려할 때, 삶은 존재하기 위해서 어떤 흔적으로서 기입되어야만 한다. 시간의 흔적내기는 과거가 보존될 수 있도록 하고 생존의 운동 속에서 죽음에 저항할 수 있도록 해 준다. 그러나 삶을 가능하게 만드는 흔적의 생존은 그것을 지울 수도 있는 미래를 위해 남아 있어야만 한다. 생존의 운동은 삶을 보호하지만 또한 그것을 죽음에 노출시키기도 하는데, 모든 흔적은 절대적으로 파괴가능한 것이기 때문이다. 나는 그러한 급진적 유한성은 극복되어야 마땅한 어떤 존재의 결여가 아님을 주장했다. 오히려 생존의 유한성은 우리가 욕망하는 모든 것과 우리가 두려워하는 모든 것인 위험의 가능성을 연다. 따라서 생존의 긍정은 가치 자체가 아니다. 그것은 오히려 모든 가치들의 무조건적인 조건이다. 우리가 무엇을 어떤 가치로서 정립하든지 간에 우리는 생존의 시간을 긍정해야만 하는데, 생존의 시간 없이 가치는 결코 계속 살아갈 수 없고 애초에 가치로서 정립될 수 없기 때문이다.

이 마지막 장에서 나는 생존에 대한 무조건적인 긍정이 어떻게 정치적 책임과 특히 정치적 투쟁을 추동하는 욕망의 조건을 재사고할 수 있도록 하는지를 정교화해 보고 싶다. 나는 생존의 급진적 유한성이 책임과 정치적 투쟁을 금지하는 무엇이 아니라고 주장할 것이다. 이는 오히려 책임과 정치적 투쟁을 낳는 것이다. 만약 우리가 우리를 침해하고 지울 수 있는 미래의 도래에 노출되어 있지 않다면, 책임져야 할 것은 아무것도 없을 것인데, 이 경우 아무것도 우리에게 일어나지 않을 것이기 때문이다. 따라서 책임의 요구를 제기하는 것은 생존의 유한성—그리고 그런 생존에 대한 긍정—이다. 만약 내가 누군가 또는 무언가의 생존을 욕망하지 않는다면, 내가 행동하도록 재촉할 것은 아무것도 없을 것이다. 내가 누군가를 위해 내 삶을 희생한다 하더라도, 이러한 행위는 여전히 생존에 대한 욕망이 동기가 되는 것인데, 만약 내가 그 또는 그녀 또는 그것의 생존을 욕망하지 않는다면 타자를 위해 아무것도 하지 않을 것이기 때문이다.

그러나 생존에 대한 무조건적인 긍정은 그 자체로 도덕적 가치를 지닌 것은 아니다. 어떤 주어진 윤리적 입장도 그로부터 파생될 수 없다. 유한성은 확실히 모든 동감과 배려의 이유이지만, 또한 모든 공포와 증오의 이유이기도 하다. 생존에 대한 욕망 없이 나는 스스로 어떤 것에도 헌신하도록 하지 않을 것이지만, 또한 어떤 것에도 적대적이지 않을 것인데, 이때 나는 어떤 것으로부터도 위협받지 않을 것이기 때문이다. 생존에 대한 긍정은 이처럼 나로 하여금 타자를 보호하도록 할 뿐만 아니라 타자를 공격하게도 할 수 있다.

　동일한 결정불가능한 힘이 나의 자기관계 속에서 작동한다. 생존에 대한 무조건적인 긍정은 나로 하여금 나 자신을 보호하게 할 수 있을 뿐만 아니라 나 자신을 공격하게 할 수도 있다. 자살 행위조차도 최소한 두 가지 이유로 생존에 대한 긍정을 전제한다. 첫째, 자살을 하기 위해서는 생존의 시간을 긍정해야만 하는데, 이는 그것이 어떤 행위건 실행될 수 있을 시간을 주기 때문이다. 둘째, 생존에 대한 긍정 없이는 자살을 동기화할 수 있는 어떤 고통도 경험할 수 없을 것인데, 이는 스스로에게 일어나는 것을 고려하지 않을 것이기 때문이다. 생존에 대한 긍정은 삶의 모든 기쁨의 원천일 뿐 아니라, 또한 삶의 모든 고통의 원천이기도 하며, 이처럼 스스로와 대립되기도 한다. 따라서 생존에 대한 무조건적인 긍정은 자살에 맞선 어떤 선험적인 윤리적 입장과도 관계가 없다. 그것이 참을 수 없는 것이 되는 것은 생존 조건이라는 본질적인 가능성이고, 고통에 대한 응답은 미리 주어질 수 없다.

　더구나 온전함의 침해는 생존 자체의 운동 속에 기입되어 있다. 만약 내가 완전히 온전하게 생존한다면 ─ 시간의 변화로 인한 흠이 없이 ─ 나는 생존하는 것이 아닐 것이다. 나는 절대적인 현전 속에서 쉬고 있는 것일 터이다. 내가 계속 살아갈 때, 이는 항상 계속 살아가지 않는 것의 희생으로, 생존의 운동 속에서 지워지거나 뿌리 뽑힌 과거의 자아들의 희생으로 계속 살아가는 것이다.

　동일한 이유로, 내가 다른 이의 생존을 긍정할 때마다, 이는 또 다른 타자를 대가로 해서 그런 것이다. 결코 폭력적인 것을 피할 수 없는 차별적인 결정들을 내리는 것은 항상 필연적인 일일 것이다. 어떤 타자들의 기억과 삶을 유지하는 것은 필연적으로 다른 타자들을 침해하는 것 —— 그 폭력이 다른 타자들에 대한 무시, 종속 또는 파괴에 성립하는——이다. 이처럼 책임을 재촉하는 생존에 대한 긍정은 본래적으로 폭력적이다. 실로, 생존에 대한 긍정은 본질적으로 폭력적이고 자기면역적인데, 이와 타협함으로써만 생존의 가치를 보호할 수 있을 것이기 때문이다. 무엇의 생존을 보호하는 것은 필연적으로 어떤 다른 것의 생존을 공격하는 것이다.

차별의 필연성, 타자들을 희생하여 어떤 사람들의 생존을 위해 투쟁하는 것의 필연성은 데리다가 "유한자의 법칙, 어떤 결정과 선택, 책임이 의미(이러한 의미는 결정 불가능한 것의 시련을 통과해야 한다)를 지니게 되는 유일한 존재인 살아 있는 필멸자들로서의 유한한 실존들을 위한 결정과 책임의 법칙이다".[1] 유한성의 법은 수용하거나 거부할 수 있는 무엇이 아닌데, 이는 모든 결정에 선행하며 모든 지배를 초과하기 때문이다. 항상 어떤 폭력적인 차별을 수반하는 생존의 시간적 유한성 없이는, 책임을 지는 것도 결정을 내리는 것도 있을 수 없다. 그러나 이는 데리다가 차별을 **정당화**하려고 시도한다는 것을 뜻하지는 않는다. 차별적 결정들은 필연적이지만, 그것들이 그 자체로 정초되거나 정당화될 수는 없다. 만약 어떤 최종적인 정당화가 가능하다면, 정의의 기원이나 목적이 존재할 것인데 이것이 정확히 데리다가 이의를 제기하는 것이다. 더구나 탈구축적 이성은 어떤 최종적 정당화가 사고 가능한 것도 아니며 바람직한 것도 아님을 보여 준다. 만약 어떤 결정이 그 자체로 정당화된다면, 이는 정의의 결정불가능한 시간을 없애게 될 것인데, 결정이 비판받거나 의문시될 수 없을 것이기 때문이다. 의

---

1) Derrida, *Specters of Marx*, 87/144(국역 177); 본 책 3장과 4장에서의 나의 분석을 보라.

문의 여지없이 정의로울 결정과의 관계 속에서는 도래할 것이 아무것
도 없을 것이며, 마찬가지 이유로 어떤 정의도 없게 될 것이다.

절대적 정의가 있을 수 없는 이유는 이처럼 그것이 도달불가능한
이념이기 때문이 아니라, 정의를 향한 투쟁이 애초에 절대적 정의를
향해 있는 것이 아니기 때문이다. 오히려 정의를 위한 투쟁은 항상 이
를 본질적으로 시간의 부정적인 무한성에 의존하도록 만드는바 생존
을 위한 투쟁이다. 『마르크스의 유령들』의 「머리말」에서, 데리다는 그
러한 논증을 약술한다. 이 문제에 대한 그의 정식화는 확실히 완곡한
것이긴 하지만, 내가 세워온 틀을 가지고 그 함축들을 풀어볼 수 있다.

모든 **현재 살아 있는** 것을 넘어서 있는, 현재 살아 있는 것을 이접시
키는 것 안에 있는, 아직 태어나지 않았거나 이미 죽은(그들이 전쟁의
피해자든 아니든 간에, 정치적 폭력이나 다른 폭력, 민족주의적, 인종주의
적, 식민주의적, 성차별적 절멸이나 다른 절멸의 피해자든 아니든 간에, 또
자본주의적인 제국주의나 모든 형태의 전체주의적 억압의 희생자든 아니
든 간에) 사람들의 유령들 앞에 있는 어떤 **책임**의 원리 없이는 어떠한
정의도 [⋯] 가능하거나 사고 가능하지 않은 것 같다. **현재 살아 있는
것/생생한 현재의 자기 자신에 대한** 이러한 **비동시대성** 없이는, 현재
살아 있는 것/생생한 현재를 은밀하게 어그러지게 하는 것 없이는, **거
기에 있지 않은 이들**, 더 이상 현존하지도 살아 있지도 않거나 아직
현존하지도 살아 있지도 않은 사람들과 관련된 정의에 대한 존중 및
이러한 책임 없이는, "어디에?" "내일은 어디에?" "어디로^whither?" 같
은 질문을 던지는 것이 무슨 의미가 있겠는가?

이러한 질문은 **도착하며**, 만약 그것이 도착한다면, 장래에 도래하게

될 것에 관한 주제에 대해 질문을 던진다. 장래로 향하면서, 장래를 향해 나아가면서, 이 질문은 또한 장래로부터 도래하며, 미래**로부터** 유래한다. 따라서 이 질문은 자기 현존으로서의 어떠한 현존도 초월해야 한다. 적어도 그것은 이러한 현존을, 단지 어떤 분리나 이접 또는 비대칭의 운동에 의거하여, 곧 자기와의 불일치 속에서 가능하게 해야 한다. 그런데 만약 이러한 질문이 우리에게 도래하는 그 순간부터, 이 질문은 분명히 장래로부터만(어디로^{whither}? 우리는 내일 어디로 갈 것인가? 예컨대 마르크스주의는 어디로 갈 것인가? 그것과 함께 우리는 어디로 갈 것인가?) 도래할 수 있다면, 이 질문 **앞에** 서 있는 것은 또한 이 질문의 기원인 것처럼 질문에 선행해야 (질문 **이전에** 있어야) 한다. 비록 장래가 이 질문의 유래라 하더라도, 이 질문은 모든 유래와 마찬가지로, 절대적이고 비가역적으로 과거의 것이어야만 한다. 도래할 것으로서 과거의 "경험". 이 문구에서 도래할 것이나 과거는 모두 절대적으로 절대적이며, 현재의 모든 변형을 넘어선다. 만약 이 질문이 가능하고 우리가 그것을 진지하게 받아들여야 한다면, 질문의 가능성은 아마도 더 이상 한 가지 질문은 아닐 것이며, 우리가 여기서 **정의**라고 부르는 것은 **내** 삶이나 **우리의** 삶 같은 **현존하는** 삶을 넘어서 나아가야 한다. **일반적인** 삶을 넘어서, 왜냐하면 일반적인 삶은 "내 삶"이나 내일 "우리의 삶"에 대해, 타자들의 삶에 대해 ——어제 다른 타자들에 대해 그랬듯이 ——똑같을 것이기 때문이다. 그러므로 **현재 살아 있는 것/생생한 현재 일반을 넘어서** 나아가야 한다. [⋯]

[⋯] 이러한 공리는 어떤 사람들에게는 충격적일 것이다. 그리고 반론을 오래 기다릴 필요가 없다. 사람들은 이렇게 말할 것이다. 정의의 의무가 법률과 규범을 넘어선다 해도, 결국 생명체의 생명에 대해

서가 아니라면, 누구에게, 어떤 것에게 항상 헌신적으로 실천되겠는가? 자연적 생명으로 이해하든 정신적 생명으로 이해하든 간에, 궁극적으로 생명체의 생명에 대해서가 아니라면, 자기가 스스로 (살아 있는 자기가 스스로) 대답해야 하는 정의, 정의의 헌신적인 실행 또는 책임 일반이 존재하겠는가? 확실히 그런 것 같다. 이러한 반론은 논박될 수 없는 것처럼 보인다. 그러나 그러한 논박 불가능한 것 자체는 이러한 정의가, 현존하는 생명 너머로 또는 이 생명의 현실적인 거기에 있음 너머로 […] 생명을 이끌어간다는 것을 전제한다. 죽음을 향해서가 아니라, **경계 위에서의 삶**sur-vie을 향해, 곧 삶이나 죽음이 그것의 흔적들이며 흔적의 흔적들일 어떤 흔적을 향해, 그것의 가능성이 미리, 현재 살아 있는 것/생생한 현재 및 모든 현실성의 자기 동일성을 어긋나게 하거나 어그러지게 한 어떤 경계 위에서의 삶을 향해 (xix~xx/15~18, 국역 12~16).

이 구절은 시간의 부정적 무한성으로부터 정의에 대한 책임과 관심을 이끌어 낸다. 영원성이라는 긍정적 무한성에서는 정의에 대한 어떠한 질문도 없을 것인데, 모든 것은 과거와 미래를 무화하는 어떤 절대적 현전 속에 주어지게 될 것이기 때문이다. 책임을 져야 할 어떤 것도 없게 될 것인데, 긍정적 무한성에서는 아무것도 일어날 수 없을 것이고 아무것도 일어나도록 될 수 없을 것이기 때문이다. 게다가 책임을 지거나 책임을 요구할 아무런 타자도 없을 것인데, 긍정적 무한성의 절대적인 여기와 지금은 타자들의 공간적 외재성을 무화시키기 때문이다.

그렇다면 책임과 정의는 유한성이라는 부정적 무한성을 요구한다. 내가 스스로에게만 책임을 진다고 하더라도, 이러한 책임 행위는 내가 스스로에게 완전히 현전할 수는 없음을 전제한다. 만약 내가 스스로에게 완전히 현전한다면, 책임을 질 수 있을 어떠한 과거와 미래도 없을 것이다. 같은 이유로, "미리 현재 살아 있는 것의 그 자신과의 동일성을 이접시키거나 탈구시킬" 생존의 운동 없이는 정의에 대한 헌신도 있을 수 없다. 심지어 스스로에 대한 또는 내 앞에 있는 살아 있는 존재에 대한 나의 가장 직접적인 헌신도 우리가 이미 시간적 유한성에 의해 표시되어 있음을 전제한다. 만약 우리가 시간적 유한성에 의해 표시되지 않는다면, 곧 우리가 불변적이라면, 정의에 대한 헌신과 관심을 야기할 어떤 것도 일어날 수 없을 것이다.

결과적으로, 책임과 정의가 존재하기 위해서 현재는 그 자신 안에서 분할되어야만——과거와 미래 사이에서 이접되어야만——한다. 이러한 분할의 가장 심오한 이유는 여기서 데리다가 "절대적 과거" 및 "절대적 미래"라고 부르는 것에 의해 전형적으로 드러나는바 시간의 구성이다. 과거가 절대적인 것은 그것이 **결코** 현전한 적이 없었기 때문이고, 미래가 절대적인 것은 그것이 **결코** 현전하지 않을 것이기 때문이다. 절대적인 과거와 절대적인 미래는 이처럼 전혀 신화적인 심급이나 유토피아적인 이념이 아니다. 반대로, 그것들은 항상 경험과 생명 일반의 조건이었고 앞으로도 그러할 시간화의 운동을 가리킨다. 이것이 데리다가 **경험**을 절대적인 과거와 절대적인 미래의 경험으로서, 즉 더 이상 없는 것과 아직 없는 것 사이의 어떤 근원적 분할로 서술하는 이유이다.

데리다가 "무한한 책임"이나 "무한한 정의"에 대해 말할 때 그는 유한한 책임이나 유한한 정의의 한계 너머에 있는 어떤 이상을 지시하는 것이 아니다. 반대로 문제되는 용어는 책임과 정의가 항상 타자들의 어떤 무한한 유한성과의 관계 속에서 일어난다는 것을 가리킨다. 나는 여기서 정의의 무한한 유한성에 초점을 맞출 것인데, 3장에서 이미 무한한 책임이라는 평행하는 사례를 다뤘기 때문이다. 정의의 무한한 유한성은 정의가 결코 완성될 수 없음을 함축한다. 그것은 항상 과거 및 도래할 무수한 시간들에 열려 있다. 데리다가 위의 구절에서 쓰듯이, 정의는 원리상 "아직 태어나지 않았거나 이미 죽은(그들이 전쟁의 피해자든 아니든 간에, 정치적 폭력이나 다른 폭력, 민족주의적, 인종주의적, 식민주의적, 성차별적 절멸이나 다른 절멸의 피해자든 아니든 간에, 또 자본주의적인 제국주의나 모든 형태의 전체주의적 억압의 희생자든 아니든 간에) 사람들" 모두에 대해서 요구될 수 있다. 요점은 이러한 모든 타자들을 포괄하고 공정하게 대할 수 있는 어떤 이상적인 정의가 있어야만 한다는 것이 아니다. 그러한 총체적인 정의는 희생자들과 그 밖의 모든 것을 무화시킬 것인데, 이는 되돌릴 수 없는 과거와 예측불가능한 미래를 무화시킬 것이기 때문이다. 오히려 데리다의 논증은 정의에 대한 어떤 주어진 결정이나 정의도 의문시될 수 있다는 것으로, 그런 결정이나 정의는 그것이 배제한 무수하게 무한한 타자들에 의해 선행되거나 초과되기 때문이다. 따라서 데리다는 "질문의 가능성"을 "우리가 여기서 **정의**라고 부르는" 것으로 정의함으로써 **정의**라는 말에 대한 그의 용법을 끝없는 질문하기와 연결시킨다. 만약 정의가 **도래하는 것**과 분리불가능하다면, 이는 어떤 것 또는 어떤 이가 와서 최종적 정의를 제정하기 때문이 아니다. 반대로 항상 도래하는 것은 질문의 가능성이고, 또 다른 질문의 가능성은 항상 새롭게 열리며 "장래에 도래하게 될 것에 관한 주제에 대해 질문을 던지는 것이다. 장래로 향하면서, 장래를 향해 나아가면서, 이 질문은 또한 장래로부터 도래하며, 미래로부터 유래한다. 따라서 이 질문은 자기 현존으로서의 어떠한 현존도 초월해야 한다".

내가 강조하고 싶은 것은 정의에 대한 탈구축적 분석이 정의에 대한 욕망을 재개념화하는 것을 가능하게 해 준다는 점이다. 정의에 대한 욕망은 전통적으로 절대적 정의의 어떤 **결여**로부터 유래했다. 절대적 정의는 이처럼 닿을 수 없는 것으로 남아 있지만 정의에 대한 욕망을 추동시키는 어떤 이념으로 형상화되었다. 그러한 절대적 정의라는 이념은 필연적으로 타락, 변화 및 오류에 맞서 봉인될 **긍정적 무한성**의 이념이다. 반대로, 정의에 대한 탈구축적 이념은 시간에 대한 **부정적 무한성**의 이념으로, 이는 항상 현전을 그 자신으로부터 탈구시키고 이를 다른 환경의 예측불가능한 도래에 노출시킬 것이다.[2] 시간의 도래는 정의의 가능성인데, 그것은 법에 도전하고, 권리들을 변형하고 결정들을 의문시할 기회를 열어 주기 때문이다. 이에 수반되는 절대적 정의의 불가능성은 정의의 결여가 아닌데, 그것은 어떤 이상적 정의의 부재를 증언하지 않기 때문이다. 데리다는 정의의 부정적 무한성을——**무한한 타락가능성**과 동일하며 최종적 완전성이라는 규제적 이

---

2) 데리다가 쓰듯이, "만약 현전하는 정의를 규정하는 확실성에 대한 일체의 가정이 탈구축된다면, 이는 무한한 '정의의 이념'——이것이 무한한 것은 환원불가능하기 때문이고, 환원불가능한 것은 타자 덕분이며 […] 항상 다른 독특성으로서의 타자의 도착으로서 **도착해 있기** 때문이다——으로부터 작동한다"("Force of Law", 254/55, 국역 54). 이처럼 정의의 이념은 시간의 부정적 무한성과 분리될 수 없다. "정의는 도래할 것으로 남아 있으며, 도래함을 **지니고 있**고, 도래함**이며**, 환원될 수 없는 도래할 사건들의 차원 자체를 전개시킨다. 그것은 항상 이것, 이 도래-하기를 지닐 것이며, 항상 이것을 지녔던 것이 될 것이다("Force of Law", 256/60, 국역 58).

넘을 반박하는——어떤 **무한한 완전가능성**으로 서술한다. 그러한 절대적 상태의 불가능성은 어떤 박탈이 아니라 어떤 정세에서건, 더 낫게 또는 더 나쁘게 변화할 가능성이다.[3]

정의에 대한 모든 호소는 정의의 기회와 부정의의 위협을 동시에 여는 시간의 도래를 긍정해야만 한다. 정의에 대한 욕망은 이처럼 **결코** 절대적 정의에 대한 욕망인 적이 **없다**. 항상 정의에 대한 욕망은 다른 유한한 독특성들의 생존을 위반하는바 유한한 독특성들의 생존에 대한 욕망이다. 따라서 정의의 모든 이상은 데리다가 "폭력의 경제"라고 부른 것 속에 기입되어 있다. 확실히 정의에 대한 투쟁은 종종 절대적 정의라는 이름으로 이루어지지만, 이러한 주장들은 항상 비정합적이고 위선적인 것으로 나타날 수 있다. 타자들에 대한 배제를 요구하지 않는 정의에 대한 호소란 없는데, 이는 정의에 대한 모든 호소는 도전받을 수 있고 비판될 수 있음을 의미한다. 이 논증의 요점은 정의에 대한 호소를 비방하는 것이 아니라, 이러한 호소들이 항상 이미 폭력의 경제 속에 기입되어 있음을 인정하는 것이다.

폭력의 경제에는 어떤 평형도 있을 수 없다. 폭력은 절대적으로 환원불가능하지만, 폭력의 양은 결코 안정적이지 않다. 만약 폭력의 양이 안정적이라면, 정의를 위해 투쟁할 이유란 없을 것인데, 결코 아무것도 바꿀 수 없을 것이기 때문이다. 정의에 대한 투쟁은 이처럼 평화를 위한 투쟁이 아니라 "더 작은 폭력"을 위한 투쟁이다. 내가 3장에서

---

3) 데리다가 "법과 정치의 변혁이나 개조 또는 재정초"(257/61, 국역 59)를 여는 것은 정의의 결정불가능한 시간이라고 주장하는 "Force of Law"를 보라. 정의의 결정불가능한 시간은 "사건의 기회이자 역사의 조건"이지만, 동일한 이유로 "이는 항상 가장 도착적인 계산에 의해 재전유될 수 있"(257/61, 국역 59)는데, 법의 변혁이 더 나은 것이라는 보장이 없기 때문이다.

주장했듯이, 정의의 이름으로 이루어지는 모든 결단들은 더 작은 폭력으로 판단되는 것을 고려해서 이루어진다. 만약 항상 폭력의 경제가 있다면, 정의의 결단들은 비폭력적인 것을 선택하는 문제일 수가 없다. 따라서 무언가를 정당화하는 것은 그것이 다른 어떤 것보다는 덜 폭력적임을 주장하는 것이다. 그러나 더 작은 폭력을 계산하기 위한 주어진 척도는 있을 수 없음에 주목하는 것이 중요하다. 계산의 행위는 최종적으로는 계산될 수 없는 시간성에 그 자체로 종속되어 있다. 결과적으로 "더 작은 폭력"을 위한 투쟁이 정당하다는 어떠한 보장도 있을 수 없으며, 오히려 그 투쟁은 항상 더 작은 폭력 이상의 것을 행사할 수도 있는 것이다.

"더 작은 폭력" 개념을 정교화한 첫 번째 주석가는 그의 가치 있는 책 『데리다와 정치적인 것』을 쓴 리처드 비어즈워스이다. 그러나 비어즈워스의 더 작은 폭력에 대한 이해는 나의 이해와는 상당히 다른데, 그는 탈구축적 사고가 무엇이 더 작은 폭력인지에 대해 우리가 더 낫게 판단할 수 있게 해 준다고 주장하기 때문이다. 비어즈워스는 "더 작은 폭력에 대한 판단이 이루어질 수 있는 것은 실은 폭력의 경제에 대한 경험을 통해서일 뿐"(24)이라고 올바르게 관찰하지만, 그는 폭력의 경제를 "견디"고자 하는 정치적 판단들과 그렇지 못한 판단들을 구별하고 싶어 한다. 따라서 비어즈워스는 "더 작은 폭력에 따른 차이를 인지하는 정치적 판단들은 이러한 경험을 견뎌낸 판단들"(xvi~xvii)이라고 주장한다. 이러한 주장은 지지불가능한 것인데, **모든** 판단들은 폭력적인 경제의 경험을 견뎌내야만 하기 때문이고, 이러한 판단을 어떻게 다룰지에 대해 미리 주어진 기준이란 있을 수 없기 때문이다. 반대로, 폭력적 경제에 대한 경험은 더 작은 폭력에 대한 판단 못지않게 더 많은 폭력에 대한 판단 역시 재촉하는데, 이는 그것이 **모든** 판단들을 재촉한다는 동일한 이유에서 그러하다. 더구나 탈구축의 논리는 우리가 폭력의 경제와 어떻게 교섭하고 덜 폭력적인 판단을 할 것인지에 대해 최종적으로 배울 수 없음을 상술한다. 탈구축적 사고는 처음부터 정치를 사로잡았던 필멸적 욕망과 본래적인 모순들에 대한 새로운 이해를 가능하게 한다. 그러나 이것이 이러한 본래적 모순들과 이 필멸적 욕망의 귀결로서 계속해서 등장하는 정치적 문제들을 필연적으로 우리가 더 낫게 다루도록 만드는 것은 아니다.[4]

---

4) 정교하고도 미묘한 글 "Derrida's Democracy to Come"에서 마티아스 프리취(Matthias Fritsch)는 비어즈워스의 더 작은 폭력 개념을 더욱 전개시킨다. 프리취는 미래에 대한 무조건적인 개방이 어떤 규범적 이상으로 규정될 수 있다는 생각에 옳게 반론하는데, 이는 "폭력의 감축이 그 모든 맥락들에서 무조건적인 환대와 도래할 미래에 대한 개방성에 의해 달성된다"(587)는 보장이 없기 때문이다. 오히려 프리취는 "정치적 발명은 개방성에 맞선 결단에 열려 있어야만 한다. 확실히 타자에 대한 개방성이 권할 만한 일이 못 되는 상황, 폭력의 감축이 무조건적인 환대로부터가 아니라 타자에 대한 (추가적인) 조건들, 요구들 그리고 규범적인 기대들로부터 기대되는 독특한 상황들이 있다"(588)고 주장한다. 그럼에도 프리취 자신은 미래에 대한 규범적 개방성의 또 다른 판본을 주장하는 데까지 나아간다. 프리취에 따르면, "피할 수 없는 아포리아들을 인지하는 데 실패하는 것은 무조건적인 환대를 위한 윤리적 요구에 의해 감축될 수 있는 폭력으로 이끌 수 있고 또 종종 그렇게 한다"(589). 이처럼 프리취가 궁극적인 폐쇄가 궁극적인 개방성만큼이나 불가능하다는 것을 잘 알면서도, 그럼에도 그는 미래를 폐쇄하는 시도와 미래를 열어두는 시도 사이의 대립을 유지한다. 확실히 데리다 자신은 때로 유사한 논리를 부여하기도 한다. 예컨대, "Politics and Friendship"에서 데리다는 민주주의적 체계와 비민주주의적 체계 사이의 구별을 하려고 시도한다. 후자가 "무엇보다도 타자의 이러한 도래로부터 **닫혀 있고 스스로를 닫아 버린** 체계들이고 […] 결국 파시스트, 나치, 전체주의적인 폭력 일반에 대한 모든 고전적인 비판들을 넘어서, 이러한 것은 '도래할 것'을 닫고 스스로를 현전가능한 것의 현시로 닫아버리는 체계들이라고 말할 수 있다"(182)라고 주장함으로써 말이다. 유사하게, "Autoimmunity: Real and Symbolic Suicides"에서 데리다는 그가 "빈 라덴 효과"에 귀속시키는 테러리즘에서 받아들여질 수 없는 것은 "무엇보다도, 그러한 행위들과 담론이 **아무런 미래에도 열려 있지 않다는 것**, 그리고 **내가 보기에 아무런 미래가 없다**는 사실"(113)이다. 이러한 구절들은 명백히 미래에 열린 "좋은" 체계들이나 행위들과 미래를 닫아 버린 "나쁜" 체계들이나 행위들 사이의 대립을 함축한다. 그러나 그러한 대립은 탈구축의 논리를 감안할 때 지지될 수 없는 것이다. 미래에 대

이처럼 우리는 탈구축과 데리다가 도래할 민주주의démocratie à venir 라고 부르는 것 사이의 연계를 설명해 볼 수 있다. 도래할 민주주의는 언젠가 도래해서 정의로운 사회를 만들 민주주의에 대한 유토피아적 인 희망을 가리키지 않는다. 이는 하나의 이상이 아니고, 어떠한 정치 적 헌신을 **정당화**하는 데에도 복무할 수 없다. 만약 민주주의에 대한 헌신이 탈구축에 의해 정당화된다면, 우리는 더 이상 결정을 내리거 나 이러한 헌신에 대해서 어떠한 책임도 질 필요가 없게 될 터인데, 우 리는 그것이 정당화된 것임을 알 것이기 때문이다. 오히려 민주주의 의 모든 측면들은 탈구축이나 다른 어떤 것에 정초될 수 없는 정치적 타협을 요구한다. 민주주의에 대한 어떤 주어진 개념, 헌정 또는 체제 도 있을 수 없는데, 이는 "민주주의"에 대한 헌신이 그 자체로 정당화 될 수 없음을 뜻한다. 데리다의 저작에서 그런 정당화를 찾는 것은 그 의 분석이 작동하는 수준을 오해하는 것이다. 데리다는 정치적 문제들 에 대한 해결책이나 그것들에 어떻게 접근해야 하는지에 대한 규범적 인 지침을 제공하지 않는다. 반대로, 그는 해결책들과 규범들이 단번 에 정당화될 수 없다고 주장하는데, 그것들은 이들에 선행하고 초과하

한 개방성은 **모든 것**(모든 체계나 행위를 포함하여)이 필연적으로 미래에 열려 있다는 의미에 서는 무조건적이지만, 이는 규범적 이상의 의미에서는 무조건적인 것이 아니다. 따라서 오 류는 미래의 도래에 대한 무조건적인 "예"로부터 미래에 대한 어떤 규범적 긍정을 도출할 수 있다고 가정하는 것이다. 프리취는 데리다의 다른 주석가들보다 이 문제에 있어서 예리 하지만, 그럼에도 데리다에게 "급진적으로 열린 미래에 대한 긍정─형이상학적 토대들을 반박하는 미래─이 그 고유한 본래적 규범성을 함축한다"는 생각을 고수한다('Derrida's Democracy to Come", 574). 반대로 내 주장은 탈구축에는 그런 본래적 규범성이 없다는 것 이다. 이따금 나타나는 비일관성에도 불구하고, 데리다 자신은 결정불가능성이라는 구성적 조건으로부터 어떠한 규범이나 규칙들도 도출될 수 없다고 강조한다. 모든 체계에서 미래에 대한 개방성이 존재하지만, 미래에 **덜** 열려 있는 것보다 **더** 열려 있는 것이 낫다는 어떠한 보 장도 없다.

는 시간의 결정불가능한 도래와의 관계 속에서 설립되기 때문이다. 시간의 결정불가능한 도래는 결정들을 정당화하는 것을 **가능**하게 하지만, 동시에 어떠한 정당화도 최종적이거나 비판으로부터 안전한 것을 **불가능**하게 만든다.

만약 데리다가 민주주의 개념을 특권화한다면, 이는 그가 민주주의가 좋거나 정의로운 사회를 보장하는 것이 가능하다고 생각하기 때문이 아니라, 민주주의 개념이 다른 개념들보다 결정불가능한 미래를 명백하게 고려하기 때문이다. 엄밀하게 말해, 우리는 어떤 이론적인 허구로서조차 절대적 민주주의를 정립할 수가 없다. 민주주의 개념 자체는 우리가 타협해야 할 다른 환경들의 가차없는 도래를 기입한다. 미래의 도래는 어떠한 환경에서건 변화를 위한 시공간을 제공하는 어떤 본래적 변화를 전제한다. 그러한 공간내기는 비판의 기회를 열지만 동시에 어떠한 비판도 부적합한 것으로 드러나게 되어 이를 또다시 조사해야 할 위험도 함께 연다. 항상 가능한 개조가 민주주의 개념 속에 기입되어 있는 까닭에, 이는 정치라는 과업의 최종적인 목적이라는 관념을 반박하고 결정불가능한 미래를 구성적인 조건으로서 표시한다. 결정불가능한 미래는 법과 권리를 집행하는 것을 가능하게 하지만 동시에 법을 위반하고 권리를 변혁할 수 있는 계산불가능한 힘들을 제거하는 것을 불가능하게 만든다.

결과적으로, 민주주의에 대한 데리다의 분석은 비민주주의적인 것으로부터 안전하게 구별될 수 있는 민주주의의 이론이나 실천을 제안하지 않는다. 오히려 그는 민주주의가 그 구성의 모든 수준에 있어 자기면역적이라고 주장한다.

구성적이건 헌정적이건 간에, 어떤 절대적인 패러다임도, 절대적으로 가지적인intelligible 관념도, 민주주의의 **에이도스**도 **이념**도 없다. 그리고 최종 분석에서 어떠한 민주주의적 이상도 없다. 왜냐하면, 그런 것이 있다고 할지라도, 그리고 그런 것이 있게 되는 곳은 어디에서나, 이러한 '있다'는 이중적인 또는 자기면역적인 제약 아래에서 아포리아적인 채로 남을 것이기 때문이다.[5]

이러한 주장을 강화하기 위해, **민주주의**라는 말의 그리스적인 뿌리로부터 시작해 보는 것이 유익할 것 같다. 이는 민주주의가 인민dēmos이 스스로를 통치할 힘kratos을 갖는 체제임을 암시한다. 민주주의에 대한 이러한 기본 정의로부터 전체 민주주의적 전통에 출몰하는 자유와 평등 사이의 관계에 대한 문제가 뒤따르며, 이는 『불량배들』의 데리다 주장에서 중심적이다. 만약 인민이 스스로를 통치할 힘을 갖는다면, 그들은 원하는 것을 무엇이나 할 수 있도록 자유롭다는 것이 따라나온다. 그러나 이러한 자유는 그 자신 안에서 즉각적으로 제한되는데, 하나 이상의 인민 구성원이 있어서 각자는 항상 그 또는 그녀의 자유를 제한하는 타자들과의 관계 속에서 행위하도록 강제되기 때문이다. 인민의 자유는 이처럼 평등 없이는 사고불가능한데, 모든 이가 평등하게 자유로울 때에만 인민의 다원성은 그 자신들을 하나의 실재로 구성할 수 있기 때문이다.

가장 분명한 사례는 인민 각 구성원이 동등하게 간주되는 표를 제출함으로써 선택의 자유를 갖는 민주주의적 투표 체계이다. 잘 알려진

---

5) Derrida, *Rogues*, 37/62. 이어지는 페이지 인용은 본문 안에 주어진다.

것처럼, 권력의 그러한 민주주의적 공유는 몇몇 이들에게 의제를 세우거나 그들의 지위를 유지할 수 있는 더 큰 자유를 주고 그럼으로써 인민 구성원들 간에 불평등을 도입하는 사회경제적 힘들에 의해 위협받는다. 그러나 데리다는 자유와 평등에 대한 이러한 "외적인" 위협들을 주로 다루는 것이 아니다. 오히려 그는 자유와 평등의 관계가 필연적으로 자기면역적 관계임을 보여 주는 것을 목적으로 하는데, 이는 자유와 평등에 대한 위협들이 개념들 자체에 "내적"임을 뜻한다.

데리다의 첫 번째 움직임은 평등에 계산가능한 것을 할당하고 자유에 계산불가능한 것을 할당하는 것이다. 두 원리들은 종종 갈등적이거나 심지어 상호 배타적인 것으로 인지되어 왔다. 평등이 각 인민 구성원을 다른 단위들과 동질적인 계산가능한 단위로 환원한다면, 자유는 각 인민 구성원이 그 또는 그녀를 타자들에 이질적인 것으로 만드는 행위를 할 수 있는 계산불가능한 힘을 가짐을 표시한다. 데리다는 두 원리들이 모순적임을 부인하지 않지만, 이 모순이 해소불가능한 것이고 민주주의에 구성적인 것임을 강조한다. 자유는 평등에 의해 위협받고, 평등은 자유에 의해 위협받지만, 그러한 위협 없이는 민주주의가 있을 수 없다.

이처럼 데리다는 평등의 계산이 이상적인 민주주의적 자유에 닥쳐오는 무엇이 아니라고 주장한다. 평등의 척도 없이는 모든 이들의 척도 없는/헤아릴 수 없는immeasurable 자유라는 개념이 없을 것인데, 왜냐하면 "정확히 척도 없음/헤아릴 수 없음이라는 의미에서의 독특성의 **누구나** 또는 **아무나**에 접근하기 위해 요구되는, 온갖 종류의 차이들, 곧 힘의 차이, (자연적인 것이든 다른 것이든) 특성의 차이, 헤게모니들의 차이들을 중화할 수 있는 기회"(52/80)도 없을 것이기 때문이다. 그러나 민주주의적 자유에 기회를 주는 평등의 계산은 동시에 민주주의적 자유에 위협을 제기한다. 데리다는 이 문제를 다음과 같이 서술한다.

> 계산을 통해 독특성의 차이를 지움으로써, 더 이상 그것을 고려하지 않음으로써, 척도는 독특성 자체, 그 질 또는 양화불가능한 강도를 종결시킬 위험을 무릅쓴다. 그러나 측정 가능한 평등이라는 개념은 측정 불가능한 것에 대립하지 않는다. [⋯]
> [⋯] 이러한 "평등의 기술적 척도"는 계산불가능한 것 또는 척도 없는 것에게 있어 어떤 사고나 타락, 어떤 불행이나 불운이 아니다(그리고 여기서 나는 "기술"에 대해 주장하는데, 정치적-법적-윤리적인 것은 우리가 이해하다시피 단순히 이차적이거나 보조적인 것이 아닌 그런 계산하는 기술, 연속성이나 순환성을 전제하기 때문이다). 이러한 기술은 또한 척도 없는 것에게 기회이기도 하다. **이 기술은 척도 없는 것에 접근하게 해 주는 것이다.** 정치적인 것, 법적인 것, 윤리적인 것에 의해 주어진 기회, 그것이 어디에서 일어나든 말이다.
> [⋯] 이러한 기회는 항상 어떤 자기면역적 위협으로서 주어진다. 왜냐하면 계산하는 기술은 명백히 그것에 효과적인 접근을 하게 해주는 척도 없는 독특성을 파괴하거나 중화시키기 때문이다(52~53/80).

민주주의적 자유 개념은 이처럼 자기면역적인데, 자유를 방어하는 평등은 또한 그 안에서부터 자유를 공격하고 그 온전함을 위협하기 때문이다. 거꾸로 동일한 자기면역이 민주주의적 평등 개념에서 작동한다. 만약 모두가 평등하게 자유롭다면, 자유는 평등에 본래적이고 그 안에서부터 평등을 위협한다는 것이 따라 나온다.[6] 평등의 계산은 항상 불평등의 가능성을 여는 계산불가능한 자유의 계산이다.

따라서 우리는 민주주의의 뿌리에서 이미 조화될 수 없지만 서로 분리될 수도 없는 두 원리들 사이의 폭력적 경제를 발견한다. 이러한 문제는 두 원리들 사이의 "행복한 매개"를 통해 해소될 수 없다. 행복한 매개는 우리가 **올바른 척도**를 수립할 수 있음을 요구한다. 따라서 이는 자유와 평등이 계산가능함을 요구하는데, 이것이 불가능한 것은 자유와 평등 모두 그것들이 계산되도록 할 때조차 계산불가능성을 수반하기 때문이다. 자유와 평등의 타협은 따라서 결코 최종적이고 평화로운 합의가 될 수 없고, 주어진 척도를 갖지 않는 다소간 폭력적 경제 속에서 유지된다.[7]

우리는 여기서 이 책의 첫 장을 시작했던 알제리 선거의 사례로 돌아갈 수 있다. 알제리 사례는 명백히 민주주의적 자유와 평등의 자기면역을 강화한다. (평등의 원리에 따라 계산된) 수적인 다수가 자신의 자유를 사용하여, 자유와 평등을 공격하는 정부를 선출하는 일은 항상 일어날 수 있다. 민주주의는 역으로 민주주의 자신을 공격함으로써만, 이러한 위협으로부터 자신을 보호할 수 있으며, 이것이 선거가 중지되었을 때 알제리에서 일어난 일이었다. 민주주의를 옹호한 국가는 동시에 투표할 민주주의적 자유와 법 앞에서의 평등에 대한 민주주의적 권리를 공격한 것이었다.

---

6) 같은 책 48~49, 52/74~75, 79~80에서 데리다의 분석을 보라.
7) "정의상, 계산불가능한 것에 대한 이러한 계산 그리고 척도 없는 것의 이러한 공통적이거나 보편적인 척도를 규제하기 위한 어떤 주어진 기준도, 확실한 규칙도, 논쟁의 여지가 없는 계산의 단위도, 믿을 만하고 자연적인 매개적 도식도 없다"(ibid., 53/81).

알제리 선거는 극단적인 사례로 보일 수 있지만, 데리다에게 그것과 소위 정상적인 민주주의적 관행을 분리시키는 것은 단지 정도의 차이일 뿐이다. 데리다는 민주주의가 항상 배제의 폭력이 필연적으로 작동하는 랑부아renvoi[8]의 과정이라고 주장함으로써 이 요점을 추구한다. 프랑스어 동사 랑부와예renvoyer는 공간적인 함의(물러가게 하다, 돌려보내다)와 시간적인 함의(미루다, 연기하다) 모두를 갖고 있다. 이러한 함의들은 공간내기의 일반적인 조건을 요구하는 연기 또는 지연으로서의 랑부아라는 의미 속에서 수렴된다. 『불량배들』에서 데리다의 도식을 따라서, 우리는 민주주의의 공간적인 랑부아와 시간적인 랑부아를 구별해 볼 수 있다. 공간-되기는 시간에 본래적이고 시간-되기는 공간에 본래적이기 때문에 그것들이 궁극적으로는 분리불가능하겠지만 말이다.

민주주의의 공간적인 랑부아는 민주주의에 낯선 것으로 판단되는 자를 물러가게 하거나 민주주의를 내부에서부터 위협한다고 지각된 자들을 퇴장시킴으로써 작동한다. 이는 알제리에서 민주주의의 적으로 간주된 자들이 민주주의적 과정에서 배제되었을 때 일어난 것이지만, 차별의 동일한 운동이 모든 민주주의에서 더 크건 작건 작동하고 있다. 인민의 권력은 누가 "인민"에 속하느냐 그리고 속하지 않느냐를 정의하는 경계를 그림으로써만 스스로를 구성할 수 있을 뿐이다. 여성

---

8) [옮긴이] 여기서 renvoyer 및 renvoi 개념은 첫째로 공간적인 의미에서 반송하기, 되돌려보내기, 참조하기(특히 전치사 à와 더불어 쓰일 때)의 뜻, 둘째로 시간적인 의미의 지연하기와 연기하기, 셋째로 해고하거나 면직하기 등의 여러 의미를 지니고 있다. 데리다의 논점은 민주주의의 자기면역은 이러한 다의성을 지닌 renvoi의 과정이라는 것이다. 첫 번째 의미만을 고려한다면 '송환'이라는 역어를 생각해 볼 수 있겠지만, 이는 다른 의미들을 포괄하지 못하는 것으로 보이기에 아래에서는 일단 불만족스러우나마 '랑부아'라는 음차를 사용하도록 한다.

과 다른 인종들을 배제하면서 인민을 백인 남성으로 정의하는 경계는 구멍나기 시작했지만, 이것이 다른 경계들이 작동하는 것을 막는 것은 아니다. 가장 명백한 경계는 아마도 시민권에 대한 민주주의적 권리를 제한하는 국민적 경계로, 이는 데리다가 많은 관심을 할애한 문제이다. 그러나 민주주의의 제한에 관한 문제는 원리상 무한한데, 민주주의가 처방한 평등에 대해서 자연적이거나 정당화된 한계란 없기 때문이다. 데리다가 강조하듯이, 우리는 민주주의적 평등이 단지 모든 인간에게뿐 아니라 또한 "모든 비인간적인 생명체들에게" 그리고 더 나아가 "모든 비생명체들에게, (유령적이든 아니든 간에) 그들의 기억에게, 그들의 도래에게 또는 우리가, 항상 성급하고, 독단적이며 모호한 방식으로, 살아 있는 것$^{la\ vivance}$ 일반의 생명이나 살아 있는 현전으로서 식별할 수 있다고 생각하는 것에 대한 그들의 무관심에게"(53/81) 확장되어야만 한다고 주장할 수 있다. 이처럼 민주주의의 폭력적 배제는 "나처럼 존재한다고 가정되는" 다른 "인간들"(53/81)과의 관계 속에서뿐 아니라, 또한 "죽은 자, 동물들, 나무들과 바위들"(54/82)과의 관계 속에서도 작동하고 있다. 데리다는 우리가 이 모든 타자들을 민주주의에서 포함하고 위계를 포기해야 함을 옹호하는 것이 아니다. 오히려 그는 민주주의가 그것이 옹호하는 평등의 원리를 위반해야만 함을 보여 주려고 한다. 차별적 기준이라는 제도 없이 민주주의란 있을 수 없고, 마찬가지로 더 낫게든 나쁘게든 간에 민주주의의 주어진 한계들은 민주주의적 평등에 대한 또 다른 호소에 의해 항상 논쟁가능할 것이다.

민주주의의 시간적 랑부아는 민주주의 자체의 이름으로 민주주의를 연기함으로써 작동한다. 다시 한번 알제리 선거가 명백한 사례인데, 그 선거는 민주주의를 보호한다는 구실로 미루어졌기 때문이다. 민주주의에 대한 그러한 지연은 더하거나 더 작은 정도로 민주주의의 모든 계기에서 작동한다. 민주주의는 결코 절대적으로 현전할 수 없는데, 이는 과거 선거의 결과나 미래 선거의 결과를 지연시킬 것이기 때문이다. 그러나 민주주의는 "항상 지연되"는데 이는 이러한 지연이 닿을 수 없는 채로 남아 있는 어떤 민주주의가(또는 민주주의의 이념이) 존재함을 함축하는 한에서 그렇다고 말하는 것은 오도적이다. 요점은 민주주의가 지연된다는 것이 아니라 민주주의가 지연**이고** 민주주의이기를 멈추지 않고는 지연의 운동을 극복할 수 없다는 것이다.

민주주의의 지연은 시간적(과거 또는 미래의 선거를 미루기)이고 또한 공간적(민주주의의 다른 성원들을 밀어내기)이다. 이러한 지연은 결코 민주주의적 자유와 평등에 대한 단순한 존중이 아니다. 그 지연은 또한 이러한 원리들의 위반이기도 하다. 데리다가 지적하듯이, 민주주의의 공간적 랑부아는 타자에 대한 초대("타자를[to] 배웅하기, 이방인에 대한 또는 타자의 타자성에 대한 존중")와 타자의 국외 추방(배제를 통해 타자를[of] 물러나게 하기) 모두를 의미한다.[9] 유사하게, 민주주의의 시간적 랑부아는 민주주의적 과정에 기회를 주는 것이자 민주주의적 필요들이 긴급한 이들을 제거하겠다고 위협하는 것 모두이다.

랑부아의 폭력적 공간내기는 민주주의 자체의 이념 속에 기입된 "자기면역적 필연성"(36/61)이다. 민주주의는 필연적으로 자기면역적인데, 그것이 옹호하는 자유와 평등의 원리들을 공격해야만 하기 때

---

9) Ibid., 36/61.

문이다. 민주주의적 자유의 원리는 가장 해로운 방식으로 민주주의를 비판하고 민주주의를 전복할 힘들을 동원할 권리를 부여한다. 이러한 위협들로부터 스스로를 보호하기 위해서, 민주주의는 자유라는 그 자신의 원리를 제한해야만 하고, 마찬가지로 스스로를 위협한다. 민주주의가 자유의 원리를 **얼마나** 제한해야만 하는지에 관해 우리를 이끌어 줄 수 있는 행복한 매개란 없다. (자유의 원리를 더욱 제한함으로써) 민주주의를 더 큰 힘으로 공격하는 것은 (그것이 더욱 타락하는 것을 막음으로써) 민주주의를 더 큰 힘으로 방어하는 것일 수 있다. 역으로, 민주주의의 더 큰 방어로 제시되는 것은 민주주의에 대한 더 큰 공격일 수도 있다.

동일한 자기면역적 결정불가능성이 민주주의적 평등의 원리를 사로잡고 있다. 평등의 위반은 민주주의가 배제한 이들과의 관계 속에서뿐 아니라, 데모스를 계산하는 것이 결코 중립적으로 이루어지지 않는 기존의 민주주의 **안에서**도 작동한다. 소수를 지배하는 다수는 다른 기준을 배제하는 어떤 기준에 따라서 계산된다. 이처럼 민주주의적 평등의 계산에는 항상 폭력의 경제가 존재하지만, 어떻게 그것이 타협되어야 하는지는 결코 미리 주어진 또는 선험적인 기준을 기초로 해서 결정될 수 없다. 데리다가 주장하듯이, 하나의 선거법은 "동시에 다소간 다른 것보다 민주주의적"인데, "이민자들에게 투표권을 주거나 거부하는 것에 더 큰 민주주의가 있다거나 […] 비례투표에 대립하여 직접 다수 투표에 더 또는 더 작은 민주주의가 있다고 현실적으로 '증명'할 수 없을 것이다. 투표의 두 형식들 모두 민주주의적이지만 둘 모두 배제, 어떤 랑부아를 통해서 그들의 민주주의적 성격을 방어한다"(36/61).

민주주의적 랑부아는 우리를 시간의 공간-되기이고 공간의 시간-되기로서의 차-이의 정의로 되돌려 보낸다. 그러한 공간내기가 생명 일반의 조건임을 감안할 때, 민주주의는 단순히 다른 체제들과 다른 정치적 이상들에 **대립하는** 것일 수 없다. 시간의 흔적 구조 때문에, 민주주의의 문제는 모든 계기와 모든 정치적 체제에서 작동한다. 데리다가 『불량배들』에서 말하듯이, "항상 민주주의의 어떤 흔적이 존재한다. 실로 모든 흔적은 민주주의의 흔적이다"(39/64).[10] 권력의 실행은 불가분한 주권의 행위일 수 없다. 이는 다소간 변화와 비판에 열린 채로 남아 있어야 한다. 가장 전제적인 군주나 전체주의적인 독재자조차도 어떤 "민주주의적인" 관계에 개입해 있는데, 그는 그의 지배를 전복할 수도 있는 과거와 미래의 자아들과 타협해야만 하기 때문이다.

같은 이유로, 독재와 민주주의의 본질적인 경계 설정도 있을 수 없다. 그러한 경계 설정은 항상 취약한 타협의 문제이고 다소간 폭력적인 결정이다. 다른 체제에 대비해서 한 체제를 "민주주의적"인 것으로 구별할 수 있게 하는 개념적 경계들은 본질적으로 투과가능하며 항상 다른 이익들을 위해 조작될 수 있는 것인데, 민주주의는 자기면역적이고 그 자체로 보호될 수 없기 때문이다. 이는 당황스러운 것으로 보일 수도 있지만, 자기면역 없이 민주주의란 있을 수 없는 것이다. 스스로를 공격할 가능성은 민주주의 자체에 기입되어 있으며, 권력의 민주주의적 장소는 본래적으로 변동가능하고 누구든지 또는 무엇이든지 권력을 갖게 되느냐에 열려 있기 때문이다. 더구나 민주주의가 전체주의

---

10) 데리다가 민주주의는 **있는** 것 일반에 해당한다고 주장하고 이를 시간성의 조건인 존재 그 자체의 불가능성에 연결시키는(120) "Autoimmunity: Real and Symbolic Suicides"도 보라.

적으로 될 위협 없이 (그리고 전체주의적인 것이 민주주의적으로 될 기회 없이) 민주주의를 향한 투쟁에 참여할 이유는 없을 것이다.

정치적인 것에 대한 데리다의 사유는 이처럼 **본질적 타락가능성**의 논리에 따라서 서술될 수 있다. 이 논리는 왜 모든 "순수한" 개념의 온전함이 필연적으로 스스로가 아닌 "다른" 것에 의해 위협받고 그럼으로써 타락되기 쉬운지를 설명하려고 한다. 나는 여기서 데리다가 어떻게 정치적인 것과 관련한 본질적 타락가능성의 논리를 전개하는지에 초점을 맞출 것인데, 먼저 보다 일반적인 항들 속에서 이 논리를 고려해 보는 것이 유익할 것이다. 『유한 회사』의 후기에서 데리다는 개념적 논리의 요구에 관해 다음과 같이 언급한다.

어떠한 종류의 엄밀함이건 간에 이를 주장하는 모든 개념은 "전부 또는 전무"라는 양자택일을 함축한다. 모두들 "현실"이나 "경험" 속에서 결코 "전부 또는 전무"라는 것이 있을 수 없다는 것을 알고 있다고 믿는다 해도, 개념은 "전부 또는 전무"에 따라서만 스스로를 규정한다. 심지어 "정도의 차이"라는 개념, 상대성이라는 개념조차도, 개념으로서, 전부 또는 전무, 예 또는 아니요의 논리에 따라 규정된다. 정도의 차이 **또는** 정도의 무차이. 이러한 전부 또는 전무의 논리 밖에서 **철학적 개념**을 형성하는 것은 불가능하거나 부적법한 것이다. […] 개념이 개념으로서 간주되어야 할 때 나는 전부 또는 전무의 논리를 받아들여야 한다고 믿는다. 나는 항상 이를 시도하며 이는 항상 어쨌든 개념들이나 개념화될 수 있는 것들에 대한 이론적-철학적 토론에서 이루어져야만 한다고 믿는다. 이를 하는 것을 멈춰야 할 것처럼 느낄 때에는 언제나(내가 차-이에 대해, 표시, 대체보충, 되풀이가능성과 이 모든 것들이 수반하는 것들에 대해 말할 때 내게 일어났던 것처럼), 그렇게 멈추어야 할, 그럼으로써 규칙을 바꾸고 담론의 맥락을 바꿔야 할 이유들을 가능한 가장 개념적이고, 엄밀하고, 형식화하며 교육적인 방식으로 명시적으로 하는 것이 **낫다**(116~17/211~12).

데리다가 서술한 개념적 논리의 탈구축은 세 단계의 작동으로 형식화될 수 있는데, 이는 다른 철학자들에 대한 그의 독해들에서 상이한 변주로 되풀이된다. 첫째, 데리다는 그가 개입하는 주어진 담론의 근거로 기능하는 개념적 구별을 위치시킨다. 전부 또는 전무의 논리를 따라서, 데리다는 문제되는 구별이 절대적으로 순수해야 하며 그렇지 않으면 담론의 전체 건축물이 허물어짐을 강조한다. 둘째, 데리다는 문제되는 구별이 절대적으로 순수할 수 없다고 ─ 경험적 이유들이 아니라 오염의 본질적 필연성 때문에 ─ 그래서 그 건축물의 구축은 이미 그 자신의 붕괴를 함축함을 보여 준다. 셋째, 데리다는 이러한 붕괴의 원리가 단순히 부정적이거나 파괴적인 것이 아니며 개념들의 취급에 있어 어떠한 부정확성도 허가하지 않는다고 주장한다. 오히려 이는 "가장 개념적이고, 엄밀하고, 형식화하며 교육적인 방식"에서 전개되어야만 하는 새로운 개념적 논리를 요구한다.

정치적인 것의 개념과 관련해서, 『우정의 정치』에서 데리다의 칼 슈미트 독해를 고려해 보는 것이 유익할 것이다. 위에서 설명한 도식에 따라서, 데리다의 독해는 세 단계를 따르는 것으로 보일 수 있다. 첫째, 데리다는 정치적인 것의 **순수한** 개념을 제공하려는 슈미트의 야심에 초점을 맞춘다. 데리다가 슈미트에 매우 비판적임에도 불구하고 ─ 그의 논제들은 데리다에 따르면 "그 철학적 논리에 있어 반동적이고 전통주의적인만큼이나 그 정치적 내용에 있어 극히 보수적"(83~84/101~102)인데 ──그는 슈미트에 큰 관심을 갖는데, 왜냐하면 슈미트가 "정치적인 것에 대한, 적절히 그리고 '정치적인'이라 불리는 논쟁적 수사 없는 정치적인 것의 정치성politicity이라는 종별적 지형에 대한 **순수하고 엄밀한** 개념적 이론을 제공"(117/137, 강조는 필자)하기 때문이다. 둘째, 데리다는 슈미트의 정치적인 것에 관한 담론의 핵심에 있는 "붕괴 또는 유령성의 원리"(130/153)라고 그가 부르는 것을 형식화하기 위해서 정치적인 것에 대한 이러한 순수 개념을 그것 자체에 맞서 읽는다. 셋째, 이러한 탈구축을 이끄는 결정의 논리는 본질적 타락가능성을 통해 서술될 수 있는 정치적인 것에 대한 새로운 논리로 이끈다.

이제 슈미트는 그의 정치적인 것에 대한 이론을 친구와 적의 구별 위에 짓는다. 이러한 구별의 순수성은 슈미트에게 있어서 정치적인 것이 원리상 다른 영역들에 독립적인 순수한 영역을 갖도록 해 주는 것이다.[11] 이처럼 슈미트는 친구와 적의 정치적 식별이 권리상 도덕적, 미학적 또는 경제적 가치에 결부된 것이 아니라고 주장한다. 사실상 정치적인 것이 이러한 영역들과 묶일 수 있다 하더라도 말이다. 예컨대, 적의 적절한 정치적 식별은 적이 악하다거나 증오할 가치가 있다는 생각에 의존해서는 안 된다. 또한 이는 인종적, 종족적이거나 종교적 기준에 의존해서도 안 된다. 그러한 가정과 평가는 정치적인 것의 "공적" 영역을 오염시켜서는 안 되는 "사적" 영역에 속한다.

사적인 것과 공적인 것의 대립은 슈미트의 개념적 운동뿐 아니라

---

11) Schmitt, *The Concept of the Political*, 26~27; 국역, 38~40을 보라.

그의 역사적 도식 또한 조직한다. 주권적 국가 체계의 쇠퇴와 더불어 종말을 맞고 있는 시대에, 적은 (슈미트에 따르면) "깨끗한" 적, 즉 전쟁에서 스스로를 절멸시킬 권리를 포함해 인정된 권리들을 갖는 "공적인 적"으로서 존중된다. 슈미트가 1963년 『정치적인 것의 개념』에서 주장하듯, 적이라는 이러한 고유한 개념은 어떠한 대가를 치르더라도 제거되어야만 하는 경멸받는 원수foe로 타락했다.[12] 적의 고유한 개념에서 원수라는 도착적 개념으로의 전이는 "절대적 전쟁"——군인과 민간인, 존중받는 적과 범죄화된 원수 사이의 구별에 유의하는——에서 이러한 구별에 주의하지 않는 "총체적 전쟁"으로의 이행에 해당한다.

슈미트는 이제는 상실되어 버린 고유한 정치적 관계와 대조적으로 이러한 "분명한 구별"에 종언을 가져온 것을 "탈정치화"라고 개탄한다. 데리다가 강조하듯이, 슈미트의 고유한 정치적 관계라는 개념은 적이 **그 자체로 식별**될 수 있는 가능성에 달려 있다. 적 자체를 식별하는 것이 가능하지 않을 때——확실하게 "적"이 **무엇**을 의미하는지 또는 적이 **누구**인지를 결정할 수 없을 때——정치적 장은 그 종별성과 자율성을 상실한다. 요컨대, "탈정치화된다". 슈미트에 맞선 데리다의 논변은 그러한 탈정치화는 고유한 정치나 정치화에 수반하는 것이 아니며, 고유한 정치나 정치화에 대립된 위치를 가질 수도 없다는 것이다. 오히려 슈미트의 이론이 요구하는 개념적 순수성은 **원리상** 불가능하다. 데리다가 쓰듯이, 슈미트의 친구와 적 사이의 본질적 구별은 "선험

---

12) Carl Schmitt, *Der Begriff des Politischen: Text von 1932 mit einem Vorwort und drei Corollarien*의 "서문(Vorwort)"을 보라. 이 서문은 1963년판이 아닌 1932년에 근거한 영역본에서는 볼 수 없다. 국역, 앞의 책, 28쪽.

적으로 실패하게 되어"(『우정의 정치』, 116/135) 있는데, "모든 시간, 개념은 타자의 혼령을 품"고 있어 "적인 친구, 친구인 적"(같은 책, 72/92)이 있기 때문이다.

데리다는 『우정의 정치』에서 그의 논증을 두 수준에서 전개한다. 한 수준에서 그는 그리스 이래로 서구 사유의 역사에서 "적"이라는 개념이 의미했던 바에 관한 슈미트의 역사적이고 문헌학적인 가정에 도전한다. 이 논쟁은 확실히 흥미롭지만, 나는 여기서 그 문제를 다루지는 않을 것이다. 대신에 나는 슈미트의 적-친구 구별의 설명을 이끄는 개념적 논리와 대결하고 있는 데리다 논증의 다른 수준에 초점을 맞출 것이다.

슈미트가 분명히 하듯이, 누가 적인지를 규정할 수 있는 외적인, 객관적인 기준이란 없다. 오히려 적은 그 또는 그녀가 국가에 "실존적" 위협을 제기하기 때문에 적이다. 그러한 실존적 위협만이 —슈미트가 "극단적인 사례" 또는 "예외 상태"라고 부르는 것 —또 다른 인민에 대한 공격을 정당화할 수 있고, 적과의 전투 속에서 자신의 시민들이 그 목숨을 희생하도록 요구하는 일을 정당화한다. 그렇다면 문제는 공격을 적법한 것으로 할 수 있는 실존적 위협이 있을 때를 어떻게 결정하느냐 하는 것이다. 슈미트에 따르면, 그러한 결정을 정초하는 구체적인 지식이 있다. "현실적 참여자들은 구체적인 상황을 정확하게 인지하고, 이해하며 판단할 수 있고, 갈등의 극단적인 사례를 해결할 수 있다. 각 참여자는 적수adversary가 자신들의 삶의 방식을 부정하려고 하는지의 여부를, 그래서 자기 고유의 실존 형식을 보존하기 위해

적수를 격퇴하거나 싸워야 하는지의 여부를 판단하는 위치에 있다."[13]
동일한 논리를 따라, 슈미트는 예외 상태가 있는 때를 결정하는 궁극적인 심급이 —"주권자"—국가 속에 있어야만 한다고 주장한다. 이러한 주권적 결정은 의문의 대상이 되어서는 안 된다. 그 힘은 무조건적이고 불가분한 것이어야만 한다. 슈미트가 『정치신학』에서 강조하듯이, 주권자의 결정은 "스스로를 모든 규범적 연결로부터 자유롭게 하고 참된 의미에서 절대적인 것이 되었다"(12). 이는 주권자가 권력의 분할을 넘어서 "확실하게 결정하는"(13) 이가 되기 위해서 필연적이다.

확실히 슈미트는 정치적 결정의 불가분한 주권을 주장할 좋은 이유를 가지고 있다. 만약 결정이 주권적이 아니라면, 이는 자신 아닌 어떤 것에 의존하는 것이고 그런 이유로 타락에 항상 열려 있게 되기 때문이다. 같은 이유로, 만약 결정을 내리는 이가 항상 의문시된다면—즉, 만약 그가 잘못될 수도 있다는 것이 **항상 가능**하다면—슈미트의 본질적 구별을 보호할 수 있는 것은 아무것도 없다. 예컨대, 적이라고 알려진 이에 대한 공격은 항상 실제로 국가를 위협하지 않았던 이에 대한 공격으로 판명날 수 있고, 이른바 "정치적" 살해는 범죄적인 살인과 결코 안전하게 구별될 수 없다. 실로 주권자의 결정을 의문시할 가능성 자체는 그 권력을 미리부터 분할한다. 슈미트는 그런 귀결을 막기 위해서 주권자는 예외 상태에 관해 "확실히" 결정하는 자여야만 한다고 주장한다.

반대로, 데리다는 결정의 구조가 불가분한 주권의 가능성뿐 아니

---

13) Schmitt, *The Concept of the Political*, 27; 국역, 40.

라 "확실한" 결정의 가능성을 반박한다고 주장한다. 만약 주권자가 슈미트의 이론이 요구하는 의미에서 권위 있는 자라면, 그는 그의 적이 누구이고 그 자신이 그의 적과 무슨 관계에 있는지 알아야 한다. 그러나 그런 지식이 있다면, 이러한 사안에 대한 결정이란 없을 것이다. 오히려 친구와 적의 위치들은 어떤 프로그램에 의해 이미 규정되어 있어서 어떠한 결정도 필요로 하지 않을 것이기 때문이다. 역으로, 만약 결정이 필연적이라면, 이는 아무런 주어진 지식도 존재하지 않기 때문이며, 심지어 슈미트가 호소하는 적에 대한 "구체적인 지식"이나 "구체적인 식별"도 존재하지 않기 때문이다. 결정들은 필연적이지만, 그것들은 슈미트적 의미에서 "고유한" 정치적 결정을 위해 요구되는 불가분한 주권 속에 정초될 수 없다. 오히려 데리다는 "어떤 본질적이고 필연적인 탈정치화를 긍정하지만, 이는 슈미트가 하듯이 그 탈정치화를 개탄한다는 뜻이 아니다"(104/127).

필연적인 탈정치화에 대한 데리다의 주장이 정치적인 것과 관련해서 어떠한 상대주의나 허무주의도 수반하지 않음을 이해하는 것이 중요하다. 반대로, 데리다는 슈미트가 탈정치화라고 비난하는 것 —즉, 정치적인 것의 자율적인 영역의 부재—이 처음부터 정치적인 것을 표시하는 "초정치화hyperpoliticization"(133/157)에 해당한다고 주장한다. 다시 말해 정치적인 것의 자율적인 영역이란 **결코** 존재했던 적이 **없다.** 정치적인 것의 확실한 경계 설정의 불가능성은 애초에 정치가 존재하는 이유이며 정치에는 끝이 없는 이유 모두에 해당된다. 정치적인 것의 경계 설정은 그 자체로 본래적으로 불안정하고 항상 의문시될 수 있는 정치적 행위이다. 슈미트가 주권적 결정에 관한 그러한 의문시의 가능성을 단락/방해하기short-circuit를 원하는 반면,

데리다는 정치적인 것의 가능성은 주권적 결정의 불가능성으로부터 나온다고 주장한다. 데리다가 쓰듯이, (슈미트적인 의미에서) "정치적인 것의 반정립"은 "정치적인 것 속에 자리 잡고 있으며 이를 **정치화한다**"(138/160, 강조는 필자).

여기서 『정치신학』의 첫 두 장들에서 명료하게 개괄된 슈미트의 규범과 결정의 구별을 데리다의 법과 정의 사이의 구별과 비교해 보는 것이 유익할 것이다. 슈미트는 법적 질서는 궁극적으로 결정에 의존하지 규범에 의존하지 않는다고 강력하게 주장한다. 규범은 설립된 법과 규제들인 반면 결정은 법을 특수한 사례에 적용하는 것이다. 유사하게 데리다는 주어진 규칙들로서 법과 이러한 규칙들을 독특한 사례들에 관계시키는 결정 과정으로서 정의를 구별한다. 이렇게 슈미트와 데리다 각각의 설명들 사이에 명백한 구조적 평행성이 존재한다. 두 사상가 모두에게 결정은 법에 외적인 것이지만 동시에 그 불가결한 가능성의 조건으로, 그 실행 자체는 결코 법 자체 속에 주어진 것으로 환원될 수 없다. 그러나 슈미트와 데리다의 결정적인 차이는 결정의 "예외적" 지위에 관련된다. 슈미트에게 결정이 예외적인 것은 그것이 법을 중지시키고 논쟁을 종결시키는 불가분한 주권의 행위이기 때문이다. 데리다에게는 반대로 주권적 결정은 그 자체로 불가능하다. 그것은 결코 **그 자체로** 존재할 수 없고 결정불가능한 미래에 대한 구조적 개방에 의해 사로잡혀 있다.

결과적으로, 데리다는 "법과 정의 사이의 불안정하고 위치 지을 수 없는 경계"를 "정치적인 것과 극단정치적인 것ultrapolitical 사이의" 경계로서 언급한다(『불량배들』, 39/63). 정의의 극단정치적 개념은 데리다가 슈미트에 대한 그의 독해에서 초정치적이라고 부른 것에 해당한다. 데리다의 정의 개념은 결정들이 때에 따라, 무엇이 정의롭거나 정의롭지 않은지에 관한 어떠한 최종적인 보증도 없이 이루어져야만 한다는 것을 상술한다. 이러한 정의 개념이 극단정치적인 것은 그것이 어떠한 정치적 경계의 온전함이건 깨뜨리고 이를 변혁에 열어 놓기 때문이다. 따라서 법과 정의 사이의 위태로운 관계는 정치적 투쟁의 핵심에 있다. 정의에 대한 호소가 어떤 것이든 간에 그것이 지닌 힘은, 법과 권리의 법적 체계가 공동체에서 튼튼한 토대를 갖고 있다고 주장하지만 실은 법적 체계는 근거 없는 것이고 폭력적으로 배타적임을 드러내는 그 능력 속에 있다. 법의 탈구축가능성은 이처럼 권력의 우세한 구조를 넘어서 정의의 요구를 가능하게 하는 것이다. 그러나 같은 이유로 정의에 대한 요구는 최종적으로는 폭력과 적대적 이익들로부터 해방될 어떤 사회로 정향될 수 없다. 그들의 개혁이나 혁명에 성공한 이들은 다시금 다소간 차별적이고 새로운 공격이나 갈등적 요구들에 열려 있는 법적 체계를 실행할 것임이 틀림없다.[14]

　법과 정의의 폭력적 경제는 데리다가 주권 문제를 설명하는 데에 있어 중심적이다. 데리다의 극단정치적 논리를 따라서, 주권 원리는

---

14) *Rogues*에서 법과 정의 사이의 관계에 대한 데리다의 설명도 보라. "정의는 결코 역사와 그 계속적 변혁에서 명백하듯이, 법, 계산적 이성, 법적 분배, 법을 조건짓는 규범들과 규칙들로 환원될 수 없다"(149/205~206). 정의가 법으로 환원될 수 없는 이유는 법이 그것이 배제하는 것들에 의해 그리고 시간의 예측불가능한 도래에 의해 초과되기 때문이다. 데리다는 이러한 공간적이고 시간적인 초과를 "타자의 계산불가능한 독특성과의 관계"라고 축약한다. "정의가 법을 초과하지만 동시에 근대에서 법의 역사를 비판적 이성의 역사에 연결시켰던 것이 될 모든 것뿐 아니라 운동, 역사, 법적 합리성의 생성, 실로 법과 이성의 관계를 동기화하는 것이 거기에 있다. 정의와 법 사이의 이질성은 그들의 분리불가능성을 배제하기는커녕 반대로 이를 요구한다. 법적 규정들과 법의 힘에 대한 호소 없이는 어떠한 정의도 있을 수 없다. 그리고 그럼에도 법을 항상 초과하는 정의에 대한 호소 없이 어떠한 생성도, 어떠한 변혁도, 역사 또는 법의 완전가능성도 있을 수 없다"(*Rogues*, 150/207~208).

단순히 "나쁜" 것으로 낙인찍힐 수 없다. 반대로, 책임의 시간성은 때로는 주권의 원리에 **반하는** 것보다는 주권의 원리에 **따르는** 것이 나음을 수반한다(그리고 그 역도 마찬가지이다). 데리다가 말하듯이, "상황에 따라서, 나는 반주권주의자**이거나** 주권주의자이다──그리고 나는 어떤 때에는 반주권주의자가 될 권리를 옹호하고 다른 때에는 주권주의자가 될 권리를 옹호한다".[15] 데리다의 논리는 주권에 관한 이러한 결정을 어떻게 내릴지에 대한 규칙을 제공하지는 않지만(예컨대 이는 **더** 주권적인 것보다 **덜** 주권적인 것이 낫다고 지시하지 않는다), **왜** 주권의 원리가 결정불가능한 것으로 남아 있어야만 하는지 설명한다.

한편으로, 데리다는 주권의 원리가 일방적으로 비난받거나 제거될 수 없다고 강조한다. 주권에 대한 권리 없이 국가, 개인 또는 다른 법적 주체의 온전함을 보호할 것은 아무것도 없을 것이다. 다른 한편, 주권은 결코 그 자체로 가능하지 않은데, 이는 불가분한 것일 수 없고 그 자체로 주어질 수 없기 때문이다.[16] 주권자는 단지 **외적** 타자들에 의해 위협받을 뿐 아니라 또한 매 순간 주권자를 스스로 저버리기 쉽게 만드는 **내적** 분할에 의해서도 위협받는다. 주권의 이러한 자기면역은 극복될 수 있고 극복되어야만 하는 무엇이 아니다. 이는 긍정적 변화와 부정적 타락 모두의 기회를 부여하는 **무조건적인** 필연성이다.

따라서 (슈미트의 결단주의의 토대인) 주권적 심급으로서 무조건적인 것이라는 전통적 개념은 무조건적인 것에 대한 데리다의 사고와

---

15) Derrida, *For What Tomorrow*, 92/153.
16) 주권 문제에 대한 이러한 이중적 접근에 대한 데리다의 논의로는 ibid., 92/152~153; "Provocations: Forewords" in *Without Alibi*, xix; *Rogues*, 158/216~217을 보라.

완전히 양립불가능하다. 데리다에게 무조건적인 것은 선험적으로 모든 심급의 주권을 위협하는바 시간의 결정불가능한 도래에 대한 노출이다. 예측불가능한 사건들에°대한 이러한 무조건적인 개방성은 무조건적인 주권이라는 이상을 대체할 수 있는 새로운 윤리적 이상이 아니다. 오히려 시간의 무조건적인 도래는 주권이라는 이상을 그 안에서부터 탈구축한다. 데리다가 "주권의 무조건적 포기"라고 부르는 것은 어떤 사람들은 하고 다른 사람들은 하지 않는 선택의 문제가 아니다. 반대로, 데리다는 주권의 포기가 "선험적으로 요구"되며 당신이 무엇을 하든지 "심지어는 결정 행위 이전에도" 일어난다고 주장하는데, 이는 주권을 미리 반박하는 시간의 도래 없이는 아무것도 일어날 수 없기 때문이다.[17] 하나의 윤리적 이상이기는커녕, 주권에 대한 이러한 무조건적인 포기는 왜 모든 주권적 권력이 항상 본질적으로 타락가능한 것이었고 항상 그럴 것인지를 설명해 준다.

데리다가 "수동적 결정"이 "사건의 조건"이라고 주장할 때, 그는 두 종류의 결정, 능동적인 결정과 수동적인 결정 사이의 대립을 제안하는 것이 **아니다**.[18] 오히려 시간성의 구조는 능동성과 수동성의 관계를 어떤 비대립적인 방식으로 재사고할 것을 요구한다. 수동적인 결정이 타자를 환영하기 때문에 그것을 "좋은" 것으로 이해하고 능동적 결정이 타자에 대한 환영에 제한을 가하기 때문에 "나쁜" 것으로 이해하는 것은 손쉬운 오독일 터이다. 동일한 유형의 독해는 "사건의 조건"

---

17) Derrida, *Rogues*, xiv/13, 109/154.

18) 사건의 조건으로서 수동적 결정에 대한 데리다의 논의로는 특히 *Politics of Friendship*, 67~69/86~88 그리고 *Rogues*, 152/210을 보라. 또한 "Force of Law", 255/58을 보라.

5장 _ 민주주의의 자기면역: 데리다와 라클라우 341

이 어떤 의미에서 규범적인 것이어서 "진정한" 사건의 조건은 우리가 수동적인 것으로 남아 있는 것인 반면 능동적 태도는 "진정한" 사건을 위협하는 것이라고 이해할 것이다. 그러나 데리다가 "사건의 조건"이라고 부르는 것은 급진적으로 서술적인 것인데, 그것은 일어날 무엇 그리고 일어나는 모든 것의 조건을 가리키기 때문이다. 가장 능동적이고 주권적인 결정조차도 수동적인데, 이는 가장 직접적인 자기촉발에 조차도 타자촉발이 거주하는 것과 같은 이유에서 그렇다. 누가 결정을 내리든지 간에 그는 그 자신의 결정에 의해 수동적으로 영향 받는데, 결정은 **시간을 필요로** 하고 결정을 내리는 자에 의해 최종적으로 통제될 수 없는 효과들을 갖기 때문이다. 사건의 이러한 조건은 모든 좋은 것과 모든 나쁜 것의 가능성인데, 이것 없이는 아무것도 일어날 수 없기 때문이다. 그 정당성을 보장할 수 있을 정부의 형식 ─ 오용된 권력이나 타락한 원리의 위험으로부터 면제된 ─ 은 정치와 생명 일반의 가능성을 단락/방해할 것이다.[19]

정치에 관한 위에서와 같은 관점을 전개하기 위해, 나는 에르네스

---

19) "Remarks on Deconstruction and Pragmatism"에서 데리다의 설명 참조.
　　"탈구축적인 관점이 보이고자 시도하는 모든 것은 협약, 제도들 및 합의들이 안정화이기 때문인데(때로는 거대한 지속의 안정화, 때로는 미시적인 안정화), 이는 그것들이 본질적으로 불안정하고 카오스적인 것의 안정화임을 뜻한다. 이처럼 안정성이 자연적인 것이 아니기 때문에 정확히 안정화하는 것이 필연적인 것이 된다. 불안정성이 존재하기 때문에 안정화가 필수적인 것이다. 카오스가 존재하기 때문에 안정성에 대한 요구가 존재하는 것이다. 이제 근본적이고, 정초적이며 환원불가능한 이러한 카오스와 불안정성은 자연히 우리가 법, 규칙, 협약, 정치와 잠정적인 헤게모니와 함께 맞서 싸우는 최악의 것이지만, 동시에 이는 기회, 변화시키고 동요하게 만들 수 있는 기회이기도 하다. 만약 연속적인 안정성이 있다면, 정치의 필요도 없을 것이고, 정치가 실존하는 것은 안정성이 자연적, 본질적 또는 실체적이지 않는 한에서 그런 것이다"(83~84).
　　이어지는 페이지에서 데리다는 동일한 논리를 "극단정치화"(85) 개념에 연결시킨다.

토 라클라우의 헤게모니 니론과의 대화에 개입하고 싶다. 20년 이상 라클라우는 내가 묘사한 "극단정치화"의 논리를 통해서 서술될 수 있는 민주주의에 대한 사고를 추구해 왔다. 극단정치적인 사고에 있어서는, 아무것도(아무런 가치들의 집합, 아무런 원리, 아무런 요구나 정치적 투쟁도) 그 자체로 좋은 것으로 정립될 수 없다. 오히려 모든 것은 타락하기 쉽고 또 다른 목적들로 전유되기 쉬운 것으로, 이는 또한 어떠한 심급도 질문과 비판에 대한 선험적인 면역성을 가질 수 없음을 뜻한다. 라클라우가 보여 주었듯이, 결정불가능성이라는 탈구축적 개념은 그러한 급진적 정치화를 사고하는 데에 핵심적이다.[20] 구조적인 결정불가능성이 존재함을 감안할 때, 결정을 내리는 것은 필연적으로 다른 가능한 결정들을 억압하는 것이다. 모든 정치적 질서는 이처럼 배제와 권력의 실행에 근거해 있다. 그 질서는 궁극적인 정당성을 갖는 것이 아니라, 그것이 포함하지 않는 것을 기초로 해서 도전받을 수 있고, 그 시간적 구성 때문에 논쟁에 열린 채로 남아 있어야만 한다.

그런 조건을 단언하는 것이 상대주의나 비합리주의에 굴복하는 것은 아니다. 라클라우가 강조하듯이, 결정불가능성은 결정이 "그중 아무것도 필증적인 토대를 갖지 않는 동인들의 축적된 집합이 다른 결정들에 비해서 그것을 선호할 만한 것으로 만든다"[21]는 의미에서 **합당**reasonable할 수 있음을 막지 않는다. 결정불가능성이 막는 것은 그것이 원리적으로 도전받거나 설득될 수 없다는 의미에서 **합리적**rational일

---

20) 결정불가능성에 대한 라클라우의 논의에 대해서는 특히 *New Reflections on the Revolution of Our Time*, 30~31; "Deconstruction, Pragmatism, Hegemony", 47~48; 그리고 *Emancipation(s)*, 77~79, 119를 보라.

21) Laclau, *New Reflections on the Revolution of Our Time*, 31.

것이라는 점이다. 데리다는 『불량배들』의 마지막 부분에서 모든 주어
진 이성은 그것을 의문시할 수 있는 예측불가능한 사건들에 관련됨을
가리키기 위해서 **합당함**이라는 용어를 사용하면서 유사한 논증을 편
다. 결정을 하는 것은 이성의 계산과 시간의 계산불가능한 도래 사이
의 "항상 위험한 거래"(151/208)이다. 따라서 어떠한 가치도 본래적인
가치를 갖지 않고, 어떠한 가치이건 더 낫거나 더 나쁘게 쓰일 수 있다
고 인지하는 것은 탈구축적 이성의 일부이다. 본질적 타락가능성이라
는 사고는 급진적 정치화에 해당하는데, 이는 모든 입장에 관해 정치
적 경계vigilance의 필연성을 상술하기 때문이다.[22]

　라클라우의 정치적인 것에 대한 이론은 그러한 결정불가능성에

---

22) 본질적 타락가능성과 위험한 거래에 대한 사고는 정치적 책임에 관한 데리다의 모든 성찰들
을 이끄는 것처럼 보인다. *For What Tomorrow*에서 그는 "위험은 매 순간, 각 사례가 독창적
인 교환들을 발생시키는 이동하는 맥락에서 재평가되어야만 한다"(22/45)고 주장한다. 따라
서 정치적 결정은 "명백하게 정의된 유형의 대립들, 나는 이것이거나 저것이다 같은 대립이
아니라 점진적인 것(gradation)"으로 나아간다. "아니, 나는 이것이고 저것이다. 그리고 나는
목전의 상황들과 긴급함에 따라서 저것이라기보다는 이것이다"(22/45, 또한 76/126~127).
데리다 자신의 정치적 개입들 또한 입장들과 가치의 본질적 타락가능성 사이의 위험한 거래
를 명백히 인지한다. 예컨대, 그가 자유주의적인 약물 정책을 지지하는 이들과 제한적 약물
정책을 지지하는 이들 사이의 논쟁에 참여할 때, 그는 그가 정치적 논쟁에서 실행하는 탈구
축적 이성에 특징적인 것인 다음과 같은 언급을 한다.
"(거시적으로 또는 미시적으로 쉼 없이 분석된) 상황들에 따라 "금지"의 담론은 자유주의적 담
론에서 **좋은 것만큼이나 또한 나쁜 것으로서도** 정당화될 수 있다. 억압적 실천(그 모든 잔인
하거나 정교한, 처벌적이거나 재교육적인 형식들 속에서)은 허용가능한 실천(그 모든 책략과 더
불어)으로서 좋은 것만큼이나 또한 나쁜 것으로서도 정당화될 수 있다. 이러한 실천들의 이
것 또는 저것을 절대적으로 정당화하는 것은 불가능한 까닭에, 그것들을 절대적으로 비난
할 수는 없다. 긴급함 속에서, 이는 애매한 말, 협상들 및 불안정한 타협들로 이끌 수 있을 뿐
이다. 그리고 어떠한 주어진, 진보적으로 진화하는 상황 속에서, 이는 각 개별적 경험의 독특
성에 대한 관심 그리고 가능한 한 넓게 그리고 세밀하게 조정된 사회정치적 분석에 의해 지
도될 필요가 있을 것이다. 나는 상대주의나 기회주의를 주장하거나 질문을 피하기 위해서
이렇게 말하는 것이 아니다. 오히려 나는 단지 그런 결정이 이루어지는 상황을 서술할 것이
다"(Derrida, "The Rhetoric of Drugs", 239/252).

대한 사고로부터 나아간다. 만약 결정불가능성이 없다면 ——즉, 만약 결정이 그것을 가능하게 하는 구조에 의해 규정된다면 ——정치의 가능성도 없을 것인데, 결정이나 전략적 개입은 결코 차이를 만들지 않을 것이기 때문이다. 오히려 모든 것은 미리 규정되어 있고, 정치적 투쟁의 변혁적 효과들을 위한 시공간은 없게 될 것이다. 반대로, 만약 구성적 결정불가능성이 있다면, 어떤 것도 그 자체로는 긍정적인 것으로 주어질 수 없고 본질적으로 변화되기 쉬운 맥락에 그 효과를 의존하게 될 것이다. 결과적으로, 라클라우는 "결정불가능성은 문자 그대로 거기서 어떤 행위 방침도 필연적으로 따라 나올 수 없는 조건으로서 받아들여져야 한다. 이는 우리가 이를 윤리적 또는 정치적 영역에서 **어떠한** 구체적인 결정이건 이를 위한 필연적 원천으로 만들어서는 안 됨을 뜻한다"[23]고 주장한다. 결정불가능성은 결정의 근거를 제공하는 것이 아니라, 외관상 가장 비정치적인 제도들이나 규범들조차도 정치화할 가능성을 연다. 그것들이 논쟁불가능한 근거로부터 도출된 것이 아닌 결정에 근거함을 상기시킴으로써 말이다. 라클라우에게, 결정불가능성은 **가장 아래에까지 향하는** 것이고 우연적 역사성으로서 이해된 정치의 조건으로부터 어떤 것이건 간에 면제될 여지를 남겨두지 않는 것이다.

따라서 사이먼 크리츨리가 하듯이 정치적인 것에 대한 라클라우의 사고가 레비나스적인 윤리적 명령 속에서 정초될 필요가 있다고 주장하는 것은 오도적이다. 크리츨리에 따르면, "탈구축에 의해 열린 결

---

23) Laclau, *Emancipation(s)*, 78.

정불가능성의 전체 장을 **통치하는**"[24] 윤리적 명령이 있다. 이는 과장이 아니라 놀라운 진술인데, 결정불가능성은 하나의 "장"으로 제한될 수 없고 이를 "통치"하는 것이 완전히 불가능한 것이기 때문이다.[25] 그러나 크리츨리에게는 민주주의적인 것과 비민주주의적인 것 사이의 구별을 보장하기 위해서 결정불가능성을 통치하는 무언가가 있어야만 한다. 크리츨리의 라클라우에 대한 결정적 질문은 다음과 같다. "모든 결정이 정치적이라면, 무엇 때문에 결정의 민주화적인 형식과 비민주화적인 형식 사이의 차이가 있는가?"[26] 이제 탈구축적인 요점은 정확히 민주주의적인 것과 비민주주의적인 것이 무엇인지에 대한 **그런 보장이 없다**는 것이다. 만약 민주주의적인 것과 비민주주의적인 것이 무엇인지에 관한 안정적인 기준이 있다면, 민주주의란 없을 것이다. 무엇이 민주주의적인 것으로 간주될 것인가 하는 기준조차도 인민의 힘에 의해 전복될 수 있음은 민주주의의 본질에 속한다. 따라서 무엇이 민주주의적인 것으로 간주될 것인지에 대한 논쟁불가능한 기준을 부과하는 것은——그 기준이 단지 형식적인 절차에만 관련된다고 하더라도——민주주의에 대한 급진적 사고를 방해한다. 크리츨리는 "민

---

24) Critchley, *Ethics-Politics-Subjectivity*, 111.
25) 라클라우 자신은 명시적으로 크리츨리가 옹호하는 레비나스적 입장에 반대하는 주장을 한 바 있다. 레비나스적 입장에 반대하는 라클라우의 가장 강력한 논변들은 *Emancipation(s)*, 77~78에 상술되어 있다. 크리츨리는 결코 이러한 논변들에 응답하지 않았다. 그가 이 논변들을 언급했을 때 그는 어떠한 반대논변이나 라클라우의 논변에 대한 설명조차 없이 그저 "말할 필요도 없이, 나는 동의하지 않는다"고 적을 뿐이다. Critchley, "Is There a Normative Deficit in the Theory of Hegemony?", 117을 보라. 라클라우가 그의 급진민주주의를 어떤 근원적 윤리학에 정초하기를 거부하는 것에 대해서는 그의 글 "Deconstruction, Pragmatism, Hegemony", 58, 66~67을 보라.
26) Critchley, *Ethics-Politics-Subjectivity*, 112. 동일한 질문이 나중의 그의 글 "Is There a Normative Deficit in the Theory of Hegemony?", 116에서 제기된다.

주주의적인 정치적 형식들은 단순히 비민주주의적인 형식들보다 **낫다**──더 포괄적이고, 더 포용력 있으며, 더 정의롭다"[27]라고 단언한다. 이러한 주장은 모든 상황이 이른바 비민주주의적인 정치 형식들보다 선호할 만한 민주주의의 주어진 **형식들**이 있음을 전제한다. 민주주의의 기본적인 질문──즉, 그 **형식**에 관한 질문──은 이처럼 어떠한 가능한 논쟁으로부터도 벗어나게 되고 대신에 권위주의적인 단언의 문제가 되어 버린다. 크리츨리에 대한 응답으로 라클라우가 지적하듯이, "만약 처음부터 윤리적인 것이 그에 필연적으로 결부된 내용을 가지고 있다면, 모든 다른 관점들은 비윤리적인 것으로서 즉각 거부되어야만 한다. 그러한 접근으로부터 잠재적으로 따라 나올 권위주의적이고 종족중심적인 귀결들을 깨닫기란 어렵지 않다".[28] 오히려 민주주의적 정치의 도전은 그것이 주어진 규범들이나 제도들로 환원될 수 없다는 것이다. 예를 들어 라클라우는 다음과 같이 말한다. 1930년대와 1940년대의 라틴아메리카에서 "대중들을 공론장에 통합했던 국민주의적인nationalist 투사적 체제가 이에 선행했던 타락하고 후견주의/정실주의에 근거한clientelistically-based 의회적 체제보다 훨씬 민주주의적이었다. 후자가 형식적인 자유주의적 규칙을 존중했음에도 불구하고 말이다".[29]

　민주주의의 결정불가능성은 경험적인 정치 체제들에만 적용될 뿐 아니라 크리츨리가 민주주의의 윤리적 명령으로서 정립하는바 타자

---

27) Critchley, "Is There a Normative Deficit in the Theory of Hegemony?", 121.
28) Laclau, "Glimpsing the Future", 291.
29) Ibid., 295.

에 대해 열려 있음이라는 원리에도 적용된다. 내가 3장에서 주장했듯이 타자에 대한 개방성은 윤리적 원리가 될 수 없는데 이는 선택의 문제가 아니기 때문이다. 타자에 대한 개방성은 시간의 예측불가능한 도래에 대한 개방성에 해당하고 그럼으로써 존재하는 것 일체(그것이 파시즘이나 민주주의 또는 다른 무엇이라고 불리든 간에)의 조건이다. 더구나 타자에 대해 **더** 열려 있다는 것이 **덜** 열려 있다는 것보다 더 낫다는 것(또는 그 역)을 보장할 수 있는 것은 아무것도 없다. 타자에 대해 더 열려 있음은 "나쁜" 사건에 더 열려 있음을 함축할 수도 있고 타자에 대해 덜 열려 있음이 "좋은" 사건들에 대해 덜 열려 있음을 함축할 수도 있다. 따라서 어떻게 타자와 관계할 것인가에 관한 결정은 윤리적 명령에 의해 지시되는 것이 아니라 때때로 재발명되어야만 한다. 이처럼 타자성에 대한 탈구축적인 사고는 윤리적 근거를 제공하기보다는, 타자에 대한 가장 기본적인 관계조차도 정치화한다.

라클라우는 마이클 하트, 안토니오 네그리, 지오르지오 아감벤, 알랭 바디우 및 리처드 로티를 포함한 당대 이론가들과의 비판적인 개입의 연속 속에서 그러한 초정치적 사고를 추구해 왔다.[30] 이러한 사상가들 사이의 광범위한 차이를 고려하면서도, 라클라우의 비판은 항상 그들이 정치의 급진적 결정불가능성을 사고하는 데 실패하는 방식들을 향해 있다. 명백한 예는 하트와 네그리의 『제국』에 대한 그의 비판이다. 여기서 핵심적 질문은 어떻게 다양한 정치적 투쟁들이 억압적 권

---

30) 라클라우의 다음과 같은 글들을 보라. "Can Immanence Explain Social Struggles?"(하트와 네그리에 대해); "Bare Life or Social Indeterminacy"(아감벤에 대해); "An Ethics of Militant Engagement"(바디우에 대해); "Community and Its Paradoxes", "Deconstruction, Pragmatism, Hegemony"(로티에 대해).

력과 대립하여 모일 수 있는가 하는 것이다. 하트와 네그리에게 해방적 주체는 제국의 억압적 작용에 저항하는 "다중"이다. 다중은 이처럼 전 지구적 자본주의에 맞선 특수한 투쟁들을 통합하는 것으로 간주된다. 그러나 라클라우가 지적하듯이, 하트와 네그리에서 어떻게 다중이 정치적으로 구성되고 하나의 단위로서 매개될 수 있는지에 대한 설명은 없다. 오히려 하트와 네그리에게 "다중의 단위는 서로 절합될 필요가 없는 행위들의 다원성의 **자생적인** 집적으로부터 나온다".[31] 그러한 자생적인 단위가 있으려면, 다양한 투쟁들이 자동적으로 동일한 적에 대한 공격으로 수렴해야 할 것이고 그들의 특수한 목적들은 서로 결코 양립불가능할 수 없을 것이다. 왜냐하면 후자와 같은 양립불가능한 상황은 자생적인 단위에는 모순되는 협상들과 매개들을 요구할 것이기 때문이다. 라클라우가 주장하듯이, 이러한 전제들은 고도로 비현실적일 뿐 아니라, 또한 애초에 정치의 필요성을 취소해 버릴 것이다. 만약 적에 대한 자생적 식별과 특수한 목적들의 자생적인 단위가 있다면, 이러한 문제들에 대한 정치적 절합의 필요란 없을 것인데 그것들은 이미 해결됐을 것이기 때문이다.

반대로, 라클라우는 정치적 절합의 계기가 절대적으로 환원불가능하다고 주장한다. 『헤게모니와 사회주의 전략』에서 라클라우와 샹탈 무페는 "절합"을 "요소들 간의 관계를 설립하는 실천, 절합적 실천의 결과로서 그 요소들의 동일성이 변형되는 그러한 실천"(105)이라고 정의한다. 절합이 있어야만 하는 이유는 정치적 투쟁의 요소들 간의 필연적인 연계가 없기 때문이다. 요소들 간의 결연alliance은 오히

---

31) Laclau, "Can Immanence Explain Social Struggles?", 6(강조는 필자).

려 변형되거나 취소될 수 있는 역사적 지반에서 설립되어야만 하는 **우연적인** 관계이다. 따라서 정치를 절합의 견지에서 사고하는 것은 어떤 정치적 행위자에게 통일성, 권력 또는 특권을 부여할 기저의 본질에 준거하지 않고 정치를 사고하는 것이다. 어떠한 통일성, 권력 또는 특권도 우연적인 전략적 절합에 의존하는데, 이는 그것들이 대안적인 행위들 사이를 구별해야 하기 때문이고 또 어떠한 것도 그 귀결을 미리 규정할 수 없기 때문이다. 결과적으로, ("다중"과 같은) 해방적 주체의 구성은 저항의 자생적인 돌발보다는 취약한 역사적 구성에 달려 있다. 라클라우가 주장하듯이, 가장 즉각적인 (『제국』에서 중요한 역할을 수행하는) **저항하려는 의지**조차도 우연적인 역사적 동원의 문제이다. "저항할 능력과 의지는 하늘에서 주어진 선물이 아니라 투쟁들 자체의 산물일 뿐으로 **일어나지 않을 수도 있는** 주체적 변혁의 집합을 요구한다."[32] 더구나 "모든 투쟁은 구체적인 목표들에 관한 구체적인 사회적 행위자들의 투쟁이고, 이 투쟁들이 서로 충돌하지 않으리라는 것을 보장하는 것은 없다".[33]

이처럼 정치적 권력은 **헤게모니**의 문제이다. 라클라우와 무페가 설명하듯이, "헤게모니를 갖기 위해서 요구되는 것은 요소들이다. 그 본성이 요소들을 다름 아닌 한 가지 유형의 배열로 향하도록 미리 규정하지는 않지만 그럼에도 외적인 또는 절합적인 실천의 결과로서 결합하는 요소들 말이다".[34] 헤게모니 개념은 정치적 권력이 결코 완전

---

32) Ibid., 8.

33) Ibid.

34) Laclau and Mouffe, *Hegemony and Socialist Strategy*, xii. 이어지는 페이지 인용은 본문 안에 주어진다. "헤게모니가 작동하기 위한 요건은 다음과 같다. 즉, 그 요소들이 자신들의

히 주권적일 수 없음을 강화한다. 정치적 권력은 단지 이질적인 요소들을 모음으로써 그리고 그 헤게모니적 절합에 적대적인 요소들을 억압함으로써만 설립될 수 있다. 이러한 억압 행위는 이미 주권의 한계를 증언하는데, 완전히 주권적인 권력은 어떤 것도 결코 억압하거나 그에 대해 적대적이지 않을 것이기 때문이다.

라클라우와 무페가 "민주주의적 혁명"이라고 부르는 것은 절대적 주권의 불가능성을 강화하는 역사적 과정이다. 라클라우와 무페에게 핵심적 계기는 프랑스 혁명으로, 이는 "사회적 질서가 신적인 의지에 그 토대를 둔 신학적-정치적 논리에 의해 통제되는 위계적이고 불평등한 유형의 사회"(155, 국역 268)에 대립하는 것이다. 민주주의적 평등이라는 관념은 사회적 질서에 대한 그러한 신학적 알리바이에 도전한다. 민주주의적 평등이라는 관념을 고려할 때, 종속 관계는 신이나 자연에 의해 허가되었던 위계적 위치가 아니라 정의롭지 못한 억압의 형식들로 간주될 수 있다.[35] 라클라우와 무페는 페미니즘의 예를 든다.

만약 몇 세기에 걸쳐서 남성 지배에 맞선 여성들의 저항의 다양한 형식들이 있었다면, 이는 오직 평등(무엇보다 법 앞에서의 평등, 그리고 이후 다른 영역들에서의 평등)을 요구하는 페미니즘적 운동이 등장할 수 있었던 특정한 조건들 및 종별적인 형식들하에서만 그런 것이다. 명

본성으로 말미암아 한 가지 유형으로 배열되도록 사전에 결정되지는 않지만, 그럼에도 불구하고, 그 요소들은 외적이거나 절합적인 실천의 결과로서 융합되어야 한다"(국역 15).

35) 라클라우와 무페는 알렉시스 드 토크빌의 *Democracy in America*에서 "민주주의적 혁명"이라는 구절을 빌려온다. 토크빌에게, 민주주의는 "귀족"이 더 이상 단순히 "그가 정당한 것으로 믿는 특권들"을 가정할 수 없고 농노가 더 이상 "그 자신의 열등함을 자연의 불변적 질서의 귀결로서 간주"(8~9)할 수 없다는 사실에 의해 정의된다.

백히 우리가 여기서 이러한 투쟁들의 "정치적" 성격을 이야기할 때, 우리가 정당과 국가의 수준에 위치한 요구라는 제한된 의미에서 그런 것은 아니다. 우리가 가리키는 것은 그 목적이 종속 관계 속의 주체를 구성하는 사회적 관계의 변혁인바 행위 유형이다. […]

[…] 만약 17세기 이전까지 여성의 사례에서처럼, 그들을 주체로 구축했던 담론의 총체가 여성들을 순전히 그리고 단순히 종속적인 위치에 고정시켰다면, 여성의 종속에 맞선 투쟁 운동으로서 페미니즘은 등장할 수 없었을 것이다. 우리의 논제는 불평등의 다양한 유형들에 맞선 투쟁을 가능하게 하는 조건들은 오직 민주주의적 담론이 종속에 맞선 다양한 투쟁을 절합할 수 있게 될 순간에만 존재하리라는 것이다. […]

[…] 그로부터 적대가 일어날 **수 있는** 종속된 여성적 주체의 구성에서의 균열이 나타나는 것은, 민주주의적 이데올로기가 원칙상 모든 시민들에게 인정하는 권리가 여성으로서 여성에게는 부정되었기 때문이다. 그들의 시민권을 요구한 종족적 소수자들의 경우도 마찬가지이다(153, 154, 159, 국역 265, 267, 275).

민주주의적 혁명의 핵심적 특징은 이처럼 종속 관계를 억압 관계로 인지할 수 있는 능력이다. 가능한 정치적 변혁이라는 비전은 이로써 강화되지만, 라클라우와 무페는 민주주의적 혁명에 본래적으로 진보적인 것이란 아무것도 없다고 조심스레 강조한다. 오히려 민주주의적 혁명의 종별적 결과와 귀결들은 항상 헤게모니적 투쟁의 문제일 것이다.

그럼에도 불구하고 이 점에 있어 민주주의적 혁명이 평등주의적 상상계에 의해 지지되는 전치의 논리가 작동하는 지반이라는 것, 그러나 이것이 이러한 상상계가 작동할 **방향**을 미리 결정하지는 않는다는 것을 분명하게 하는 것이 필요하다. 만약 이러한 방향이 미리 결정된다면 우리는 단지 새로운 목적론을 구성했어야 했을 것이다──곧 우리는 베른슈타인의 발전^Entwicklung이라는 지반과 유사한 지반 위에 있게 될 것이다. 그러나 이 경우 헤게모니적 실천을 위한 공간은 전혀 없을 것이다. 그렇지 않고 목적론이 사회적 절합을 설명할 수 없는 까닭은 민주주의적 혁명의 담론적 범위^discursive compass는 한편으로는 우익 포퓰리즘과 전체주의에서 다른 한편으로는 급진민주주의에 이르기까지 다양한 정치적 논리의 길을 열기 때문이다. 따라서 후자의 방향으로 향하기 위한 헤게모니적 절합을 구성하고자 한다면, 우리는 민주주의 자체의 지반 속에 열린 가능성들의 범위를, 그것들의 모든 급진적 이질성 속에서 이해해야만 한다(168, 국역 288~89).

정치적 투쟁의 의미는 자체로 주어진 것이 아니라 그 담론적 절합과 다른 투쟁들과의 관계에 의존한다. "동일한" 정치적 투쟁이 상황에 따라서 급진적으로 상이한 의제들에 적합할 수 있다. 이는 상대주의를 위한 논변이 아니라 헤게모니적 절합의 필요를 강조하는 논변이다. 정치적 투쟁이 불변의 의의를 갖지 않는다는 사실은 투쟁이 좌익 담론뿐 아니라 우익 담론에 의해서도 전유될 수 있다는 것을 의미한다. 실로 라클라우는 "파시스트적 체제는 자유주의적인 요구만큼이나 민주주의적인 요구도 흡수하고 절합할 수 있다"[36]고 강조한다. 정치가 헤게모니의 문제인 것은 정확히 이러한 결정불가능성 때문이다. 헤게모니화하는 것은 헤게모니적 절합 없이는 존재할 수 없을 결연을 형성하기 위해서, 본래 필연적인 연결을 갖지 않는 요소들을 전유하는 것이다. 따라서 민주주의적 정치의 과업은 해방을 위해 정해진 (전통적 마르크스주의에서 노동계급처럼) 특권적인 정치적 주체를 찾는 것이 아니라, 다수의 이질적인 요구들에 힘을 부여하고 동일한 요구의 다른 헤게모니적 절합들에 맞설 수 있는 헤게모니적 절합을 창조하는 것이다. 따라서 가장 이상적인 민주주의조차도 폭력을 실행할 수밖에 없다. 라클라우의 정식으로 말하자면 "가장 민주주의적인 사회들조차도 권력의 체계이고 부분적으로 힘과 배제에 기초해 있다".[37] 이는 현실적 민주주의가 이상적인 민주주의에 미치지 못해서가 아니라 헤게모니적 절합 없이는 정치가 있을 수 없기 때문이다.

헤게모니 개념을 전개함으로써 라클라우는 결정불가능성이라는 역사적 지반 속에서 어떻게 정치적 결정이 이루어지고 정치적 정체성이 구성되는지에 대한 설명을 제공한다. 그 자체로, 그의 헤게모니 이론은 정치적인 것에 대한 탈구축적 사고에 중요한 기여를 하고 있다. 그러나 내가 제기하고자 하는 쟁점은 라클라우의 이론을 이끄는 **욕망** 개념에 관련된다. 헤게모니 개념이 주권적 질서가 있을 수 없다는 것을 분명하게 하는 반면, 라클라우는 그러한 질서를 우리가 욕망한다는 것은 의문시하지 않는다. 오히려 그는 헤게모니를 위한 투쟁이 주권적

---

36) Laclau, *On Populist Reason*, 125.
37) Laclau, "The Signifiers of Democracy", 232.

존재의 절대적 충만함에 대한 욕망에 의해 추동된다고 주장한다. 이처럼 그의 헤게모니 이론은 필멸적 존재가 여전히 우리가 초월하고자 욕망하는 존재의 **결여** 상태로 간주되는 전통적 무신론의 영역 안에 머물러 있다. 나는 어떻게 이러한 욕망관이 라클라우 저작에서 다수의 징후적 모순 그리고 민주주의에 대한 그의 사고의 궁지로 이끄는지를 보여 주려 시도할 것이다. 오히려 나의 주장은 민주주의의 가능성이 내가 전개한 욕망의 급진적으로 무신론적인 관점에 달려 있다는 것이다.

라클라우의 설명에서 욕망의 역할에 대해 생각하면서 시작해 보자. 라클라우에 따르면, 헤게모니는 다수의 특수한 요구들 사이의 **등가 연쇄**chain of equivalence에 의해 구성된다. 그의 기본적인 사례 중 하나는 억압적 체제에 대한 집합적 저항이다. 노동자들이 더 높은 임금을 위한 파업을 시작했을 때, 그들의 특수한 요구는 또한 억압적 체제에 맞선 다른 요구들(예컨대 언론의 자유와 교육 체계의 개혁을 위한 요구)에도 연관될 수 있다. 라클라우가 지적하듯이, "이러한 요구들 각각은 그 특수성에 있어서 다른 요구들과 관련되어 있지 않다. 그 요구들을 통합하는 것은 그것들 모두가 반-체계의 의미의 담지자가 되는 한에서 그 가운데 등가 연쇄를 구성한다는 것이다".[38] 그러나 등가 연쇄가 그 자체로 구성되고 헤게모니적 힘을 획득하기 위해서는 무언가가, 다른 모든 항들이 그것에 대하여 등가를 이루는 어떤 항을 대표/표상해야만 한다. 하나의 특수한 항(예컨대 특수한 사회체, 특수한 대의 또는 특수한 이념)은 억압에 맞선 보다 보편적인 투쟁의 대표/표상을 떠맡아야만 한다. 라클라우는 그 자체로 보편적인 의의를 갖는 항이란 없음

을 강조한다. 모든 항은 차이의 놀이에 종속되어 있다. 따라서 특권화된 항은 순수한 보편성 속에서 그 특수성을 덜어낼 수 없다. 차라리 그것은 어떤 **적대적인** 관계에 의존하는 **헤게모니적 보편성**인데, 이러한 적대적 관계에서 투쟁의 상이한 요소들은 모두 하나의 적대적인 극에 대한 대립을 통해 서로 등가적인 것으로 정립된다.

따라서 보편성을 대표하는 신체는 주권적 신체가 아니다. 이는 필연적으로 부분적이고 위협받는 신체인데, 이는 배제에 입각해 있고 결코 영원히 획득 수 없으며 전복되기 쉽기 때문이다. 그러나 라클라우에게 헤게모니적 신체는 그가 **급진적 투자**라고 부르는 것 — 이는 그 신체를 "그것을 완전히 초월하는 충만함의 체현"[39]으로 변형시킨다 — 에 의해 지지된다. 급진적 투자는 우연적이고 특수한 신체에서의 절대적 충만함에 대한 욕망의 투자이다. 헤게모니적 신체가 유한함에도 불구하고, 우리가 이를 지지하는 까닭은 우리가 그것이 사회에 무한한 충만함을 복원시켜 줄 것이라고 믿기 때문이다. 실로 라클라우는 절대적 충만함에 대한 욕망이 경험 일반에 구성적인 것이라고 주장한다. "유한성은 급진적으로 결여된 것으로서 충만함, 숭고의 경험을 포함한다. […] 그래서 개인의 삶은 그/녀가 체계적으로 박탈당할 충만함에 대한 헛된 탐색이 될 것이다."[40]

여기서 라클라우의 명시적 모델은 자크 라캉에 의해 정식화된 정신분석적 욕망 이론이다. 라캉이 존재의 충만함이란 없음을 명료하게

---

39) Laclau, "Glimpsing the Future", 287. 또한 그의 "Ethics, Normativity, and the Heteronomy of the Law"; 그리고 *On Populist Reason*, 115~116을 보라.
40) Laclau, "On the Names of God", 260~261.

인지하면서도, 그는 우리가 그러한 충만함에 닿기를 욕망하며 또 우리의 필멸적 존재는 존재의 결여라고 이야기한다. 라캉에게 존재의 결여는 우리가 이전에 가졌다가 이후에 상실한 어떤 대상을 박탈당했다는 것이 아니다. 그가 『세미나 2권』에서 설명하듯이, "이는 이것이나 저것의 결여가 아니라, 존재자를 실존케 하는 존재의 결여이다"the lack of being whereby being exists(223). 라캉이 때로 결여하는 충만함을 일컬어 ("사물"Thing과 같은) 상실한 대상을 환기시킬 수 있는 방식으로 서술함에도 불구하고, 욕망된 충만함은 어떠한 대상 일체와도 등치될 수 없음을 이해하는 것이 중요하다. "사물"이라는 이름 아래에 욕망되는 것은 어떠한 대상도 결코 적합할 수 없는 절대적 충만함의 상태이다.[41] 그러한 충만함의 결여는 라캉에게 욕망의 **원인**인데, 이는 욕망이 있는 이유가 정확히 욕망이 달성될 수 없기 때문인 까닭이다.

그래서 욕망의 등록소register에서 만족이란 있을 수 없다. 모든 욕망의 현실적 대상은 주체가 욕망하는 존재의 충만함(사물)의 불충분한 대체물이다. 현실적 대상이 사물이 되는 데 실패하는 것은 주체로 하여금 다음에 그 이상을 배반할 새로운 대상을—라캉에게 있어 주체의 근본적 존재 결여를 증언하는 환유적 전치의 연쇄 속에서—찾도록 추동한다. 그러나 후기 저작에서 라캉은 존재의 근본적 결여에도 불구하고 어떻게 만족이 있을 수 있는지 설명하기 위해서 **충동**drive이라는 등록소를 도입한다.[42] 충동의 등록소에서 충만함을 향한 욕망

---

41) 라캉의 사물 개념에 대해서는 특히 *Seminar VII*을 보라.
42) 충동에 대한 라캉에 언급으로는 특히 *Seminar XI*와 *Seminar XX*를 보라. 라캉의 충동 개념에 대한 유익한 해설로는 Alenka Zupančič, *Ethics of the Real* 그리고 Joan Copjec, *Imagine There's No Woman*을 보라.

은 하나의 대상에서 다른 대상으로 전치되는 것이 아니라 특수한 대상에 투자된다. 조안 콥젝이 주장했듯이, 충동의 작용은 이처럼 "일상적 대상이 사물의 존엄으로의 상승하는 것"[43]으로서 승화sublimation에 대한 라캉의 정의에 따라서 이해되어야만 한다. 이는 욕망과 충동 간의 구별을 설립하지만, 두 사례들 모두에서 근본적인 가정은 주체가 부재하는 충만함을 열망한다는 점이다. 차이점은 욕망은 그것을 단번에 만족시킬 사물과 비교해서 모든 대상들을 부적합한 것으로서 거부하는 반면에, 충동은 대체물을 통해 스스로를 만족시킨다는 점이다. 그러나 충만함의 결여는 의문시되지 않고 욕망과 충동 모두의 뿌리에 위치해 있다는 것이 이러한 도식으로부터 분명해진다. 충동의 대상은 명시적으로 결여의 대상으로서 정립되는데, 이로부터 주체는 그것을 충만함의 체현으로 간주함으로써만 만족을 이끌어낼 수 있다. 결과적으로 콥젝은 충동의 대상이 "원초적 충실plenum 또는 사물das Ding의 상실에 의해 개방된 진공, **결여로부터** 등장한다"고 주장한다. "모성적인 것과의 일체화로부터 얻어낸 신비적 만족을 대신하여, 주체는 이제 이러한 부분적 대상에서 만족을 경험한다."[44]

라클라우는 충동의 작동을 급진적 투자라는 그 자신의 개념으로 직접 번역한다. 콥젝의 저작에 의존해서 그는 급진적 투자를 "대상을 신비적 충만함의 체현으로 만드는"[45] 행위라고 서술한다. 더구나 그는

---

43) Copjec, *Imagine There's No Woman*, 38.

44) Ibid., 60. 또한 "충동의 향유, 리비도 기관의 향유는 원초적 통일, 기관 없는 신체의 행복한 상태에 할당된 향유를 **대체한다**"(64, 강조는 필자)는 콥젝의 정식화도 보라. 주판치치 또한 존재의 존재론적 결여는 욕망과 충동 모두의 공통분모라고 지적한다. Zupančič, *Ethics of the Real*, 242을 보라.

45) Laclau, *On Populist Reason*, 115.

계속해서 라캉적 충동 개념과 자신의 헤게모니 논리가 동일한 존재론적 구조를 지니고 있다고 강조한다. "어떤 사회적 충만함도 헤게모니를 통해서가 아니라면 달성불가능하다. 그리고 헤게모니는, 항상 우리를 피해갈 충만함을 부분 대상 속에서 투자하는 것일 뿐임."[46)]

라클라우에게 라캉적 결여 개념은 여타 이론 중 하나가 아니라 인간 실존의 존재론적 진리이다. 그가 단언하듯이, "나는 대상 a$^{objet\ petit\ a}$ 또는 결여의 주체가 인간 실재의 특수한 구역에 국한된 존재적^{ontic} 범주라고 생각하지 않는다. 그것들의 완전한 존재론적 함축을 깨닫게 된다면, 이는 정치적 장을 포함하여 **어떠한** 장이건 변형시키게 된다".[47)] 결과적으로, 라클라우는 모든 정치적 투쟁이 궁극적으로 존재론적 결여와 급진적 투자를 통해 이해되어야만 한다고 주장한다. 라클라우가 애용하는 예(그의 저작에서 여러 번 반복된)는 다음과 같다.

일반화된 사회적 무질서의 상황을 상정해 보자. 그런 상황에서 "질서"는 부재하는 충만함의 이름이 될 것인데, 만약 그러한 충만함이 구성적으로 달성불가능한 것이라면, 그것은 그 자신의 어떠한 내용도, 자기현시의 어떠한 형식도 가질 수 없다. 이처럼 대문자 "질서"^{Order}는 어떠한 특수한 질서^{order}에 대해서도 자율적인 것이 될 것인데 이는 그것이 아무런 구체적인 사회적 질서도 달성할 수 없는 부재하는

---

46) Ibid., 116.
47) Laclau, "Glimpsing the Future", 315~316. 같은 글에서 라클라우는 또한 "나는 정신분석적 범주의 지위가 국지적(존재적)이지 않고 존재론적이라고 생각한다"(315)고 그리고 "나는 정신분석을 [헤게모니적] 구성 배후의 충동들을 설명하기 위한 유일하게 타당한 길로서 본다—나는 실로 그것을 인간 실재의 이해에 있어 가장 유익한 접근이라고 본다"(326)고 주장한다.

충만함의 이름인 한에서 그런 것이다(동일한 것이 "혁명", "인민의 단일성" 등등과 같은 유사한 용어들에 대해서도 말해질 수 있다). 그러나 결과적으로 그런 충만함은 어떤 방식으로 표상될 필요가 있고 부재하는 것으로서 현전한다. 이제 그 재현 수단은 구성적으로 부적합한 것이 될 것인데, 왜냐하면 그것은 어떤 상황에서, 공동체의 불가능한 보편성의 대표/표상 기능을 맡는 특수한 내용일 수 있을 뿐이기 때문이다. 이러한 관계가──이를 통해 어떤 특수한 내용이 그 자신의 특수성을 초과하고 사회의 부재하는 충만함의 체현이 되는──정확히 내가 헤게모니적 관계라고 부른 것이다.[48]

일반적인 사회적 무질서라는 예가 극단적인 것으로 보이지만, 라클라우는 동일한 논리를 모든 정치적 이상에서의 투자에로 확장한다. "정의"나 "평등" 또는 "자유"를 요구하는 것은 궁극적으로는 부재하는 충만함에 대한 욕망을 표현하는 것이다.[49]

급진적 무질서의 상황에서, 요구는 **어떤 종류의** 질서이고, 그 요구를 충족할 **구체적인** 사회적 배열은 부차적인 관심사이다(동일한 것이 또한 "정의", "평등", "자유" 등과 같은 유사한 용어들에 대해서도 말해질 수 있다). "질서"나 "정의"에 대해 실정적인 정의를 주려고 시도하

---

48) Laclau, *Emancipation(s)*, 72. 같은 예의 변형들에 대해서는 *New Reflections on the Revolution of Our Time*, 66; *The Making of Political Identities*, 3; *Emancipation(s)*, 44; "On the Names of God", 262; "An Ethics of Militant Engagement", 133; "Glimpsing the Future", 284; 그리고 *On Populist Reason*, 96을 보라.
49) Laclau, *On Populist Reason*, 96~97.

는 것 ─ 즉, 아무리 최소의 것일지언정 그것들에 개념적 내용을 할당하는 것 ─ 은 시간낭비일 것이다. 이러한 용어들의 의미론적 역할은 **어떠한** 실정적 내용을 표현하는 것이 아니라, 우리가 본 것처럼, 구성적으로 부재하는 충만함의 이름으로 기능하는 것이다. 하나의 용어로서 "정의"가 의미를 갖는 것은 이런저런 종류의 부정의가 존재하지 않는 인간적 상황이란 없기 때문이다. 그것이 차이화되지 않은 충만함을 명명하기 때문에, 그것은 어떤 것이든 개념적 내용을 갖지 않는다. 그것은 추상적인 용어가 아니라 가장 엄밀한 의미에서 **공허한** 용어이다.

라클라우 논증의 전제는 이상적 정의는 차이화되지 않은 충만함이리라는 것이다. 그런 절대적인 충만함은 절대적 공허와 분리불가능한데, 절대적 충만함이 존재하기 위해서는 유한한 모든 것(말하자면 모든 것)이 제거되어야 하기 때문이다. 라클라우는 이러한 역설을 잘 알고 있었지만, 이것이 그로 하여금 절대적 충만함이 바람직하다는 것을 의문시하게 하지는 않는다. 오히려 그는 절대적 정의의 결여에서 정의를 위한 투쟁을 도출해 낸다. 아무런 내용도 절대적 정의의 충만함에 적합할 수 없음을 고려할 때, **정의**라는 용어는 그 자체로 규범적인 내용이 비워져 있는 것이고 원리적으로 어떠한 정치적 질서나 헤게모니에 의해서도 헤게모니화될 수 있는 것이다.[50] 이처럼 충만함에 대한 동일한 욕망이 "정의"를 향한 민주주의적인 투쟁과 전체주의적인 투쟁 모두를 이끌고 있다. 두 사례 모두에서 급진적 투자는 정의의 바람직

---

50) Laclau, "Ethics, Normativity, and the Heteronomy of the Law"를 보라.

한 충만함의 체현으로서 특수한 사회체를 정립할 것이다.

이제 나는 위와 같은 욕망관이 민주주의에 대한 욕망과 양립불가능하다고 주장하고 싶다. 민주주의에 대한 욕망은 절대적 충만함에 대한 욕망일 수 없는데, 민주주의라는 바로 그 관념이 절대적 충만함이라는 관념을 반박하기 때문이다. 만약 민주주의의 관념이 절대적 충만함의 관념이라면, 설령 시간적 존재자로서 우리가 이에 도달하기는 불가능할지라도, 우리가 추구해야 할 완벽한 민주주의를 사고하는 일이 가능할 것이다. 그러나 민주주의를 추구할 때, 우리는 완벽한 민주주의를 추구할 수는 없다. 완벽한 민주주의란 민주주의를 취소해 버릴 것인데, 민주주의는 민주주의적이기 위해서 완전가능하고 타락가능해야만 하기 때문이다. 완벽한 민주주의의 불가능성은 이처럼 충만함의 결여가 **아니다**. 반대로 완벽한 민주주의의 불가능성은 민주주의의 가능성을 여는 것이다.

민주주의의 무한한 완전가능성은 본질적으로 부정적인 무한성으로, 이는 긍정적 무한성의 불변적 이상으로 정향될 수 없는 것이다. 만약 불변적 이상이 존재한다면, 완전가능성은 무한하지 않을 텐데, 그 이상 자체는 완전해질 수 없을 것이기 때문이다. 반대로, 민주주의의 무한한 완전가능성은 이상 자체가 시간적이고 변화가능함을 수반한다. 내가 이 책 전체에 걸쳐 주장했듯이, 동일한 조건이 생명 그리고 생명 일반에 대한 욕망에 구성적이다. (어떠한 형식에서건) 생명을 욕망하는 것은 시간적인 무엇을 욕망하는 것인데, 생명은 계속 살아가기 위해서 그 자신의 변화에 열린 채로 남아 있어야만 하기 때문이다.

데리다가 "도래할 민주주의" 같은 표현으로 강조하고자 하는 것은 결정불가능한 미래에 대한 개방성이다. 요점은 도래할 이상적인 민주주의가 있다는 것이 아니라, 시간의 도래가 필연적으로 민주주의 자체의 이상에 기입되어 있다는 것이다.

> "도래할 민주주의"라는 표현은 그 자체로, 그 자신의 개념에 있어서, 자기비판과 완전가능성의 권리를 요구했던 자기면역이라는 표현을 환영하는 유일한 체계의 절대적이고 본래적인 역사성을 고려한다. 민주주의는 원리적으로, 민주주의라는 관념, 그 개념, 그 역사, 그 이름을 포함한 모든 것을 공적으로, 비판할 권리를 갖거나 떠맡는 유일한 체계, 유일한 헌정적 패러다임이다. 헌정적 패러다임과 법의 절대적 권위라는 관념도 포함해서 말이다. 민주주의는 보편화 가능한 유일한 패러다임이며, 바로 여기에서 그것의 기회와 취약성이 유래한다. 그러나——모든 정치적 체계들 가운데 유일한——이러한 역사성이 완벽해지기 위해서, 민주주의는 칸트적 의미의 이념뿐 아니라 모든 목적론, 모든 존재–신학적–목적론onto-theo-teleology으로부터 해방되어야만 한다(『불량배들』, 86~87/126~127).

이처럼 우리는 왜 데리다가 민주주의 개념을 특권화하는지 구체화해 볼 수 있다. 다른 어떤 정치적 개념보다도 강력하게, 민주주의는 생명 일반의 조건인 자기면역을 이끌어 내기 때문이다. 민주주의적 자유라는 이름하에 민주주의적 자유의 주어진 경계를 공격할 수도 있고, 민주주의적 평등이라는 이름하에 민주주의적 평등의 주어진 경계를 공격할 수도 있다. 이는 민주주의가 배제의 폭력을 피할 수 있다거나 그것이 필연적으로 다른 정치적 체계들보다 덜 폭력적임을 뜻하지는 않는다. 그러나 민주주의 개념을 구별해 주는 것은 그것이 명시적으로 배제의 폭력이 궁극적인 정당화를 갖지 않는다는 것을 고려한다는 점이다. 민주주의적 평등의 원리는 어떤 이들이 다른 이들에 대해 결정할 수 있는 권력이 신이나 자연에 의해 주어진 것이 아님을 상술한다. 그 원리는 오히려 개조될 수 있는 정치적 실천들에 우연적인 것이다. 유사하게, 민주주의적 자유의 원리는 아무것도 신성하거나 불가촉한 것이 아니라, 모든 것이 비판받을 수 있음을 상술한다. 이러한 원리들의 공통분모는 그것들이 민주주의의 모든 시점에서 논쟁과 변혁에 열려 있음을 강조한다는 것이다. 이러한 개방성은 민주주의를 **무한하게 완전가능한** 것으로(그것은 항상 더 나아질 수 있다) 그리고 **무한하게 타락가능한** 것으로(그것은 항상 더 나빠질 수 있다) 만드는 것이다.

따라서 민주주의 개념은 아무것도 그 자신의 파괴가능성으로부터 면제될 수 없는 "절대적이고 본래적인 역사성"을 증언한다. 데리다가 위에서 인용한 구절에서 지적하듯이, 이러한 급진적 역사성을 사고하기 위해 우리는 칸트적 이념의 구조로부터 그리고 실로 어떠한 형식의 규제적 목적론으로부터 민주주의를 분리시켜야만 한다. 라클라우 자신은 민주주의에 대한 그런 사고를 향한 먼 길로 우리를 인도한다. 그는 민주주의가 어떠한 근거도, 가치 또는 규범적 내용도 궁극적인 토대를 가질 수 없고 급진적으로 역사적이고 우연적임을 인정하는 것을 수반한다고 강조한다. 더구나 라클라우는 존재의 급진적 역사성과 우연성이 비관주의의 이유가 아니라고 말한다. 그것은 오히려 어떠한 종류의 낙관주의에게도 기회인 것인데, 그것 없이는 아무것도 일어날 수 없기 때문이다. 그가 기억할 만한 정식으로 이야기하듯이, "미래는 미결정적이고 우리에게 있어 확실히 보장된 것이 아니다. 그러나 정확히

그것이 미래가 상실되지도 않는 이유이다".[51]

따라서 라클라우는 우리가 만약 궁극적 토대에 대한 호소를 포기한다면 공동체의 의미와 세계 속에서 우리의 참여의 원천을 상실하리라고 생각하는 이들에 맞서서 반론한다. 여기서 라클라우는 두 가지 핵심적인 논증을 정식화한다. 첫째, 그는 우연성의 의미가 단순히 부정적인 것이 아니라 또한 자유의 모든 의미의 원천이기도 함을 반복한다. "만약 사람들이 신이나 자연이 세계를 그 모습대로 만들었다고 생각한다면, 그들은 그들의 운명을 불가피한 것으로 생각하는 경향을 가질 것이다. 그러나 그들이 거주하는 세계의 존재가 단지 그것을 구성하는 우연적인 담론들과 어휘들의 결과일 뿐이라면, 그들은 그들의 운명을 보다 더 작은 참을성을 가지고 관용할 것"이고 그것을 정치적 투쟁을 통한 가능한 변혁에 달려 있는 것으로 생각할 것이다.[52] 둘째, 그는 "보편주의적 가치들의 우연적 성격을 지각하는 것은 우리로 하여금 그 가치들을 위협하는 위험과 그것들의 가능한 절멸을 보다 의식하도록 만들 것"이라고 주장한다. "만약 우리가 이 가치들을 믿게 된다면, 그것들의 역사성에 대한 의식은 우리로 하여금 그것들에 더 무관심하게 만드는 것이 아니라 반대로 우리가 더 책임 있는 시민이 되도록, 그 방어에 참여할 준비가 더 되도록 만들 것이다."[53]

그러나 이러한 논변들은 라클라우가 급진적 투자라는 이름하에 옹호하는 욕망관과는 정면으로 모순되는 것이다. 급진적 투자 이론에

---

51) Laclau, *New Reflections on the Revolution of Our Time*, 83.
52) Laclau, *Emancipation(s)*, 122; 또한 16~17도 보라; 그리고 *New Reflections on the Revolution of Our Time*, 4, 35~36.
53) Laclau, *Emancipation(s)*, 122~123.

따르면, 나는 헤게모니적 신체의 방어에 참여하는데 이는 내가 그것을 절대적 충만함의 체현으로 간주하기 때문이다. 이때 헤게모니적 신체가 사실 절대적 충만함의 체현이 **아니고** 단지 유한하고 우연적인 역사적 구축물일 뿐임을 자각하는 것은 나로 하여금 투자를 철회하도록 이끌 것이다. 유한성의 자각이 헤게모니적 신체에 대한 우리의 투자를 **증가**시키도록 할 것이라는 라클라우의 주장은 그가 결코 전개한 적이 없는 상이한 욕망관, 즉 생존에 대한 급진적으로 무신론적인 욕망관을 전제한다. 내가 유한한 것을 욕망하고 그것이 **유한한 것으로서 계속 살아가도록** 원할 때에만 죽음의 위협이 나로 하여금 더욱 그것의 방어에 개입하도록 만들 것이다. 실로, 내가 헤게모니적 신체가 유한한 것으로서 계속 살아가도록 원하지 않는다면, 죽음의 위협은 애초에 문제가 되지 않을 것인데, 오직 유한한 실존만이 죽음에 의해 위협받을 수 있기 때문이다.

생존에 대한 구성적 충동은 라클라우가 그의 이론의 토대로 가정하는 충만함에 대한 구성적 충동과 완전히 양립불가능하다. 라클라우는 우리가 "자유와 우리 자신의 우연성에 대한 의식은 함께 간다"는 것을 인지하기를 원한다. 그러나 우리가 진정으로 절대적 충만함을 욕망한다면, 그러한 인정은 사고불가능하다. 만약 내가 욕망하는 자유가 절대적 충만함이라면, 우연성의 자유는 단지 실망스러운 것일 수 있을 따름이다. 실로 내가 충만함을 욕망하고 충만함이 자유와 양립불가능하다는 라클라우의 통찰을 받아들인다면, 그 결과는 단지 자유라는 쟁점에 관해서 물러서는 것일 수 있을 뿐이다. 내가 갖는 자유는 내가 원하는 충만함이 될 수 없고(따라서 결코 그것을 옹호할 이유가 없을 것이다), 내가 얻을 수 있는 자유는 내가 원하는 충만함이 될 수 없다(따라서 결코 그것을 위해 투쟁할 이유가 없을 것이다).

라클라우 자신은 명시적으로 급진적 투자가 물러남이나 실망으로 이끌 것임을 부정한다. 반대로, 급진적 투자 이론은 어떻게 우리가 충만함의 부재에도 불구하고 정치적 투쟁에 개입하는지에 대해 설명하도록 되어 있다. 그러나 이러한 설명에 따르면, 우리가 정치적 대의에 투자하는 이유는 우리가 그것을 존재의 충만함을 체현하는 것으로 생각하기 때문이다. 급진적 투자 이론은 이처럼 궁극적으로 라클라우의 민주주의 이론과 상충된다. 라클라우에게 있어서 민주주의의 특징적인 점은 정치적 대의가 완전히 보편적일 수 없고 특수한 채로 남아 있으며 논쟁에 열려 있음에 대한 인정이다. 반대로 급진적 투자는 정치적 대의는 완전히 보편적이라는 미망에 입각해 있다.

충만함으로서 사회가 그것을 체현하는 존재자적 내용들을 넘어선 고유한 의미를 지니지 않기 때문에, 그것들에 애착을 갖는 주체들에게 있어서 그러한 내용들은 **거기 있는 것이 전부이다**. 그것들은 이처럼 경험적으로 달성가능한 것이 아니라, 우리가 덧없이 기다리는바 달성불가능한 궁극적인 충만함에 대해서 차선으로 그런 것이다. 우리가 본 것처럼 이는 헤게모니의 논리이다. 부분대상과 총체성 사이의 융합의 이러한 계기는, 시간의 한 시점에서, 보편적인 것과 특수한 것이라는 두 차원으로 나누어질 수 없는 궁극적인 역사적 지평을 표상한다.[54]

---

54) Laclau, "Theory, Democracy, and the Left", 17.

라클라우가 여기서 정치적 투자의 일반적 구조로서 서술하는 것은 정확히 그가 다른 곳에서 전체주의라고 비난했던 구조이다. 그의 정식화로 말하면, "전체주의를 위한 최고의 처방"은 정의와 "시간의 어떤 시점에서 특정한 사회가 정의롭다고 간주하는 것"[55]의 융합이다. 그러나 급진적 투자의 구조를 고려할 때 그러한 융합은 불가피한 것이다. 급진적 투자를 하는 것은 하나의 특수한 내용을 절대적 정의의 충만함과 동일시하는 것이다. 그러한 급진적 투자를 하기 위해서, 나는 필연적으로 존재의 충만함이란 없다는 라클라우의 민주주의적 주장에 귀먹은 채로 있어야만 한다. 내가 지지하는 헤게모니적 신체는 확실히 유한하고 우연적이지만, 급진적 투자자로서 나는 필연적으로 이러한 사실에 맹목적인데, 나는 그것이 무한한 충만함을 체현한다고 믿기 때문이다. 이를 고려할 때 나에게 헤게모니적 신체는 **거기 있는 전부**이지만, 나는 그것이 부적법한 배제를 행사한다거나 개정의 필요가 있다고 말하는 어떠한 주장도 들을 수가 없게 된다.

만약 충만함에 대한 구성적 충동이 있다면, 우리는 민주주의와 보편적인 헤게모니적 신체의 불가능성에 대한 라클라우의 주장들과 직면하여 오직 두 가지 대안만을 갖게 된다. 한편으로, 급진적 투자를 하기 위해 우리는 그의 주장을 무시하고 헤게모니적 신체가 완전히 보편적임을 믿어야만 하는데, 그 경우 우리는 라클라우가 민주주의가 아니라 전체주의라고 부르는 것에 찬동하게 된다. 다른 한편으로, 만약 우리가 그의 주장에 유의하여 아무것도 충만함에 대한 욕망에 해당될 수 없음을 깨닫는다면, 우리는 숙명적으로 실망하게 되고 어떤 것에도 우

---

55) Laclau, "Ethics, Normativity, and the Heteronomy of the Law", 182.

리 자신을 헌신하지 않게 될 것인데, 이는 우리가 원하는 것을 결코 얻지 못할 것임을 우리가 알기 때문이다.

이때 둘 중 어떤 경우도 충만함에 대한 충동이 다음과 같은 점을 인정하도록 하지는 않는다. 곧 절대적인 것의 불가능성은 부정적인 한계가 **아니고**, 존재론적 결여도 아니며, 우리가 욕망하는 시간적 존재의 가능성이다. 그럼에도 불구하고, 라클라우 자신의 주장으로부터 그러한 인정이 민주주의적 정치의 형성에 있어 결정적임은 분명하다. 실로 라클라우에 따르면 "참된 민주주의적 정치"와 양립가능한 유일한 접근은 다음과 같다.

그것은 당대 사회들의 다원적이고 파편화된 본성을 완전히 받아들이지만, 이러한 특수주의적인 계기에 머무르는 대신에, 이러한 다원성을 새로운 공론장의 구성을 가능하게 하는바 등가적 논리들에 기입하려고 시도한다. 차이와 특수주의는 필연적인 출발점이지만, 그로부터 인민적 헤게모니의 토대가 될 수 있는 가치의 상대적 보편화로의 길을 여는 것이 가능하다. 이러한 보편화와 그 개방적 성격은 확실히 모든 정체성을 불가피한 혼종화라고 비난하지만, 혼종화가 필연적으로 정체성의 상실을 통한 퇴락을 의미하지는 않는다. 그것은 또한 새로운 가능성들의 개방을 통한 실존하는 정체성들의 역량강화를 의미할 수도 있다. 오직 스스로 폐쇄된 보수적 정체성만이 혼종화를 상실로 경험할 수 있다. 그러나 이러한 민주주의적-헤게모니적 가능성은 그 구성에 있어 구성적인 맥락화된/탈맥락화된 지반을 인지해야만 하고 이러한 결정불가능성이 개방하는 정치적 가능성들을 완전히 이

용해야만 한다.[56)]

　여기서 라클라우는 급진적 투자에 의존하지 않는 헤게모니의 형성을 서술하는 것으로 보일 수 있다. 민주주의적 헤게모니의 "상대적 보편화"는 절대적 보편성의 충만함을 체현한다는 주장을 하지 않는다. 만약 민주주의적 정체성이 그러한 충만함의 의미에서 진행된다면, 그것은 혼종화를 상실로서 경험할 것이고 그것을 새로운 결연과 정치적 변혁을 위한 기회로서 보지 못할 것이다. 그 경우 민주주의적 정치는, 충만함의 불가능성이 우리가 유지하길 원하는 정체성과 우리가 만들고자 하는 변화 모두의 **가능성**으로서 경험된다는 것을 전제한다.

　라클라우는 다른 곳에서 민주주의적 정치가 "실정적 가치로서 불가능성 **자체**의 상징화"에 달려 있다고 주장함으로써 유사한 논점을 제기한다.

> 이 요점은 중요하다. 실정화postivization가 불가피한 것이라고 할지라도, 이러한 실정화로부터 불가능성 자체를 상징화하는 것을 막을 수는 없다. 우리를 그 너머로 데려가는 미망을 통해서 불가능성 자체를 숨기는 것이 아니라 말이다. […] 이러한 약한 유형의 자연화의 가능성은, 그 자신의 개방성과 이러한 의미에서 그 궁극적인 불가능성과 동일시하려는 명령을 제도화하는 것을 포함하는 민주주의적 정치를 위해 중요하다.[57)]

---

56) Laclau, *Emancipation(s)*, 65.
57) Laclau, "Structure, History and the Political", 199.

이것은 확실히 중요한 점이지만, 그것은 급진적 투자 이론과 양립불가능하다. 급진적 투자 이론에 따르면, 사회의 공통분모를 상징화하는 실정적 내용은 오직 충만함의 체현으로서만 동일시됨으로써 애착의 대상이 될 수 있다. 만약 이것이 옳다면, 헤게모니적 형성은 불가능성 자체를 상징화함으로써 지지를 동원하는 것이 결코 아니고 필연적으로 우리를 "그 너머로 데려가는 미망"에 개입하도록 한다. 라클라우가 다른 곳에서 말하듯이, 헤게모니적 실천은 항상 "어떤 특수한 내용을 충만함이라는 바로 그 이름으로 만"[58]들 것이다. 더구나, 그의 욕망관에 따르면 정치적 행위자가 "스스로 더욱 투사적인 방식으로 그리고 다른 사람들이 결여한 윤리적 밀도로 참여"[59]하도록 하는 것은 충만함이라는 관념에 투자하는 것이다. 이처럼 우리는 어떻게 라클라우 자신이 가정상 그의 정치적 개입을 위해 요구되는 급진적 투자를 할수가 있는지 의아하게 된다. 급진적 투자를 하기 위해서, 나는 나의 개입 대상이 사회의 충만함을 체현한다고 믿어야 하는 반면, 라클라우는 그의 모든 저술을, 어떤 것도 사회의 충만함을 체현할 수 있다는 믿음을 부인하는 데 바친다.

라클라우 이론의 구조적 모순은 이제 명백해진다. 한편으로 그는 정치적 개입이 개입 대상을 충만함이라는 관념과 동일시하는 급진적 투자를 요구한다고 주장한다. 다른 한편으로, 라클라우가 옹호하는 민

---

58) Laclau, "On the Names of God", 264.

59) Laclau, "Ethics, Normativity, and the Heteronomy of the Law", 180. 또한 "오직 내가 내가 어떤 행위를 그것을 초월하는 불가능한 충만함을 체현하는 것으로서 살아갈 때에만, 그 투자가 **윤리적** 투자가 된다"("Identity and Hegemony", 86)는 라클라우의 단언도 보라. 또한 "On the Names of God", 258, 264~265도 보라.

주주의적 사회는 그러한 급진적 투자를 배제한다. 사회의 토대들에 있어 급진적 투자를 하기 위해, 우리는 이러한 토대들이 우연적이고 유한하다고 믿을 수 없는 반면, 민주주의는 명시적으로 그 자신의 토대를 우연적이고 유한한 것으로 제시한다. 라클라우가 말하듯이, "유일한 민주주의적 사회는 그 자신의 토대의 우연성을 영속적으로 보여 주는 사회이다".[60]

더 나아가 라클라우는 우리가 모두 절대적 충만함을 욕망한다고 주장하는 반면, 그 자신의 텍스트로부터는 그가 절대적 충만함이 바람직한 것이라고 생각하지 않는다는 것이 명백하다. 한 가지 명백한 사례는 해방에 관한 그의 논의이다. 해방의 고전적 개념은 해방의 목표가 총체적으로 자유로운 사회를 위해서 폭력과 적대를 제거하는 것이라고 전제한다. 우리가 충만함에 대한 욕망에 의해 추동된다고 가정하는 한에서, 라클라우는 해방에 대한 이러한 전통적 개념에 매인 채로 남아 있다. 예컨대 그는 정치적 요구의 목표가 "현실적으로 그들의 **구체적인** 종별적 목표들이 아니"고, "이것들은 단지 그것들을 완전히 초월하는 무언가, 사회의 충만함을 (부분적인 방식으로) 달성하는 우연적인 기회일 뿐이다"[61]라고 주장한다. 동시에 라클라우 자신은 해방의 이러한 전통적 개념을 탈구축할 자원을 제공한다. 그의 저작에서 지속적으로 나타나는 한 가지 논증은 폭력과 적대가 자유를 위해서 제거하고자 하는 무엇이 아님을 단언한다. 반대로, 폭력과 적대는 자유로운 사회의 바로 그 조건이다.

---

60) Laclau, "Identity and Hegemony", 86.
61) Ibid., 84.

우리가 정반대의 가설, 해방의 고전적 개념에 포함된 가설 ——이는 폭력과 적대가 **완전히** 제거된 사회이다——로 나아간다고 가정해 보자. 이 사회에서 우리는 단지 필연성의 의식이라는 스피노자적 자유만을 향유할 수 있을 뿐이다. 이는 자유로운 공동체의 첫 번째 역설이다. 불가능성의 조건을 이루는 것(폭력)이 동시에 그 가능성의 조건을 이룬다는 것 말이다. 억압의 특수한 형식들은 제거될 수 있지만, 총체적 자유의 달성이 항상 물러나는 지평인 한에서만 자유가 실존할 수 있을 뿐이다. 내가 다른 곳에서 주장했듯이, 총체적으로 자유롭고 총체적으로 결정된 사회는 정확히 동일한 것이다.[62]

라클라우는 여기서 총체적 자유를 우리가 달성할 하나의 **지평**으로 보존함으로써 자유의 이념을 탈구축하는 것까지는 나아가지 않는다. 그러나 그 자신의 주장의 논리는 총체적 자유는 지평조차 될 수 없다는 것을 보여 주는데, 이는 사고가능하지도 바람직하지도 않기 때문이다. 그래서 다른 텍스트에서 라클라우는 총체적으로 자유로운 사회는 달성불가능할 뿐 아니라 **바람직하지 않다**고 주장하는데, 이는 자유를 취소할 것이기 때문이다.

나는 권력에 의한 해방의 오염이 우리가 수용해야 할 불가피한 경험적 불완전함이 아니라 총체적으로 화해된 인간적 본질을 표상하는 하나의 보편성보다 더 높은 인간적 이상을 포함한다고 주장할 것이다. 왜냐하면 완전히 화해된 사회, 투명한 사회는 자기결정이라는 의

---

62) Laclau, *Emancipation(s)*, 116. 또한 114~115.

미에서는 완전히 자유롭겠지만 자유의 완전한 실현은 자유의 죽음과 등가적일 것이기 때문이고, 이는 불일치의 모든 가능성이 그로부터 제거될 것인 까닭이다. 사회적 분할, 적대 및 그 필연적인 귀결-권력-은 특수성을 제거하지 않는 자유의 참된 조건이다.[63]

동일한 논리가 라클라우 텍스트의 여러 곳에서 되풀이됨에도 불구하고, 그것이 결코 그로 하여금 충만함의 결여에 기반한 욕망 개념을 의문시하도록 이끌지는 않는다. 완전한 자유가 자유의 죽음이라는, 총체적 자율성이 총체적 결정이라는, 그리고 총체적 충만함이 총체적 공허함이라는 증명에도 불구하고, 라클라우는 절대적 충만함이 해방적 투쟁의 바람직한 지평을 이룬다고 주장한다. 우리가 본 것처럼, 그럼으로써 그는 민주주의를 위한 투쟁이 어떻게 가능한지를 설명하는 데 실패한다. 민주주의를 욕망하는 것은 어떤 이상적인 충만함을 욕망하는 것일 수 없는데, 민주주의의 가장 이상적인 상태조차도 시간적이고 변화가능한 것이기 때문이다. 민주주의에 대한 욕망은 우리가 이상적 충만함을 향해서가 아니라 유한한 존재자들로서 **계속 살아감**을 향해 추동되는 것임을 전제한다.

여기서 혹시 있을 오해를 피하기 위해 분명하게 해두자. 나는 생존을 위한 "좋은" 민주주의적 욕망과 충만함을 위한 "나쁜" 전체주의적 욕망 사이의 대립을 제안하는 것이 아니다. 오히려 나는 충만함에 대한 욕망이 정치적 투쟁이나 다른 어떤 것에 있어서도 **결코 작동한 적이 없다**고 주장하는 것이다. 전체주의에 대한 욕망은 절대적 충만함에

---

63) Laclau, "Structure, History and the Political", 208.

대한 욕망일 수 없는데, 절대적 충만함의 상태에서는 전체주의를 위한 시간이 없을 것이기 때문이다. 동일한 이유로, 민주주의와 전체주의 사이의 차이는 전자가 유한성을 "긍정"하는 반면 후자는 그렇지 않는다는 것이 아니다. 내가 주장했듯이, 시간적 유한성의 긍정은 무조건적인데 모두가 **예외 없이** 여기에 관여하기 때문이다. 결과적으로 가장 전체주의적인 체제조차도 그 자신의 헤게모니적 신체의 유한성의 긍정을 전제한다. 만약 그것이 그 자신의 신체의 유한성을 긍정하지 않는다면, 그것은 결코 위협받는다고 느끼지 않고 적으로 지각된 이들에 맞선 억압적 권력을 실행하지 않을 것인데 이는 그것이 유한한 신체에 일어나는 일을 전혀 신경 쓰지 않을 것이기 때문이다. 여기서 나의 요점은 민주주의와 전체주의의 차이나 둘 사이에서 결정해야 할 긴급성을 거부하는 것이 아니다. 나는 단지 이러한 문제들이 본래적으로 민주주의적인 욕망과 본래적으로 전체주의적인 욕망 사이의 대립을 기초로 하여 해결될 수 없음을 강조하는 것일 뿐이다. 그러한 대립을 유지하는 것은 민주주의와 전체주의 사이의 차이를 탈정치화하는 것일 터이다. 정치적 조작이 되기 쉽지 않고 그래서 정치적 조사의 필요로부터 면제된 의사결정 과정에 대한 기준이 있을지도 모른다. 초정치적 요점은 오히려 모든 욕망이 본질적으로 타락가능하고 전체주의적으로 되는 것으로부터 면제될 수 없다는 것이다.

급진적 무신론의 논리는 이처럼 정치적인 것을 사고하는 데 있어 두 가지 주요 귀결을 갖는 것으로 보인다. 첫째, 급진적 무신론의 논리는 민주주의의 어떤 주어진 형식의 주권이건 포함하여 모든 형식의 주권을 탈구축한다. 그래서 이 책 전체에서 "협상"의 필연성에 대한 나의 주장은 민주주의적 논쟁의 설립된 규범들에 대한 선험적인 수긍으로서 여겨져서는 안 된다. 오히려 내가 주장하는 것은 구조적 이유들로 하여 단지 협상만이 존재하며, 따라서 모든 행위는 협상의 형식을 지닌다는 것이다. 길에서 자폭하는 것blowing yourself up은 의회에서의 논쟁이 협상의 형식을 지니는 것과 마찬가지로 협상의 형식을 지닌다. 왜? 권력이 주권적이지 않고 그것의 주권을 제한할 다른 권력들에 스스로를 관계시키자마자 협상이 존재하기 때문이다. 그리고 원리적으로조차 완전히 주권적인 권력은 있을 수 없기 때문에(그런 권력은 스스로를 취소시킬 것인데 그 권력을 실행할 수 있을 관계 속에 있는 것은 아무것도 없을 것이기 때문이다), 오직 협상만이 존재한다. 이러한 주장의 한 가지 효과는 그것이 서구 민주주의적 체제들이, 그것들이 형식적인 자유주의적 규칙들을 존중하는 때조차도, 이들이 반대하는 소위 "테러리스트적인" 행위들보다 훨씬 더 폭력적일 수 있음이 어떻게 가능한지에 대한 이론적인 설명을 제공하는 것이다.

그러나 그러한 정치화는 논쟁의 여지없는 결정을 내리는 주권적 주체나 결정을 내리기 위한 어떠한 초월적 규칙에도 의존할 수 없다. 나는 확실히 처방을 내릴 긴급성과 필연성을 부정하는 것이 아니라(그것들은 어떤 윤리나 정치에 있어서도 환원불가능한 부분이다), 어떠한 처방도 탈구축의 논리로부터는 도출할 수 없음을 주장하는 것이다.[64] 탈구축의 논리는 왜 아무런 처방도 초월적인 지위를 가질 수 없는지를 보여 준다. 오히려 모든 처방은 구성적 결정불가능성에 종속되어 있

---

64) 데리다 자신은 *Rogues*에서, 시간의 구성적 공간내기에 대한 그의 사유를 소묘한 뒤 다음과 같이 지적한다. "어떠한 정치도, 어떠한 윤리도, 그리고 어떠한 법도 말하자면 이러한 사고로부터 **연역**될 수 없다. 확실히 아무것도 그것 없이 이루어질(faire) 수 없다"(xv/14~15).

다. 덜 비판하는 것보다는 더 비판하는 것이, 더 테러리스트적인 것보다는 덜 테러리스트적인 것 또는 그 반대가 낫다고 본래적으로 보장해 줄 수 있는 것은 아무것도 없다. 오히려 주어진 처방과 결정 내리기 사이의 관계는 때때로 재발명되어야만 한다. 나는 여기서 되어야만 한다/틀림없다^{must}가 규범적이지 않음을 강조하고 싶다. 그것은 어떻게 결정이 이루어져야 하는가^{should}를 지시하는 것이 아니라, 당신이 무엇을 하든지 어떻게 결정이 이루어지는지를^{are} 지시하는 것이다. 규칙이나 규범에 의해 완전히 프로그램된 어떠한 결정도 있을 수 없는데, 결정은 단지 시간의 예측불가능한 도래에 의해서만 이루어지기 때문이다. 동일한 것이 제도와 규칙 및 규범 자체의 유지에도 적용된다. 그것들은 단지 시간의 예측불가능한 도래를 통해서만 설립되고 유지될 수 있으며 이처럼 결코 하나의 프로그램으로 환원될 수 없다.

정치를 급진적으로 무신론적으로 사고하는 것의 첫 번째 귀결은 이 경우 아무것도 흠이 없거나 의문시될 수 없는 것이 아님을 상술하는 초정치적 논리에 접근하도록 해준다는 것이다. 두 번째 귀결은 급진적 무신론의 논리가 바람직한 것에 대한 가장 근본적인 가정을 변형한다는 것이다. 정치철학은 전통적으로 타락을 그에 앞서는 어떤 것에 수반하는 악으로서 또는 이상적인 미래에는 극복되어야 할 생명의 유감스러운 사실로서 규정해 왔다. 반대로 데리다는 자기면역의 본질적 타락가능성이 결여가 아니라 심지어 최고선 또는 최고로 이상적인 정의를 위한 조건이라고 주장한다. 그의 정식화에 따르면, "악의 가능성 또는 위증의 가능성은 선이나 정의가 가능하기 위해서 본래적으로 있어야만 한다".[65] 내가 주장했듯이, 이러한 논리는 욕망에 대한 급진적으로 무신론적인 관점에서 나오는데, 여기서 정의와 선은 본질적으로 필멸적인 생존의 문제이다. 필멸적 생존은 바람직한 모든 것을 위한 기회와 두려운 모든 것의 위협 모두를 여는데, 필멸적 생존 없이는 아무것도 있을 수 없기 때문이다. 필멸적 생존은 이처럼 정의와 선을 위해 필요하지만 충분하지는 않은 요건이다. 생존의 긍정은 고통에 응답하기 위한 모든 능력을 위한 조건이지만 이것이 생존의 긍정이 단순히 생명에 복무하기 위한 것임을 뜻하지는 않는다. 이는 차라리 생명의 모든 열정의 원천이고 생명의 모든 원한의 원천이다. 생존의 긍정 없이는 동감과 사랑도 없을 것이며(아무것에도 헌신하지 않을 것이니까), 또한 고통과 증오도 없을 것이다(아무것에도 위협받지 않을 것이니까).

따라서 해방적 투쟁은 결코 절대적 충만함에 대한 욕망에 의해 추동된 적이 없고 생존에 대한 무조건적인 긍정을 전제한다. 생존에 대한 긍정 없이 우리는 더 나은 미래를 염려하지도 않을 것이고 다소간 폭력적인 무엇에 대한 결정을 하도록 강제되지도 않을 것이다. 그러한 결정의 긴급성은 폭력의 운명이 최종적으로 결정될 수 없다는 사실에 의해 완화될 수 없다. 반대로, 시간의 결정불가능한 도래는 폭력이라는 질문을 긴급한 것으로 만드는 것인데, 그것이 애초에 우리를 폭력에 노출시키는 것이기 때문이다. 이러한 주장은 해방적 서사의 필요를 확인하는 동시에 이러한 서사를 이끄는 욕망에 대한 이해를 변형한다. 해방적 정치는 절대적 해방이라는 목적/종언telos을 열망하는 것이 아니라, 항상 환원불가능한 차별과 협상해야만 한다. 우리가 욕망하는

---

65) Derrida, "A Certain Impossible Possibility of Saying the Event", 460.

미래가 무엇이든지 간에 이는 본래적으로 폭력적이고(이는 오직 다른 미래를 대가로 해서만 도래할 수 있기에) 스스로가 폭력에 노출되어 있는 것이다(이는 다른 미래의 도래에 의해 부정될 수도 있기에).

이처럼 라클라우의 설명에서 충만함에 대한 충동이 그런 것처럼 생존에 대한 충동은 나의 설명에서 동일한 구조적인 위치를 차지하고 있다. 라클라우는 충만함에 대한 충동이 민주주의적 투쟁과 전체주의적 투쟁 모두를 이끈다고 주장하는 반면, 나는 생존에 대한 충동이 민주주의적 투쟁과 전체주의적 투쟁 모두를 이끈다고 주장한다. 차이는 생존에 대한 충동이 우리로 하여금 어떻게 민주주의를 욕망하는 것이 가능한지를 설명하면서 또한 왜 이러한 욕망이 본질적으로 타락가능하고 본래적으로 폭력적인지를 설명해 주는 데 있다. 만약 우리가 민주주의를 욕망한다면, 시간으로부터 면제된 상태를 욕망할 수는 없다. 민주주의를 욕망하는 것은 정의상 무언가 시간적인 것을 욕망하는 것인데, 민주주의는 민주주의적이기 위해서 그 자신의 변화에 열린 채로 남아야만 하기 때문이다. 또 다시 이는 민주주의에 대한 욕망이 필연적으로 다른 욕망들보다 더 덕스럽다는 것을 의미하는 것이 아니라 모든 욕망에서 작동하는 생존의 폭력적 긍정을 상술해 주는 것이다. 급진적 무신론의 이러한 논리는 우리로 하여금 정치의 문제들과 민주주의의 도전을 새로운 각도에서 평가하도록 해 준다. 그러나 이는 어떻게 살아야 하는지 또는 어떻게 행위해야 하는지에 관해서 우리에게 무언가를 최종적으로 가르쳐주지는 않는다. 자기면역이라는 조건에 대한 치료법이란 없으며 모든 변화의 약속 ──더 나은 미래라는 모든 약속──은 오직 필멸적인 것에 서약할 뿐이다.

참고문헌

Aristotle. *Metaphysics*. Trans. W. D. Ross. In *The Basic Works of Aristotle*, ed. R. McKeon, New York: Modern Library, 2001.

_____. *Physics*. Trans. R. Waterfield. Oxford: Oxford University Press, 1996.

Augustine. *The City of God*. Trans. M. Dods. New York: Modern Library, 1994.

_____. *Confessiones*. Loeb edition. Cambridge, MA: Harvard University Press. 1912.

_____. *Confessions*. Trans. Rex Warner. New York: New American Library, 1963.

_____. *On Free Choice of the Will*. Trans. T. Williams. Indianapolis, IN: Hackett, 1993.

Beardsworth, Richard. *Derrida and the Political*. London: Routledge, 1996.

Bennington, Geoffrey. *Derridabase*. In Jacques Derrida. Chicago: University of Chicago Press, 1993.

_____. *Interrupting Derrida*. London: Routledge, 2000.

_____. *Legislations: The Politics of Deconstruction*. London: Verso, 1994.

_____. *Other Analyses: Reading Philosophy*. http://bennington.zsoft.co.uk/index.html#OtherAnalyses. Bennington Books, 2004.

Bernasconi, Robert. "Deconstruction and the Possibility of Ethics." In *Deconstruction and Philosophy: The Texts of Jacques Derrida*, ed. J. Sallis. Chicago: University of Chicago Press, 1987.

_____. "Justice Without Ethics?" *PLI: Warwick Journal of Philosophy* 6(sum mer 1997): 58~69.

_____. "The Trace of Levinas in Derrida"(1985). *In Derrida and Différance*, ed.

Wood and R. Bernasconi. Evanston, IL: Northwestern University Press, 1988.

Bernet, Rudolf. "An Intentionality Without Subject or Object?" *Man and World* 27(1994): 231~255.

_____. "Is the Present Ever Present? Phenomenology and the Metaphysics of Presence." *Research in Phenomenology* 12(1982): 85~112.

_____. *La vie du sujet: Recherches sur l'interprétation de Husserl dans la phénomé nologie*. Paris: PUF, 1994.

Birnbaum, Daniel. *The Hospitality of Presence: Problems of Otherness in Husserl's Phenomenology*. Stockholm: Almqvist and Wiksell International, 1998.

Brough, John B. "The Emergence of an Absolute Consciousness in Husserl's Early Writings on Time-Consciousness." *Man and World* 3(1972): 298~326.

_____. "Husserl and the Deconstruction of Time." *Review of Metaphysics* 46 (1993): 503~536.

Butler, Judith, Ernesto Laclau, and Slavoj Žižek. *Contingency, Hegemony, Universality: Contemporary Dialogues on the Left*. London: Verso, 2000.

Caputo, John D. *Against Ethics*. Bloomington: Indiana University Press, 1993.

_____. *Deconstruction in a Nutshell*. New York: Fordham University Press, 1997

_____. "Discussion with Richard Kearney." In Caputo and Scanlon, *God, the Gift, and Postmodernism*.

_____. *On Religion*. London: Routledge, 2001.

_____. *The Prayers and Tears of Jacques Derrida: Religion Without Religion*. Bloomington: Indiana University Press, 1997.

_____. "Reason, History, and a Little Madness." In *Questioning Ethics*, ed. R. Kearney and M. Dooley. London: Routledge, 1999.

Caputo, John D., Mark Dooley, and Michael J. Scanlon, eds. *Questioning God*. Bloomington: Indiana University Press, 2001.

Caputo, John D., and Michael J. Scanlon, eds. *Augustine and Postmodernism: Confessions and Circumfession*. Bloomington: Indiana University Press, 2005.

_____. *God, the Gift, and Postmodernism*. Bloomington: Indiana University Press, 1999.

Cobb-Stevens, Richard. "Derrida and Husserl on the Status of Retention." In *Analecta Husserliana* 19. Dordrecht: Reidel, 1985, 367~381.

Copjec, Joan. *Imagine There's No Woman: Ethics and Sublimation*. Cambridge, MA: MIT Press, 2003.

Chalier, Catherine. *What Ought I to Do? Morality in Kant and Levinas*. Trans. J. M. Todd. Ithaca, NY: Cornell University Press, 2002.

Cornell, Drucilla. *The Philosophy of the Limit*. New York: Routledge, 1992.

Critchley, Simon. *Ethics-Politics-Subjectivity: Essays on Derrida, Levinas and Contemporary French Thought*. London: Verso, 1999.

_____. "Is There a Normative Deficit in the Theory of Hegemony?" In *La clau: A Critical Reader*, ed. S. Critchley and O. Marchart. London: Routledge, 2004.

_____. *The Ethics of Deconstruction: Derrida and Levinas*(1992). Expanded 2nd ed. Edinburgh: Edinburgh University Press, 1999.

Derrida, Jacques. *Acts of Literature*. Ed. D. Attridge. London: Routledge, 1992.

_____. *Adieu to Emmanuel Levinas*. Trans. M. Naas and P.-A. Brault. Stanford, CA: Stanford University Press, 1999. Trans. of *Adieu à Emmanuel Lévinas*. Paris: Galilée, 1997[자크 데리다, 『아듀 레비나스』, 문성원 옮김, 문학과지성사, 2016].

_____. "The Animal That Therefore I Am(More to Follow)." Trans. D. Wills. *Critical Inquiry* 28, no. 2(winter 2002): 369~418. Trans. of "L'animal que donc je suis(à suivre)." In *L'animal que donc je suis*. Paris: Galilée, 2006.

_____. "Aphorism Countertime." Trans. N. Royle. In *Acts of Literature*, ed. D. Artridge. Trans. of "L'aphorisme à contretemps." In *Psyché: Inventions de l'autre*. Paris: Galilée, 1987.

_____. *Archive Fever*. Trans. E. Prenowitz. Chicago: University of Chicago Press, 1995. Trans. of *Mal d'archive*. Paris: Galilée, 1995.

_____. *Arguing with Derrida*. Ed. S. Glendinning. Oxford: Blackwell, 2001.

_____. "As If It Were Possible, 'Within Such Limits.'" Trans. B. Elwood and E. Rottenberg. In *Negotiations: Interventions and Interviews, 1971–2001*, ed. E. Rottenberg. Stanford, CA: Stanford University Press, 2002. Trans. of "Comme si c'était possible, 'within such limits.'" In *Papier machine*. Paris: Galilée, 2001.

_____. *A Taste for the Secret*. Trans. G. Donis. Cambridge, UK: Polity Press, 2001.

_____. "Autoimmunity: Real and Symbolic Suicides." Trans. P.-A. Brault and M. Naas. In *Philosophy in a Time of Terror*, ed. G. Borradori. Chicago: University of Chicago Press, 2003[지오반나 보라도리, 『테러 시대의 철학』, 손철성·김은주·김준성 옮김, 문학과지성사, 2004].

_____. "Avances." In Serge Marcel, *Le tombeau du dieu artisan*. Paris: Minuit,

1995.

_____. *Béliers*. Paris: Galilée, 2003.

_____. "A Certain Impossible Possibility of Saying the Event." Trans. G. Walker. *Critical Inquiry* 33, no. 2(winter 2007): 441~461.

_____. *Chaque fois unique, la fin du monde*. Ed. P.-A. Brault and M. Naas. Paris: Galilée, 2003.

_____. *Circumfession*. Trans. G. Bennington. In *Jacques Derrida*. Chicago: University of Chicago Press, 1993. Trans. of *Circonfession*. In *Jacques Derrida*. Paris: Seuil, 1991.

_____. "Confessions and 'Circumfession': A Roundtable with Jacques Der rida." In Caputo and Scanlon. *Augustine and Postmodernism*.

_____. "'Dead Man Running': Salut, Salut." Trans. E. Rottenberg. In *Negotiations: Interventions and Interviews, 1971–2001*, ed. E. Rottenberg. Stanford, CA: Stanford University Press, 2002. Trans. of "'Il courait mort': salut, salut." In *Papier machine*. Paris: Galilée, 2001.

_____. *Demeure: Fiction and Testimony*. In *The Instant of My Death*. Trans. E. Rottenberg. Stanford, CA: Stanford University Press, 2000. Trans. of *Demeure: Maurice Blanchot*. Paris: Galilée, 1998.

_____. "'Dialanguages.'" Trans. P. Kamuf. In *Points... Interviews, 1974-1994*, ed. E. Weber. Stanford, CA: Stanford University Press, 1995. Trans. of "Dialangues." In *Points de suspension: Entretiens*, ed. E. Weber. Paris: Galilée, 1992.

_____. *Dissemination*. Trans. Barbara Johnson. Chicago: University of Chicago Press, 1981. Trans. of *La dissemination*. Paris: Seuil, 1972.

_____. *Edmund Husserl's Origin of Geometry: An Introduction*. Trans. John P. Leavey Jr. Lincoln: University of Nebraska Press, 1978(1962).

_____. "Et Cetera." Trans. G. Bennington. In *Deconstructions: A User's Guide*, ed. N. Royle. New York: Palgrave, 2000.

_____. "Faith and Knowledge." Trans. S. Weber. In *Acts of Religion*, ed. G. Anidjar. London: Routledge, 2002. Trans. of "Foi et savoir." In *Foi et savoir: Suivi de le siècle et le pardon*. Paris: Seuil, 2000[자크 데리다, 『신앙과 지식/세기와 용서』, 최용호·신정아 옮김, 아카넷, 2016].

_____. "Force of Law: The 'Mystical Foundation of Authority.'" Trans. M. Quaintance. In *Acts of Religion*, ed. G. Anidjar. London: Routledge, 2002. Trans. of *Force de loi: Le "Fondement mystique de l'autorité."* Paris: Galilée, 1994[자크

데리다, 『법의 힘』, 진태원 옮김, 문학과지성사, 2004].

_____. *For What Tomorrow*. Trans. J. Fort. Stanford, CA: Stanford University Press, 2004. Trans. of *De quoi demain*. Paris: Fayard and Galilée, 2001.

_____. *The Gift of Death*. Trans. D. Wills. Chicago: University of Chicago Press, 1995. Trans. of "Donner la mort." In *L'éthique du don*, ed. J.-M. Rabaté and M. Wetzel. Paris: Transition, 1992.

_____. *Given Time*. Trans. P. Kamuf. Chicago: University of Chicago Press, 1992. Trans. of *Donner le temps*. Paris: Galilée, 1991.

_____. *H. C. for Life*. Trans. L. Milesi and S. Herbrechter. Stanford, CA: Stan ford University Press, 2006.

_____. "Hospitality, Justice, and Responsibility." In *Questioning Ethics*, ed. R. Kearney and M. Dooley. London: Routledge, 1999.

_____. "Hostipitality." Trans. G. Anidjar. In *Acts of Religion*, ed. G. Anidjar. London: Routledge, 2002.

_____. "How to Avoid Speaking: Denials." Trans. K. Frieden. In *Languages of the Unsayable: The Play of Negativity in Literature and Literary Theory*, ed. S. Budick and W. Iser. New York: Columbia University Press, 1989. Trans. of "Comment ne pas parler: Denegations." In *Psyché: Inventions de l'autre*. Paris Galilée, 1987.

_____. "How to Name." In Michel Deguy, *Recumbents*. Trans. W. Baldridge. Middletown, CT: Wesleyan University Press, 2005. Trans. of "Comment nommer." In *Le poète que je cherche à être: Cahiers Michel Deguy*, ed. Y. Charnet. Paris: Belin, 1996.

_____. "Language Is Never Owned." Trans. T. Dutoit and P. Romanski. In *Sovereignties in Question*, ed. T. Dutoit and O. Pasanen. New York: Fordham University Press, 2005.

_____. *Learning to Live Finally*. Trans. P.-A. Brault and M. Naas. Hoboken, NJ: Melville House, 2007. Trans. of *Apprendre à vivre enfin*. Paris: Galilée, 2005.

_____. *Le problème de la genèse dans la philosophie de Husserl*. Paris: PUF, 1990[자크 데리다, 『후설 철학에서 발생의 문제』, 심재원·신호재 옮김, 그린비, 2019].

_____. *Limited Inc*. Trans. S. Weber. Evanston, IL: Northwestern University Press, 1988. Trans. of *Limited Inc*. Paris: Galilée, 1990.

_____. *Margins of Philosophy*. Trans. A. Bass. Chicago: University of Chicago

Press, 1982. Trans. of *Marges de la philosophie*. Paris: Minuit, 1972.

_____. *Mémoires: For Paul de Man*. Trans. C. Lindsay, J. Culler, and E. Cadava. New York: Columbia University Press, 1986. Trans. of *Mémoires pour Paul de Man*. Paris: Galilée, 1988.

_____. *Memoirs of the Blind: The Self-Portrait and Other Ruins*. Trans. P.-A. Brault and M. Naas. Chicago: University of Chicago Press, 1993.

_____. *Monolingualism of the Other; or, The Prosthesis of Origin*. Trans. P. Mensah. Stanford, CA: Stanford University Press, 1998. Trans. of *Le monolinguisme de l'autre: Ou la prothèse d'origine*. Paris: Galilée, 1996.

_____. *Negotiations: Interventions and Interviews, 1971–2001*. Ed. and trans. E. Rottenberg. Stanford, CA: Stanford University Press, 2002.

_____. "Nietzsche and the Machine." Trans. R. Beardsworth. In *Negotiations: Interventions and Interviews, 1971–2001*, ed. E. Rottenberg. Stanford, CA: Stanford University Press, 2002.

_____. "No Apocalypse, Not Now(Full Speed Ahead, Seven Missiles, Seven Missives)." Trans. C. Porter and P. Lewis. *Diacritics* 14, no. 2(1984): 20–31. Trans. of "No apocalypse, not now(à toute vitesse, sept missiles, sept missives)." In *Psyché: Inventions de l'autre*. Paris Galilée, 1987.

_____. *Of Grammatology*. Trans. G. Spivak. Baltimore: Johns Hopkins University Press, 1976. Trans. of *De la grammatologie*. Paris: Minuit, 1967.

_____. *Of Hospitality*. Trans. R. Bowlby. Stanford, CA: Stanford University Press, 2000. Trans. of *De l'hospitalité*. Paris: Calmann-Lévy, 1997.

_____. "On a Newly Arisen Apocalyptic Tone in Philosophy." Trans. P. Fenves. In *Rasing the Tone of Philosophy*, ed. P. Fenves. Baltimore: Johns Hopkins University Press, 1993. Trans. of *D'un ton apocalyptique adopté naguère en philosophie*. Paris: Galilée, 1983.

_____. *On Touching: Jean-Luc Nancy*. Trans. C. Irizarry. Stanford, CA: Stanford University Press, 2005. Trans. of *Le toucher: Jean-Luc Nancy*. Paris: Galilée, 2000.

_____. *The Other Heading*. Trans. P.-A. Brault and M. Naas. Bloomington: Indiana University Press, 1992. Trans. of *L'autre cap*. Paris: Minuit, 1991[자크 데리다, 『다른 곶』, 김다은·이혜지 옮김, 동문선, 1997].

_____. "'Others Are Secret Because They Are Other.'" Trans. R. Bowlby. In *Paper Machine*. Stanford, CA: Stanford University Press, 2005. Trans. of "'Au trui est secret parce qu'il est autre.'" In *Papier machine*. Paris: Galilée, 2001.

_____. "Ousia and Grammè." Trans. A. Bass. In *Margins of Philosophy*. Chicago: University of Chicago Press, 1982. Trans. of "Ousia et Gramme." In *Marges de la philosophie*. Paris: Minuit, 1972.

_____. "Perhaps or Maybe: Jacques Derrida in Conversation with Alexan der Garcia Düttman." *PLI: Warwick Journal of Philosophy* 6(summer 1997): 1~18.

_____. *Points... Interviews, 1974-1994*. Ed. E. Weber. Trans. P. Kamuf and others. Stanford, CA: Stanford University Press, 1995. Trans. of *Points de sus pension: Entretiens*. Ed. E. Weber. Paris: Galilée, 1992.

_____. "Politics and Friendship." Trans. R. Harvey. In *Negotiations: Interventions and Interviews, 1971-2001*. Ed. E. Rottenberg. Stanford, CA: Stanford University Press, 2002.

_____. *Politics of Friendship*. Trans. G. Collins. London: Verso, 1997. Trans. of *Politiques de l'amitié*. Paris: Galilée, 1994.

_____. *Positions*. Trans. A. Bass. Chicago: University of Chicago Press, 1981. Trans. of *Positions*. Paris: Minuit, 1972[자크 데리다, 『입장들』, 박성창 옮김, 솔 출판사, 1992].

_____. *The Post Card*. Trans. A. Bass. Chicago: University of Chicago Press, 1987. Trans. of *La carte postale*. Paris: Flammarion, 1980.

_____. "Remarks on Deconstruction and Pragmatism." Trans. S. Critchley. In *Deconstruction and Pragmatism*, ed. C. Mouffe. London: Routledge, 1996.

_____. *Resistances of Psychoanalysis*. Trans. P.-A. Brault and M. Naas. Stanford, CA: Stanford University Press, 1998. Trans. of *Résistances de la psychanalyse*. Paris: Galilée, 1996.

_____. "Response to Catherine Malabou." In Caputo and Scanlon, *Augustine and Postmodernism*.

_____. "The Rhetoric of Drugs." Trans. M. Israel. In *Points... Interviews, 1974-1994*, ed. E. Weber. Stanford, CA: Stanford University Press, 1995. Trans. of "Rhétorique de la drogue.". In *Points de suspension: Entretiens*, ed. E. Weber. Paris: Galilée, 1992.

_____. *Rogues: Two Essays on Reason*. Trans. P.-A. Brault and M. Naas. Stan ford, CA: Stanford University Press, 2005. Trans. of *Voyous: Deux essais sur la raison*. Paris: Galilée, 2003.

_____. *Sauf le nom(Post-Scriptum)*. Trans. T. Dutoit. In *On the Name*, ed. T.

Dutoit. Stanford, CA: Stanford University Press, 1995. Trans. of *Sauf le nom*. Paris: Galilée, 1993.

_____. "Schibboleth: For Paul Celan." Trans. T. Dutoit. In *Sovereignties in Question*, ed. T. Dutoit and O. Pasanen. New York: Fordham University Press 2005. Trans. of *Schibboleth: Pour Paul Celan*. Paris: Galilée, 1986.

_____. *Specters of Marx*. Trans. P. Kamuf. London: Routledge, 1994. Trans. of *Spectres de Marx*. Paris: Galilée, 1993[자크 데리다, 『마르크스의 유령들』, 진태원 옮김, 그린비, 2014].

_____. *Speech and Phenomena*. Trans. D. B. Allison. Evanston, IL: Northwestern University Press, 1973. Trans. of *La voix et le phénomène*. Paris: PUF, 1967[자크 데리다, 『목소리와 현상』, 김상록 옮김, 인간사랑, 2006].

_____. "Ulysses Gramophone." Trans. T. Kendall. In *Acts of Literature*, ed. D. Artridge. London: Routledge, 1992. Trans. of "Ulysse Gramophone." In *Ulysse gramophone: Deux mots pour Joyce*. Paris: Galilée, 1987.

_____. "Violence and Metaphysics." Trans. A. Bass. In *Writing and Difference*. London: Routledge, 1978. Trans. of "Violence et métaphysique." In *L'écriture et la différence*. Paris: Seuil, 1967.

_____. *Without Alibi*. Ed. and trans. P. Kamuf. Stanford, CA: Stanford Uni versity Press, 2002.

_____. *The Work of Mourning*. Ed., trans., and with an introduction by P.-A. Brault and M. Naas. Chicago: University of Chicago Press, 2001.

_____. *Writing and Difference*. Trans. A. Bass. London: Routledge, 1978. Trans. of *L'écriture et la différence*. Paris: Seuil, 1967.

de Vries, Hent. *Minimal Theologies: Critiques of Secular Reason in Adorno and Levinas*. Baltimore: Johns Hopkins University Press, 2005.

_____. *Philosophy and the Turn to Religion*. Baltimore: Johns Hopkins Univer sity Press, 1999.

_____. *Religion and Violence: Philosophical Perspectives from Kant to Derrida*. Baltimore: Johns Hopkins University Press, 2002.

Dooley, Mark, ed. *A Passion for the Impossible: John D. Caputo in Focus*. Albany: SUNY Press, 2003.

Eckhart, Meister. *The Best of Meister Eckhart*. Ed. H. Backhouse. New York: Crossroad, 1993.

_____. *Meister Eckhart*. Ed. F. Pfeiffer. Trans. C. de B. Evans. London: Watkins,

1924.

_____. *Meister Eckhart: Sermons and Treatises.* Vol. 2. Trans. M. O. Walshe. London: Watkins, 1981.

_____. *Meister Eckhart: A Modern Translation.* Ed. R. B. Blakney. New York: Harper, 1957.

_____. *Meister Eckhart: Teacher and Preacher.* Ed. B. McGinn. New York: Paulist Press, 1986.

Fenves, Peter. *Raising the Tone of Philosophy.* Ed. P. Fenves. Baltimore: Johns Hopkins University Press. 1993.

Fritsch, Matthias. "Derrida's Democracy to Come." In *Constellations* 9, no. 4(2002): 574~597.

Gallagher, Shaun. *The Inordinance of Time.* Evanston, IL: Northwestern University Press, 1998.

Gasché, Rodolphe. "God, for Example." In *Inventions of Difference: On Jacques Derrida.* Cambridge, MA: Harvard University Press, 1994.

_____. "Structural Infinity." In *Inventions of Difference: On Jacques Derrida.* Cambridge, MA: Harvard University Press, 1994.

_____. *The Tain of the Mirror: Derrida and the Philosophy of Reflection.* Cambridge, MA: Harvard University Press, 1986.

Gilgen, Peter. "The Deconversion of Hent de Vries." *Journal for Cultural and Religious Theory(JCRT)* 7, no. 1(winter 2005): 83~102.

Hägglund, Martin. *Kronofobi: Essäer om tid och ändlighet.* Stockholm/Stehag: Brutus Östlings Bokförlag Symposion, 2002.

Hart, Kevin: "Religion." In *Understanding Derrida,* ed. J. Reynolds and J. Roffe. New York: Continuum, 2004.

_____. *The Trespass of the Sign: Deconstruction, Theology, and Philosophy.* 2nd ed. New York: Fordham University Press, 2000.

Hegel, G. W. F. *Philosophy of Nature(Encyclopaedia Part Two).* Trans. A. V. Miller. Oxford: Clarendon Press, 1970.

_____. *Science of Logic.* Trans. A. V. Miller. Amherst, NY: Prometheus Books, 1999.

Henrich, Dieter. "Fichtes ursprüngliche Einsicht." In *Subjektivität und Metaphysik: Festschrift für Wolfgang Cramer,* ed. D. Henrich and H. Wagner. Frankfurt am Main: Klostermann, 1966.

Henry, Michel. *L'essence de la manifestation*. Paris: PUF, 1963.

_____. *Phénoménologie matérielle*. Paris: PUF, 1990.

Husserl, Edmund. *Cartesian Meditations: An Introduction to Phenomenology*. Trans. D. Cairns. The Hague: Martinus Nijhoff, 1960. Trans. of *Cartesianische Meditationen*. In *Husserliana* I. Ed. S. Strasser. The Hague: Martinus Nijhoff, 1950.

_____. *Ideen zu einer reinen Phänomenologie und phänomenologischen Philosophie I*. In *Husserliana* 3, ed. K. Schumann. The Hague: Martinus Nijhoff, 1976.

_____. *On the Phenomenology of the Consciousness of Internal Time(1893–1917)*. Trans. J. B. Brough. Dordrecht: Kluwer Academic Publishers, 1991. Trans. of *Zur Phänomenologie des inneren Zeitbewußtseins, 1893–1917*. In *Husserliana* 10, ed. R. Boehm. The Hague: Martinus Nijhoff, 1966[에드문트 후설, 『에드문트 후설의 내적 시간의식의 현상학』, 이남인·김태희 옮김, 서광사, 2020].

_____. *The Crisis of European Sciences and Transcendental Phenomenology*. Trans. D. Carr. Evanston, IL: Northwestern University Press, 1970.

James, William. *The Principles of Psychology*. 1890. New York: Dover, 1950.

_____. *The Works of William James: Essays in Radical Empiricism*. Ed. R. B. Perry. 1912. Cambridge, MA: Harvard University Press, 1976.

Jennings, Theodore W. *Reading Derrida/Thinking Paul: On Justice*. Stanford, CA: Stanford University Press, 2005[테드 W. 제닝스, 『데리다를 읽는다/바울을 생각한다』, 박성훈 옮김, 그린비, 2014].

Kant. Immanuel. *Critique of Pure Reason*. Ed. and trans. Paul Guyer and Allen W. Wood. Cambridge, UK: Cambridge University Press, 1998[이마누엘 칸트, 『순수이성비판』, 백종현 옮김, 아카넷, 2006].

_____. "The End of All Things." In *Religion and Rational Theology*, ed. and trans. Allen W. Wood and George di Giovanni. Cambridge, UK: Cambridge University Press, 1996.

_____. *Religion Within the Limits of Reason Alone*. Trans. T. M. Greene and H. H. Hudson. New York: Harper, 1960[이마누엘 칸트, 『이성의 한계 안에서의 종교』, 백종현 옮김, 아카넷, 2015].

Kearney, Richard. "Desire of God." In Caputo and Scanlon, *God, the Gift, and Postmodernism*.

_____. *The God Who May Be: A Hermeneutics of Religion*. Bloomington: Indiana University Press, 2001.

Kirby, Vicki. *Telling Flesh: The Substance of the Corporeal*. London: Routledge, 1997.

Krell, David Farrell. *The Purest of Bastards: Works of Mourning, Art, and Affirma tion in the Thought of Jacques Derrida*. University Park: Pennsylvania State University Press, 2000.

Lacan, Jacques. *Seminar II: The Ego in Freud's Theory and in the Technique of Psychoanalysis*. Ed. J.-A. Miller. Trans. S. Tomaselli. New York: Norton, 1988.

_____. *Seminar VII: The Ethics of Psychoanalysis*. Ed. J.-A. Miller. Trans. D. Porter. London: Routledge, 1992.

_____. *Seminar XI: The Four Fundamental Concepts of Psychoanalysis*. Ed. J.-A. Miller. Trans. A. Sheridan. New York: Norton, 1998.

_____. *Seminar XX: Encore, On Feminine Sexuality, The Limits of Love and Knowledge*. Ed. J.-A. Miller. Trans. B. Fink. New York: Norton, 1998.

Laclau, Ernesto. "Bare Life or Social Indeterminacy?" In *Sovereignty and Life: Es says on the Work of Giorgio Agamben*. Stanford, CA: Stanford University Press, forthcoming.

_____. "Can Immanence Explain Social Struggles?" *Diacritics* 31, no. 4(winter 2001): 3~10.

_____. "Community and Its Paradoxes." In Laclau, *Emancipation(s)*.

_____. "Constructing Universality." In Butler, Laclau, and Žižek, *Contingency, Hegemony, Universality*.

_____. "Deconstruction, Pragmatism, Hegemony." In *Deconstruction and Pragmatism*, ed. C. Mouffe. London: Routledge, 1996.

_____. *Emancipation(s)*. London: Verso, 1996.

_____. "Ethics, Normativity, and the Heteronomy of the Law." In *Law, Justice, and Power: Between Reason and Will*, ed. S. Cheng. Stanford, CA: Stanford University Press, 2004.

_____. "An Ethics of Militant Engagement." In *Think Again: Alan Badiour and the Future of Philosophy*, ed. P. Hallward. New York: Continuum, 2004

_____. "Glimpsing the Future: A Reply." In *Laclau: A Critical Reader*, ed. S. Critchley and O. Marchart. London: Routledge, 2004.

_____. "Identity and Hegemony." In Butler, Laclau, and Žižek, *Contingency,*

Hegemony, Universality.

_____. ed. *The Making of Political Identities*. London: Verso, 1994.

_____. *New Reflections on the Revolution of Our Time*. London: Verso, 1990

_____. *On Populist Reason*. London: Verso, 2005.

_____. "On the Names of God." In *The 8 Technologies of Otherness*, ed. S. Golding. London: Routledge, 1997.

_____. "The Signifiers of Democracy." In *Democracy and Possessive Individualism*, ed. H. Carens. New York: SUNY Press, 1993.

_____. "Structure, History and the Political." In Butler, Laclau, and Žižek, *Contingency, Hegemony, Universality.*

_____. "Theory, Democracy, and the Left: An Interview with Ernesto Laclau." *Umbr(a): A Journal of the Unconscious*(2001): 7~27.

Laclau, Ernesto, and Chantal Mouffe. *Hegemony and Socialist Strategy: Towards a Radical Democratic Politics*. 2nd ed. London: Verso, 2001[샹탈 무페·에르네스토 라클라우, 『헤게모니와 사회주의 전략』, 이승원 옮김, 후마니타스, 2012].

Lawlor, Leonard. *Derrida and Husserl: The Basic Problem of Phenomenology*. Bloomington: Indiana University Press, 2002.

Levinas, Emmanuel. *Basic Philosophical Writings*. Ed. A. T. Peperzak, S. Critchley, and R. Bernasconi. Bloomington: Indiana University Press, 1996.

_____. *Humanisme de l'autre homme*. Montpellier: Fata Morgana, 1972.

_____. *Otherwise Than Being or Beyond Essence*. Trans. A. Lingis. Pittsburgh: Duquesne University Press, 1998. Trans. of *Autrement qu'être ou au-delà de l'essence*. The Hague: Martinus Nijhoff, 1974.

_____. *Totality and Infinity: An Essay on Exteriority*. Trans. A. Lingis. Pittsburgh: Duquesne University Press, 1969. Trans. of *Totalité et infini: Essai sur l'extériorité*. The Hague: Martinus Nijhoff, 1961[에마누엘 레비나스, 『전체성과 무한』, 김도형·문성원·손영창 옮김, 그린비, 2018].

_____. "The Trace of the other." Trans. A. Lingis. In *Deconstruction in Context*, ed. M. C. Taylor. Chicago: University of Chicago Press, 1986.

Llewelyn, John. *Appositions of Jacques Derrida and Emmanuel Levinas*. Bloomington: Indiana University Press, 2002.

Marion, Jean-Luc. *God Without Being*. Trans. Thomas A. Carlson. Chicago: University of Chicago Press, 1991. Trans. of *Dieu sans l'être*. Paris: Fayard, 1982.

_____. *The Idol and Distance*. Trans. Thomas A. Carlson. New York: Fordham

University Press, 2001. Trans. of *L'Idole et la distance*. Paris: Grasset, 1991.

_____. "In the Name: How to Avoid Speaking of 'Negative Theology.'" In Caputo and Scanlon, *God, the Gift, and Postmodernism*.

Manoussakis, John Panteleimon, ed. *After God: Richard Kearney and the Religious Turn in Continental Philosophy*. New York: Fordham University Press, 2005.

Merleau-Ponty, Maurice. *Phenomenology of Perception*. Trans. C. Smith. London: Routledge, 1962. Trans. of *Phénoménologie de la perception*. Paris: Gallimard, 1945.

Olthuis, James H., ed. *Religion With/Out Religion: The Prayers and Tears of John D. Caputo*. London: Routledge, 2002.

Pseudo-Dionysius, *Pseudo-Dionysius: The Complete Works*. Trans. C. Luibhéid. New York: Paulist Press, 1987.

Ravment-Pickard, Hugh. *Impossible God: Derrida's Theology*. Burlington, VT: Ashgate, 2003.

Ricoeur, Paul. *Temps et récit*. Vol. 3, *Le temps raconté*. Paris: Seuil, 1985.

Robbins, Jill. *Altered Reading: Levinas and Literature*. Chicago: University of Chicago Press, 1999.

Schmitt, Carl. *The Concept of the Political*. Trans. George Schwab. Chicago: University of Chicago Press, 1996[칼 슈미트, 『정치적인 것의 개념』, 김효전·정태호 옮김, 살림, 2012].

_____. *Political Theology*. Trans. George Schwab. Cambridge, MA: MIT Press, 1985[칼 슈미트, 『정치신학』, 김항 옮김, 그린비, 2010].

_____. "Vorwort." In *Der Begriff des Politischen: Text von 1932 mit einem Vorwort und drei Corollarien*. Berlin: Duncker und Humblot, 1963.

Smith, Daniel W. "Deleuze and Derrida, Immanence and Transcendence: Two Directions in Recent French Thought." In *Between Deleuze and Derrida*, ed. Paul Patton and John Protevi. New York: Continuum, 2003.

Smith, James K. A. *Jacques Derrida: Live Theory*. New York: Continuum, 2005.

Staten, Henry. *Eros in Mourning: Homer to Lacan*. Baltimore: Johns Hopkins University Press, 1995.

_____. *Wittgenstein and Derrida*. Lincoln: University of Nebraska Press, 1984.

Tocqueville, Alexis de. *Democracy in America*. Ed. P. Bradley. Trans. H. Reeve. New York: Vintage, 1990.

Ware, Owen. "Impossible Passions: Derrida and Negative Theology." *Philosophy*

Today 49, no. 2(summer 2005): 171~183.

Zahavi, Dan. *Self-Awareness and Alterity: A Phenomenological Investigation.* Evanston, IL: Northwestern University Press, 1999.

Zupančič, Alenka. *Ethics of the Real: Kant, Lacan.* London: Verso, 2000[알렌카 주판치치, 『실재의 윤리』, 이성민 옮김, 도서출판 b, 2004].

옮긴이 후기

이 책은 2008년 스탠퍼드대학 출판부에서 출간된 마르틴 헤글룬드의 『급진적 무신론』을 옮긴 것이다. 마르틴 헤글룬드는 현재 예일대학의 비교문학과 교수로 재직 중이며, 대륙철학, 비판이론, 근현대 문학 등을 전공하고 있다. 그는 시간의 철학자들(칸트에서 데리다까지), 욕망의 이론가들(아우구스티누스에서 라캉까지), 근현대 문학 작가(프루스트, 울프, 나보코프), 독일 관념론(헤겔에서 마르크스까지) 등 광범위한 관심사를 지니고 있다. 헤글룬드는 본서 이외에도 *Dying for Time: Proust, Woolf, Nabokov*와 *This Life: Secular Faith and Spiritual Freedom* 같은 책을 저술한 주목할 만한 소장 학자이다. 가장 최근에 출판된 *This Life*가 필멸적 생명이라는 테마와 관련하여 독일 관념론의 문제를 중점적으로 다룬다면, 헤글룬드의 이름을 본격적으로 영미 학계에 알린 『급진적 무신론』의 경우, 데리다에 대한 독창적인 해석을 기반으로, 특히 시간과 욕망의 문제에 집중하고 있다. 이 책에 대한 토론은 *CR: The New Centennial Review*의 특집호에서 다루어지기도 했으며, *Derrida Today, Parrhesia, Radical Philosophy, Diacritics* 등 현대유럽철학을 전문으로 하는 학술지에 서평이 실리기도 하는 등

많은 데리다 학자들에게 반향을 불러일으킨 바 있다.

왜 급진적 무신론인가? 대개 기존의 무신론이 신 존재나 불멸성 같은 관념을 부정하는 것이었다면, 헤글룬드는 자신의 무신론이 신과 불멸성에 대한 욕망 자체를 그 근간에서부터 문제 삼는다는 점에서 보다 급진적인 것이라고 주장한다. 이 책의 제목이 '급진적 무신론'인 까닭은 특히 책의 4장에서 잘 드러나는데, 거기서 헤글룬드는 데리다 사유에서 윤리적 또는 종교적인 전회를 읽어내는 기존의 데리다 해석을 정면으로 비판한다. 다시 말해 그는 종교적 전통에 바탕을 둔 많은 철학자들과 현상학자들(존 카푸토, 헨트 데 브리스, 리처드 커니 등)을 매혹했던 후기 데리다의 주요 개념들——메시아주의, 신앙, 종교성 등——에 대한 매우 상이한 해석을 전개한다. 아무 것도 상실될 수 없는 그런 무시간적인 충만함으로서의 불멸성 또는 시간의 작용으로부터 면제된 절대적인 것이라는 신학적 통념은, 헤글룬드가 데리다 철학에서 주목되지 않은 중요 개념으로 치켜세우는 생존에 대한 욕망과 양립될 수 없는 것이다. 이는 생존에 대한 욕망은 필멸적 삶에 대한 욕망이지 전통적인 의미의 불멸성에 대한 욕망이 아니기 때문이다. 헤글룬드에 따르면 시간적 유한성으로부터 면제될 수 있는 것은 아무 것도 없으며 순수생명은 순수죽음과 다를 바 없는 것이 된다. 왜 불멸이나 순수생명이 죽음과 다를 바 없는가? 헤글룬드가 해석하는 데리다에 따르면, 우리가 무언가를 욕망하고 삶을 가치 있다고 생각한다면 이는 바로 그것들이 유한하고 필멸적이기 때문이다. 유사한 맥락에서, 데리다의 정치철학은 비폭력이 아니라 더 적은 폭력을 추구하는 것이 되는데 이는 절대적 평화는 절대적 폭력과 다를 바 없는 것이기 때문이다.

헤글룬드는 『목소리와 현상』에서의 한 구절, 곧 "궁극적으로 쟁점이 되는 것, 근본에서 결정적인 것은 시간 개념"이라는 착상에서 출발하여 데리다 전체 논의에서 시간이 갖는 함축을 상세하게 풀어 나간다. 그에 따르면 공간내기, 기록, 차-이, 탈구축 등 데리다의 핵심 개념들은 시간 개념과 관련해서 이해되어야 하는 것이다. 또 하나 특기할 만한 것은 그가 데리다의 핵심 개념으로 내세우는 자기면역은 해로운 타자뿐 아니라 스스로를 공격할 수도 있는 면역 작용으로서, 타락가능성이나 위반가능성을 항시 동반하는 것이라는 점이다. 헤글룬드가 "무한한 유한성"(12쪽)이라고 부르는 시간은 근본적으로 흔적의 구조를 지니며 기회와 위협을 동시에 개방하는 것이다. 이러한 개념적 해명을 토대로 하여 헤글룬드는 어떻게 데리다의 논의가 칸트, 후설, 레비나스, 라클라우에 대한 명시적 또는 암묵적 비판으로 이해될 수 있는지를 수미일관한 논리로 풀어낸다. 이러한 논의는 종종 데리다를 모종의 칸트주의자로 해석하거나 레비나스와 데리다가 유사한 타자철학을 전개했다는 식의 표준적 해석들(사이먼 크리칠리, 로버트 베르나스코니, 드루시야 코넬 등에 의해 전개된)과 대립되는 것이다. 이렇게 하여 헤글룬드는 시간에 대한 새로운 이해가 정체성의 구성이나 윤리의 폭력성, 민주주의, 정치적 해방 등에 관한 철학적 이론들을 시간적 유한성 또는 무한한 유한성의 견지에서 재사고하도록 해 준다고 주장한다. 그렇기에 급진적 무신론은 이 책의 부제에서 드러나듯 '생명의 시간'을 그 주제로 할 때 더 잘 이해될 수 있을 것이다.

헤글룬드가 그려내는 이러한 생명의 시간은 그가 여러 차례 인정하듯이 일종의 탈구축적 '논리'로 이해될 수 있는데, 이는 시간의 구성이 단지 생명에만 국한되는 것이 아니라 기록과 같은 비-생명 또한 포괄하는 것, "절대적으로 일반적인 조건"(11쪽)이기 때문이다. 이와 관런해서 생각해 볼 수 있는 한 가지 쟁점은 데리다가 말하는 생명의 시간이 포괄하는 범위가 어디까지이냐 하는 점이다. 만약에 데리다가 말하는 생존과 시간이 생명이 아니라 비-생명까지 포괄하는 일종의 일반 논리학이 된다면, 이는 단지 사소하게만 참인 것, 너무 많은 것을 설명하고자 하지만 실상은 만족할 만한 설명의 논리를 제공하지 못한다는 점에서 불만을 제기할 이들도 있을 것이다. 가령 헤글룬드는 "자기 면역은 철학적 논리의 표준들에 대조해서 측정되어야 하는 탈구축적 논리의 이름"(23쪽)이고 "현대과학의 발견들과 부합되는 것에 의존하는 주장을 하지 않"(23~24쪽)는다고 주장하지만, 이것이 얼마나 설득력 있는 입장일지 따져보는 것은 철학과 경험과학과의 관계를 어떻게 보느냐에 달려 있을 것이다.

물론 헤글룬드의 과감하면서도 일관적인 독해는 카푸토가 평하듯이 감히 젊은 세대를 위한 데리다를 '발명'한 것이라고도 볼 수 있다. 그런데 많은 이들이 지적하듯이 데리다는 애매성의 철학자 아닌가? 데리다를 단순히 무신론자라고 단언할 수 있는가? 저자인 헤글룬드 역시 이러한 반론을 의식하고 있고 또한 데리다에서 헤글룬드 식의 독해와 일관적이지 않은 구절들이 있음을 부인하지 않지만, 이것이 본서에서 전개된 논증을 뒤집을만큼 강력하지 않다고 생각하고 있다(28쪽). 이 책에서 전개된 데리다의 해석이 순전한 '날조'나 '창조'에 지나지 않는지의 여부는 독자들의 판단에 맡겨야 할 것 같다.

역자가 아는 한 『급진적 무신론』은 영미권에서 출판된 데리다에 대한 이차 문헌들 가운데 그 명료성과 일관성에 있어서 단연 으뜸으로 꼽힐 만하다. 이 논지에 동의하든 그렇지 않든 간에 그의 면밀한 독해와 일관된 논증은 분명한 미덕일 것이다. 이 책을 순서대로 읽을 수도 있겠지만, 각 장이 지닌 완결성을 고려할 때 관심사에 따른 발췌독도 무방할 것이다. 칸트와 데리다의 시간론을 비교하는 1장도 흥미롭지만, 현상학과 시간의식, 타자윤리학의 문제에 관심 있는 독자들이라면 후설과 레비나스와 대결하는 2, 3장에서 출발해 볼 수 있을 것이다. 민주주의 및 정치철학에 특히 관심 있는 이들은 슈미트나 라클라우를 다룬 5장을 택할 수 있을 것이고, 이 책의 제목을 달고 있기도 한 4장에서 전개되는 데리다 및 아우구스티누스의 자서전적 소재는 문학 전공자들에게도 호소력이 있을 것이다. 이 책은 대륙철학에 관심 있는 독자들뿐 아니라, 분석철학 전공자들도 흥미롭게 읽을 수 있는 책이지 않을까 한다.

프리즘총서의 기획위원인 진태원 선생님의 호의로 번역 경력도 없고 데리다 전공자도 아닌 역자가 이 책의 번역을 맡게 되었지만, 번역 과정이 결코 쉽지 않았음을 고백해야겠다. 그럼에도 번역을 마칠 수 있었던 것은 이 책을 옮기는 동안 많은 이들의 도움을 받았기 때문이다. 2014년경 이 책의 번역 초고를 가지고 진행한 독회에 참여해 준 서울대 철학과 대학원의 동학들, 데리다 전공자 김민호 씨를 비롯한 육은정, 정성경, 조연화, 추은혜 씨에게 감사드린다. 오랜 시간 지체된 번역을 기다려준 이정란 선생님을 비롯한 그린비 출판사 편집부에도 감사드린다. 프리즘총서의 기획위원인 진태원 선생님은 거의 공동 번역자나 다름없이 꼼꼼한 검토로 이전 원고에서의 숱하게 많은 번역 오류들을 지적해 주셨다. 이렇게 여러 분들의 도움을 받았지만, 여전히 존재할 오역은 오로지 역자의 책임이다. 역자가 외국에 체류한 탓에 기존에 출간된 여러 좋은 국역본들을 참조하지 못한 것도 무척 아쉽다. 더 나은 번역에 대한 제안이나 오역에 대한 지적이 있다면 이를 차후에라도 수정할 수 있는 기회가 생기길 바란다. 이 책의 번역을 마무리하는 시간은 개인적으로뿐 아니라 전 세계적으로도 생명과 면역의 시간이었는데, 이 시간을 함께 견뎌준 가족들, 특히 아내 선영과 아들 윤성에게 마지막으로 감사의 인사를 전하고 싶다.